Konfession und Gesellschaft

Beiträge zur Zeitgeschichte

Herausgegeben von
Anselm Doering-Manteuffel,
Martin Greschat,
Jochen-Christoph Kaiser
  (geschäftsführender Herausgeber),
Wilfried Loth,
Kurt Nowak

Band 3

Wilfried Loth (Hrsg.)

Deutscher Katholizismus im Umbruch zur Moderne

Verlag W. Kohlhammer
Stuttgart Berlin Köln

Die Deutsche Bibliothek - CIP-Einheitsaufnahme

Deutscher Katholizismus im Umbruch zur Moderne /
Wilfried Loth (Hrsg.). - Stuttgart ; Berlin ; Köln:
Kohlhammer, 1991
  (Konfession und Gesellschaft ; Bd. 3)
  ISBN 3-17-011729-7
NE: Loth, Wilfried [Hrsg.]; GT

Alle Rechte vorbehalten
© 1991 W. Kohlhammer GmbH
Stuttgart Berlin Köln
Verlagsort: Stuttgart
Umschlag: Studio 23
Gesamtherstellung:
W. Kohlhammer Druckerei GmbH + Co. Stuttgart
Printed in Germany

Inhalt

Das Programm 7

Einleitung 9

Christoph Weber

Ultramontanismus als katholischer Fundamentalismus 20

Irmtraud Götz von Olenhusen

Die Ultramontanisierung des Klerus.
Das Beispiel der Erzdiözese Freiburg 46

Klaus-Michael Mallmann

Ultramontanismus und Arbeiterbewegung im Kaiserreich.
Überlegungen am Beispiel des Saarreviers 76

Werner K. Blessing

Kirchenfromm - volksfromm - weltfromm:
Religiosität im katholischen Bayern 95

Josef Mooser

"Christlicher Beruf" und "bürgerliche Gesellschaft".
Zur Auseinandersetzung über Berufsethik und wirtschaftliche
Inferiorität im Katholizismus um 1900. 124

LUCIA SCHERZBERG

Die katholische Frauenbewegung 143

NORBERT SCHLOBMACHER

Antiultramontanismus im Wilhelminischen Deutschland.
Ein Versuch. 164

KARL JOSEF RIVINIUS

Integralismus und Reformkatholizismus.
Die Kontroverse um Herman Schell. 199

AUGUST HERMANN LEUGERS-SCHERZBERG

Die Modernisierung des Katholizismus:
Das Beispiel Felix Porsch 219

OLAF BLASCHKE

Wider die "Herrschaft des modern-jüdischen Geistes":
Der Katholizismus zwischen traditionellem Antijudaismus
und modernem Antisemitismus. 236

WILFRIED LOTH

Integration und Erosion:
Wandlungen des katholischen Milieus. 266

Autoren und Herausgeber 282

Das Programm

Neben der traditionellen Kirchengeschichte hat sich die kirchliche Zeitgeschichte in den zurückliegenden Jahrzehnten als Disziplin mit eigenem Anspruch und Gewicht entwickelt. Von der allgemeinen Geschichtswissenschaft wurde dies jedoch kaum zur Kenntnis genommen. Die Beschäftigung mit Kirchen und Konfessionen erscheint jüngeren Fachvertretern häufig als wenig lohnend, weil es unter ihnen als ausgemacht gilt, daß seit dem Ende des konfessionellen Zeitalters die Kirchen als Glaubens- und Sozialsysteme zunehmend an Bedeutung verloren haben. Wird diese Perspektive verabsolutiert, hat das schwerwiegende Folgen für die Geschichtswissenschaft. Denn sie verliert dadurch die christentumsgeschichtliche und religionswissenschaftliche Signatur der Moderne aus dem Blick.

Spezialistentum auf der einen und Ausblendungsversuche auf der anderen Seite dürfen kaum geeignet sein, die fortdauernde Durchdringung von Konfession und Gesellschaft, Kirche und Gemeinwesen, Theologie und allgemeiner Wissenschaftsentwicklung zu erfassen. Sicherlich bilden sich in der wachsenden Komplexität neuzeitlicher Gesellschaften Selbstverständnis, Einflußbereiche und Akzeptanz von Kirche und Konfessionen um. Mit allzu einfachen Erklärungen – wie etwa dem Hinweis auf die Säkularismusthese – lassen sich diese Entwicklungen nicht greifen. Es ist geboten, die von den Gesellschaftswissenschaften längst bereitgestellten Methoden und Interpretationsmodelle interdisziplinär anzuwenden.

Konfession und Gesellschaft möchte überkommene Klischeevorstellungen aufbrechen und einen Beitrag zur historischen Ortsbestimmung des Christentums in der Zeitgeschichte leisten. Der Begriff "Konfession" meint sowohl die Institutionen des Christentums (Kirchen, kirchliche Vereine und Verbände, akademische Theologie u.a.) als auch Ausprägungen christlicher Identität und Sozialisation außerhalb der Kirche. Die Unverzichtbarkeit des christentums-geschichtlichen Themas für die Erforschung des 19. und 20. Jahrhunderts wird von Zeithistorikern, Politologen, Soziologen und Philosophiehistorikern zunehmend erkannt. Umgekehrt hat die kirchliche Zeitgeschichte durch die allmähliche Erweiterung ihres Blickwinkels und die programmatische Forderung, Kirchengeschichte als Sozial- und Gesellschaftsgeschichte zu bearbeiten, engere Kontakte zur Allgemeingeschichte geknüpft.

In diesem Sinne plädiert *Konfession und Gesellschaft* für den Diskurs der historischen Teildisziplinen. Daß dabei überkonfessionelle und übernationale Ansätze und Themenbereiche einbezogen werden, ist selbstverständlich.

Ohne die Eigenart kirchen- und konfessionshistorischer Prozesse zu vernachlässigen, soll das Beziehungsgefüge zwischen Christentum und Gesellschaft besondere Beachtung finden. Wenn unterschiedliche Methoden und Wertungen ineinandergreifen, wird die angestrebte Integration konkret. Dafür will *Konfession und Gesellschaft* ein Forum sein.

A. Doering-Manteuffel – M. Greschat – J.-C. Kaiser – W. Loth – K. Nowak

Einleitung

1.

Im Verständnis einer aufgeklärten Geschichtswissenschaft wird der Katholizismus in der Regel zu den Kräften gerechnet, die dem Projekt der Moderne entgegenstanden und gegen die sich die Modernisierer erst einmal durchsetzen mußten. Daran ist soviel richtig, daß sich die katholische Bewegung, die den Katholizismus im Laufe des 19. Jahrhunderts prägte, gegen die Umsetzung der Ideen der Aufklärung in der französischen Revolution formierte und Prinzipien verfocht, die den "Ideen von 1789" diametral entgegengesetzt waren. Gegen die Betonung der menschlichen Vernunft und des Fortschritts propagierte sie die Verbindlichkeit der göttlichen Offenbarung und der Tradition des kirchlichen Lehramts. Gegen die Idee der Volkssouveränität hielt sie am göttlichen Ursprung der Staatsgewalt fest und am Anspruch der Kirche auf Gestaltung der öffentlichen Ordnung. Gegen die Tendenzen zur Herausbildung einer modernen Industriegesellschaft predigte sie die Einbindung in eine zeitlos harmonische ständestaatliche Ordnung. Gegen die Explosion der modernen Wissenschaften setzte sie auf die Weisheit der mittelalterlichen Scholastik. Und gegen den modernen Nationalismus entwickelte sie den Ultramontanismus, die absolute Bindung an den Papst in Rom.[1]

Die antimoderne Ausrichtung des Katholizismus ist immer wieder durch päpstliche Erklärungen bestätigt und bekräftigt worden. Das begann mit Pius VI., der sich nicht damit begnügte, die Zivilkonstitution der französischen Nationalversammlung zu verurteilen, weil sie die Kirche, gallikanischer Tradition entsprechend, ganz als Staatsinstitution behandelte, sondern ausdrücklich die Erklärung der Menschenrechte als mit der katholischen Lehre unvereinbar ablehnte: unvereinbar im Hinblick auf den Ursprung der Staatsgewalt, auf die Religionsfreiheit und auf die gesellschaftliche Ungleichheit. Und es erreichte seinen Höhepunkt mit der prägnanten Verurteilung der liberalen Ideen, die Pius IX. 1864 mit der Enzyklika "Quanta cura" und dem beigefügten "Syllabus errorum" vorlegte: Sie richtete sich ausdrücklich gegen die Vorstellung, die Gesellschaft könne ohne Rücksicht auf die Religion organisiert werden, und verurteilte dann Volkssouveränität, Glaubens- und Kultusfreiheit, Pressefreiheit, Säkularisierung der gesellschaftlichen Institutionen und Trennung von Kirche und Staat als Ausdruck dieses Irrglaubens, ebenso wie Rationalismus, Ökonomismus und Sozialismus.

Die globale Absage des Katholizismus an die Moderne war kein Zufall und auch nicht nur die Folge unbedachter Eskalation der Gegensätze kirchenpolitischer Auseinandersetzungen. Die Aufklärung stellte einen Angriff auf den Monopolanspruch der katholischen Weltdeutung dar, und die Revolution bedrohte die materiellen Grundlagen der kirchlichen Machtstellung, besonders seit sie sich zum Zugriff auf die Kirchengüter und die geistlichen Fürstentümer entschlossen hatte. Da war es ganz unwahrscheinlich, daß es der Kirche gelingen würde, sich rechtzeitig von den traditionellen Verhältnissen zu lösen und die christlich gestaltbaren, zum Teil sogar christlich fundierten Momente des Umbruchs zur Moderne zu erkennen. Viel näher lag es, sich in der Abwehr von Aufklärung und Revolution mit all jenen Kräften zu verbünden, die gegen die Entwicklung zur Moderne opponierten, und in idealistischer Verklärung der vorrevolutionären Verhältnisse auf die Schaffung eines neuen christlichen Weltreiches zu hoffen. In den innerkirchlichen Auseinandersetzungen, die auf die Erschütterung durch Revolution und Säkularisierung folgten, hatte der Ultramontanismus darum von vornehrein die besseren Karten; und auch bei der Formierung des Katholizismus im gesellschaftlichen und politischen Raum stand er bald im Vordergrund, während Ansätze zur Bildung eines liberalen Katholizismus immer Episoden blieben.

Die Frontstellung gegen die Moderne wurde noch dadurch zusätzlich gefördert, daß der Papst als Herrscher über den Kirchenstaat selbst Teil der alten Ordnung war und der Klerus auch in den übrigen italienischen Staaten über starke Machtpositionen verfügte. Das legte es allein schon aus Gründen des Machterhalts nahe, für die Restauration der alten Ordnung zu kämpfen, förderte den Glauben an die Durchsetzbarkeit der theoretischen Visionen und bestärkte die liberale Bewegung in ihrer Neigung, den Katholizismus pauschal mit der Reaktion zu identifizieren und entsprechend zu bekämpfen. In der Tat nahm der Kirchenstaat nach seiner Restauration 1815 bald die Züge eines christlichen Polizeistaates an, der modernem rechsstaatlichem Empfinden Hohn sprach, und wandten sich die Päpste nach 1848 wie nach 1870 dem Bündnis mit den konservativen Mächten zu, um ihre Herrschaft über den Kirchenstaat wiederherzustellen. Beides stärkte die ultramontanen Positionen und zog denjenigen, die an einem Ausgleich der Kirche mit der modernen Welt arbeiteten, den Boden unter den Füßen weg.

2.

Dennoch – dies muß nun gegen eine Auffassung betont werden, die immer noch allzusehr von dem Kampf geprägt ist, den die Kräfte der Aufklärung gegen die katholische Kirche zu führen hatten – läßt sich der Katholizismus auch in seiner ultramontanen Ausprägung nicht ohne Einschränkung als eine Bewegung gegen die Moderne charakterisieren. Dagegen spricht zunächst, daß er, aus den Initiativen vieler Einzelner und Gruppen, nicht etwa aus Weisungen der kirchlichen Hierarchie hervorgegangen, sich selbst der Mittel des modernen Rechsstaates bediente, um die Stellung der Kirche zu befestigen, soweit sie durch die Auflösung der vorrevolutionären Geschlossenheit der Lebensordnungen bedroht war. Meinungs- und Pressefreiheit, Versammlungs- und Vereinigungsfreiheit, die Parlamente und ihre Mitspracherechte wurden von den Anwälten der katholischen Bewegung dazu genutzt, das katholische Volk für die Anliegen der Kirche und des Papstes zu mobilisieren und die Kirche als gesellschaftliche Kraft in der nachrevolutionären Ordnung zu verankern. Der Katholizismus stellte damit selbst eine moderne Bewegung dar, dessen Existenz an die Voraussetzung der Errungenschaften der Revolution und der Säkularisierung gebunden war – eine moderne Bewegung gegen die Moderne sozusagen, die aber allein schon aus Eigeninteresse keinen Totalangriff gegen die Moderne führen konnte, vielmehr selbst Elemente der Moderne in sich trug und, indem sie verlorengegangenen feudalen Stützen durch gesellschaftliche und politische Mobilisierung der Katholiken ersetzte, die Kirche partiell modernisierte.

Darüber hinaus verfocht der ultramontane Katholizismus selbst liberale Prinzipien, wenn und soweit die Erben der Aufklärung diese vergaßen. Das galt insbesondere für ihre Amalgamierung mit der staatskirchlichen Tradition, aber auch für die aus einem holistischen Volksbegriff resultierende Neigung zur Entwicklung moderner Staatsomnipotenz und für die Verengung der liberalen Bewegung auf die Förderung bürgerlicher Klasseninteressen. Die katholische Kritik an diesen Entwicklungen fußte gewiß nicht auf der bewußten Übernahme liberaler Theoreme; sie gründete vielmehr teils in der Überzeugung von der Unveräußerlichkeit vorstaatlicher Rechte und stellte zum Teil auch nur eine opportunistische Ausnützung der Schwächen der liberalen Gegenspieler dar. Erst recht weitete sie sich nicht zu einer Infragestellung der eigenen Weltordnungsansprüche aus, was ihre Glaubwürdigkeit natürlich von vorneherein stark beeinträchtigte. Dennoch wirkte der Katholizismus mit dieser Kritik bisweilen als liberales Korrektiv, das mit dem Kampf für die Befreiung der Kirche von staatlicher Bevormundung zugleich an der Erweiterung der Freiheitsrechte des Einzelnen und der gesellschaftlichen Gruppen in einem pluralistischen Staatswesen mitwirkte.

Drittens aktivierte der Katholizismus mit der Mobilisierung breiter Bevölkerungskreise eine ganze Reihe von Gruppeninteressen, die über das Interesse an der Restaurierung kirchlicher Freiheiten und Machtpositionen weit hinausgingen, der Bewegung aber vielfach überhaupt erst die nötige politische Virulenz verschafften. So artikulierten sich im Widerstand gegen die aufklärerisch-repressive Kirchenpolitik zugleich die Vorbehalte traditioneller Eliten gegen den modernen Nationalstaat; katholische Bürger verbanden die Opposition gegen das Staatskirchentum mit dem Kampf für die eigenen Freiheitsrechte im konstitutionellen Staat; Angehörige der traditionellen Unterschichten ließen sich für die katholische Sache gewinnen, weil sie zugleich der Abwehr liberaler Führungs- und Modernisierungsansprüche zu dienen schien; katholische Arbeiter erlebten den Katholizismus als Fluchtpunkt vor den Zumutungen der industriellen Arbeitswelt und möglichen Bundesgenossen bei der Abwehr der Ausbeutung durch liberale Unternehmer. In Deutschland, wo sich der Katholizismus bekanntlich zu einer besonders schlagkräftigen Partei verdichtete, kam zu diesen durchaus unterschiedlichen sozialen Interessen dann in der Reichsgründungsära auch noch der latente Protest gegen die meist protestantischen Führungsschichten in Bürokratie, Kultur und Wirtschaft, die Abneigung süddeutscher und welfischer Kräfte gegen die preußische Hegemonie und die Opposition von Elsässern, Lothringern und Polen gegen den deutschen Nationalstaat überhaupt. Mit all diesen Momenten entwickelte sich der Katholizismus zu einer politischen Kraft, die zwar in Selbstbindung an den katholischen Glauben, aber in wachsender Unabhängigkeit von Klerus und kirchlicher Hierarchie wirkte und damit selbstverantwortetes politisches Handeln ganz im Sinne der Aufklärung ermöglichte.

Die modernen und modernisierenden Elemente innerhalb des Katholizismus mußten mit der Zeit umso stärker zur Geltung kommen, als die erklärten Hauptziele des Ultramontanismus illusionär waren. Wissenschaftlicher Fortschritt, Säkularisierung und Industrialisierung waren nicht aufzuhalten; und die verschiedenen Emanzipationsbewegungen, die sich daraus ergaben, konnten wohl für eine gewisse Zeit unterdrückt, aber letztlich nicht mehr rückgängig gemacht oder aufgelöst werden. Eine Rückkehr zur christlichen Fundierung der weltlichen Ordnung war darum ebensowenig zu erreichen wie eine Verwirklichung der ständestaatlichen Theoreme, die man aus einem idealisierten Mittelalter-Bild abgeleitet hatte. Und nach 1870 konnte auch nicht auf Dauer verborgen bleiben, daß in der Welt der Nationalstaaten und des Imperialismus kein Platz mehr für die Wiederherstellung des Kirchenstaates war. Erreichbar war allenfalls die Sicherung der Freiheit der Kirche als einer Gruppe unter vielen und die Unabhängigkeit ihres geistlichen Oberhaupts; christliches Wirken in diese plurale Welt hinein war nur möglich, wenn und soweit sich die Kirche den nachrevolutionären Realitäten stellte.

Entsprechend ließ der antiultramontane Eifer der Kirche mit der Zeit tatsächlich nach. In gewisser Weise war das schon beim Ersten Vatikanischen Konzil zu spüren: Die Verkündigung des Universalepiskopats und der Unfehlbarkeit des Papstes stellte zwar einen Triumph der Ultramontanen dar und lag auch ganz in der Konsequenz ultramontanen Denkens; indem sie dem Papsttum die volle Kontrolle über den Gebrauch der bürgerlichen Freiheiten durch die Katholiken sicherte, rüstete sie die Kirche aber gleichzeitig für eine Situation, in der die traditionellen Machtmittel feudaler Prägung nicht mehr zur Verfügung standen. Von den materiellen Machtmitteln der alten Kirche, die noch kurz zuvor im Syllabus eingeklagt worden waren, war nicht mehr die Rede; nur noch von der geistlichen Autorität des Papstes. 1885 ließ Leo XIII. dann in der Enzyklika "Immortale Dei" eine (wenn auch noch sehr vorsichtige) Distanzierung vom monarchischen Legalitätsprinzip erkennen; gleichzeitig hielt er französische Katholiken von der Bildung einer offen gegenrevolutionären Partei ab und drängte sie zur Verständigung, zum Ralliement mit der Republik. Sechs Jahre später, 1891, rückte er in der Enzyklika "Rerum novarum" auch von der Fixierung auf ein ständisches Gesellschaftsverständnis ab. Und nach der Jahrhundertwende folgte, nach vergeblichen Anläufen schon in den 1880er Jahren, die schrittweise Aufhebung des "Non expedit", das die italienischen Katholiken bis dahin von einer Beteiligung an den allgemeinen politischen Wahlen der Republik abgehalten hatte.

Die Abkehr der Kirche von den ultramontanen Weltordnungsvorstellungen ging allerdings nur sehr zögernd vonstatten. Ihre Amtsträger blieben noch lange von der Sehnsucht nach Wiederherstellung vorrevolutionärer Zustände geprägt, beobachteten die moderne Welt mit Mißtrauen und zogen sich eher auf den innerkirchlichen Bereich zurück, als neue Ordnungsvorstellungen zu entwickeln, die den Realitäten der Zeit angemessen waren. Auf den Diplomaten Leo XIII., der in seinen Anfangsjahren gehofft hatte, die äußere Machtstellung der Kirche durch eine Verständigung mit den konservativen Regierungen stärken zu können, folgte 1903 der Seelsorger Pius X., der sich unter Vernachlässigung der politischen Ambitionen auf innere Reformen der Kirche konzentrierte. Getragen wurde er dabei von einer breiten religiösen Erneuerungsbewegung, die der religiösen Praxis mit Herz-Jesu-Verehrung, marianischer Frömmigkeit und Eucharistie-Kundgebungen ein zugleich individualisierendes und weltabgewandtes Gepräge gab. Ansätze zur Rehistorisierung theologischen Denkens, wie sie von einer breiten und vielfältigen Strömung "reformkatholischer" Theologen seit Mitte der 90er Jahre entwickelt wurden, zerbrachen an der Intoleranz der Masse der Gläubigen und der Kirchenleitung, die im traditionellen Selbstverständnis verunsichert waren, aber gerade darum fundamentalistisch am Buchstaben der Dogmen festhielten. Immer rigidere Maßnahmen gegen eine "modernistische" Irrlehre, die es in der vermuteten Geschlossenheit gar nicht gab, wirkten als Barrieren gegen eine aktive Auseinandersetzung des Katholizismus mit den Problemen der modernen Welt.

Für den Katholizismus ergab sich daraus, daß er bei seinen Versuchen, die Welt zu gestalten, von der Kirche entweder allein gelassen oder aber, wenn er sich dabei allzu weit von den traditionellen Vorstellungen entfernte, behindert wurde. Nachdem der ultramontane Traum im wesentlichen nur noch identitätsstiftend wirken konnte und praktikable Neuorientierungen von kirchlicher Seite ausblieben, konnten die außerkirchlichen Impulse, die durch die Mobilisierung breiter Bevölkerungsschichten in den Katholizismus hineinwirkten, eine starke Prägekraft entfalten. Entsprechend entfremdeten sich Kirche und Katholizismus; und wenn katholische Formationen dann allzu moderne Züge annahmen, intervenierte das Papsttum. Das bekamen etwa die italienischen und französischen Christdemokraten zu spüren, denen politische Aktivitäten im Sinne einer Verwirklichung der Demokratie verboten wurden, aber auch die bürgerlichen Führer des Zentrums im wilhelminischen Deutschland, deren Pochen auf politischer Selbständigkeit in Rom mit unverhohlenem Mißtrauen beobachtet wurde, und die katholischen Arbeiter, die im sogenannten Gewerkschaftsstreit nur knapp an einem Verbot der interkonfessionellen Gewerkschaftsbewegung vorbei kamen. Allerdings waren diese Interventionen nur halbherzig; die Sehnsucht nach vorrevolutionären Zuständen verdichtete sich nicht mehr zu einem offensiv gegenrevolutionären Kurs. Der Rückzug der Kirche von den politischen Ambitionen bedeutete daher im übrigen, daß sich der Katholizismus je nach den politischen und sozialen Gegebenheiten in den einzelnen Ländern und Regionen ganz unterschiedlich entwickelte und katholische Formationen oft scharfe innere Spannungen aufwiesen – besonders dann, wenn der äußere Druck nachließ, der aus dem Doppelangriff aufklärerischer und obrigkeitsstaatlicher Kräfte auf traditionale Freiheiten und Machtpositionen der Kirche nachließ.

3.

Das Bild des deutschen Katholizismus ist in der historischen Forschung wie in der öffentlichen Erörterung bislang relativ unscharf geblieben. Während die einen auch im deutschen Fall die Kontinuität der Frontstellung gegen die Moderne betonen, sehen andere den Katholizismus in Deutschland geradezu als Wegbereiter der parlamentarischen Demokratie. Unterschiedliche Ausprägungen und Wandlungen des Katholizismus kamen nur selten in den Blick. In dieser Forschungssituation spiegeln sich bis heute Folgen der Kulturkampf-Konfrontation und der katholischen Gettobildung wider: Die zunächst überwiegend nationalliberal geprägte deutsche Geschichtswissenschaft hielt es lange Zeit nicht für nötig, sich mit einem Gegenstand zu befassen, der in einer zunehmend säkularisierten Welt als historisch überholt galt; und auch die eher sozialliberal orientierte moderne Geschichtswissenschaft stand weitgehend im Banne der Säkularisierungsthese. Folglich blieb die Thematik Autoren überlassen, die selbst dem katholischen Milieu verbunden waren; diese aber scheuten bei aller verdienstvollen Aufarbeitung der Fakten häufig davor zurück, auf ihren Gegenstand die Sonde analytischer Kritik zu richten.

In jüngster Zeit hat sich die Forschungssituation allerdings gebessert. Es sind Historikergenerationen nachgewachsen, für die die alten Frontstellungen des Kulturkampfs keinen großen Sinn mehr machen. Gleichzeitig hat eine neue Sensibilität für die Bedeutung von Mentalitäten auch die Rolle der Religion in der Lebenswirklichkeit der Menschen wieder stärker in den Blickpunkt des allgemeinen Interesses rücken lassen. Im Zuge einer Renaissance der Kulturgeschichte wurde Religiosität als fortdauerndes Strukturelement auch der Industriegesellschaften erkannt und unter Verwerfung der These von der fortschreitenden Entzauberung der Welt analytisch ins Visier genommen.[2]

Der vorliegende Band, der aus einer Sektion des 38. Deutschen Historikertages 1990 in Bochum hervorgegangen ist, möchte diese Ansätze fortführen. Er konzentriert sich auf die Zeit des Kaiserreichs, also auf jene Periode, in der der Durchbruch der Moderne in Deutschland seine größte Verdichtung erfahren hat. Aus immer noch vorwiegend agrarisch bestimmten Lebensverhältnissen entstand in dieser Zeit eine moderne Industriegesellschaft. Die Lebensverhältnisse der Menschen änderten sich in oft dramatischer Weise. Traditionale Solidarverbände lösten sich auf, Menschen und Landschaften rückten enger zusammen, neue soziale Schichten und Klassen artikulierten sich, technischer Fortschritt wurde überall spürbar. Gleichzeitig ermöglichten die neuen Kommunikationsmittel eine "zweite Aufklärung", die nun erstmals breite Bevölkerungsschichten erreichte. Die Säkularisierung schritt kräftig voran, naturwissenschaftliches Denken schlug immer mehr Menschen in seinen Bann, moderne Ideologien begannen ihre Faszination auszuüben. Soziale Interessen wurden zunehmend kollektiv organisiert, der überkommene Honoratiorenverbund wandelte sich zu einem politischen Massenmarkt.[3] Wie der Katholizismus auf diese Herausforderungen reagiert hat, wie er sich mit ihnen gewandelt hat, ist Thema der folgenden Beiträge.

Einleitend erinnert *Christoph Weber* an die Flucht weiter Kreise der Anhängerschaft der katholischen Kirche und mehr noch der katholischen Hierarchie vor den Realitäten der Moderne in den Traum einer mittelalterlichen Welt der Harmonie und der moralischen Einheit. In Verbindung mit dem Streben des überwiegenden Teils der Hierarchie nach politischer Herrschaft führte diese Flucht, die einer auch über den katholischen Bereich hinaus weitverbreiteten Verlustangst des späten 19. Jahrhunderts entsprach, zur Ausprägung einer mächtigen ultramontanistischen Tendenz, die sich als eine katholische Form des Fundamentalismus charakterisieren läßt. Weber weist darauf hin, daß dieser Ultramontanismus bis in die 60er Jahre dieses Jahrhunderts und auch noch darüber hinaus wirksam war (in welchem Ausmaß wäre allerdings zu diskutieren), und er macht deutlich, daß der Kompromißfriede, den der konservative Staat 1887 auf Kosten der kritischen Geister innerhalb des Katholizismus mit dem Papsttum geschlossen hat, mit dazu beigetragen hat, daß die Aufarbeitung des ultramontanistischen Phänomens bis heute kaum geleistet wurde.

Irmtraud Götz von Olenhusen zeigt am Beispiel der Erzdiözese Freiburg, wie sich der katholische Klerus im Zuge der Durchsetzung des Ultramontanismus verändert hat. Rekrutierten sich die Priester in der ersten Hälfte des 19. Jahrhunderts noch wesentlich aus städtischen und gebildeten Schichten und verstanden sie sich zumeist als Teil der bürgerlichen Elite mit aufklärerischer Mission, so führte der Vormarsch des Ultramontanismus in Wechselwirkung mit kulturkämpferischen Präventivmaßnahmen zur Konzentration der Rekrutierung auf ländliche Unterschichten und zur Durchsetzung einer antibürgerlichen Mentalität. Dieser Ultramontanisierungsprozeß ging nicht ohne Schwierigkeiten vonstatten, wie nicht zuletzt an zahlreichen Disziplinierungsverfahren abzulesen ist; am Ende des Jahrhunderts war er jedoch weitgehend abgeschlossen. Die neuen Priester, die nach einer Phase des Priestermangels überwiegend schon in Knabenkonvikten sozialisiert worden waren und folglich keinerlei persönlichen Bezug zu der "modernen" Welt mehr hatten, spielten eine zentrale Rolle bei der Organisation des katholischen Milieus.

Sie wurden damit gleichzeitig zu natürlichen Verbündeten der unterbürgerlichen Schichten – auf dem Lande, aber auch in den entstehenden Industrieregionen. *Klaus-Michael Mallmann* zeigt am Beispiel des Saarreviers, wie sich die katholische Kirche als vermittelnde Instanz, die sich sowohl um den Sinn des Lebens als auch um die Nöte des Alltags kümmerte, einen festen Platz in der Lebenswirklichkeit katholischer Industriearbeiter erobern konnte. Der Klassenbildungsprozeß war hier – wie gegen die vorherrschenden linearen Säkularisierungsvorstellungen betont werden muß – mit einer "neuen Attraktivität des Himmels" verbunden, und die ultramontane Wende mit ihrem Mystizismus und der Tendenz zur Gegenwelt-Bildung hat diese Attraktivität noch verstärkt. Der Kulturkampf war danach auch Ausdruck wechselseitiger Überfremdungsängste katholischer Unterschichten und liberaler Bürger und zugleich eine Form des Widerstands gegen den Prozeß aufklärerischer Zivilisierung. Das katholische Vereinswesen, das sich mit ihm verfestigte, förderte die Selbstartikulation der katholischen Proletarier und leistete damit Schrittmacherdienste für die Entwicklung einer autonomen Arbeiterbewegung katholischer Prägung, die über die Selbstbehauptung gegen die Moderne auch eine Eingewöhnung in sie ermöglichte.

Auf dem Lande dagegen mußte religiös gestaltete Kultur nicht erst gebildet werden. Sie war, wie aus *Werner K. Blessings* Panorama des katholischen Bayerns deutlich wird, seit langer Zeit vorhanden, hatte sich den aufklärerischen Reformanstrengungen zu Beginn des Jahrhunderts weitgehend entzogen und erlebte nun mit dem Vordringen der Moderne insbesondere in den 1860er Jahren eine nachhaltige Intensivierung. Unter dem Eindruck einer allgemeinen Bedrohung der hergebrachten Lebensverhältnisse konnte die Volksfrömmigkeit zu neuer Kirchenfrömmigkeit verdichtet werden; dabei übernahmen die Kleriker die gleichen Anwaltsfunktionen wie bei der proletarischen Klassenbildung, und gegen Ende der 90er Jahre gab es auch ähnliche Autonomisierungtendenzen.

Daneben entwickelte sich – nicht nur in Bayern – eine neue Form bürgerlicher Religiosität, die aus der Kirche wohl noch letzte Sinnbegründungen und allgemeine Wertorientierungen bezog, sich ethisch und politisch aber dem Rationalismus, der Fortschrittsidee und der Nation öffnete. Ihre Vertreter standen in einem latenten Orientierungskonflikt zwischen dem erklärtermaßen antimodernistischen Kurs der Kirche und den drängenden Anforderungen der Moderne, der individuell unterschiedlich gelöst wurde. Gleichwohl gewannen sie politisch und sozial an Gewicht. In Bayern trug die "weltfromme" Religiosität der Bürger schließlich sogar dazu bei, daß kirchengebundene Katholizität nach der Wende zum 20. Jahrhundert gesellschaftsfähig wurde und den Staat mitprägen konnte.

Das Vordringen moderner Auffassungen in den Katholizismus beschreibt *Josef Mooser* anhand der Auffassungen zur katholischen Berufsethik. Bis in die Jahre vor der Jahrhundertwende läßt sich das Vorherrschen des Programms einer nicht-individualistischen Wirtschaftsordnung konstatieren, in dem "Beruf" als Lebensstand mit der Pflicht zu nützlicher Tätigkeit für die von Gott vorgebene, statisch gedachte und ständisch gegliederte Ordnung verstanden wurde. Dieser sozialmoralische Traditionalismus verschärfte sich in der Frontstellung gegen den industriellen Strukturwandel und schuf mit den Standesvereinen ein in der Zielsetzung zwar utopisches, als Übergangsstruktur aber durchaus wirksames Organisationsgeflecht des sozialen Katholizismus. Mit dem Aufstieg neuer bürgerlicher Schichten gewann dann ein individualistisches Programm der Hochschätzung moderner Wissenschaft und industrieweltlicher Praxis rasch an Gewicht. Wissenschaft und Unternehmertum wurden jetzt hoch geschätzt, der "Fortschritt" in allen Bereichen auch für die Katholiken reklamiert; und manche Exponenten des neuen bürgerlichen Weltverständnisses trieben die Individualisierung sogar bis zur Forderung nach Verinnerlichung des religiösen Lebens. Von einer Minderheit erbittert bekämpft, bewirkte die Verbürgerlichung der katholischen Berufsethik gleichzeitig ihre Säkularisierung.

Ebenso zeigte sich der bürgerliche Aufbruch im Aufkommen einer eigenständigen katholischen Frauenbewegung. *Lucia Scherzberg* gelangt in ihrer Analyse dieser bislang kaum beachteten Bewegung, die sich insbesondere in dem 1903 gegründeten Katholischen Frauenbund manifestierte, zu ganz ähnlichen Befunden wie Blessing und Mooser: Sie zeigt, daß sich hier Frauen organisierten, die das Bedürfnis hatten, ihr Interesse an Emanzipation mit dem hergebrachten Glauben und der Zugehörigkeit zur katholischen Kirche zu vereinbaren. Daraus resultierte eine Bewegung, die wohl am Idealbild der traditionellen Familienmutter festhielt, sich aber gleichzeitig den Realitäten der modernen Industriegesellschaft stellte und de facto Teil der bürgerlichen Frauenbewegung wurde. Die Berufung auf die katholische Weltanschauung diente in dieser Bewegung im wesentlichen nur noch zur Identitätssicherung; propagiert (und wohl auch gelebt) wurde eine im Kern bürgerliche Moral, die vielfältige Ansätze zur Frauenemanzipation einschloß, auch wenn diese nicht in allen Bereichen betrieben wurde.

Die Zuspitzung des Aufbruchs in die Moderne zu einer bewußten Kritik am Ultramontanismus beschreibt *Norbert Schloßmacher*. Er kann zeigen, daß diese Kritik keineswegs mit dem im Kaiserreich verbreiteten generellen Antikatholizismus identisch war. Vielmehr gab es eine – bislang ebenfalls kaum beachtete – genuine antiultramontane Bewegung, die die katholische Religion respektierte und sie häufig vom Zugriff des Ultramontanismus zu befreien suchte. In ihr wirkten neben Vertretern des liberalen Kulturprotestantismus auch zahlreiche Katholiken mit, die um einen Ausgleich ihrer Kirche mit der modernen Welt bemüht waren. Insbesondere die "Krausgesellschaft" (benannt nach dem liberalen Kirchenhistoriker Franz Xaver Kraus) focht mit ihren Zeitschriften "Das Zwanzigste Jahrhundert" bzw. "Das Neue Jahrhundert" für die Gesellschaftsfähigkeit des Katholizismus, und sie fand damit in den Kreisen des katholischen Bürgertums eine durchaus beachtliche Resonanz.

Dem Antiultramontanismus in der bürgerlichen Öffentlichkeit entsprach im theologischen Bereich der Reformkatholizismus, der sich um eine Aussöhnung von Kirche und Theologie mit der modernen Wissenschaft und Kultur bemühte. *Karl Josef Rivinius* zeigt am Beispiel des Würzburger Theologen Herman Schell, daß dieser Reformkatholizismus eine breite Resonanz erzielte. Selbst Bischöfe schlossen sich nach Schells Tod 1906 einer Initiative an, die darauf zielte, dem "populärsten katholischen Theologen der Neuzeit" ein Denkmal zu errichten. Freilich wurde der Reformkatholizismus von Rom aus nach Kräften unterdrückt: Nachdem schon 1898 Schells bisherige Werke auf den Index gesetzt worden waren, ließ es sich Pius X. nicht nehmen, persönlich gegen den Denkmalsplan zu intervenieren; die mit Schell sympathisierenden Bischöfe und Theologen fügten sich nolens volens.

Modernisierungstendenzen machten sich allerdings auch bei jenen bürgerlichen Katholiken bemerkbar, die vor einer Konfrontation mit dem kirchlichen Lehramt zurückschreckten. Das wird aus der Skizze der Entwicklung des langjährigen preußischen Zentrumsvorsitzenden Felix Porsch deutlich, die *August Hermann Leugers-Scherzberg* vorlegt. Porsch arbeitete zur Abwehr der Moderne in einer de facto modernisierenden Bewegung mit (den katholischen Studentenverbindungen), rückte unter dem Eindruck des Erfolgs der sozialistischen Bewegung von seinem ursprünglichen Antiliberalismus ab und trug die Reformpolitik des Volksvereins und der Christlichen Gewerkschaften gegen integralistische Anfeindungen mit. Die Modernisierung des Katholizismus hatte für ihn individuelle Grenzen; so lehnte er etwa die Interkonfessionalisierung des Zentrums ab. Dennoch wirkte er an einer Säkularisierung katholischer Politik mit, die sie im späten Kaiserreich wie in der Weimarer Republik zunehmend kompromißfähig werden ließ.

Ein gewisse Säkularisierung katholischer Politik läßt sich auch an der Entwicklung des katholischen Antisemitismus ablesen: *Olaf Blaschke* zeigt, wie sich katholische Kleriker und Publizisten (weniger die kirchliche Elite) antijüdischer Topoi bedienten, um dem Abwehrkampf gegen die Moderne plastische Form zu geben. Damit wirkten sie an prominenter Stelle an der weltanschaulichen Funktionalisierung des Antisemitismus mit. Bis zur Übernahme des modernen Rasse-Biologismus ließen sich jedoch nur wenige Autoren treiben; die theologische Einsicht, daß dieser dem Glauben an die Wirkmächtigkeit der Sakramente den Boden entzog, verhinderte hier eine durchgehende Anpassung an den Zeitgeist.

Insgesamt war der Katholizismus also weder so homogen noch so unwandelbar, wie es die landläufige Redeweise vom "katholischen Deutschland" suggeriert. Das katholische Milieu, das sich in der Kombination von kirchlichem Abwehrkampf gegen die Moderne und unterschiedlichen sozialen Befindlichkeiten bildete, wies von Anfang an verschiedenartige Akzentuierungen auf, die sich mit fortschreitender Industrialisierung weiter ausdifferenzierten. Im Beitrag des *Herausgebers* werden drei soziale und politische Bewegungen unterschieden, die sich im späten Kaiserreich auf katholischer Grundlage bildeten: eine bürgerliche Emanzipationsbewegung, eine populistisch gefärbte Bewegung ländlicher und kleinbürgerlicher Unterschichten und schließlich eine Arbeiterbewegung, die insbesondere dort reüssierte, wo Mischformen traditioneller und industrieller Lebensweisen erhalten blieben. Die beträchtlichen Gegensätze zwischen diesen Bewegungen führten besonders nach dem Abklingen des Kulturkampfes zu ständigen heftigen Spannungen im Katholizismus und in der Zentrumspartei. Die Entwicklung eines modernen Verbandswesens und die Entfaltung nationalistischer Impulse halfen eine Zeitlang, diese Spannungen zu überbrücken. Allerdings verlor der Katholizismus über diese Modernisierung mit der Zeit notwendigerweise an Substanz. Schon im späten Kaiserreich schlitterte er in eine Desintegrationskrise, die in der Weimarer Republik nicht mehr überwunden werden konnte.

Der Katholizismus erweist sich damit als ein Übergangsphänomen, das die Durchsetzung der Moderne begleitete, mit ihrem Erfolg aber auch seine spezifischen Aufgaben verlor. Er stellte zunächst eine Reaktion auf die Moderne dar, die sich intentional gegen die Moderne richtete, dabei aber der katholischen Kirche eine Machtstellung unter den Bedingungen der Moderne sicherte und eine breite Skala unterschiedlicher politischer Aktivitäten in der modernen Welt freisetzte. Er trug damit selbst zur gesellschaftlichen Durchsetzung der Moderne bei; und soweit er sich dabei von der ultramontanen Verengung zu lösen vermochte, wurde er auch selbst zu einem Bestandteil der Moderne. Vormoderne Elemente überlebten in diesem Prozeß nur als randständige Residuen.

4.

Es versteht sich, daß in diesem Band nicht alle Aspekte dieses Umbruchprozesses gleichmäßig behandelt werden können. Regionale Ausprägungen des katholischen Milieus – etwa im Ruhrgebiet oder in Oberschlesien – verdienten ebenso genauere Beachtung wie spezifische ideologische und soziale Formationen – so der Integralismus oder die organisierte Arbeiterbewegung nach der Jahrhundertwende.[4] Auch wäre ein Vergleich mit den gleichzeitigen Entwicklungen im deutschen Protestantismus in mancher Hinsicht reizvoll. Indessen sind hier die Vorarbeiten viel weniger weit gediehen, so daß diese Thematik einem gesonderten Bande der Reihe "Konfession und Gesellschaft" vorbehalten bleiben muß. Für den katholischen Bereich hoffen Autoren und

Herausgeber, einige Grundmuster erarbeitet zu haben, an denen sich die künftige Diskussion orientieren kann.

Für das Zustandekommen dieses Bandes danke ich in erster Linie den Autoren, die sich trotz vielfältiger anderer Arbeitsverpflichtungen auf das Experiment einer Umbruchanalyse mit verteilten Rollen eingelassen haben. Dank gilt auch all denen, mit denen die hier vorgelegten Einsichten und Konzepte diskutiert werden konnten: den Mitgliedern des Schwerter Arbeitskreises Katholizismus-Forschung, den Mit-Diskutanten in der Katholizismus-Sektion des Bochumer Historikertages und den Kollegen im Herausgeberkreis von "Konfession und Gesellschaft". Eine erste Fassung meines eigenen Beitrages habe ich im Dezember 1988 im sozialgeschichtlichen Kolloquium von Hans-Ulrich Wehler in Bielefeld vortragen können; auch hier habe ich den Diskutanten zu danken. Für die Mühen der Texteinrichtung danke ich Thomas Lux, für die sorgfältige Erledigung der Korrekturarbeiten Claudia Hiepel.

Essen, im Juni 1991   Wilfried Loth

Anmerkungen

1   Gegen manche allzu harmonische Darstellungen in der katholischen Kirchengeschichtsschreibung wird die Frontstellung gegen die Moderne deutlich betont bei: Leif Grane, Die Kirche im 19. Jahrhundert. Europäische Perspektiven, Göttingen 1987. Implizit wird sie auch aus dem zuverlässigen Überblick über die Entwicklung des Katholizismus in Deutschland, Frankreich und Italien deutlich, den Karl-Egon Lönne vorgelegt hat: Politischer Katholizismus im 19. und 20. Jahrhundert, Frankfurt/Main 1986.

2   Vgl. den instruktiven Überblick über die Forschung der 80er Jahre bei Antonius Liedhegener, Der deutsche Katholizismus um die Jahrhundertwende (1890-1914). Ein Literaturbericht, in: Jahrbuch für Christliche Sozialwissenschaften 1990, 301-392.

3   Vgl. das eindrucksvolle Panorama bei Thomas Nipperdey, Deutsche Geschichte 1866-1918. Bd. 1: Arbeitswelt und Bürgergeist, München 1990. Hier findet sich S. 428-468 auch ein anregender Überblick zu unserem Thema (auch separat publiziert in: Religion im Umburch. Deutschland 1870-1918, München 1988, 9-66), der freilich zum Teil zur Kritik Anlaß gibt (besonders in den folgenden Beiträgen von Christoph Weber, Irmtraud Götz von Olenhusen und August Hermann Leugers-Scherzberg).

4   Was letzteren betrifft, kann zum Teil auf einschlägige Veröffentlichungen zurückgegriffen werden, so Wilfried Loth, Katholiken im Kaiserreich. Der politische Katholizismus in der Krise des wilhelminischen Deutschlands, Düsseldorf 1984; und Michael Schneider, Die Christlichen Gewerkschaften 1894-1933, Bonn 1982.

CHRISTOPH WEBER

Ultramontanismus als katholischer Fundamentalismus

0.

Ultramontanismus – dieser Begriff klingt abgestanden und verstaubt wie aus der Mottenkiste der Historie hervorgeholt. Nach einer intensiven Benutzung und europaweiten Verbreitung von über 200 Jahren verschwand er nach dem 2. Weltkrieg aus dem allgemeinen Gebrauch und fristet seitdem in der Geschichtswissenschaft ein ungern zugestandenes Gnadenbrot. De facto bleibt er öffentlich mit einer Art Bann belegt, im streng wissenschaftlichen Sektor unverzichtbar, aber auch hier stark bedrängt von Kräften, die diesen Begriff von sich selbst abzuwenden entschlossen sind. Heribert Raab hat verschiedene Aufsatze zum "Schlagwort" Ultramontanismus veröffentlicht, in denen er nachwies, wie bereits im 18. Jahrhundert dieses Wort der gedankenlosen und polemischen Abnutzung unterlag.[1] Glaubte Raab wirklich, damit auch erwiesen zu haben, daß dieses "Schlagwort" gar keine Realität traf? Es geht aus seinen quellengesättigten Recherchen nicht hervor, ob er wirklich meinte, Ultramontanismus sei eben nichts anderes als die katholische Kirche selbst. Mit dem Nachweis des Schlagwortcharakters ist noch nicht viel gewonnen. Hatte Raab die entgegengesetzten Kampfbegriffe der Ultramontanen, von "Jansenismus"[2] über die Trias "Liberalismus, Rationalismus, Naturalismus"[3] bis zum so leichtfertig angeklebten "Kantianismus"[4] ebenfalls untersucht, so hatte seine Beschwerde erst echtes Gewicht erhalten. Die neuere Ultramontanismusforschung, die von R. Aubert und O. Weiß, G. Martina, M. Weitlauff, H.H. Schwedt, P. Stadler, N. Trippen, R. Deufel, H.J. Pottmeyer, E. Poulat u.a. wesentliche Impulse erfuhr[5], geht jedenfalls davon aus, daß es den Ultramontanismus wirklich gegeben hat.

Ultramontanismus – dieser Begriff wirkt peinlich. Er erinnert an bittere kirchliche Streitigkeiten, z.B. zwischen Altkatholiken und Römisch-Katholischen[6], sowie zwischen Katholiken und Protestanten[7], deren man sich seit Einführung des Ökumenismus schämte, und an die erinnert zu werden in der Bundesrepublik seit Gründung der CDU niemand in diesem Lager mehr besonderen Wert legte. Erinnert das Wort doch an Gegnerschaften, die in allen Details heute als peinlich empfunden werden: Auf der einen Seite ein absolutistisches Papsttum, welches mit dem Syllabus errorum, der Unfehlbarkeit und den Antimodernismus – Enzykliken sich als einzigen Leuchtturm der Wahrheit einer rasenden Sturmflut ohnmächtig-verzweifelter Irrtümer entgegenstemmte[8], und doch von allem, was es kritisierte – Wirtschaftsliberalismus, Konstitutionalismus, historische Kritik, nachkantianische Philosophie – nur eine höchst verzerrte Wahrnehmung hatte.[9] Auf der anderen Seite ein deutscher Kulturprotestantismus, der in seiner Identifizierung mit dem Bismarckreich, mit seiner fortdauernden Bindung an die Monarchie, aber gleichzeitigen internen theologischen Auseinanderentwicklung in wenigstens drei Parteien[10] wahrscheinlich den Ultramontanismus dringend benötigte, um noch die Einheit der "deutsch-protestantischen Interessen" bewahren zu können.[11] Ultramontanismus – das schien ein ruinierter Begriff zu sein, denn die beiden äußeren Kontrahenten, die streng römischen Katholiken und die kampfesfrohen Kulturprotestanten hielten es gelegentlich für einen klugen Schachzug, den Ultramontanismus und die katholische Kirche einfach miteinander gleichzusetzen.[12] Für die Polemik brachte diese radikale Vereinfachung momentan einen Gewinn: Man hatte auf der einen Seite nicht mehr die Mühe, im imparitätischen Staat die berechtigten Forderungen der Katholiken von den unberechtigten Bestrebungen der Ultramontanen zu unterscheiden, diese hingegen hatten jetzt eine Handhabe, die minoritären Liberalen im Katholizismus endgültig herauszudrängen.[13] Da zur Zeit Pius' IX. von oben her tatsächlich die ultramontane Bewegung mit der Gesamtkirche identifiziert wurde, mußte in den Jahren von etwa 1860 – 1878 diese Identifizierung als plausibel erscheinen. Der Papst, den manche seiner Verehrer als "Vizegott" begrüßten[14] und der nicht selten aus dem Bewußtsein einer persönlichen Inspiration heraus handelte, teilte gewiß auch die Meinung, daß seine Kirche genau das war, was die ultramontane Doktrin lehrte: eine absolute Monarchie.

Ultramontanismus – das ist für manche ein Schimpfwort. Dies aber trifft nicht zu. Weder enthält dieser Begriff eine moralische oder intellektuelle Disqualifikation, noch einen herabsetzenden Vergleich oder eine vereinseitigende Übertreibung. Beinhaltet der Wortsinn doch nur die besondere Bindung der Ultramontanen an den Papst, und umfaßt die tadelnde Nebenbedeutung nur eine Kritik an einer bedingungslosen Ergebenheit gegenüber diesem. Immerhin konnte man sagen, auch tadelnde Begriffe sollten aus der Wissenschaft ausgeschieden werden. Dies ist aber nicht möglich. Alle Begriffe, mit denen große Bewegungen und politische Bestrebungen benannt werden, enthalten von Anfang an Lob oder Tadel, oft genug beides vermischt. Wer auf den "Ultramontanismus" verzichten wollte, müßte auch zahllose andere Begriffe ausscheiden, die in sich Werturteile enthalten, was gerade bei den Religionen die Regel ist, z.B. auch bei dem Begriff "Katholizismus".[15] Auch große politische Parteinamen sind stets mit Werturteilen angefüllt, nicht selten auch echte Schimpfworte gewesen, wie z.B. die beiden alten englischen Parteibezeichnungen.[16] Auch ist nicht zu übersehen, daß solche Namen allein schon deshalb meist polemisch aufgeladen sind, weil sie ihren Anhängern Qualitäten vindizieren, die per definitionem den Gegnern abgesprochen werden. Die "-ismus" – Begriffe des 17. – 20. Jahrhunderts sind symptomatische Worte der Neuzeit, in denen sich die Brechung des mittelalterlichen Universalismus und die Aufspaltung der leitenden Ideen in Parteien, Schulen und Strömungen manifestierte.[17] Für die Anhänger fundamentalistischer Grundanschauungen ist es allerdings die unerträglichste Zumutung, sich selbst als Parteigänger anzuerkennen. Aber seitdem der okzidentale Geist diese Begriffsgattung bildete, war er sich des Parteilichen und Fragmentarischen, des Vorläufigen und Einseitigen gerade seiner höchsten Ideen und heiligsten Güter bewußt geworden. Intellektuelle aller Schattierungen, die sich nach der Ursprünglichkeit der Empfindungen sehnen, affichieren öfters ihre Aversion gegen und Überlegenheit über die "-ismus"-Begriffe.

Demgegenüber muß festgehalten werden, daß mit der Herausbildung dieser gesamten Bezeichnungsmöglichkeit eine entscheidende Leistung vollbracht wurde: Im Begriff einer "großen Idee" selbst wird bereits ihre notwendige Begrenztheit mitformuliert. Ultramontanismus – das ist ein Begriff, der noch lange nicht obsolet ist. Denn die gemeinte Sache gab es wirklich: Jene besondere Entwicklung, die den römischen Bischof zu einem über alle Könige und Kaiser gesetzten Weltherrscher machte, und jene weitere Geschichte voller "Ungleichzeitigkeiten", welche die Kurie und ihre Verteidiger noch lange nach dem Untergang der päpstlichen Weltherrschaft im Banne jener Theorien verharren ließ, die diesen weltlichen Herrschaftsanspruch formuliert und abgesichert hatten.[18] Solange es derartige Tendenzen gab und gibt, benötig man auch einen dazugehörigen Begriff. Ferner ist er unentbehrlich, um innerhalb der katholischen Kirche die Vorkämpfer der päpstlichen Sonderrechte von den übrigen Katholiken abzugrenzen. Der Ex-Jesuit Graf von Hoensbroech, der am Ende des 19. Jahrhunderts die gedankliche Arbeit der deutschen Debatte der Kulturkampfära, teilweise aber auch früherer Epochen zusammenfaßte, definiert den Ultramontanismus 1897 so: "Ultramontanismus ist: ein weltlich-politisches System das unter dem Deckmantel von Religion und unter Verquickung mit Religion weltlich-politische, irdisch-materielle Herrschafts- und Machtbestrebungen verfolgt; ein System, das dem geistlichen Haupte der katholischen Religion, dem Papste, die Stellung eines weltlich-politischen Großkönigs über Fürsten und Völker zuspricht."[19]

Wir werden relativ mühelos sehen, daß eine solche Beschreibung des Ultramontanismus mutatis mutandis seine Einordnung in den größeren Rahmen des Fundamentalismus bereits gestattet. Allerdings reichen Definitionen dieser Art noch nicht aus, die ganze Realität des Ultramontanismus zu erfassen, die über den Kampf des Papstes um politische Macht hinausreicht. Derartige Definitionen des 19. Jahrhunderts sind selbst zeitgebunden und entstammen im wesentlichen einer staatskirchenrechtlichen Sehweise, wenngleich in der Detailanalyse bei den besseren Autoren auch herrschaftssoziologische und mentalitätsgeschichtliche Gesichtspunkte keineswegs fehlen. Aber diese Definitionsversuche haben doch nur beschränkte Bedeutung.[20]

Da der Ultramontanismus eine sehr langfristige Tendenz innerhalb des Katholizismus darstellt, unterlag er auch im Laufe der Jahrhunderte einer Variation der Schwerpunkte und Ausprägungen. Daß es allerdings in seinem Inneren einen harten Kern gibt, der vom Altertum bis heute derselbe ist, steht nach einer jahrhundertelangen Forschungsanstrengung seit Friedrich Heiler fest.[21] Es ist die bereits in den Schriften des Neuen Testamentes auftretende, an anderen Stellen derselben Schriften bereits bekämpfte Tendenz der Gemeindeleitungen, Machtpositionen aufzubauen, in erster Linie nach innen, bei nächster Gelegenheit auch nach außen, und so ein Kirchentum zu errichten, dessen Hierarchie Herrschaft ausübt. Ist der ultramontane Hierarch ohne politische Macht, die Realisierung seiner Predigt in die völlige Freiwilligkeit der Gläubigen gegeben, dann erscheint ihm dieser Zustand als unerträgliche Beraubung[22].

Wie schwer es ultramontanen Politikern fällt, auf das brachium seculare zu verzichten, ist auch im 19. Jahrhundert überall mit Händen zu greifen. Der ultramontane Parteiführer F.J. Buß hat beispielsweise 1851 programmatisch unter acht "Grundzügen" einer "Katholischen Politik" auch folgende Forderung erhoben: "Der Katholizismus huldigt der Ordnung und strebt nach ihr, nicht nach der Ordnung der den Menschen niederhaltenden Polizei, sondern nach der Ordnung, welche die Grundlage eines Reiches von Institutionen ist, die aus dem innersten Wesen der Gesellschaft der Menschen nach göttlicher Vorbildung stammt. Es besteht ein Kreis solcher Gesamteinrichtungen, wie der Kirche, der Schule, des Staats und der von ihm geübten Rechtspflege und Wohlfahrtsordnung, der Familie, der Ehe, des Eigentums. Nie wird der Katholizismus dulden, daß diese großen Anstalten verletzt werden."[23] Gibt es überhaupt einen Kreis der Politik, der nach Buß' Meinung von der Kirche real unabhängig ist? Nein, denn beim Ultramontanismus sind die Maximalforderungen – das Ganze zu durchdringen – auch die Minimalforderungen. Dieser m.E. zentrale Sachverhalt wird von der ultramontanen Geschichtsforschung nach wie vor nach Kräften verschleiert. Hören wir deshalb nach Hoensbroech einen strengen Katholiken, der im Jahre 1873 für ein katholisches Lexikon wie folgt sich äußert:

"Ultramontanismus (ist ein) von den Pseudoliberalen und offenen Gegnern der Kirche gebrauchter Parteiname zur Bezeichnung Derjenigen, welche im Römischen Stuhl das Fundament und den Mittelpunkt der Einheit der katholischen Kirche verehren und diese selbst als ein von Gott unmittelbar gestiftetes Reich höherer Ordnung betrachten, dem der Staat als eine von Gott nur mittelbar, nämlich mittelst der Menschen, nach dem Laufe der natürlichen Dinge und den Bedingungen menschlicher Klugheit eingesetzte Gewalt in allen jene höhere Ordnung betreffenden Dingen sich zu unterwerfen hat."[24]

Wobei natürlich die "höhere Ordnung" darüber zu befinden hat, was zu ihrem "Reich" gehört. Da in der Praxis die Grenzen zwischen staatlicher und kirchlicher Kompetenz immer umstritten sind, ist die Frage, wer über diese Grenzen entscheidet, von großer Bedeutung. Während nichtultramontane Kirchenoberhäupter die Unlösbarkeit des Prinzipienkonfliktes einsehen und daher bereit sind, Konkordate zu schließen und diese auch sinngemäß zu realisieren, beharrt der Ultramontane auf der absoluten Kompetenz-Kompetenz des Papstes, der also alleine die Grenzen festlegt (mithin, da im Leben immer alles mit allem zusammenhängt, gar keine echte Begrenzung seiner Gewalt kennt), und hat für Konkordate nicht viel übrig, versucht auch in praxi, die dort erbrachten Konzessionen an die bürgerliche Gesellschaft wieder zu unterlaufen, wie aus vielen Bischofsernennungen weiten Kreisen bekannt ist.[25]

Wie machtvoll die Tradition einer ultramontanen Lehre über die Beziehung zwischen geistlicher und weltlicher Gewalt selbst noch in der jüngsten Vergangenheit weiterwirkte, zeigt die um 1950 von dem Jesuiten Gustav Gundlach formulierte Lehre über die Kirche als "Lebensprinzip der Gesellschaft".[26] Zwar versuchte Gundlach selbst, eine theokratische Deutung dieser Gesellschaftstheorie auszuschließen, wenn man aber berücksichtigt, wie stark ein solches Theorem mit der gesamten neuscholastischen Materie-Form-Lehre zusammenhängt, muß man doch sagen, daß hier die alte mittelalterliche Lehre von der Kirche als "Form" (im aristotelisch-thomistischen Sinne) der weltlichen Gesellschaft neu aufgelegt wurde. Schwarte hat zu diesem authentischen Integralismus die zeitgenössische Diskussion untersucht, z.B. die zustimmende Reaktion Gustav Ermeckes, der in diesem Zusammenhang die Lehre von der "potestas indirecta effectiva" erneuerte. Alles das ist Ultramontanismus in präziser Form, d.h. der Anspruch der katholischen Kirche auf Beherrschung der Gesellschaft, auch wenn man z.T. mildere Ausdrücke wählte, wie "Einfluß", "Wirkung" oder das beliebte "Aufeinanderbezogensein".[27]

1.

Diese Vorbemerkungen waren nötig, weil es zu den Merkmalen unseres Begriffs gehört, daß er fast immer mit entschuldigenden Anmerkungen, Einschränkungen und Distanzierungen gebraucht wird.[28] Hat man die beiden Haupthindernisse ausgeräumt – die volle Identifikation mit der katholischen Kirche und die Ablehnung als Schimpfwort –, eröffnet sich das weite Feld der konkreten Forschung über den Ultramontanismus. An einer solchen Forschung sind aber nicht sehr viele interessiert. Die beiden christlichen Großkirchen mit ihren ausgedehnten Forschungskapazitäten, die politischen Parteien mit den von ihnen formulierten Identitäten und Traditionen, die etablierten historischen Schulen, seien sie nun konservativ oder progressiv, haben an unserer Fragestellung positiv kein Interesse. So gibt es in der Bundesrepublik, die so reich an staatlichen und nichtstaatlichen historischen Forschungsinstituten ist, nichts, was sich kontinuierlich und systematisch um die Erforschung des Ultramontanismus kümmerte. Seitdem die evangelischen Kirchenhistoriker einen großen Bogen um solche Themen machen[29], und die stets minoritäre katholisch-liberale Kirchengeschichtstradition einer verschärften römischen Personalkontrolle unterliegt ("Nihil obstat"), ist an eine Beseitigung dieses schweren Defizits im Gesamtaufbau der politisch-wissenschaftlichen Kultur Deutschlands nicht zu denken. Der Umstand, daß im Gegensatz zum 19. Jahrhundert heute die Landesregierungen stets mehr daran interessiert sein müssen, im Einvernehmen mit der Hierarchie zu stehen, als nachhaltig die Freiheit der katholisch-theologischen Fakultäten zu schützen, kommt hinzu.

So wird deutlich, daß die fragmentarische Beschäftigung mit dem Thema Ausdruck eines übergeordneten Defizits der gesamten politischen Tradition Deutschlands ist. Hier wechselten sich seit dem Ende des alten Reiches und der Säkularisierung Perioden der Bedrückung der katholischen Kirche mit Zeiten eines engen Bündnisses von Thron und Altar ab, zwischen denen höchstens noch Perioden eines gereizten und labilen Nebeneinanders stattfanden. Sowohl die katholische wie evangelische Kirche und die deutschen Bundesstaaten wollten von einer Trennung von Staat und Kirche, die man ja auch hätte "freundlich" durchführen können, nie etwas wissen. Dieses vermeintlich unbedingte Aufeinanderangewiesensein führte zu jener andauernden Malaise einer ganz schlechten Ehe, deren Scheidung jedoch unmöglich blieb. Hieraus ergab sich auch das Ausweichen vor einer wirklich definitiven Erarbeitung geeigneter politischer Begriffe. Die Terminologie des Umfelds "Staat-Kirche" blieb vielmehr dem Sprachgebrauch des frühneuzeitlichen Fürstenstaates verhaftet, in der entscheidende Momente der Emanzipation der "Gesellschaft" gegenüber dem "Staat" fehlten. Bis tief in unsere Gegenwart hinein faßten sich kirchliche Amtsträger als "Obrigkeit" auf.[30] Die deutsche Intelligenz wiederum ist nie in eine gründliche Diskussion des Ultramontanismus eingetreten. Dies muß man festhalten, auch wenn die Broschüren und Zeitschriftenbeiträge zu diesem Thema relativ zahlreich sind.[31] Die Politikwissenschaft, die "weltliche" Geschichtsforschung, die Ideologiekritik haben das ganze Phänomen nur selten im Visier.[32] Daher kam es auch nie zu einer systematisch normierten Begriffsbildung.

Wegen des zweifellos unsympathischen Beigeschmackes finden wir neben dem Hauptbegriff zahlreiche andere Bildungen, die abwechselnd oder gleichzeitig gebraucht wurden, und die zusammengenommen erst das volle Volumen des gemeinten Gegenstandes umfaßten. Dieses dauernde Aufs-Neue-Anlauf-Nehmen, das häufige Scheitern der Neuschöpfungen, aber auch das ständige Neuauftauchen von Begriffen bis in die Gegenwart hinein deuten wohl auf ein prinzipiell ungelöstes Problem hin, also auf den Umstand, daß mit den bisherigen wissenschaftlichen Ansätzen (also den kirchengeschichtlichen, staatsrechtlichen, politologischen, theologischen) der Kern der Sache nicht erreichbar ist. Die wichtigeren Nomina, die vom 18. Jahrhundert bis heute auftauchten, sind folgende:[33]

> Papismus
> Zelantismus
> Jesuitismus
> Romanismus
> Hierarchismus
> geistlicher Despotismus
> Hildebrandismus
> Klerikalismus
> Vatikanismus
> Absolutismus der Hierarchie
> Obskurantismus
> Orthodoxismus
> Dogmatismus
> Intransigentismus
> Infallibilismus
> Integralismus
> Antimodernismus
> Triumphalismus
> Traditionalismus
> Rechtskatholizismus

Zu diesen Substantiven gehört eine größere Zahl von Adjektiven und anderen Ableitungen, wie "jesuitisch" oder "Römlinge". Dann gibt es eine Reihe von weiteren Adjektiven und Wortkombinationen, wie "strengkirchlich" oder die in der Umgangssprache weit verbreitete Vorstellung des "guten Katholiken", auch Kombinationen mit "ultra", wie "ultraklerikal" usw.[34] Nichts Besonderes liegt darin, daß dieses Begriffsfeld an den Rändern ausfranst, daß z.B. der "politische Katholizismus"[35] bereits erheblich weniger negativ klang als der Ultramontanismus, in der Gegenwart wohl jeder pejorativen Konnotation ledig ist. Auch verwundert es nicht, daß die einzelnen Begriffe nicht völlig deckungsgleich sind, hatten sie doch in dem Munde jedes Einzelnen eine bereits unterschiedliche Akzentuierung. Nicht zu vergessen ist die symbolisch so starke, sehr negativ besetzte, aber emotional machtvolle Vorstellung des "Schwarzen".[36]

Dem Verfasser ist keine andere große Strömung bekannt, für die es so viele verschiedene Benennungsversuche gibt wie für den Ultramontanismus. Man vergleiche die viel sparsameren Wortfelder für den Liberalismus und den Sozialismus.[37] Es entsteht der Eindruck einer großen historischen Tiefe (die auch schon früh – etwa durch den "Hildebrandismus" des 18. Jahrhunderts – erfaßt wurde), aber auch einer gescheiterten endgültigen Begreifung. Warum gelang weder in Deutschland noch sonstwo in Europa eine definitive Erfassung jener Tendenzen der katholischen Kirche, die nach politischer Macht strebten? Es wurde bereits angedeutet, muß aber noch expliziter ausgeführt werden: Die Ursache dafür lag in einer historischen Großwetterlage übergeordneter Art, nämlich in der Situation, daß das europäische Bürgertum sich im Abwehrkampf gegen die Demokratie (1848) und den Sozialismus (1871 ff.) mit dem Papsttum verbündete und deshalb die Kulturkämpfe des 19. und 20. Jahrhunderts abbrach, in denen es den Katholizismus hatte zwingen wollen, seine fundamentalistischen Tendenzen aufzugeben und statt dessen die in seinem Inneren stets auch gegenwärtigen, aber stets minoritären Komponenten einer Toleranz, eines politischen Machtverzichts, einer Beschränkung der eigenen Wirksamkeit auf Bereiche der völligen Freiwilligkeit hervorzuheben.[38] Daher ist es auch ganz naheliegend, daß die Beschäftigung mit dem Thema Ultramontanismus in den Ländern die intensivste Pflege erfuhr, in denen es zu einem Bündnis von Bürgertum und Kirche sehr lange nicht gekommen ist, also besonders in Frankreich, wo der Kampf zwischen diesen beiden Mächten zwei Generationen lang dauerte, etwa von 1860 an bis in den ersten Weltkrieg hinein. Im Vergleich dazu war der Konflikt in Deutschland eine kurze Explosion, oder auch nur Verpuffung, die vorüberging, ohne die politische Kultur nachhaltig zu verändern.

Die diversen Friedensschlüsse der europäischen Kulturkämpfe verlangten zwar einen Verzicht auf die fulminantesten päpstlichen Ansprüche, gewährten aber der katholischen Kirche einen enormen legalen Einfluß auf das öffentliche Leben. Ja, die Staaten stärkten den kirchlichen Einfluß wieder, um ihn für den antisozialistischen Kampf einsetzen zu können. Für die maßgeblichen Theoretiker, z.B. die sozialphilosophisch tätigen deutschen Jesuiten, gab es in der 1. Hälfte des 20. Jahrhunderts allerdings nie einen Zweifel daran, daß die großen Irrlehren der Gegenwart immer nur ein und dieselbe waren, nämlich der Abfall von Gott, der sich aus dem Abfall vom Papst zwangsläufig ergab. Und dementsprechend war in den Augen dieser Denker der Nationalsozialismus "nur ein braun angestrichener Sozialismus, und der Sozialismus nur ein rot angestrichener Liberalismus".[39] Daß man sich damit abfinden müsse, den Liberalismus, d.h. die "Neuzeit" nicht mehr "besiegen" zu können, das wollte man im katholischen Deutschland lange nicht glauben. Auch so differenzierte Geister wie Romano Guardini ersehnten "das Ende der Neuzeit".[40] In "Abendländischen Akademien", in "Arbeitskreisen für christliche Geschichte", in einer Vielzahl von "abendländischen" Ausstellungen, Vorträgen und Zeitschriftengründungen versuchten nach dem 2. Weltkriege katholische Intellektuelle, die "Zerrissenheit" Europas zu überwinden und ein "Neues Abendland" zu schaffen.[41] Viel Idealismus war zweifellos dabei, aber auch nicht wenig Herrschaftsanspruch, auch mancherlei unrealistische Hoffnung auf die "Überwindung" der liberalen Grundlagen des modernen Staatswesens durch die katholisch-naturrechtliche Schule. Schon um 1956 machte sich eine innerkirchliche Kritik an integralistischen Tendenzen bemerkbar, der dann die Meinungsführerschaft bis in die 70er Jahre hinein gehören sollte.[42] Der Kompromißfriede also, der zwischen den europäischen Staaten und ihren liberalkonservativen Führungsschichten einerseits, und dem Papsttum und den jeweiligen nationalen Führungen des politischen Katholizismus andererseits abgeschlossen wurde (in Deutschland z.B. im Jahre 1887), verhinderte, daß die wissenschaftliche Erforschung des Ultramontanismus sich voll entfalten konnte. Vertreter einer solchen Richtung, wie z.B. F.X. Kraus, wurden sogar zu Außenseitern, und die gewissermaßen maschinell weiterlaufende Antiultramontanismus – Propaganda des "Evangelischen Bundes" erreichte nicht mehr das Ohr der Zeit. Man kann sogar sagen, daß die Schichten, die noch nach dem 1. Weltkrieg "in Antiultramontanismus machten", dem Anliegen einer Grundsatzkritik schadeten, z.B. dann, wenn der Antiultramontanismus sich mit radikalem Nationalismus verbände, wie bei Mathilde Ludendorff. Auch hat die Erfahrung der Verfolgungs- und Benachteiligungsmaßnahmen der protestantischen und liberalen Staatsregierungen im 19. Jahrhundert und die nationalsozialistische Kirchenpolitik bei vielen Katholiken zu einer völligen mentalen Verschließung gegen die Argumente ihrer Widersacher geführt.[43]

2.

In dieser ungünstigen Bewußtseinslage, in der sich Verdrängung und Desinteresse gegenseitig verstärken, kann die gegenwärtige Erfahrung mit dem religiösen Fundamentalismus weiterhelfen. Ohne hier das oft so bodenlose Feld der Diskussion um "die" Moderne und ihre angebliche Krise zu betreten, genügt es, Fundamentalismus als starke, emotional gespeiste Reaktion auf den in der "Neuzeit" erfolgten Abbau der traditionellen Religion mit ihren unantastbaren, auf "göttlicher Offenbarung" beruhenden Lehren zu beschreiben. Eine solche Beschreibung genügt, um den religiösen Fundamentalismus als gemeinsame Bewegung in vielen einzelnen Religionen zu erkennen.[44] Worin besteht nun der Fundamentalismus des Ultramontanismus? Welche allgemeinen Merkmale des Fundamentalismus lassen sich hier verifizieren? Unter Beiseitelassung der amerikanischen Vorgeschichte des Fundamentalismus, die natürlich ganz starke Parallelen zum päpstlichen "Antimodernismus" aufweist[45], seien hier vom Verfasser neun, resp. zwölf Strukturmerkmale oder Wesensäußerungen fundamentalistischen Denkens und Handelns vorgetragen, die dann auf ihre Anwendbarkeit auf den Ultramontanismus überprüft werden.

1. Traditionalismus/Konservativismus. Das grundsätzliche uralte Argument: Gehorche dem Vater! Ändere nichts von dem, was er Dir vorgeschrieben hat! Traditionalismus ist hier immer auch Patriarchalismus. Dieser Sachverhalt ist in den Religionen des jüdisch-christlich-islamischen Kreises zu bekannt, um noch näher begründet werden zu müssen.

Im Katholizismus ist es auch der oberste Oberhirte, der souverän bestimmt, worin die wahre Tradition besteht. Er braucht dazu nicht die Zustimmung seiner Kinder. Der Heilige Vater hat immer recht! Das ist ein mächtiger Impuls, der auch von den ultramontanen Massen vollauf geteilt wird. Auf der Diözesanebene gilt Nihil sine Episcopo! Und in den Blütejahrzehnten des Ultramontanismus bestimmten die Herren Pastöre im katholischen Rheinland, welcher Kandidat als Landtags- oder Reichstagsabgeordneter nach Berlin ging, nicht wegen irgendeiner politischen Spezialkompetenz, sondern wegen ihrer traditionalen Autorität.[46]

2. Autoritarismus. Dementsprechend glaubt der Fundamentalist nicht an den Wert der Diskussion, sondern an die Kraft, die aus unbezweifelbarer Entscheidung entspringt. In der Religion hofft er nicht auf Konzilien, Synoden, beratende Gremien irgendwelcher Art[47], in der Politik hat er eine Abneigung gegen Parlamente, beides, weil dort die Bösen ungehindert reden dürfen, was doch pervers ist. Die Kirche ist dem Ultramontanen "eine Autoritätsanstalt"[48], bei der die Macht von oben kommt und keinerlei Kontrolle von unten unterliegt. Dieser Autoritarismus, der im Falle der katholischen Kirche sich zur päpstlichen Monarchie steigerte, in anderen Religionen sich oft auf der Stufe eines auch nicht zu verachtenden patriarchalen Klerikalismus bewegt, führt vor allem zu dem, was Helmut Geller die "Ausschaltung der internen Opposition"[49] nannte. Der Fundamentalist ist unfähig, sich den traditionalen Führer anders als unfehlbar vorzustellen, er ist demnach auch unfähig, die eigene Position anders als unverrückbar zu erleben. Man könnte sagen: Es kommt eigentlich dem Fundamentalisten gar nicht darauf an, was ihm im Einzelnen vorgeschrieben wird, wenn er nur das Erlebnis der bedingungslosen Identifizierung mit dem Führer und der Gruppe genießen darf. Daher auch die für Außenstehende so abstoßende Lobpreisung fundamentalistischer Religionsführer durch ihre Anhänger, die hysterischen Verzückungen derselben beim Auftreten der oder des Hierarchen[50], der Rausch des Jubels und später der tiefe Ingrimm, wenn der Hierarch seine Gemeinde auf Abweichler, auf Ketzer, auf Verräter in den eigenen Reihen aufmerksam macht.[51]

3. Religiöser Fanatismus. Es kann der wahren Religion nicht zugemutet werden, von gleich zu gleich mit den zahllosen abscheulichen Irrtümern, von denen es zu allen Zeiten wimmelte, zu verhandeln. Am Ende hat doch nur die Wahrheit das Lebensrecht. Anhänger des Irrtums müssen zum Wohle der Einfachen und Schwachen an der Ausbreitung des Irrtums gehindert werden, notfalls durch Tötung. All dies ist ebenfalls überaus bekannt. Die deutschen Ultramontanen des 19. Jahrhunderts lehnten anhaltend die Religionsfreiheit ab, und selbst auf dem 2. Vatikanischen Konzil gab es gegen diesen "Relativismus" noch große Widerstände.[52]

Eine wichtige, konkrete Anwendung der Punkte 1-3 ist eine auffällige Eigenschaft, die allen religiösen Fundamentalisten gleichermaßen zu eigen ist: ihr Mangel an Fähigkeit zur Selbstkritik, ihre magistrale Attitüde, die mit absinkender Sachkompetenz sich nur verhärtet. Man braucht kein folgsamer Popper – Anhänger zu sein, um die Fähigkeit, Irrtümer einzugestehen, für eine Hauptbegabung des menschlichen Geistes zu halten. Es genügt, das alte Wort "Irren ist menschlich" in Erinnerung zu rufen. Der Fundamentalist verkrampft sich, wenn er diese Zumutung hört: Gerade auf seine Lehre trifft dieser Satz eben nicht zu!

4. Historischer Dualismus. So wie seit der Stiftung der wahren Religion alle Guten im Schoße dieser einen Gemeinschaft geborgen sind, so gibt es seit den Anfängen teuflische Widersacher, die ebenso ununterbrochen die Stadt Gottes berennen. Alle ihre Irrtümer sind ein einziger, und die Weltgeschichte ist ein einziger Kampf der Guten mit den Bösen. Die Guten sind vielfältigen Verfolgungen ausgesetzt, und oft scheint das Böse fast zu triumphieren.[53] Der erregte Tonfall fundamentalistischer Prediger hat in vielen Religionen den gleichen Klang, und alle hoffen auf den bald ertönenden Laut der großen Posaune des letzten Tages, an dem in der letzten Schlacht die Bösen besiegt werden. Im deutschen Katholizismus gibt es zahlreiche Beispiele einer dualistischen Geschichtsauffassung; das extremste Beispiel lieferte 1959 Pater Gustav Gundlach SJ, als er den Beweis erbrachte, daß im Falle eines drohenden Atomkrieges mit der Sowjetunion ein solcher eher in Kauf genommen werden müßte als etwa eine lebensrettende Kapitulation, und zwar auch dann, wenn dadurch der Weltuntergang herbeigeführt würde, denn ein solcher sei ja im Heilsplan Gottes ausdrücklich vorgesehen. Hintergrund dieser im einzelnen mit der traditionellen katholischen Lehre vom bellum justum völlig unvereinbaren Apokalyptik ist die Verwurzelung Gundlachs in der Tradition des antirevolutionären, radikal antiaufklärerischen Denkens. Aber um 1960 gab es neben Widersachern Gundlachs, die ihn aus der katholischen Moraltradition heraus widerlegten, doch noch zahlreichere Katholiken, die ihm völlig zustimmten.[54]

5. Ökonomischer Romantizismus. In die jetzige Welt ist große Ungerechtigkeit eingekehrt, der Wucher herrscht, und dem Armen wird das letzte Brot weggenommen. Früher, als die frommen Patriarchen oder Könige oder Kalifen oder Päpste regierten, war das anders. Da hatte jedermann seinen gerechten Lohn und beschied sich mit dem Wenigen, das ihm wirklich nötig war. Der Fundamentalist lehnt nicht nur Kapitalismus und Kommunismus ab, sondern mit dem Zinsnehmen sogar letztlich das Geld an sich.[55] Bleibt also nur eine primitive Agrar- und elementare Handwerkergesellschaft, in der bei minimaler sozialer Dynamik die religiösen Führer die Verteilung der geringen freien Überschüsse vornehmen. Entwickelt sich dieser Grundansatz doch noch weiter, kommt man zu korporativistischen, ständestaatlichen, wenigstens protektivistischen Wirtschafts- und Sozialmodellen, die wegen ihres Gegensatzes zur Dynamik des Industrialisierungsprozesses nicht ohne Diktatur durchsetzbar sind. Daß sich in diesem ökonomischen Romantizismus echte Probleme widerspiegeln, soll nicht geleugnet werden.[56]

6. Antifeminismus und Antisexualismus. Der Fundamentalist weiß, daß die Geschlechtlichkeit von Gott dem Menschen eingepflanzt ist, daß allerdings das Weib durch seine Verführung Anlaß zur Sünde wurde und immer wieder wird. Der Vollkommene enthält sich daher geschlechtlich so sehr wie nur möglich. Die Keuschheitsregeln der verschiedenen Fundamentalismen differieren im Detail, nicht im Grundimpuls.[57] Von den religiösen Führern wird besondere Enthaltsamkeit verlangt, was Anlaß zu vielerlei Skandalen und Schuldgefühlen, psychischem Stress und Aggressivität bietet. Das Jungfräulichkeitspostulat und die sich nur an die Frau richtende Forderung absoluter ehelicher Treue führen zu tragischen Konflikten, hin bis zu grausamer Unmenschlichkeit. Salman Rushdie hat gegenwärtig am eindringlichsten von der blutrü-

ten, brennenden Scham in der repressiven Ordnung seines Heimatlandes gesprochen; Frau Schwarzers Antipornographie – Kampagne erinnert stark an den gleichartigen Feldzug der deutschen Katholiken um 1900. Was die tatsächliche Ausdehnung von Verboten einzelner sexueller Handlungen betrifft, dürfte die katholische Kirche wohl am weitesten gegangen sein.[58]

<u>7. Antidemokratische politische Ideologie</u>. Man könnte dies auch als Unterabteilung von Punkt 2 (Autoritarismus) ansehen, doch hat die Demokratiefeindlichkeit im Laufe des 19. und 20. Jahrhunderts doch eine eigene Tradition ausgebildet. Religiöse Fundamentalisten sind es müde, mit Parlamentariern von feindseliger Einstellung zentimeterweise um die Durchsetzung der Wahrheit zu feilschen. Prälat Kaas gab im Jahre 1928 die Weimarer Republik auf, als alle Versuche, die Konfessionsschule in Deutschland wieder generell einzuführen, gescheitert waren.[59] Katholiken in allen Ländern Europas waren bis zum letzten möglichen Zeitpunkt Anhänger der Monarchie, und zwar der nicht-parlamentarischen.[60] Einzige Ausnahmen sind hier Belgien und die Schweiz.

<u>8. Ablehnung der "modernen Wissenschaft"</u>. Der Fundamentalist kennt zwar eine traditionalistische Theologie, welcher er eine unbedingte Leitfunktion über die anderen Wissensbereiche zuspricht, ordnet aber alles "Wissen" grundsätzlich dem "Glauben" unter. Da das in den Heiligen Schriften vorausgesetzte Weltbild in wesentlichen Teilen dem modernen Weltbild widerspricht, ist der Konflikt unausbleiblich und langandauernd. Der klassische Ort dieses Konfliktes ist die Schriftexegese, besonders im Bereich des Judentums, Christentums, Islams.[61]

<u>9. Ritualismus</u>. Der Fundamentalist lebt in einer Welt zahlreicher lebensformender Riten und Symbole, die sowohl individuelle Krisen, lebensaltersmäßige Übergänge und soziale Integrationsprobleme bewältigen und die in der "modernen Welt" langsam absterben oder wenigstens radikalen Säkularisierung unterworfen werden. Der Fundamentalist wehrt sich gegen die "Entzauberung der Welt", er beharrt auf der Durchformung des Lebens mit religiösen Zeichen; in seiner Opposition gegen die Moderne steigert er sie sogar. Bestimmte Gestaltungen des Lebens sind universal: Der Fromme geht gemessenen Schrittes, lacht nicht laut, blickt ernst und gefaßt, sieht seinem Gegenüber nicht frech ins Gesicht (modestia oculorum), er trägt einfache Kleidung von dunkelgrauer Farbe. Solche Regeln findet man vom Puritanismus bis zum Schiitentum. Männer tragen häufig Bärte, Frauen Kleidungen, die bis zu den Knöcheln reichen.[62]

Diese neun Strukturmerkmale lassen sich nun ohne Krampf auf die Geschichte der katholischen Kirche in der Neuzeit übertragen. Teilweise wurde die Anwendung ja bereits vorgenommen. Die Diskussion um das päpstliche Lehramt, die Unfehlbarkeit, die göttliche Einsetzung der Hierarchie (die gerade nicht der Zustimmung der Gläubigen bedarf), die Bindung an die "christliche Monarchie", das Festhalten an dem Recht auf Ketzerverfolgung so lange wie irdendwie möglich – all dies ist äußerst bekannt. Auch die enormen Schwierigkeiten der Kirche, die Industriegesellschaft anzuerkennen, haben vielfache Behandlung gefunden, nicht anders als die übrigen Merkmale, deren Konkretisierungen mit Stichworten wie Index librorum prohibitorum usw. leicht auf den Sonderfall anwendbar sind.[63]

Mit den neun Strukturmerkmalen des Fundamentalismus hängen weitere Elemente zusammen, die hier unmittelbar mit ihren ultramontanen Konkretionen zusammen behandelt werden sollen, da dem Autor die entsprechenden Informationen zu anderen Religionen fehlen.

10. Der Mystizismus. Unter Mystizismus versteht man die in der katholischen Kirche seit langem auftretende Tendenz, "spezielle Gnadengaben Gottes", in denen die Grenzen zwischen dem Jenseits und dem Diesseits niedergerissen werden, zu beanspruchen und sie sogar in den Mittelpunkt des religiösen Lebens zu stellen. Es handelt sich um Phänomene wie Stigmatisationen, Visionen, Marienerscheinungen, wunderbare Heilungen, Prophezeiungen künftiger Dinge, Einsichten in das Jenseits und manches andere, welches bei Frauen öfter auftritt als bei Männern.[64] Die Kehrseite dieser Dinge ist ein bis mindestens 1900 in Deutschland offiziell weiterbestehender Glaube an die Hexerei oder zumindest an ihre Möglichkeit[65], an einen dementsprechenden Teufelsglauben und seiner schlimmsten Ausprägung, dem Glauben an teuflische Besessenheit, an entsprechende Auffassungen über das Wirken von Engeln, Vorstellungen über die "armen Seelen", über die Wirksamkeit materieller Devotionsmittel wie dem Ignatiuswasser, den Skapulieren, Medaillen[66] usw. Leider werden diese Dinge, wenn sie von der akademischen Geschichtsforschung überhaupt behandelt werden, zu schnell in der harmlosen Rubrik "Volksfrömmigkeit" untergebracht und folkloristisch entschärft; die eigentliche Kirchengeschichte nimmt davon nicht Notiz und ist froh, all dies bequem in der "Volkskunde", neuerdings in der "Alltagsforschung" abladen zu können.[67]

Doch sollte man die Dinge ernst nehmen. Verpestete der Teufels- und Höllenglaube doch noch anhaltend die Gesamtsituation der deutschen Katholiken. So wurden zwar im Jahre 1899 die beiden Reformschriften Herman Schells auf den Index gesetzt in denen der Würzburger Theologe maßvolle Verbesserungsvorschläge angebracht, aber auch eine dezidierte Kritik am Ultramontanismus vorgetragen hatte,[68] In der gleichen Epoche blieben die Werke des Münsteraner Dogmatikers W. Bautz unbeanstandet, in denen er die Hölle exakt im Erdinneren, im Zentrum der Erde angesiedelt hatte.[69] Der kirchliche Fundamentalismus wachte pausenlos auf "Linksabweichler", während die größten Bizzarrerien von der "rechten Seite" ungeahndet blieben. Dieser Aspekt der Geschichte des kirchlichen Lehramtes ist auch noch nicht bearbeitet. Indem die Päpste und Bischöfe systematisch fundamentalistische Extremisten – die grundsätzlich auch als schuldig betrachtet wurden – mit größter Nachsicht behandelten, modernistische Häretiker aber schonungslos verfolgten, gaben sie der gesamten Kirche einen durchgreifenden "Rechtsdrall".

Unter den verschiedenen mystizistischen Erscheinungsformen haben uns die Arbeiten von Otto Weiß eine der wichtigsten an zentraler Stelle erhellt: die ekstatischen Seherinnen, von denen er eine der einflußreichsten, Louise Beck (1822-79) mit ihrer Dominanz über wichtige bayrische Kardinäle und Bischöfe dargestellt hat. Leider fehlt es an einer kritischen Gesamtschau dieses Phänomens einer obskuren weiblichen Rückeroberung von Wort und Macht in der katholischen Kirche, obwohl es solche Seherinnen zu Dutzenden gab.[70] Aber nicht nur Frauen neigten in diesem Milieu zum Mystizismus. Der Kardinal von Köln, Philippus Krementz, wollte vor seinem Tode (1899) einen Hirtenbrief veröffentlichen, in dem er den Gläubigen mitteilte, daß er aufgrund der Apokalypse zur Erkenntnis gelangt sei, daß der Weltuntergang nunmehr unwiderruflich im Jahre 1950 stattfinde. Und der berühmte Kölner Theologe M.J. Scheeben – der eine eigene Zeitschrift zur Bekämpfung Dollingers herausgegeben hatte – beschäftigte sich am Ende seines Lebens (gest.1888) derart mit Zahlenmystik, daß sein letztes Manuskript seinen Freunden unpublizierbar erschien.[71]

11. Neugotik und Nazarenertum. Will man die volle Bandbreite ultramontaner Weltanschauung erfassen, muß man sich mit den Produkten des von ihm beeinflußten künstlerischen Schaffens auseinandersetzen, mit seinen Restriktionen und Obsessionen. Die aus der Romantik inspirierten Strömungen der Neugotik und des Nazarenertums nahmen in relativ kurzer Zeit den Weg in die strenge Schulrichtung und die Abwehr der Modernität.[72] Unter dem Einfluß August Reichenspergers wurde die Neugotik zum einzig genehmigten Kirchenbaustil im Erzbistum Köln und behielt diese Position während eines halben Jahrhunderts (ca. 1850-1900), verlor aber gleichzeitig die künstlerische Spontaneität und Entwicklungsfähigkeit. Auch hier mußte unter Anstrengungen eine innerkirchliche Opposition niedergehalten werden.[73] Das Nazarenertum, dem neuere Forschungen in seiner Anfangsphase die Qualität einer "Kulturrevolution" zusprechen[74], verbaute sich durch seine Ablehnung des künstlerischen Realismus den Weg in die Zukunft und mündete in eine kitschige Gebrauchsgraphik ein, die sich im katholischen Mitteleuropa vom Schloß bis in die Hütte massenhaft ausbreitete. Hier hielt sie sich in der Form von Gebetbuchbildchen und Öldrucken sowie von Gipsfiguren bis unmittelbar in die Epoche des 2. Vatikanischen Konzils.[75]

Diese Ästhetik spiegelt in ihrer Formgebung, ihren Themen, ihrer Koloristik deutlicher als irgend etwas anderes das innerste Empfinden des ultramontanen Menschen, nämlich seine schmerzerfüllte Flucht vor der Realität des Zeitalters der Industrialisierung, der Demokratie, der modernen Wissenschaft, des Zerfalls der Autoritäten, der beginnenden Landschaftszerstörung, der Kriege und des Existenzkampfes jedes Einzelnen in der Konkurrenzgesellschaft. Statt dessen wird eine "heilige Familie" im agrarisch-handwerklichen Milieu idealisiert, die der oben genannten Wirtschaftsauffassung einer vorindustriellen Gesellschaft entspricht. Aber auch die Infantilisierung der Psyche, ein Trend zum Asexuellen, zum Niedlichen gilt es zu sehen und zu deuten. Neben der "heiligen Familie", den Herz-Jesu- und Herz-Mariae – Darstellungen gibt es vor allem ein dominantes Motiv der populären ultramontanen Druckgraphik: den guten Hirten, der als ekklesiologisches Symbol dieser ganzen Epoche ("Pastor aeternus") von größter Bedeutung war und unbedingt auch als symbolische Darstellung der Beziehung der Gläubigen zur Hierarchie zu interpretieren ist.[76] Was bedeutet schließlich die Koloristik mit ihrer Bevorzugung von Pastellfarben (rosa, himmelblau)? Um nicht ungerecht zu sein, muß man hinzufügen, daß vieles von dem, was uns heute so "kitschig", d.h. süßlich am Nazarenertum erscheint, auch in den anderen Malerschulen des 19. Jahrhunderts vorkommt, resp. in ihren populären Derivaten. Nicht geleugnet werden kann allerdings, daß gerade von den "kitschigsten" Gebetbuchbildchen eine merkwürdige ästhetische Faszination ausgeht, die wohl in dem überstarken Appell an kindliche Erlebnis- und Wahrnehmungsformen ihren Grund hat.

Da der Verfasser kein Kunsthistoriker ist, darf er ungestraft folgende Beobachtung anbringen: Die Nazarener und ihre Nachfolger wollten sich an die mittelalterliche Kunst anschließen. Betrachtet man ihre Bilder und Fresken aber genauer, bemerkt man, daß sie – wie alle historistischen Maler des 19. Jahrhunderts – zwar die Kostüme entlehnen, ihre menschlichen Körper aber nach den Formgebungen der Romantik, des Klassizismus, ja sogar des Barocks gestalten, was man an der Körperhaltung, der Gestik und Mimik sehr leicht verifizieren kann.[77] Ein wirkliches Anknüpfen an die gotische Tafelmalerei war ebenso unmöglich wie eine schöpferische Wiederaufnahme Raffaels, weder wurde die gotische Statuarik neu erreicht, noch war die Bindung an die süße Weichheit der Salon- und Akademiemalerei des 19. Jahrhunderts vermeidbar gewesen. Es entstand rasch tatsächlich eine Stilmischung[78], genau genommen eine Kostümmalerei, die in keiner Weise ein Wiedergewinnen "des Mittelalters" bewirkte. Im folgenden werden wir dem Gedanken, der ganze deutsche Ultramontanismus sei vielleicht ein Kostumstück des 19. Jahrhunderts gewesen, weiter nachgehen.

12. Historismus. Darunter wird hier nicht jene bekannte Schule der Geschichtsforschung verstanden, die man mit Ranke verbindet, sondern die allgemeinere Bewegung der Geistes- und Kulturgeschichte des 19. Jahrhunderts, die auf allen Gebieten des Lebens an frühere Stile vorerst des Mittelalters anzuknüpfen suchte, dabei aber selbstverständlich an die generellen Bedingungen der Gegenwart gebunden blieb. In immer rascherer Folge wurden die alten "Style" verbraucht, bis nach der kurzen Blüte selbst eines Neobarock der Umschlag in die "Moderne" erfolgte.[79] Im deutschen Katholizismus wurde diese Tendenz dadurch verschärft, daß nicht nur (wie allgemein in Deutschland) im Kunststil oder im politischen Ideal (z.B. "Deutscher Kaiser") auf vergangene Epochen zurückgegriffen wurde, sondern sogar in den Grundlagen der theologisch-philosophischen Doktrin. "Philosophie der Vorzeit" und "Theologie der Vorzeit" – das war das Motto[80], von dem der Katholizismus sich Heil erhoffte, und die Neuscholastik beherrschte mit noch größerem administrativem Zwang das innerkirchliche Leben als die Neugotik.[81] Bis in der 60er Jahre unseres Jahrhunderts erhofften sich integralistische Kirchenmänner von der Weiterführung der deutschen Thomas-Ausgabe die rettenden Impulse zur Überwindung der Neuzeit[82], und der Neuthomismus behauptete ebensolange an kirchlichen Lehranstalten sein Monopol. Kirchliche Philosophen, die anders dachten, wurden schonungslos verdrängt, ihrer Wirkmöglichkeiten beraubt.[83]

Ursprünglich hatte der deutsche Katholizismus nur an einer allgemeinen Tendenz des 19. Jahrhunderts teilgenommen, der romantischen Verherrlichung des Mittelalters. Dann ist aber zu bemerken, daß die Ultramontanen an einer weiteren Voraussetzung ihres Jahrhunderts partizipierten, der Meinung nämlich, daß ein "großer Mann" (hier also: "große Päpste", wie Pius IX., Leo XIII., Pius X.) mit einem Ruck gewaltig-genialer Kraftanstrengung eine erlösend-rettende Tat vollbringen könne wie dies andere z.B. mit einer Reichsgründung oder Schaffung der organisierten Arbeiterklasse oder Schöpfung des endgültigen Musikdramas erreicht hatten. Leo XIII.

glaubte, mit einer Enzyklika ("Aeterni Patris" 1879) eine neue Epoche der Philosophiegeschichte einleiten zu können, die Rückkehr nämlich zum Fürsten der Scholastik als die rettende Bergung der Menschheitskultur vor dem Untergang im kantianischen Skeptizismus.[84]

Ein Akt reinsten Historismus, nach heutigem Verständnis ebenso entscheidend ahnungslos wie die Repristination eines deutschen Kaisertums oder die; historische Ideologisierung einer bestimmten sozio-ökonomischen Situation. Die Frage an das 19. Jahrhundert lautet allgemein: warum all diese Kostümierungen, warum die pompösen geschichtlichen Legitimationen für in Wirklichkeit viel akzeptablere Ziele, realistischere Wünsche, bescheidenere Forderungen? Das sind Fragen, die hier nicht zu beantworten sind, es genügt hier die Erkenntnis, daß die katholische Kirche im vollen Umfang an der Eigenschaft des 19. Jahrhunderts als einer Epoche der Ideologien und deshalb auch ihrer gewaltsamen historischen Ableitungen partizipiert hat. Das ganze Papstbild des 19. Jahrhunderts scheint mir historistisch geprägt: Man träumte, als man 1870 die Unfehlbarkeit proklamierte, von einer mittelalterlichen Welt der Harmonie und moralischen Einheit.[85] Der Leidensdruck vor der Moderne muß sehr groß gewesen sein. Das allgemeine Verlust- und Katastrophengefühl (man denke an J. Burckhardt) war im Katholizismus noch ausgeprägter als sonst. Aber allein stand der Ultramontanismus im Europa dieses Jahrhunderts in seiner Furcht vor Verfall, Verlust, Dekadenz, Untergang keineswegs.[86] Wie bei allen anderen Hauptströmungen der Zeit hielt man die Gegenwart für grundsätzlich defizitär, eine ferne, wenig bekannte Epoche für das Vorbild. Der historisierende Kostümzwang (auch die Neuinszenierung des rheinischen Karnevals und des sog. "Brauchtums" mit seinen aufwendigen Uniformen und historischen Kostümen gehört hierher[87]) ist also ein Phänomen, das vielleicht mehr zum Verständnis des Ultramontanismus beiträgt als manche staatskirchliche Konfliktlage. Die mit wechselndem Erfolg erzwungene Anlegung einer für historisch erachteten Priesterkleidung (Soutane/Talar) gegenüber einem deutschen Klerus, der längst seine "Standeskleidung" der bürgerlichen Welt in der Form des sog. Gehrockes angepaßt hatte, war ein typischer Schritt in diese Richtung[88]. Kostümierung also auch hier, und zwar in der stillschweigenden Hoffnung, durch die Wiederherstellung einer distinguierenden "Standeskleidung" wieder Anteil an dem Sozialprestige eines eigentlichen "Standes" zu gewinnen – eine Eigenschaft, die legal und faktisch verloren war.

3.

Unser Rundblick über die Merkmale des Fundamentalismus im allgemeinen ergibt die mühelose Brauchbarkeit einer Einordnung des Ultramontanismus in diesen weitgespannten Daseinsentwurf. Dabei habe ich absichtlich auf eine Definition beider Begriffe verzichtet, eingedenk der alten Mahnung Schopenhauers, daß es auf die Anschauung des Gegenstandes, nicht auf Definitionen oder Begriffe ankomme und eingedenk des Hinweises von Wittgenstein, daß die beste Erklärung einer Sache ihre genaue Beschreibung sei. Beides – der übergeordnete Sachverhalt des

Fundamentalismus wie die Spezifikation Ultramontanismus im 19. Jahrhundert – sind historische Phänomene, bei denen Menschen auf eine so komplexe Herausforderung wie diejenige, die wir als "moderne Welt" bezeichnen, mit einem ganzen Syndrom von Reaktionen antworten, die alle irgendwie von der Verlustangst durchtränkt sind, die den Veränderungen der Neuzeit unweigerlich entspringen. Sie stammen aus derselben Wurzel wie auch die sog. Kulturkritik mit ihrer Angst vor den Massen, vor dem Ende der "Aristokratie" im weitesten Sinn des Wortes, vor dem Auftreten eines "eisernen Gehäuses" oder welche Angstvorstellungen sonst noch wucherten. Jede Befassung mit dem Ultramontanismus des 19. Jahrhunderts muß diese spezifische Färbung vor allem berücksichtigen, die Angst, daß die Kirchen in Fabriken umgewandelt würden, d.h. daß die totale "Entfremdung" drohe. Von hier aus sind alle Versuche des Ultramontanismus her verständlich, das Zeitalter der "Gottlosigkeit" zu überwinden, aber auch ihre völlige innere Unbrauchbarkeit. Eine solche Form von Mentalitätsgeschichte, die sich nicht bloß an einzelnen volksreligiösen Antiquitäten delektiert oder vorschnell bloße sozialkonservative Manipulation am Werke sieht oder gar auf der politisch motivierten Identifikation der Zentrumspartei mit der katholischen Kirche beharrt, führt weiter und ist auch in der Lage, das an sich überreich vorhandene Material neu zu interpretieren. Voraussetzung ist dabei die Erkenntnis, daß der Ultramontanismus das Ghetto, in das er die Kirche zwang[89], immer zuallererst gegen eine geistig überlegene Gruppe innerkirchlicher Opponenten durchsetzen mußte, bevor er es zum "Turm" ausbauen konnte, von dem er hoffte, daß er die "Stürme" der Gegenwart zum Scheitern bringe. Die wichtigste konkrete Forschungsaufgabe ist die vollständige Erfassung jenes jahrhundertelangen Verzweiflungskampfes aufgeklärter Theologen, Philosophen, Exegeten, Kirchenhistoriker gegen das sog. "Kirchlich Lehramt". Auf diesem Gebiet versucht die kirchenoffiziöse Geschichtsschreibung immer noch den Weg des Totschweigens fortzusetzen.[90] Hier aber wird anhand jedes neu aufgerollten Falles der Zensur und der Damnatio memoriae aufs Neue deutlich, daß 'Ultramontanismus' kein unabwendbares Schicksal war, sondern daß in jedem Jahrzehnt des 18. bis 20. Jahrhunderts es ausgewählte Geister gab, die ihrer Kirche den Weg aus der Angst hätten zeigen können.

Anmerkungen

1   Heribert Raab, Reich und Kirche in der frühen Neuzeit. Ausgewählte Aufsätze, Freiburg (Schweiz) 1989, 461-529. – Raabs Grundansatz, "Ultramontanismus" sei nur ein gedankenlos gebrauchtes Schlagwort, ist alt; ganz von dieser Auffassung geprägt ist: August Reichensperger, Phrasen und Schlagwörter. Ein Noth- und Hilfsbüchlein für Zeitungsleser, 3. Auflage, Paderborn 1872: vgl. hier: clerical, Confessionalismus (starrer), Fanatiker, Finsterlinge, Gelüste (hierarchische), Jesuit, Priesterherrschaft, Religion, Toleranz, Ultramontane. – Zwei moderne kurze Artikel: C. Andresen/G. Denzler, dtv-Wörterbuch der Kirchengeschichte, München 1982, 596ff.; E. Heinen in: Wörterbuch des Christentums, hrsg. von Drehsen/Haring/Ruschel/Siemers, Gütersloh-Zürich 1988, 1291. – Vgl. Anm. 5-7, 20, 31.

2   Vgl. zu ihm: Handbuch der Kirchengeschichte, V, hrsg. von H. Jedin, Freiburg 1970, 409-60. Ludwig Pastor erlebte 1875 Döllinger bei einer Rede: "... sein Gesicht macht den unangenehmsten Eindruck: es ist ein jansenistisches Häretikergesicht, das sich jedesmal verzerrte, sooft die Rede auf die Jesuiten kam"; Ludwig Freiherr von Pastor, Tagebücher-Briefe-Erinnerungen, hrsg. von N. Wühr, Heidelberg 1950, 65.

3   O. Köhler, Aufklärung. In: Handbuch der Kirchengeschichte, V (wie Anm. 2), 368-408. Hier 372 zum Klischee "Indifferentismus, Rationalismus, Agnostizismus, Naturalismus, Materialismus". Näheres zur Tendenz, Triaden zu bilden, in Anm. 39.

4   Anton Gisler, Der Modernismus, Einsiedeln 1913, 332-55 zum "Kantischen Agnostizismus". Die Kantianismus-Anklage war rasch vernichtend; etliche Hinweise bei J. Hessen, Geistige Kämpfe der Zeit im Spiegel eines Lebens, Nürnberg 1959. Zum Kampf gegen den "Neukantianismus" vgl. J. Schwarte (hier Anm. 26), 307ff.

5   Vgl. R. Aubert, Vaticanum I, Mainz 1965 (hier ältere Vorarbeiten seit 1952); O. Weiß, Der Ultramontanismus. In: Z. f. bayer. Landesgesch. 41 (1978), 821-77; G. Martina, Pio IX, drei Bände, Roma 1974-90; M. Weitlauff, Zur Entstehung des "Denzinger". In: Hist. Jahrb. 96 (1978), 312-71; H.H. Schwedt, Das römische Urteil über Georg Hermes (1775-1831), Rom/Freiburg 1980; P. Stadler, Der Kulturkampf in der Schweiz, Frauenfeld/Stuttgart 1984, bes. 142ff. (wichtige Definition des Ultramontanismus); N. Trippen, Theologie und Lehramt im Konflikt, Freiburg 1977; R. Deufel, Kirche und Tradition, Paderborn 1976; H.J. Pottmeyer, Unfehlbarkeit und Souveränität, Mainz 1975; Heinrich Linn, U. in Köln, Siegburg 1987; hier 73-76 Exkurs zum Begriff U.; J.-M. Mayeur, Catholicisme intransigeant, Catholicisme social, démocratie chrétienne. In: Annales 26 (1972), 483-99; E. Poulat, Catholicisme, démocratie et socialisme, Tournai 1977; Richard M. Griffith, The Reactionary Revolution. The Catholic Revival in French Literature 1870-1914, London 1966; G. Chalvy – Y.-M. Hilaire, Histoire religieuse de la France contemporaine [1]. 1800/1880, Toulouse 1985, 153-96 (La piété ultramontaine); Revue d'histoire de l'Amérique française vol. 25, n.2, 1971, 155-305 (Sonderheft zum U. in Kanada); J. Derek Holmes, More Roman than Rome: English Catholicism in the Nineteenth Century, London 1978; E. Lamberts, Kerk en liberalisme in het bisdom Gent (1821-1875), Leuven 1972.

6   Leopold Karl Goetz, Ultramontanismus als Weltanschauung aufgrund des Syllabus quellenmäßig dargestellt, Bonn 1905. Das Werk dieses a.o. Prof. in Bonn – nach Erlöschen der altkath. Theologie in Bonn hatten die Altkatholiken dort ein Extraordinariat erkämpfen können, gegen scharfen Widerspruch der Zentrumspartei – war "Der nationalliberalen Fraktion des preußischen Abgeordnetenhauses gewidmet". Das 371 S. starke Werk – vorweg als Artikelserie in der "Kölnischen Zeitung" erschienen – polemisierte öfters mit den Jesuiten, z.B. 5.294ff. gegen Pater Biederlacks Rechtstheorie (im Staatslexikon der Görresgesellschaft, 2. Bd., 2. Aufl., 712ff.). – Unter den vielen antiultramontanen Broschüren der Altkatholiken z.B. Theodor Weber, Staat und Kirche nach der Zeichnung und Absicht des Ultramontanismus, Breslau ^{2}1875. – Zur innerkatholischen Diskussion vgl. auch: H.Schell, Die neue Zeit und der alte Glaube, Würzburg ^{2}1898, 73-87 zum U.; zum älteren Antijesuitismus vgl. Richard van Dülmen, Probst Franziskus Töpsl (1711-1796) und das Augustiner-Chorherrenstift Polling, Kallmünz 1967, 199-122. Wichtig die abschließende Diskussion eines Aspektes: Fritz Vigener, Bischofsamt und Papstgewalt, 2. Aufl., hrsg. von Gottfried Maron, Göttingen 1964. – David Baumgardt, Franz von Baader und die philosophische Romantik, Halle 1927, 313-27 zu Baaders scharfem Antiultramontanismus. – Die wichtigste Materialsammlung zur Geschichte des U. in Deutschland während

des 19. Jahrhunderts und darüber hinaus die zeit- und quellennächste Darstellung bieten immer noch der 1. Band von Johann Friedrichs Geschichte des Vatikanischen Konzils, Bonn 1877, sowie Joh. Fr. v. Schulte, Lebenserinnerungen, 3. Bde., Gießen 1908-09, von denen die zwei letzten Bände wichtige Aufsätze und biogr. Notizen enthalten. – Zeitgebunden, aber kenntnisreich befaßt sich mit der Frage "Ultramontane oder nationale Politik?" (des Zentrums) E. Ritter, Der Weg des politischen Katholizismus in Deutschland, Breslau 1934, 101-27.

7   Vgl. Karl Sell, Die Entwicklung der katholischen Kirche im neunzehnten Jahrhundert, Leipzig 1898, 112 S.; Carl Mirbt, Der Ultramontanismus im neunzehnten Jahrhundert, Leipzig 1902; Karl Benrath, Ultramontanismus. In: Realencyklopädie für protestantische Theologie und Kirche, 3. Aufl., 20. Bd., Leipzig 1908, 213-25. In diesem Lexikonartikel waren reiche Literaturangaben. Die o.g. Autoren waren Univ. Professoren der protest. Theologie.- Ebenso wichtig waren aber die polemischen Schriften der kleindeutschen Historiker, z.B.: Heinrich von Sybel, Klerikale Politik im neunzehnten Jahrhundert, Bonn 1874, 120 S. (behandelt hauptsächlich Spanien und Frankreich im Vormärz); Hermann Baumgarten, Römische Triumphe (1887). In: ders., Historische und politische Aufsätze und Reden, Straßburg 1904, 503-19. Vgl. auch Anm. 31. – Abschließend: W.P. Fuchs, Ultramontanismus und Staatsräson: Der Kulturkampf. In: Staat und Kirche im Wandel der Jahrhunderte, hrsg. von W.P. Fuchs, Stuttgart 1966, 184-200. – Es gab auch protestantische Gelehrte, die den Begriff U. mieden, wie z.B. Karl von Hase, Handbuch der protestantischen Polemik gegen die Römisch-Katholische Kirche, 7. Aufl., Leipzig 1900.

8   Locus classicus der Jesuitenpolemik sind die 12 Hefte (öfters erheblichen Umfangs) zur Verteidigung des "Syllabus errorum": Die Encyclika Papst Pius' IX vom 8. December 1864. Stimmen aus Maria Laach, Freiburg 1865-69. Fünf Hefte sind von G. Schneemann, vier Hefte von F. Rieß, eines mit dem Titel "Die Grundsätze der Sittlichkeit und des Rechts" von Th. Meyer, Freiburg 1868. Dieses ist besonders wichtig, weil der Autor über seinen Schüler H. Pesch und dessen Schüler G. Gundlach bis ca. 1960 den Diskurs des katholischen Deutschland auf einen bedingungslos antirevolutionären Kurs festlegte. Vgl. Burkart Schneider, Der Syllabus Pius' IX. und die deutschen Jesuiten. In: Archivum Historiae Pontificiae 6 (1968), 371-92. Auch schon gegen Ronge hatten die deutschen Jesuiten eine Broschüren – Serie veröffentlicht. Da es so aus dem Wald schallt, wie man hineinruft, wurden die Jesuiten im ganzen 19. Jahrhundert Gegenstand heftigster Anfeindungen; nur für ein Land in Europa ist dies genau erforscht: Ferdinand Strobel, Die Jesuiten in der Schweiz im XIX. Jahrhundert, Olten und Freiburg i.Br. 1954. Leider hat sich noch kein deutscher Jesuit oder sonst jemand dazu entschließen können, eine Geschichte dieses Ordens in Deutschland nach 1848 zu schreiben.

9   Vgl. Karl Heinz Grenner, Wirtschaftsliberalismus und katholisches Denken. Ihre Begegnung und Auseinandersetzung im Deutschland des 19. Jahrhunderts, Köln 1967; Johannes Horstmann, Katholizismus und moderne Welt. Katholikentage, Wirtschaft, Wissenschaft. 1848 bis 1914, Paderborn 1976; Martin Baumeister, Parität und katholische Inferiorität. Untersuchungen zur Stellung des Katholizismus im deutschen Kaiserreich, Paderborn 1987; Walter Friedberger, Die Geschichte der Sozialismus-Kritik im katholischen Deutschland zwischen 1830 und 1914, Bern 1978.

10 Vgl. "Vermittlungstheologie" in: Wörterbuch des Christentums, hrsg. von Drehsen/Haring/Ruschel/Siemers, Gütersloh 1988, 1318.

11 A.-H. Leugers, Latente Kulturkampfstimmung im Wilhelminischen Kaiserreich. In: Joh. Horstmann (Hrsg.), Die Verschränkung von Innen-, Konfessions- und Kolonialpolitik im Deutschen Reich vor 1914, Schwerte 1987, 13-37. Man vergleiche aber auch die ständig erneuerten, schweren Ausfälle der Päpste gegenüber dem Protestantismus; G. Knopp, Die "Borromäusenzyklika" Pius' X. als Ursache einer kirchenpolitischen Auseinandersetzung in Preußen. In: G. Schwaiger (Hrsg.), Aufbruch ins 20. Jahrhundert. Zum Streit um Reformkatholizismus und Modernismus, Göttingen 1976, 56-89; R.J. Rivinius, Die Canisius-Enzyklika "Militantis Ecclesiae". In: Reformatio Ecclesiae. Festgabe für Erwin Iserloh, hrsg. v. R. Bäumer, Paderborn 1980, 893-909.

12 Für die protestantische und altkatholische Polemik lag es nahe, nach dem Schisma von 1870 die Römisch-Katholischen endgültig mit dem Ultramontanismus zu identifizieren, für letztere, in der Kulturkampf-Situation, diese Identifizierung (natürlich unter dem Vorbehalt des Im-Rechte-Seins) zu akzeptieren. Vgl. hierzu H. Linn (hier Anm. 5), 74. – Wichtig ist jene andere, genau zu unterscheidende Identifikation, nämlich zwischen dem Ultramontanismus und der Zentrumspartei. Viele Belege dazu in: Bismarck – Erinnerungen des

Staatsministers Freiherrn Lucius von Ballhausen, Stuttgart/Berlin 1921. Robert Lucius stammte aus Erfurt und war katholisch, war aber Mitbegründer der Freikonservativen Partei, in der es viele nichtultramontane Katholiken gab. Für ihn war die Zentrumspartei identisch mit dem Ultramontanismus, wofür er zahlreiche Belege bietet, 9, 22, 60, 71, 73, 86. Den Anspruch des Zentrums, für alle Katholiken zu sprechen, bestritt er energisch. Hier auch weitere Begriffe aus diesem Feld. – Zur Ultramontanismus – Terminologie Kettelers vgl. Adolf Birke, Bischof Ketteler und der deutsche Liberalismus, Mainz 1971, 50 (Identifizierung 1862), auch 1, 12, 44, 47, 63, 73, 85, 100. Der päpstliche Hausprälat Dr. Karl Eberle definiert in seiner Schrift: Der "Ultramontanismus" in seinem wahren Sinne dargestellt, Feldkirch 1904 (104 S.), so: "'Ultramontanismus' ist also nichts anderes, als wahr und echt katholisch gesinnt sein und entsprechend auch Handeln"; 3. – Eine sehr typische Identifizierung des Ultramontanismus mit der Kirche findet man bei Beda Weber, Cartons aus dem deutschen Kirchenleben, Mainz 1858, 703-09.

13   Die Herausdrängung liberaler Katholiken läßt sich um 1850/70 an verschiedenen Fronten gut beobachten: Liberale oder auch nur gemäßigte Theologieprofessoren wurden durch Germaniker ersetzt; innerhalb der Diözesen gab es viele Parallelen. Im politischen Bereich wurden katholische Abgeordnete, die in den Augen der Ultramontanen "lau" waren (eine interessante Metapher, von der Hitze des Ultramontanismus her gebildet) restlos beseitigt. Vgl. dazu Winfried Becker (Hrsg.), Die Minderheit als Mitte. Die deutsche Zentrumspartei in der Innenpolitik des Reiches 1871-1933, Paderborn 1986, 33. Viel Material zur Beseitigung gemäßigt katholischer Abgeordneter jetzt in: Willy Real (Hrsg.), Katholizismus und Reichsgründung. Neue Quellen aus dem Nachlaß Karl Friedrich von Savignys, Paderborn 1988. – Zur Eroberung der theologischen Fakultäten, Seminarien, Diözesanverwaltungen durch die Ultramontanen liegen viele verstreute Beiträge vor; exemplarisch sei genannt: M. Weitlauff, Der Fall des Würzburger Kirchenhistorikers Johann Baptist Schwab (1811-1872). In: Historische Kritik in der Theologie, hrsg. von G. Schwaiger, Göttingen 1980, 245-84. – Interessant sind auch posthume Kämpfe um die Zugehörigkeit geschätzter Persönlichkeiten zum einen oder anderen Lager. Vgl. Joh. Nep. Sepp, Görres und seine Zeitgenossen 1776-1848, Nördlingen 1877, 476-90 (Görres gegen Absolutismus der Hierarchie); Heinrich Fels, Martin Deutinger, München 1938, 67 (Deutinger nicht antiultramontan).

14   Roger Aubert, Il Pontificato di Pio IX (1846-1878), a cura di Giacomo Martina, 2a ediz., Torino 1976, Parte prima, 466. – Zu triumphalistischen Exaltationen: Pier Giorgio Camaiani, Castighi di Dio e Trionfo della Chiesa. Mentalità e polemiche dei cattolici temporalisti nell'età di Pio IX. In: Rivista Storica Italiana 88 (1976), 708-44.

15   Vgl. die ekklesiologischen Abhandlungen von H. Fries und Y. Congar in: Mysterium Salutis, hrsg. von J. Feiner u. M. Löhner, IV/1, Einsiedeln 1972, 223-86 und 357-602. Eine Begriffsgeschichte zu "Katholizismus" hat der Verf. nicht gefunden.

16   Britain in the first age of Party 1680-1750. Essays presented to Geoffrey Holmes, ed. by C. Jones, London/Ronceverte 1987.

17   Eine Untersuchung über die -ismus – Begriffe der Neuzeit hat der Verfasser nicht gefunden. R. Koselleck äußert sich zu ihnen so: "Hierzu (zur Begriffsbildung der neuzeitlichen Sattelperiode) gehören die zahlreichen -ismus – Prägungen, die als Sammlungs- und Bewegungsbegriffe dazu dienten, die ständisch entgliederten Massen neu zu ordnen und zu mobilisieren. Die Verwendungsspanne reicht – wie heute noch – vom Schlagwort bis zum wissenschaftlich definierten Begriff"; R. Koselleck, Begriffsgeschichte und Sozialgeschichte. In: Ders. (Hrsg.), Historische Semantik und Begriffsgeschichte, Stuttgart 1978, 19-36, hier 24. – Der Begriff "Protestantismus" wurde bereits 1649 von Milton verwendet; Wörterbuch des Christentums (hier Anm. 1), 1007. – Wie die deutschen Katholiken zwei Zentralbegriffe sahen, ist gut einsehbar bei: Jos. Laurentius S.J., Rationalismus. In: Wetzer und Welte's Kirchenlexikon, 10 (1897), Sp. 796-802, und: H. Gruber S.J., Liberalismus. In: ebd., 7 (1891), Sp. 1898-1944. Gruber zählt Sp. 1939ff. ca. 25 päpstliche Verurteilungen des Liberalismus und seiner Vorläufer von 1738-1891 auf.

18   Das Aufrechterhalten obsoleter Rechtsansprüche gerade verletzender Natur gehört zu den Besonderheiten ultramontaner Theoriebildung. Zum Schaden der päpstlichen Situation verteidigte 1871 P. C. Tarquini S.J. die Natur der Konkordate als päpstl. Privilegien. Vgl. dazu Römische Quartalschr. 67 (1972), 83-116. Der römische Professor de Luca S.J. verkündete 1901 in schärfstmöglicher Form die Pflicht der weltlichen Obrigkeit, Ketzer hinzurichten; Die römische Kurie um 1900. Ausgewählte Aufsätze von P.M. Baumgarten, hrsg. von C. Weber, Köln 1986, 68. Der römische Professor Mons. Giobbio hatte schon 1899 das Recht des

Papstes bekräftigt, einen Attentäter gegen ihn mit dem Tode zu bestrafen; Liberaler Katholizismus. Biogr. und kirchenhist. Essays von F.X. Kraus, hrsg. von C. Weber, Tübingen 1983, 265. Sehr weitläufig verteidigte Kard. Felice Cavagnis 1906 in seinen Institutiones Iuris Publici Ecclesiastici, I, 195 das Recht der Kirche, Geldstrafen, Verbannung, Ausweisung, Prügelstrafe, Gefängnis (auch lebenslänglich) und die Versklavung zu verhängen; vgl. Werner Böckenförde, Das Rechtsverständnis der neueren Kanonistik und die Kritik Rudolph Sohms. Theol.Diss. Münster 1969, 33. – Im Bonner Collegium Albertinum wurde um 1900 das philosophische Lehrbuch des Dominikaners Lottini benutzt, in dem die moderne Repräsentativverfassung als die schlechteste aller Verfassungen hingestellt wurde; H. Schrörs (hier Anm. 71), 118.

19   Paul Graf von Hoensbroech, Der Ultramontanismus, 2. Aufl., Berlin 1898, 11.

20   Eine kurze Sondierung diverser Lexika ergibt Folgendes: Joh. Hr. Zedlers Großes Vollständiges Universal-Lexikon, Bd. 49, Leipzig & Halle 1746. Reprint Graz 1962, 888 kennt nur den Begriff "Ultramontani" als ital. Wort für die jenseits der Alpen Lebenden, – Der Brockhaus ist in seinen Auflagen des Vormärz extrem polemisch, und zwar wegen der Politik der Bourbonen-Restauration. Vgl. die Allgemeine deutsche Real-Encyklopädie für die gebildeten Stände, Leipzig, 7. Aufl., 11. Bd., 1827, 467-69; idem 8. Aufl., 11. Bd., 1836, 470f. Während des Kulturkampfes sind derartige Ausbrüche nicht mehr feststellbar; später findet eine ruhige Behandlung statt: 14. Aufl., 16. Bd., 1895, 56. – Andere Lexika legten sich stärkere Zurückhaltung auf: Neues Rheinisches Conversations-Lexikon, Köln 1836, 797: nur 7 Zeilen; Universal-Lexikon der Gegenwart und Vergangenheit, hrsg. von H.A. Pierer, 32. Bd., Altenburg 1846, 212. Die Lexika beschränken sich meistens auf die Darlegung des theoretischen Gegensatzes U. vs. Gallikanismus und weichen daher konkreten Zeitverhältnissen aus. Im folgenden Werk werden allerdings die innerkatholischen Gegner namhaft gemacht: Wilhelm Binder, Allgemeine Realencyklopädie oder Conversationslexikon für das Katholische Deutschland, 10. Bd., Regensburg 1849, 348f. Hier wird als Gegner des U. der "Kirchliche Liberalismus" genannt. – Die meisten neueren Artikel, besonders in theologischen Lexika, sind wenig bedeutsam, vgl. z.B. New Catholic Encyclopedia, New York-St. Louis, vol. 14, 1967, 380: Enciclopedia de la Religion Catolica, Barcelona, Tomo 7, 1956, col. 434.

21   F. Heiler, Der Katholizismus, München 1923, III. Abschnitt: Die juridisch-politische Kircheninstitution, 276ff.; hier 311ff. zu Ultramontanismus und Jesuitismus. Vgl. Michael N. Ebertz, Herrschaft in der Kirche. Hierarchie, Tradition und Charisma im 19. Jahrhundert. In: R. Gabriel/ F.X. Kaufmann (Hrsg.), Zur Soziologie des Katholizismus, Mainz 1980, 89-111.

22   Dieser Ton ist am deutlichsten getroffen in der Untersuchung über J. Kleudgen S.J. von R. Deufel (hier Anm. 5), 96-103, in der die Klage der Kirche über den "frechen Unglauben" psychologisch gut getroffen ist. Das Wehklagen des Ultramontanismus, seine Drohungen und Wutausbrüche, hinter denen das geheime Wissen steht, daß alle Mahnungen umsonst sind, zeigt eine seelische Gleichgestimmtheit mit dem Schimpfen von Eltern, deren Kinder nicht mehr gehorchen, sondern das Haus verlassen.

23   Zitiert nach E. Heinen, Staatliche Macht und Katholizismus, 1. Bd., Paderborn 1969, 125f.

24   Wilhelm Binder, Allgemeine Realencyclopädie oder Conversationslexikon für das Katholische Deutschland, 3. Aufl., Bd. 12, Regensburg 1873, 522.

25   N. Trippen, Das Domkapitel und die Erzbischofswahlen in Köln 1821-1929, Köln-Wien 1972; R.J. Rivinius, Vorgänge um die Mainzer Bischofswahl von 1849/50. in: Arch. f. mittelalterl. Kirchengesch. 38 (1986), 281-324 (Lit.). Dies sind nur zwei Hinweise aus einer relativ reichen Literatur. Die Dinge waren Sachkennern schon früher klar: "Die Hintertreibung formell ganz korrekt gewählter, aber nicht genug jesuitischer Bischof – Candidaten in Rom kam von jetzt (=1848, d.V.) immer mehr auf die Tagesordnung. Ich erinnere nur an die letzten Wahlen in Trier, Köln, Posen-Gnesen, Freiburg im Breisgau, worüber eine ganze Literatur entstand"; Joh. Friedrich, Der Kampf gegen die deutschen Theologen und theologischen Fakultäten in den letzten zwanzig Jahren, Bern 1875, 17 Anm. 1.

26   J. Schwarte, Gustav Gundlach S.J. (1892-1963). Maßgeblicher Repräsentant der katholischen Soziallehre während der Pontifikate Pius' XI. und Pius' XII., Paderborn 1975. Dies ist sicherlich eine der wichtigsten Arbeiten zum neueren Ultramontanismus, auch wenn der Begriff nicht vorkommt. Zum "Lebensprinzip" 199-220.

27   J. Schwarte (wie Anm. 26), 200-03; zu Ermecke ebd., 210f. Zur im 20. Jahrh. wiederholt vorgetragenen Lehre von der potestas indirecta oder directiva der Kirche vgl. Yves Congar, Ekklesiologische Studien und

Annäherungen, Stuttgart 1966, 413ff., der betont, daß die potestas indirecta stets in eine potestas directa umschlägt. Zur völlig ungenierten Oberhoheit der Kirche bei J. Kleudgen vgl. R. Deufel (hier Anm. 5), 164f.

28 Schon im Vormärz gab es Diskussionen wissenschaftl. Natur über den Gebrauch des Wortfeldes "ultramontan"; vgl. H. Wolf, Johann Baptist von Keller (1774-1885). In: Rottenburger Jb. f. Kirchengesch. 3 (1984), 213-33, hier 213 Anm. 1. Hier auch im weiteren viele wichtige terminologische Beobachtungen.

29 Um 1962/63 behandelten protestantische Sammelwerke noch den Ultramontanismus, z.B. Friedr. Heyer, in: Die Kirche in ihrer Geschichte, Bd. 4, Lieferung N, 1. Teil, Göttingen 1963, 122-158. In demselben Werk benutzt im 2. Teil derselben Lieferung, Göttingen 1972, Gottfried Maron diesen Begriff nicht mehr.

30 Vgl. z.B.den Umstand, daß Bischof Keller von Münster 1957 öffentlich erklärte, ein katholischer Arbeiter dürfe nicht die SPD wählen. Dazu K. Gotto (hier Anm. 42), 29. – Zur Klerikalismus-Diskussion der Bundesrepublik vgl. Thomas Ellwein, Klerikalismus in der deutschen Politik, München 1955. Kritik-Spiegel (dazu) ebd., 1956. Es ist dies eine potestantische Streitschrift, aber keineswegs etwa ein Pamphlet. – Klerikalismus heute? Studien und Berichte der Katholischen Akademie in Bayern, Heft 26, Würzburg 1964 (hierin: H. Jedin, Mittelalterliche Wurzeln des Klerikalismus, 39-63). – Die Antiklerikalen und die Christen, hrsg. von Siegfried von Kortzfleisch, Stuttgart 1963. – Fritz-Rolf Mänicke, Der Kampf des fortschrittlichen Bürgertums gegen den politischen Klerikalismus. Hrsg. vom Sekretariat des Zentralvorstandes der Liberal-Demokratischen Partei Deutschlands, Berlin 1963. – Eberhard Müller/Bernhard Hanssler, Klerikalisierung des öffentlichen Lebens?, Osnabrück 1963. – Mit Ausnahme der Beiträge von Jedin und von Kupisch (im Sammelband von Kortzfleischs) zeigt die Diskussion von 1963 ein erschreckend primitives Niveau. Danach entstand eine ziemlich umfangreiche katholische Literatur gegen den Klerikalismus, z.B. Matthias Becker, Die Macht in der katholischen Kirche. Kritik der hierarchischen Praxis, München 1967. Zur Strafe dafür, daß klerikale Katholiken die Streitschrift Ellweins nicht ernst genommen hatten, mußten sie jetzt sehr viele Bücher folgender Art lesen: Josef O. Zöller, Abschied von Hochwürden, Frankfurt 1969, hier 63ff.: "Asketen, Pfaffen, Biedermänner", 66-69: "Der klassische Pfaffe"; 73ff.: "Der Zölibatär" mit Spekulationen über "die Nacht des Priesters". Andere kath. Autoren entdeckten dann die sieben Todsünden der Kirche usw. Alles das wäre vermeidbar gewesen, hätte man sich in den 50er Jahren ernsthaft mit den Gefahren des real existierenden Klerikalismus befaßt.

31 Eine Bibliographie zur Geschichte des Ultramontanismus existiert nicht. Sondierungen in den alten Sachkatalogen der Bayerischen Staatsbibliothek München und der Univ. Bibliotheken Köln und Düsseldorf ergaben eine Fülle von Material, das über das Kaiser'sche Deutsche Bücherverzeichnis (auch im neuen Gesamtverzeichnis des deutschsprachigen Schrifttums des Verlages K.G. Saur) und F. Dietrichs Bibliographie der deutschen Zeitschriftenliteratur hinausgeht. Im folgenden also nur gezielte Anregungen: R. Mejer, Um was streiten wir mit den Ultramontanen?, Berlin 1875; F. Nippold, Katholisch oder Jesuitisch?, Leipzig 1888; Ernst Hauviller, Der U. in seiner Entstehung und Entwicklung, Tübingen 1909; Johann Batt, Geschichte des U., Würzburg 1912. – Zu den älteren deutschen Broschüren vgl. Franz Rudolf Reichert, Von der katholischen Aufklärung bis zu den Kölner Wirren. Ein Verzeichnis von Flug- und Streitschriften aus der Bibliothek des Trierer Priesterseminars, Trier 1978.

32 Nach Ernst Topitsch hat sich besonders Hans Albert mit theologischen Fragen ideologiekritisch befaßt. Vgl. sein Buch: Das Elend der Theologie. Kritische Auseinandersetzung mit Hans Küng, Hamburg 1979.

33 Belegstellen für die folgenden Wörter in H. Raab (Anm. 1.) und Albert Maria Weiß O.P., Liberalismus und Christentum, Trier 1914, 10ff. Ich darf auch generell auf meine früheren Publikationen verweisen. Zwei schöne Belegstellen zum "geistlichen Despotismus" und "tibetanischen Kirchenstaat": Herders Werke in fünf Bänden, 5. Aufl. 1978 Aufbau-Verlag Berlin/Weimar; hier Bd. 4, 461 und Bd. 5, 59.

34 Zu den Adjektiven vgl. Paul Imbs (Ed.), Trésor de la langue francaise. Dictionnaire de la langue au XIXe et XXe siècle (1789-1960), vol. 4 (1977), 59 zu calotin seit 1717; vol. 5 (1977), 911 zu clérical, nicht vor 1815 belegt: vol. 10 (1983), 490 zu intransigeant seit ca. 1873/80. Natürlich behandelt dieses sehr wertvolle Werk auch Substantiva.

35 M. Klöcker, Der politische Katholizismus. In: Z. f. Politik 18 (1971), 124-30; W. Loth, Katholiken im Kaiserreich, Düsseldorf 1984; K.-E. Lönne, Politischer Katholizismus im 19. und 20. Jahrhundert, F.a.M. 1986. Eine wichtige Fallstudie: E. Heinen, Der Kölner Piusverein 1848/49 – ein Beitrag zu den Anfängen des politischen Katholizismus in Köln. In: Jb. d. Kölnischen Geschichtsver. 57 (1986), 147-242.

36 Beda Weber, Cartons aus dem deutschen Kichenleben, Mainz 1858, 529. Ebd., 539: "Romanismus", 702: "die specifisch-katholische Partei".

37 R. Vierhaus, Liberalismus. in: Geschichtliche Grundbegriffe, Bd. 3, Stuttgart 1982, 741-85; W. Schieder, Sozialismus. In: ebd., 5, 1984, 923-96.

38 Es gehört zu den unausrottbaren Irrtümern, der kulturkämpferische Liberalismus des 19. Jahrhunderts habe die Religion an sich bekämpft. Stark von dieser Vorstellung geprägt ist u.a. M. Stürmer, Dissonanzen des Fortschritts, München-Zürich 1986, 138-50: Dialog der Schwerhörigen. Liberalismus und Kirchen im Zeitalter des Nationalstaats.

39 Dieses Zitat wurde mündlich überliefert. Es entspricht aber Gundlachs Denken sehr gut; vgl. J. Schwarte (hier Anm. 26), 383-406. So wertvoll Schwartes Untersuchung ist, die letzten historischen Wurzeln von Gundlachs Denken, die herabreichen bis zum Kampf der Aufklärung mit den Jesuiten im 18. Jahrh., sieht er nicht genügend. Eine weitere mündliche Überlieferung aus diesen Kreisen gliederte die Geschichte der Neuzeit nach drei Jahren: 1517 (Abfall vom Papste) – 1717 (Abfall von Christus, d.h. Freimaurerei) – 1917 (Abfall von Gott; Oktoberrevolution). Die Tendenz, die Geschichte letztlich auf den Kampf zwischen Christus und Satan zu reduzieren (ein echter Monokausalismus!), ist in der jesuitischen Polemik überall zu sehen. Vgl. Florian Rieß S.J., Die moderne Irrlehre oder der Liberalismus in seinen Verzweigungen, Freiburg 1866, hier 21 ausdrücklicher Bezug auf Barruel; alle modernen Entwicklungen sind Folgen des Ungehorsams gegen Gott, 86. Scholastisch wäre dann zu sagen: Qui nimis probat, nihil probat! Die schwammigen Generalbegriffe sind der Weg zu diesen "Beweisen": Rationalismus, Caesarismus, Sensualismus, Naturalismus, Pantheismus, Skeptizismus etc. Dazu: Peter Roth S.J., Die Grundirrthümer unserer Zeit, Freiburg 1865; Fl. Rieß, Eine Vorfrage über die Verpflichtung, Freiburg 1865, 10-53. Vgl.: 3 x Satan. "Pater Leppich spricht". Miterlebt und dargestellt von B. Kemper, Düsseldorf 1955. Hier wird die satanische Triade von Materialismus, Sexualismus, Liberalismus gebildet. – Johannes Paul II. polemisiert gegen Individualismus, Materialismus, Konsumismus; H.-J. Fischer in der FAZ, 30.7.1990, Nr.174, 10. – Erzbischof Lefebvre wiederum warf dem Papsttum vor, von "Protestantismus, Liberalismus, Modernismus" verseucht zu sein: Daniele Menozzi, Das Antikonzil (1966-84). In: Die Rezeption des Zweiten Vatikanischen Konzils. Hrsg. von J. Pottmeyer, G. Alberigo, J.-P. Jossua, Düsseldorf 1985, hier 419. – Die Vorstellung vom "Modernismus" als einem Virus, der die Kirche "verseucht", ist für ultramontanes Denken typisch und oft anzutreffen. – Eine erstaunliche Anhäufung verdammenswerter "-ismen" findet sich in der Enzyklika "Humani generis" Pius' XII von 1950: Idealismus (d.h. philosoph.), Immanentismus, Pragmatismus, Existenzialismus, Liberalismus, Irenismus. Sie gehen wohl alle auf die jesuitischen Berater dieses Papstes zurück. Ein Verz. der Kommentare in: W.v. Loewenich, Der moderne Katholizismus, Witten 1955, 440.

40 H. Lutz, Dreißig Jahre nach Guardinis "Ende der Neuzeit". In: Fs. für Wilhelm Messerer zum 60. Geburtstag, Köln 1980, 383-97.

41 Doris von der Brelie-Lewien, Katholische Zeitschriften in den Westzonen 1945-1949, Göttingen/Zürich 1986, 77-83, 137-147.

42 Klaus Gotto, Die deutschen Katholiken und die Wahlen in der Adenauer-Ära. In: A. Langner, Katholizismus im politischen System der Bundesrepublik 1949-1963, Paderborn 1978, 7-32, hier 30. Eine wichtige Quelle: Hans Jürgen Schulz (Hrsg.), Kritik an der Kirche, Olten 1958 (Sendereihe des Süddeutschen Rundfunks mit 40 Beiträgen). – Deutlich faßbar war die innerkirchliche Kritik bereits auf dem Kölner Katholikentag von 1956, auf dem Hugo Rahner SJ und Marga Klompé das Bild einer pilgernden Kirche dem römischen Zentralismus entgegensetzten; vgl. den Bericht der FAZ "Kritik an menschlichen Schwächen der Kirche", in Nr. 204 vom 1. 9. 1956.

43 R. Baumgärtner, Weltanschauungskampf im Dritten Reich, Mainz 1977, 28-39. – Erich und Mathilde Ludendorff, Das Geheimnis der Jesuitenmacht und ihr Ende, München 1929 (und viele andere Werke aus dem Ludendorff-Verlag). – Gerhard Schultze-Pfaelzer, Das Jesuitenbuch. Weltgeschichte eines falschen Priestertums, Berlin 1936.

44 Thomas Meyer, Fundamentalismus. Aufstand gegen die Moderne, Reinbek 1989 (Lit.); Klaus Kienzler (Hrsg.), Der neue Fundamentalismus (=Schriften der Katholischen Akad. in Bayern, 136), Düsseldorf 1990; R. Frieling, Die Kirchen und ihre Konservativen, Göttingen 1984, darin: St. Pfürtner, Traditionalistische Bewegungen im gegenwärtigen Katholizismus, 11-51 (sehr informativ).

45 Norman F. Furniss, The Fundamentalist Controversy, 1918-1931, Yale University Press 1954; L. Gasper, The Fundamentalist Movement, The Hague/Paris 1963; J. Barr, Fundamentalism, London 1977; George M. Marsden, Fundamentalism and American Culture, Oxford/N.Y. 1980.

46 Vgl. die Vorliebe katholischer Verbände, an ihre Spitze Angehörige bestimmter Traditionsfamilien zu stellen, oft über viele Generationen. So standen die Fürsten Löwenstein quasi-erblich an der Spitze des Zentralkomitees der deut. Katholiken, die Loe an der Spitze des Rheinischen Bauernvereins, die Stolberg und Droste an der Spitze des Bonifatiusvereins, die Spee an der Spitze der St. Sebastianus-Bruderschaften. Dieses Phänomen harrt näherer Untersuchung.

47 Hans Schneider, Der Konziliarismus als Problem der neueren katholischen Theologie, Berlin-N.Y. 1976. – John M. Todd (Hrsg.), Probleme der Autorität. Mit einem Vorwort von Yves-M. Congar, Düsseldorf 1967 (betr. kirchl. Autorität).

48 Vgl. bes. die folgenden beiden Biographien in Bd. II von H. Freis und G. Schwaiger (Hrsg.), Katholische Theologen Deutschlands im 19. Jahrhundert, München 1975: E. Paul, Matthias Joseph Scheeben (1835-88), 386-408, und: M. Weitlauff, Joseph Hergenröther (1824-1890), 471-551.

49 H. Geller, Sozialstrukturelle Voraussetzungen für die Durchsetzung der Sozialform "Katholizismus" in Deutschland in der ersten Hälfte des 19. Jahrhunderts. In: Gabriel/Kaufmann (Hrsg.), Zur Soziologie des Katholizismus (hier Anm. 21), 66-88, hier 82f.

50 Hierzu sind Bildquellen heranzuziehen. Den von Frauen umjubelten Pius XII. zeigt: A.B. Hasler, Wie der Papst unfehlbar wurde, Frankfurt/M. 1981, 226.

51 Man denke u.a. an die Demonstrationen in aller Welt nach dem Todesurteil über S. Rushdie.

52 Josef Rudin, Fanatismus, Olten 1965 (Lit.); Lambert Bolterauer, Der Fanatismus. In: Psyche 29 (1975), 287-315. Zum Kampf der römischen Kurie, speziell Kard. Ottavianis, gegen die Religionsfreiheit um 1954 vgl. Gerald P. Fogarty S.J., The Vatican and the American Hierarchy from 1870 to 1965, Stuttgart 1982, 368-85 (der Fall J.C. Murray). Die deutschen Jesuiten der Generation um 1864/70 haben die Religionsfreiheit, dem Syllabus entsprechend, strikt abgelehnt. Ebenso: Albert Stöckl, Lehrbuch der Philosophie, 2. Abt., 2. Aufl., Mainz 1869, 546.

53 Die "satanische Revolution" hat vielfältige katholisch-konterrevolutionäre Behandlung gefunden; vgl. Pier Giorgio Camiani, Il diavolo, Roma e la rivoluzione. In: Riv. di storia e lett. religiosa 8 (1972), 485-519. In Deutschland war bereits Adam Müller ein Propagator dieser aus Frankreich herrührenden Anschauung.

54 J. Schwarte (hier Anm. 26), 171-78. Zum Widerspruch gegen die traditionelle Lehre ebd., 178-186; Dieter Riesenberger, Die katholische Friedensbewegung in der Weimarer Republik, Düsseldorf 1976, 181-90 (zu M. Stratmann).

55 Ernst Hanisch, Konservatives und revolutionäres Denken. Deutsche Sozialkatholiken und Sozialisten im 19. Jahrhundert, Wien-Salzburg 1975.

56 Katholisch-soziales Manifest (= Veröff. d. Studienrunde katholischer Soziologen/Wien, 1. Heft), Mainz 1932, 49; R. Ebneth, Die österreichische Wochenschrift "Der christliche Ständestaat", Mainz 1976; Ulrich Kluge, Der österreichische Ständestaat 1934-1938, München 1984.

57 Vgl. Näheres in: Ethik der Religionen – Lehre und Leben, hrsg. von Udo Tworuschka und Michael Klöcker, Bd. 1: Sexualität, München/Göttingen 1984. Von der Antike an bis in die Zeit um 1900 herrschte in der katholischen Moraltheologie die Doktrin vor, daß auch der eheliche Verkehr voluptatis causa sündhaft sei; auch gab es Verbote des ehelichen Verkehrs am Tag vor oder nach dem Kommunionempfang, ebenso an den Festtagen. Da diese Verbote von Augustin bis ca. 1900 andauerte ist die Frage nach der Unfehlbarkeit der Kirche in re morali gestellt; Dominikus Lindner, Der usus matrimonii, München 1929, 60ff., 196, 220ff.

58 Salman Rushdie, Scham und Schande, München 1985, Neuausgabe 1990, 137ff. das Kapitel über "Erröten". – Peter Mast, Künstlerische und wissenschaftliche Freiheit im Deutschen Reich 1890-1901, 2. Aufl. Rheinfelden 1986, 139-190 zur Lex Heinze und der Zentrumspartei, 52ff. zum Kampf gegen den "Abgrund der dunklen Leidenschaften" um 1900. – Sehr zäh war auch der Widerstand der katholischen Hierarchie gegen die katholische Frauenbewegung; vgl. Alfred Kall, Katholische Frauenbewegung in Deutschland, Paderborn 1983, 296ff. (Verbot in Köln durch Kard. Fischer).

59 Georg May, Ludwig Kaas, 3 Bde., Amsterdam 1981-82, hier II 289-93 zum Scheitern des Reichsschulgesetzes 1927/28. Diese monumentale Biographie, in der deutlich wird, wie sehr Kaas von den gleichzeitigen erfolgreichen Verhandlungen der Kurie mit Italien beeindruckt war, verdient auch aus vielen anderen Gründen stärkste Beachtung. Noch nirgends habe ich die psychische Entwicklung eines ehrgeizigen politischen Prälaten deutlicher offengelegt gefunden als hier. Es ist sicher die wichtigste und größte Arbeit zum politischen Katholizismus der Weimarer Republik, die bisher geschrieben wurde. Der sehr konservative persönliche Standpunkt des Autors ist dieser Leistung gegenüber nebensächlich.

60 Ulrich von Hehl, Wilhelm Marx in den politischen Auseinandersetzungen der Zentrumspartei während des Ersten Weltkriegs. In: Ann. d. Hist. Vereins f.d. Niederrhein 186 (1983), 98-138, hier 124-135 zur Wahlrechtsfrage 1917 und Kard. v. Hartmann. – Hugo Stehkämper, Konrad Adenauer als Katholikentagspräsident 1922, Mainz 1977. – Beachtlich der Haß des Eichstätter Philosophen Albert Stöckl gegen die Demokratie und Volkssouveränität: "so ist die Volkssouveränität zugleich auch der Staatsabsolutismus in seiner rohesten und entartetsten Form. Ebenso ist in derselben der Parteiterrorismus in seiner wildesten Gestalt angebahnt"; "der Staat und die staatliche Autorität sind [in diesem Falle] einig und allein auf die brutale physische Gewalt begründet"; Lehrbuch der Philosophie, 2. Abt., 2. Aufl., Mainz 1869, 558.

61 Vgl. z.B. T.G. Masaryk, Freie Wissenschaft und kirchlich gebundene Weltanschauung und Lebensauffassung. Die kirchenpolitische Bedeutung der Wahrmund-Affäre, Wien 1908. – Rotraut Wielandt, Offenbarung und Geschichte im Denken moderner Muslime, Wiesbaden 1971. – Im Deutschland des 19.Jahrhunderts spielte sich der Konflikt besonders im Kampf um die Seminarausbildung ab. Vgl. dazu zusammenfassend: E. Garhammer, Priesterausbildung zwischen Seminar und Universität. Strukturelle Probleme und mentale Reserven. In: Ders. (Hrsg.), Unnütze Knechte? Priesterbild und Priesterbildung, Regensburg 1989, 24-52.

62 Vgl. generell zur Lebensgestaltung die Reihe: Ethik der Religionen. Lehre und Leben, hrsg. von M. Klöcker und U. Tworuschka, 5 Bde., München/Göttingen 1984-86.

63 H.H. Schwedt, Der römische Index der verbotenen Bücher. In: Hist. Jb. 107 (1987), 296-314; viele Bezüge im Sammelband: Zur Soziologie des Katholizismus, hrsg. von R. Gabriel/F.X. Kaufmann, Mainz 1980.

64 René Biot, Das Rätsel der Stigmatisierten, Aschaffenburg 1957; Jean Lhermitte, Echte und falsche Mystiker, Luzern 1953; Otto Weiß, Die Redemptoristen in Bayern (1790-1909). Ein Beitrag zur Geschichte des Ultramontanismus, St. Ottilien 1983, 552ff. – Ein entlegener Bericht über einen Exorzismus im J. 1891: Der Fall in Wemding. Abdruck aus der Hochwalt – Zeitung, Hermeskeil 1893 (31 S.). – Zu einer apokryphen Marienerscheinung: Urtheil des Zuchtpolizeigerichtes von Saarbrücken im Marpinger Prozesse verkündet am 5. April 1879, o.O. Wie stark derartige Dinge heute noch weiterwirken, belegt: Christian Weis, Begnadet, besessen oder was sonst? Okkultismus und christlicher Glaube, Salzburg 1986. – Eine umfassende Darstellung der "außerordentlichen Phänomene des mystischen Lebens" bietet das oft aufgelegte Buch des Würzburger Theologen Joseph Zahn, Einführung in die christliche Mystik. Dritte bis fünfte Auflage, Paderborn 1922, 412-653.

65 Vgl. die Artikel "Hexen" und "Zauberei" in Wetzer und Welte's Kirchenlexikon von den renommierten Autoren v. Schanz und Raulen, wo es heißt: "Die Möglichkeit der als Hexerei zusammengefaßten Vorkommnisse kann nicht geleugnet werden" (Bd. 5, 1888, Sp. 1988-93, hier 1992 mit Berufung auf Görres' Mystik). Dann: "Nur der Glaube an die Möglichkeit eines dämonischen Einflusses ist dogmatisch" (Bd. 12, 1901, Sp. 1870-83, hier 1881f. mit Berufung auf W. Oswald, Angelologie, 2. Aufl. Paderborn 1889, 197ff.). Ein weiterer, sehr zwingender Beleg für dies Festhalten an der Möglichkeit des Teufelsbündnisses in: Die römische Kurie um 1900 (hier Anm. 18), 20ff.

66 Vgl. Johannes Huber, Der Jesuitenorden nach seiner Verfassung und Doctrin, Wirksamkeit und Geschichte, Berlin 1873, 315-47; zum Ignatiuswasser ebd., 336 – Wie akut auch noch im Jahre 1990 dualistisch-dämonologische Tendenzen sind, darüber unterrichtet: M. Scherr, Böse Mächte rütteln an den Grundfesten des Glaubens. Die Rolle des "Opus Angelorum" ... In: Süddeutsche Zeitung Nr.139 vom 20.6.1990, Feuilleton, 111.

67 Differenzierte Bemerkungen dazu bei M.N. Ebertz, Die Organisation von Massenfrömmigkeit im 19. Jahrhundert. In: Jb. für Volkskunde, N.F. 2 (1979), 38-72. Ich selbst benutze das Wort "Massenfrömmigkeit" grundsätzlich ebensowenig wie das Wort "Masse", welches m.E. extrem ideologisch belastet ist. Aber auch

den Begriff "Volksfrömmigkeit" halte ich für ungeeignet, da sich damit gemeinte Glaubensvorstellungen auch in den obersten sozialen Schichten finden, und das nicht etwa ausnahmsweise.

68 Liberaler Katholizismus (wie Anm. 18), 67ff., 214ff.

69 Joseph Bautz, Die Hölle. Im Anschluß an die Scholastik dargestellt, Mainz 1882, ^{2}1905. In der 2. Auflage bestand der Verf. völlig auf seinen Theorien (p.V.) und trat in eine Polemik mit dem Bischof Schneider von Paderborn ein (S. 151), der sich bemühte, von der Theorie eines materiellen Höllenfeuers wegzukommen. Zur Natur desselben ebd., 136-51. Vgl. zum Teufels- und Höllenglauben des 19. Jahrhunderts, der im französischen Antimodernismus am stärksten wucherte, F. Heer, Abschied von Höllen und Himmeln, München 1970.

70 Viel Material zu derlei Dingen hat Paul Graf von Hoensbroech, Das Papsttum in seiner sozial-kulturellen Wirksamkeit, 1. Bd., Leipzig 1900, zusammengetragen, das freilich einer modernen Bearbeitung harrt. Vgl. O. Weiß (hier Anm. 64) zu der Seherin Louise Beck, 554ff. Einer der berühmtesten Fälle war derjenige der Therese Neumann von Konnersreuth; vgl. die Arbeiten der drei folgenden, ganz differierenden Univ. Professoren: Georg Wunderle, Die Stigmatisierte von Konnersreuth, Eichstätt 1927 (offizielle Linie des bayer. Episkopats); J.M. Verweyen. Das Geheimnis von Konnersreuth, 2. Aufl. Stuttgart 1932 (Anhänger); A.E. Hoche, Das Wunder der Therese Neumann von Konnersreuth, 2. Aufl. München-Berlin 1939 (Gegner).

71 H. Schrörs, Kirche und Wissenschaft. Zustände an einer katholisch-theologischen Fakultät, Bonn 1907, 42. Zu Scheeben der Artikel hier in Anm. 48. – Krementz hat mehrere Bücher veröffentlicht, in denen er eine typologische Schriftexegese lehrte, z.B.: Grundlinien zur Geschichtstypik der heil. Schrift, Freiburg 1875.

72 E. Hegel, Geschichte des Erzbistums Köln, V., Köln 1987, 318ff., 341ff (Lit.); Herbert Schindler, Nazarener. Romantischer Geist und christliche Kunst im 19. Jahrhundert, Regensburg 1982, 177-94: "Popularisierung und Trivialisierung". Für die scharfe Ideologisierung der Gotik bleibt als Quelle unentbehrlich: L. Pastor, August Reichensperger, 1. Bd., Freiburg 1899, 481-606.

73 A.Ph. Brück, Friedrich Schneider (1836-1907). In: Arch. f. Mittelrhein. Kirchengesch. 9 (1957), 166-92.

74 Manfred Janslin, Die gescheiterte Kulturrevolution. Perspektiven religiös-romantischer Kunstbewegung vor der Folie der Avantgarde, München 1989.

75 P. Höpgen, Kommunionerinnerungsbilder. Grundlegung eines jungen Forschungsthemas zwischen Volkskunde und Religionshistorie, Köln-Wien 1988. Dessen "Historische Generalhypothese", 81-84, bietet einen wertvollen weiteren Anstoß.

76 Die Nazarener. Städel. Städtische Galerie im Städelschen Kunstinstitut, Frankfurt a.M. 28. April bis 28. August 1977. Hier 365-88 Sigrid Hetken über die Popularisierung und Trivialisierung, mit Abbild. typischer Gebetbuchbildchen, bes. der drei beherrschenden Motive: Hl. Familie, Guter Hirte, Jesus der Kinderfreund. Aufschlußreiche Notizen zum Düsseldorfer "Verein zur Verbreitung religiöser Bilder" von 1842 und dem M.-Gladbacher Verlagshaus Kühlen. Vgl. Schindler (Anm. 71), 180.

77 Besonders die süddeutschen und österr. Nazarener zeigen öfters engen Anschluß an die barocke Tradition; Schindler (Anm. 71), passim.

78 Bezüglich der Architektur ist dies bereits näher untersucht: Klaus Döhmer, "In welchem Style sollen wir bauen?" Architekturtheorie zwischen Klassizismus und Jugendstil, München 1976, 93-100 zum Kirchenbau; Beiträge zum Problem des Stilpluralismus, hrsg. von Werner Hager und Norbert Knopp, München 1977.

79 "Geschichte allein ist zeitgemäß". Historismus in Deutschland, hrsg. von Michael Brix/Monika Steinhäuser, Gießen 1978.

80 Willi Belz, Friedrich Michelis und seine Bestreitung der Neuscholastik in der Polemik gegen Joseph Kleutgen, Leiden 1978.

81 Pierre Thibault, Savoir et pouvoir. Philosophie thomiste et politique cléricale au XIXe siècle, Québec 1972; Luciano Malusa, Neotomismo e intransigentismo cattolico, Milano 1986. über die Absetzung von Professoren an der Univ. Gregoriana vgl. C. Weber, Quellen und Studien zur Kurie und zur Vatikanischen Politik unter Leo XIII., Tübingen 1973, 494-511.

82 Mündl. Mitteilung eines kirchlichen Kulturpolitikers.

83 Vgl. die lebenslangen Verfolgungen des Kölner Priester – Philosophen Johannes Hessen in dessen: Geistige Kämpfe im Spiegel eines Lebens, Nürnberg 1959.

84 Dies wird sehr deutlich in dem neueren Buch von Malusa (Anm. 80), der nicht zögert, Leo XIII. eine theokratische Vision zuzuschreiben, 470-77.

85 Diese Einheit wurde durch das "lebende Orakel", den Papst (so Manning) alleine garantiert; dazu die Ausführungen von A.B. Hasler, Pius IX (1846-1878), päpstliche Unfehlbarkeit und 1. Vatikanisches Konzil, 1. Bd., Stuttgart 1977, 333-65 zum Verständnis der Geschichte auf dem Konzil.

86 Fritz Stern, Kulturpessimismus als politische Gefahr. Bern 1963. Hier bes. das Kapitel zu Langbehn. – Troeltsch-Studien, Bd. 4: Umstrittene Moderne. Die Zukunft der Neuzeit im Urteil der Epoche Ernst Troeltschs, Gütersloh 1987.

87 Aus der sehr umfangreichen neuen Lit. zum Brauchtum vgl. z.B. Gerda Möhler, Das Münchner Oktoberfest. Brauchformen des Volksfestes zwischen Aufklärung und Gegenwart, München 1980.

88 Georg Retzlaff, Die äussere Erscheinung des Geistlichen im Alltag. Aus: Internat. Kirchl. Z. 69 (1978), Sonderdruck von 123 S. – Im Rheinland wurde der Talar 1860 durch das Kölner Provinzialkonzil den Priestern neu eingeschärft; Wetzer und Welte's Kirchenlexikon, 11 (1899), 1165f.

89 Der Weg aus dem Ghetto. Vier Beiträge R. Grosche, F. Heer, W. Becker, R. Schmidthüs, Köln 1955. Es ist bedauerlich, daß manchmal das katholische "Ghetto" als dialektisch-positive Entwicklungsstufe angesehen wird. Dies beruht auf einer Ausblendung der innerkirchlichen Konflikte und einer Abwertung eines sog. "Elitenkatholizismus"; vgl. Urs Altermatt, Katholizismus und Moderne, Zürich 1989, 49-62, 76f.

90 Vgl. dazu die beiden Kapitel von L. Scheffczyk und E. Iserloh im Handb. d. Kirchengeschichte, Bd. VII., hrsg. von H. Jedin und K. Repgen, Freiburg 1979, 263-337, in denen die Geschichte der Theologie und Spiritualität im 20. Jahrhundert behandelt wird, ohne jede Berücksichtigung der dauernden und zahlreichen innerkirchlichen Unterdrückungsmaßnahmen, die auch in den Jahrzehnten nach Pius X. ununterbrochen anhielten. – Über die Monotonie und Massivität ultramontaner historischer Bewertungen vgl. die sehr informative Studie von H. Wolf, Johann Baptist von Keller (1774-1845). Das Bild eines Bischofs im Spannungsfeld von Staat und Kirche, von Aufklärung und Orthodoxie. In: Rottenburger Jahrb. f. Kirchengesch. 3 (1984), 213-33.

IRMTRAUD GÖTZ VON OLENHUSEN

Die Ultramontanisierung des Klerus.
Das Beispiel der Erzdiözese Freiburg[1]

Das sozialmoralische katholische Milieu,[2] das nur noch die kirchentreuen "guten" Katholiken umfaßte, die kritischen und/oder liberalen Katholiken jedoch ausschloß, wurde hauptsächlich durch den katholischen Klerus "erzeugt".

Der katholische Pfarrer war Schaltstelle und Puffer zwischen oben und unten, zwischen Kurie/Bischöfen/Kirchenbehörden einerseits und Gemeinden andererseits. Als Heilsvermittler, Kultdiener, Seelsorger und Prediger repräsentierte er für die Gemeinden das, was ihm als jeweils ideale Form des Katholizismus erschien und beigebracht worden war.

Die gesellschaftliche und politische Rolle des katholischen Klerus bei der Entstehung des katholischen Milieus ist bisher noch nicht systematisch untersucht worden. Die katholischen Vereine entstanden nicht "spontan"[3]. Der Klerus gründete vielmehr die religiösen und sozialen Vereine und spielte bei der Mobilisierung der Zentrumswähler eine zentrale, durch Laien nicht ausfüllbare Rolle. Ohne die Aktivitäten des Klerus wäre ein katholisches Milieu ebensowenig denkbar gewesen wie der Massenerfolg einer katholischen Partei.

Die Zentrumspartei des Kaiserreiches war eine klerikale Partei; im Schnitt waren etwa 20% – 25% ihrer Funktionsträger Pfarrer. Ein "guter" Katholik zu sein und katholisch zu wählen wurde im Verlaufe des Kulturkampfes[4] miteinander identisch; erst danach strukturierten sich auch hier stärker abgrenzbare ökonomische Interessengruppen heraus.

Grundbedingung dieser Entwicklung war die Existenz eines Klerus, der sich durch Herkunft, Ausbildung und Selbstverständnis mit dem neuen ultramontanen Katholizismus identifizieren konnte.

Die Ultramontanisierung des Klerus verlief in Baden vermutlich besonders konfliktreich.[5] Am Beispiel der Erzdiözese Freiburg, einer Neuschöpfung der Napoleonischen Ära, die das Großherzogtum Baden und Hohenzollern (seit 1850 preußisch) umfaßte,[6] sollen hier exemplarisch einige Ergebnisse der soziologischen Analyse dieser sozialen Gruppe dargestellt werden.

1. Das Ende des badischen Reformklerus

In Baden herrschte in der ersten Hälfte des 19. Jahrhunderts ein Priestertypus mit tendenziell bürgerlich-liberaler Mentalität vor, zu Beginn des 20. Jahrhunderts ein gemäßigt ultramontaner Klerus mit dezidiert antiliberalen Einstellungen und antibürgerlicher Mentalität.

In dem neuen Großherzogtum, einem äußerst heterogenen Gebilde mit unterschiedlichsten Traditionen, der überwiegend katholischen Bevölkerung unter einem protestantischen Staatsoberhaupt, wurde der staatskirchlichen Amtsauffassung des katholischen Pfarrers eine sehr hohe Bedeutung beigemessen. Toleranz der Konfessionen untereinander und Schaffung eines modernen Staatsbürgerbewußtseins jenseits konfessioneller und vorbadischer Identitäten gehörte zu den wichtigsten Aufgaben des Klerus. Sofern er als Pfarrer staatliche Funktionen übernehmen mußte wie Schulaufsicht, Mitverwaltung des Kirchenvermögens, Führung der Standesbücher u.a., war er auch rechtlich den Staatsbeamten gleichgestellt.

Traditionen der südwestdeutschen katholischen Aufklärung waren in Südbaden und im Breisgau besonders stark ausgeprägt. Diese wurden durch den badischen Staat, den bedeutenden Vormärzliberalismus und die radikalliberale und demokratische Bewegung im Umfeld der Revolution von 1848/49 in – wenn auch modifizierter Form – noch verstärkt.

In der "katholischen Aufklärung" der zweiten Hälfte des 18. Jahrhunderts waren moderne Ausbildung und Selbstverständnis des katholischen Weltklerus begründet worden.[7] Der Pfarrer sollte nun nicht mehr "nur" Priester, sondern auch "Geistlicher" und Seelsorger sein, der Aufklärung und Bildung ebenso wie Staatsräson auch in die letzte Bauernstube zu tragen hatte.

Die Universität Freiburg war lange eine Hochburg der katholischen Aufklärung; sie prägte etliche Priestergenerationen in ihrem Sinne. Nicht zu Unrecht wurde die rationalistische Universitäts- und entsprechende Gymnasialausbildung von Ultramontanen für die liberale Ausrichtung des Freiburger Klerus verantwortlich gemacht.

Die Reform der praktischen Ausbildung im Priesterseminar durch den bedeutenden Kirchenreformer, den Konstanzer Generalvikar und Bistumsverweser Ignaz Heinrich v. Wessenberg[8] bewirkte ein übriges, um einen Klerus heranzubilden, der mittelalterliche Formen in Gottesdienst, Seelsorge und Priesterideal gleichermaßen ablehnte.

"Das Gebiet des Geistlichen ist der Geist; dessen Erziehung, Leitung, Bildung seine Aufgabe", so formulierte noch im Jahre 1834 ein junger badischer Geistlicher.[9]

Lag der Schwerpunkt der Rolle des Pfarrers in der idealistischen Auffassung der Aufklärung fast ganz auf der des Sitten- und Tugendlehrers, also der Belehrung des Volkes in Christenlehre, Predigt und Schule, so war er in der Praxis des aufgeklärten Absolutismus zugleich als Staatsbeamter Repräsentant der weltlichen Obrigkeit. Als Lehrer, Prediger und Beichtvater war er zuständig für Sozialmoral und Gehorsam der Untertanen gegenüber den Geboten von Staat und Kirche.

Der Pfarrer genoß in der ersten Hälfte des 19. Jahrhunderts noch in allen Schichten der Bevölkerung ein hohes gesellschaftliches Ansehen, auch sein Einkommen war vergleichsweise hoch. Der badische katholische Pfarrer, insbesondere der Stadtpfarrer auch kleiner Amtsstädtchen, gehörte selbstverständlich zu den Trägern des Beamten- und Honoratiorenliberalismus. Von den Reformvereinen der Aufklärungszeit bis zu den Märzvereinen des Jahres 1848 war es das erklärte Ziel des katholischen Pfarrers, in der "bürgerlichen Gesellschaft" akzeptiert zu sein. Er war und fühlte sich als Bildungsträger gegenüber den unterbürgerlichen Schichten. Die Antizölibats- und Synodenbewegung der 1830er und 1840er Jahre[10] sowie Sympathien mit dem Deutschkatholizismus und der revolutionären Bewegung dokumentieren in aller Deutlichkeit den Drang vor allem des jüngeren Klerus, die ständisch-mittelalterlichen Merkmale endlich ablegen zu dürfen, die ihn deutlich von der entstehenden bürgerlichen Gesellschaft abhoben. Synodenbewegung und "Zölibatssturm" waren die spektakulärsten Anzeichen dieser Radikalisierung.

1831 hatten 156 Geistliche (ihre Namen blieben bis heute aus guten Gründen streng geheim) eine Eingabe an die II. Kammer zur Abschaffung des Pflichtzölibats unterzeichnet, nur 2 der 61 Alumnen des Theologischen Konvikts in Freiburg bejahten zu dieser Zeit die Beibehaltung des Pflichtzölibats. 511 Geistliche unterschrieben im Jahre 1840 Petitionen um Einführung von Synoden; etliche sympathisierten mit den Deutschkatholiken. Wegen Teilnahme an der Revolution von 1848/49 wurden insgesamt 109 Disziplinaruntersuchungen gegen 81 Priester von Staat und/oder Kirchenbehörde eingeleitet. Alle diese kirchenpolitischen und politischen Reformbewegungen waren mit dem Ende der Revolution gescheitert, sofern sie nicht schon vorher von der Kirchenbehörde unter Androhungen von Suspensionen im Keime erstickt worden waren.

Idealtypisch betrachtet können die Vorstellungen des katholischen Reformklerus, von dem was Katholizismus sein sollte, den Vorstellungen derer, die sich mit der Ultramontanisierung durchzusetzen begannen, folgendermaßen gegenüber gestellt werden:

Reformer:	Ultramontane:
Nationalkirche	Papstkirche
Synoden, Mitbestimmung	Hierarchie
Vernunft	Tradition
Aufklärung	Geheimnis, Wunder
Vernunftreligion	Offenbarungsreligion
Freier Wille, autonome Moral	Erbsünde
Verbindlichkeit bürgerlicher Gesetze	Probabilismus, Kasuistik
Verinnerlichte Moral	Bußwerke, Ablässe
Nützlichkeit für die Gesellschaft	Ewiges Seelenheil
Individuum	Kirche, Stand, Familie
Gewissen	Fegefeuer/Hölle
Toleranz	Mission
Allgemeine Beichte	Ohrenbeichte
Verinnerlichte Frömmigkeit	Rosenkranzbeten
Deutsche Messe	Lateinische Messe
Wortverkündigung, Predigt	Ritual
Fakultative Priesterehe	Zölibat
Rationalismus incl. Naturwissenschaft	Neuscholastik
Internes Über-Ich, Autonomie	Externes Über-Ich, Gehorsam

Während in der ersten Hälfte des 19. Jahrhunderts im katholischen Klerus all diese Vorstellungen von Katholizismus nebeneinander existierten, wurde das ultramontane Bild vom Katholizismus im badischen Klerus, der überwiegend liberal war, seit 1850 von oben mühsam durchgesetzt.

Schon seit 1848 hatte der Liberalismus in Baden den Charakter einer Volksbewegung verloren. Im Verlaufe der Revolution wurde der Klassencharakter des Liberalismus als Partei von Besitz und Bildung unverkennbar.

Damit konnte die katholische Kirche auch in Baden erfolgreich an das oppositionelle Potential der Teile der katholischen Bevölkerung appellieren, die nicht die Klasseninteressen der Liberalen teilten.

Traditionelle Ressentiments gegen die Regierung, vor allem gegen Militär und Bürokratie, Besteuerung und Schulzwang – durch den blutigen Verlauf der Revolution in Baden erheblich verstärkt – fanden insbesondere seit dem Badischen Schulstreit von 1864 in der "verfolgten" Kirche ein optimales Identifikationsmuster. Zudem hatten "abergläubische" Formen der "Volksfrömmigkeit" die Reformen der Aufklärung überdauert, an die die ultramontane Kirche in manchen Regionen bruchlos anknüpfen konnte.

Eingeschlossen waren hier ganz generell die Opfer der Auflösung der ständischen Ordnung und der beginnenden Industrialisierung. Unter den letzteren waren Frauen und besonders unverheiratete Frauen stark vertreten. Als "Betschwestern" tituliert spielten sie gerade in der Anfangsphase der Ultramontanisierung eine ebenso große Rolle wie weibliche Orden, z.B. die "Barmherzigen Schwestern".

Dieses traditionalistisch orientierte Protestpotential hatte seit den 1840er und 1850er Jahren religiös-fundamentalistisch geprägte Züge einer Abwehrhaltung gegen Industrialisierung und Säkularisierung entwickelt. Mit der "Reinterpretation der religiösen Tradition"[11] durch den römisch-katholischen Ultramontanismus in den großen sozialen Umwälzungsprozessen der zweiten Hälfte des 19. Jahrhunderts konnten diese unterbürgerlichen Schichten eine neue kulturelle und soziale Identität finden. Mit der dezidierten Abgrenzung gegen die bürgerlich-liberale Kultur entwickelte sich der Katholizismus langsam zu einem sozialmoralischen Milieu.

Doch solange der Klerus nicht bereit war, diese Bestrebungen aktiv und kontinuierlich zu unterstützen, verpufften kurzfristige Massenmobilisierungen – wie etwa die Buß'schen Vereinsgründungen des Jahres 1848 – schnell. Ebenso folgenlos blieben zunächst auch die Petitionsbewegungen der 1840er Jahre. Ein ultramontaner Klerus, der das kirchentreue Potential der Bevölkerung organisierte, mußte in Baden erst geschaffen werden. Genau das war es aber auch, was die Liberalen befürchteten und was sie mit Ausnahmegesetzen verhindern wollten.

2. Die Sozialstruktur des badischen Klerus

Schon in den 1840er Jahren hatte der Beruf des Priesters für städtische und gebildete Schichten der Bevölkerung seine Attraktivität verloren. Im Verlaufe der Ultramontanisierung verhielt sich der Wandel in der Sozialstruktur des Klerus diametral entgegengesetzt zum sozialen Wandel in der Gesamtbevölkerung. Urbanisierung und Industrialisierung ließen den Priesternachwuchs versiegen – dieser entstammte fast nur noch traditionalistischen Milieus.

Bemerkenswerterweise kam der Priesternachwuchs im 18. und frühen 19. Jahrhundert vorwiegend aus Städten, in denen es höhere Schulen gab; am Ende des 19. Jahrhunderts dagegen fast ausschließlich aus ländlichen Regionen. Dieser Unterschied ist umso bedeutsamer, als das 19. Jahrhundert ja gerade durch Urbanisierung geprägt war.

Sozialdaten der katholischen Priester des 18. Jahrhunderts sind spärlich überliefert. Für den südwestdeutschen Raum gibt es jedoch eine statistische Analyse, wonach die überwiegende Anzahl der Alumnen des Priesterseminars Meersburg zwischen 1735 und 1777 hauptsächlich aus Städten mit höheren Schulen kam. Sozial entstammten die Priesteramtskandidaten "den städtischen Mittelschichten und der bäuerlichen Oberschicht, die ihren Söhnen das erforderliche Studium in den Städten ermöglichen konnten."[12]

Seit Ende des 18. Jahrhunderts waren die Geburtsorte des Klerus der Erzdiözese Freiburg vollständig zu ermitteln, die Berufe der Väter in ausreichender Zahl erst für die ab 1830 geweihten Priester.[13] Waren in der ersten Hälfte des 19. Jahrhunderts durchschnittlich 45,9 % des badischen Klerus in Ortschaften unter 2000 Einwohnern geboren,[14] so waren es in der 2. Hälfte des 19. Jahrhunderts bereits 60,1%, in den 1870er Jahren stammten infolge des Kulturkampfes sogar 70,2% der Priester aus dörflichem Milieu.

Aus Städten mit mehr als 5000 Einwohnern kamen entsprechend zunächst ca. 30% bis 40% aller badischen Priester, im letzten Drittel des Jahrhunderts nur noch zwischen 10% und 20%.

Während von den Vätern der zwischen 1830 und 1840 geweihten Priester nur 18,7 % in der Landwirtschaft tätig waren, betrug dieser Anteil in den Jahren vor dem Ersten Weltkrieg 44,8%.

Die folgenden Graphiken[15] zeigen, wie sich die soziale Basis des Priesterberufes entsprechend dem Stadt/Landgefälle wandelte.

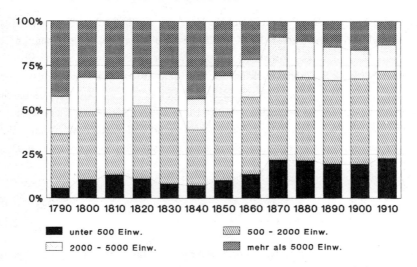

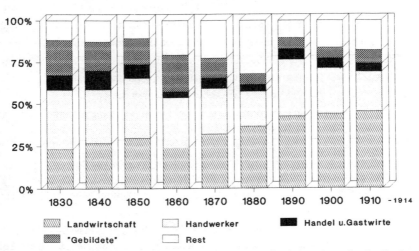

Erscheinungsformen und Ursachen des Wandels in der Sozialstruktur des badischen Klerus können hier nicht im einzelnen interpretiert werden.

Im Großen zeigt der soziale Strukturwandel des badischen Klerus

a) eine Entbürgerlichung, d.h. den Verlust gebildeter und städtischer Schichten,

b) eine Nichtintegration des gesamten Sektors industrieller Produktion (im Untersuchungszeitraum fanden sich nur insgesamt 20 Söhne von Industriearbeitern und noch weniger von Fabrikanten),

c) eine partielle Ausweitung von Bildungschancen für die ländliche katholische Bevölkerung.

Damit entsprach die soziale und regionale Herkunft des badischen Klerus jeweils in etwa der Klientel und der Wählerschaft der Katholischen Volkspartei und der späteren Badischen Zentrumspartei, die in größerem Ausmaß ländliche Wählerschichten mobilisierte.[16]

Der neue politische Katholizismus unterschied sich von religiös-fundamentalistischen Bewegungen vor allem durch seinen hierokratischen Charakter, d.h. die Katholische Kirche konnte über den katholischen Klerus potentielle soziale Protestbewegungen in ein konfessionelles Milieu einbinden, in dem Kirchenbindung, Organisationsgrad und Wahlverhalten eine Verbindung eingingen, die die Basis des Erfolges des politischen und sozialen Katholizismus in Deutschland bildeten.

3. Die Sakralisierung des Priesterbildes

Parallel zum Wandel in der Sozialstruktur des Klerus, der Durchsetzung des Ultramontanismus, dem Scheitern der liberalen Reformbewegung des Vormärz und dem Verlust staatlicher Funktionen des Pfarrers wandelte sich das Priesterideal und entsprechend die Priesterausbildung.

Gefragt war nun nicht mehr ein der Welt zugewandter gebildeter Geistlicher, der selbstverständlich auch die Sakramente verwaltete, sondern in erster Linie wieder der katholische Priester nach den Vorschriften des Tridentinischen Konzils. Der Ultramontanismus mit seiner neuscholastischen Theologie, der Wiederanknüpfung an mittelalterliche Frömmigkeitsformen und dem Primat der Tradition gegenüber der Vernunft bestimmte auch das Priesterbild. Klerikalisierung, Sakralisierung und Hierarchisierung des Katholizismus waren die Folge.

In Wetzers und Weltes Kirchenlexikon von 1851[17] heißt es unter dem Stichwort "Laien": "s.'Klerus'", unter "Klerus" wiederum:

"Das Verhältniß des Clerikalstandes zum Laienstande ergibt sich aus dem Zwecke des Ersteren: Die Geistlichen sind die Hirten, Lehrer und Führer, und es würde dem Zwecke der Einsetzung völlig widersprechen, wenn die Laien sie nicht als solche anerkennen würden."

Dasselbe gilt für das hierarchische Verhältnis zwischen Papst, Episkopat und Klerus, wie es in der zweiten Auflage desselben Lexikons nicht deutlicher zum Ausdruck kommen könnte:

"Thatsächlich concentrirte sich in den ersten kleinen Gemeinden die Leitung der sogenannten kirchlichen Verhältnisse in den Händen des Bischofes; er lehrte, er opferte, er verlangte Gehorsam, er übte die Zucht. Unter ihm stehen die Priester und Diaconen ... So steht der lehrenden die hörende Kirche, der befehlenden die gehorchende gegenüber."[18]

Mitbestimmungsforderungen wurden nach 1848 weder vom Klerus noch von Laien mehr erhoben. Laienemanzipation im Katholizismus bedeutete bis ins 20. Jahrhundert hinein Emanzipation von kirchlichen Bindungen.

Seit den 1850er Jahren kann man in Baden in der Alltagspraxis eine Klerikalisierung und Sakralisierung des Priesterbildes in Ausbildung und Seelsorge, vor allem aber in der Kontrolle eines klerikalischen Lebenswandels feststellen. Ultramontanisierung bedeutete hier ganz praktisch Abschließung von weltlichen Dingen, vom naturwissenschaftlichen Weltbild und von bürgerlicher Bildung und Kultur.[19] Gegen diese wurde ja gerade eine eigene katholische Subkultur mit Vereinswesen und Publizistik entwickelt. Auch in der katholischen Publizistik spielte der katholische Pfarrer eine herausragende Rolle, sei es als Gründer und Redakteur von Zeitungen und Zeitschriften, sei es als Autor religiöser und kirchenpolitischer Traktate, von Volks- und Bauernkalendern sowie sonstiger religiöser und erbaulicher Literatur. Die beiden badischen Priester Alban Stolz[20] und Heinrich Hansjakob[21] etwa waren Bestsellerautoren, die weit über Baden hinaus bekannt wurden und in unterhaltender Form die katholische Sozialmoral und das neue Priesterbild zu vermitteln wußten.

Die Einhaltung der tridentinischen Vorschriften Ausbildung und Lebenswandel des Klerus betreffend wurde ebenfalls seit Beginn der 1850er Jahre strikt gefordert, vor allen Dingen aber überwacht und gegebenfalls negativ sanktioniert.

1854 wurde ein generelles Wirtshausverbot für Geistliche erlassen, das 1884 erneuert wurde. Dabei ging es nicht in erster Linie um die Verhinderung von Alkoholmißbrauch, sondern um die Distanz von Priester und Volk einerseits, die Verhinderung des gesellschaftlichen Verkehrs des Pfarrers mit Liberalen und Kirchenfeinden andererseits. Der Domkapitular und zeitweilige Direktor des Priesterseminars Dr. Jakob Schmitt erläuterte und begründete das "heikle" Verbot wie folgt:

Dieses Verbot beziehe sich nur auf vermeidbaren Wirtshausbesuch. Eine Übernachtung oder die Einnahme einer Mahlzeit auf Reisen sei ebenso erlaubt wie der Besuch von Versammlungen katholischer Vereine, unter Umständen sogar pflichtgemäß. Nicht erlaubt sei dagegen:

"... wenn ein Geistlicher in seinem Wohnort ... Wirtshäuser besucht, um dort sein Bier oder seinen Wein zu trinken, sich in Gesellschaft, sei es der Bauern, sei es der 'Honoratioren` zu unterhalten (Vielleicht gar durch Kartenspiel) – also Wirtshausbesuch im eigenen Ort ohne nötigenden oder wahrhaft entschuldigenden Grund."[22]

Begründet wird dies mit der priesterlichen Würde, die ihm eine "übernatürliche geheimnisvolle Autorität" durch die "participatio sacerdotii Christi" aufpräge. Der hohe Geistliche verdeutlicht die ganze Problematik an einem Beispiel, das die Enge des ultramontanen Milieus, insbesondere die verordnete Isolierung des Klerus treffend veranschaulicht:

"In einem badischen Städtchen besuchte der Pfarrer regelmäßig das Wirtshaus, in dem die sogenannten Honoratioren zusammenzukommen pflegten. In demselben Wirtshaus diente ein Kellner, der sehr religiös war und (...) alle vier bis sechs Wochen die hl. Sakramente empfing. Der ungläubige Arzt suchte nun den braven Kellner von seiner Frömmigkeit abzubringen und sagte ihm unter anderm: 'Lassen Sie sich doch vom Pfarrer keinen Sand in die Augen streuen; der glaubt selbst nicht, was er predigt!' Und wie begründete er diese Behauptung? Es fielen in der Gesellschaft auch manchmal ungläubige Äußerungen; der (mir als ganz gläubig bekannte) Pfarrer ignorierte sie (...). So kann schon die Anwesenheit des Geistlichen Aergernis geben. Denn was in seiner Gegenwart gesprochen wird, dafür wird er mitverantwortlich gemacht, indem er es durch seine Anwesenheit sanktioniert."[23]

In den 1860er Jahren war einigen Pfarrern[24] die Mitgliedschaft in bürgerlichen Lesevereinen ebenso wie das Abonnieren und Lesen liberaler Zeitungen untersagt worden. Nach Abschluß der Milieubildung waren solche Maßnahmen nicht mehr notwendig; das Leben des Priesters hatte sich verengt; sein Geselligkeitsbedürfnis mußte er auf den Umgang mit Amtskollegen bzw. auf Teilnahme am katholischen Vereinsleben reduzieren, seine Lektüre auf katholische Literatur und Publizistik.[25]

Die Kirchenbehörde unternahm große Anstrengungen, den Klerus an das neue Priesterbild anzupassen, ihn entsprechend zu disziplinieren, möglichst aber schon entsprechend zu sozialisieren.

Auf Teilnahme an Priesterexerzitien wurde in Ausbildung und Alltag seit 1850 immer größerer Wert gelegt, ebenso auf das Breviergebet und generell auf die Frömmigkeitspraxis des Priesters selbst. Als mildeste Strafe für Verstöße gegen den von einem Priester geforderten Lebenswandel wurde die alljährliche Teilnahme an Priesterexerzititien über einen längeren Zeitraum verhängt.

Der Schwerpunkt seiner Tätigkeit sollte von nun an nicht mehr in Predigt und Belehrung liegen, sondern in seiner Eigenschaft als Heilsvermittler und Kultdiener. Spendung der Sakramente und Zelebrierung der Messe bekamen eine sehr viel höheren Stellenwert.

Beichte und eucharistische Frömmigkeit wurden zum Zentrum katholischer Seelsorgepraxis, die Negation der "Welt", das mittelalterliche kontemplativ – monastische Ideal des Priesters wurde reaktiviert.[26]

Auf die zentrale Bedeutung von Kult und Ritual im Gegensatz zum gesprochenen Wort und zur Belehrung wurde bereits hingewiesen.

Dazu kam das Bild des Opferpriesters nicht nur im liturgischen Sinne, sondern auch im Sinne des Märtyrers, der bereit sein sollte, sein Leben der Kirche zu opfern.

Bei der Beantwortung der Frage: "An welchen Kennzeichen erkennt das katholische Volk seine wahren von Christus gesendeten Seelenhirten?" schrieb 1874 auf dem Höhepunkt des Kulturkampfes ein ganz durchschnittlicher junger Vikar:

"Das Leben des Priesters ist das Evangelium des Volkes, welches mehr durch das geleitet wird, was es sieht, als durch das was es hört. (...) 1. Er muß ein Hirt sein und 2. Er muß sein Leben für seine Schafe geben d.h. sich ganz und gar für das Heil der ihm anvertrauten Seelen aufopfern.

(...) 'Ein Hirt ohne Gebet' sagt ein Heiliger, 'ist wie ein Soldat ohne Waffen. Man muß öfter vom Unterricht ablassen, aber vom Gebete niemals'".[27]

Besonders deutlich faßbar ist der Wandel des priesterlichen Selbstverständnisse in der Einstellung zur Beichte.

War im Mittelalter die "Beichtpraxis" und die "Geburt des Fegefeuers" wesentlich Ausdruck von Individualisierung und Selbstkontrolle der Affekte,[28] hatte die Abschaffung solcher Frömmigkeitspraxis durch die katholische Aufklärung und den Reformkatholizismus dieselbe Funktion:

Der Reformklerus hatte die Ohrenbeichte abschaffen wollen, weil er die emotionale, quasi psychotherapeutische Funktion der Beichte und die dadurch erzielte innere Bindung der Beichtenden an den Beichtvater ablehnte. Hier ging es seiner Auffassung nach um private Dinge und Geheimnisse, die den Priester nichts angingen. Patriarchalische Identifikationsmuster sollten auf diese Weise durchbrochen werden; jeder sollte selbst lernen, mit seinen Gewissenskonflikten fertig zu werden. Mit der Ultramontanisierung wurde das Beichtinstitut dagegen zum Zentralpunkt priesterlicher Seelsorge. Häufig wurden die Priester an ihre Fragepflicht erinnert und zur Abnahme von Generalbeichten aufgefordert.

1884 schreibt der eben zitierte Priester, inzwischen Pfarrer geworden, über die Generalbeichte:

"Weil das hl. Sakrament der Buße die Quelle vieler großer Gnaden, das Heilmittel für unsere größten Übel ist, das uns das himmlische Paradies öffnet, die Hölle verschließt, uns heilt, wenn wir erkrankt sind, uns stärkt, wenn wir schwach sind; so sollte gewiß Niemand ein so nothwendiges Heilmittel vernachlässigen (...)."[29]

Die letzte Disziplinaruntersuchung gegen einen Priester wegen Abnahme der allgemeinen Beichte erfolgte 1871. Immer wieder aber wurden einzelne wegen zu schnellen Beichthörens ermahnt. Auf der anderen Seite häuften sich Beschwerden von Gemeindeangehörigen, die Fragen des Beichtvaters, insbesondere nach ihrem Sexualleben als anstößig empfanden. Auch hier drifteten die Empfindungen von "guten" und "schlechten" Katholiken auseinander. "Schlechte" oder "Kulturkatholiken" gingen nur Ostern zur Beichte, "gute" Katholiken wesentlich häufiger.

4. Stationen der Ultramontanisierung des Klerus

Der Freiburger Erzbischof Hermann v. Vicari[30] zeigte schon seit Beginn seiner Amtszeit deutliche Sympathien für den Ultramontanismus, konnte sich im Domkapitel aber erst nach 1848 durchsetzen.[31]

In der Erzdiözese Freiburg ist zwischen 1852 – dem Beginn des Kirchenstreits durch den Freiburger Erzbischof Hermann v. Vicari[32] – und 1876 (dem Ende des Badischen Kulturkampfes) eine erste, äußerst konfliktreiche Phase der Ultramontanisierung (mit deutlichen Schwerpunkten 1854, 1859/60, 1864 und 1869/70) anzusetzen.

Ein zweite Phase der Ultramontanisierung zwischen 1886 und 1896 – der Amtszeit des Erzbischof Johann Christian Roos[33] – verlief weniger konfliktreich. Der neue Erzbischof hatte schon als Theologiestudent in den Redemptoristenklöstern Altötting und Bornhofen an Exerzitien teilgenommen, war von Jugend auf überzeugter Ultramontaner und teilte deren Vorliebe für übernatürliche Erscheinungen. 1874 etwa war er fasziniert und beeindruckt von einem Besuch bei der Stigmatisierten von Bois d'Haine in Belgien, Louise Lateau.[34] Er führte in der Erzdiözese das Diözesangesangbuch "Magnifikat" und das auf dem Rituale Romanum basierende "Rituale Friburgense" ein. Damit war der Prozeß der Ultramontanisierung von Kirchenmusik und Ritual zum Abschluß gebracht worden.[35]

Gleichzeitig erlebte der politische Katholizismus seit 1888 – unterstützt von der Kirchenbehörde mit der Reorganisation einer katholischen Partei durch den badischen Pfarrer Theodor Wacker[36] – ebenfalls einen zweiten, weniger spektakulären, dafür aber erfolgreicheren Aufschwung.

Die erste kirchenpolitische Bewährungsprobe für den badischen Klerus stellte der Badische Kirchenstreit dar, in dem Erzbischof Vicari seinem Klerus unter Androhung der Suspension befahl, seinen Hirtenbrief vom November 1853, die Freiheit der Kirche betreffend, ohne staatliches Plazet von der Kanzel zu verlesen. Diese Anordnung löste im Klerus heftige Loyalitätskonflikte aus:

"Bespitzelung, Verdächtigungen, Denunziationen [innerhalb des Klerus] trieben ihre Blüten. Hier wandte sich ein Kaplan in einer Immediateingabe an den Erzbischof und beschuldigte seinen vorgesetzten Pfarrer, der die Regierungsmaßnahmen guthieß, dort beratschlagten Pfarrer hinter dem Rücken ihres Dekans".[37]

In 44 Fällen wurden Disziplinarstrafen bis hin zu mehrjährigen Suspensionen gegen Pfarrer und Dekane verhängt, die diese Anordnung nicht oder nur unzureichend befolgten. Suspensionen wurden nach Unterwerfung unter die kirchliche Autorität grundsätzlich sofort aufgehoben.

Die ultramontane Kirche erwies sich als strategischer Meister in der Ausgrenzung reformerischer Kräfte. Innerhalb von wenigen Jahren wurden liberale Kirchenreformer, die der katholischen Kirche einen Platz in der bürgerlichen Gesellschaft sichern wollten, zu "schlechten" Katholiken.

Stark gebremst wurde der Prozeß der Ultramontanisierung des Klerus durch den großen Einfluß des Ministeriums auf die Besetzung der Pfarrpfründen; gleichzeitig lag hier ein wesentlicher Anlaß für das Klima der Überwachung und Denunziation, das seit 1854 im badischen Klerus herrschte. Die Unstimmigkeiten zwischen Staat und Kirche und die Parteibildungen im Klerus selber, ließen Denunziationen zu einem wirksamen Mittel werden, einen unliebsamen Pfarrer oder Amtsbruder loszuwerden.

Bis 1860 konnte der Freiburger Erzbischof nur einige wenige Pfarrstellen selbst besetzen, obwohl es immer Ziel der Kirchenbehörde gewesen war, ihre eigene Personalpolitik betreiben zu können. Nur über die Anstellung und Versetzung von Vikaren und Pfarrverwesern konnte das erzbischöfliche Ordinariat allein entscheiden.

Freigewordene Pfarrpfründen wurden öffentlich ausgeschrieben; jeder, der den sogenannten Pfarrkonkurs bestanden hatte, konnte sich um eine solche bewerben. Die Pfarreien waren außerordentlich unterschiedlich dotiert; nach dem Realschematismus von 1863 bewegten sich die Pfründeinkommen zwischen 600 und 4500 fl. jährlich, Konkurrenz und hohe Fluktuation unter den Pfarrern war die Folge.

Die Kirchenbehörde hatte im Zuge der Restauration – nach dem Etappensieg gegen das Staatskirchentum im Kirchenstreit 1852-1854 – mit der Regierung eine Konvention ausgehandelt,[38] in der der Kirche erhebliche Zugeständnisse – auch in der Frage der Pfründvergabe – gemacht wurden. Gegen die Stärkung der ultramontanen Kirche liefen die Liberalen Sturm; die Konvention wurde nicht nur Anlaß zur Gründung des Protestantenvereins in Baden;[39] mit dem Zugeständnis gegenüber der Forderung der Liberalen, daß diese der Zustimmung der II. Kammer bedürfe, wurde der Beginn der liberalen Ära unter Roggenbach und Großherzog Friedrich eingeleitet.[40]

Unter Mitwirkung der Liberalen kam ein Kompromiß – das Kirchengesetz von 1860 – zustande.[41] Hier wurde die rechtliche Grundlage für die Stellung der Kirche in Baden bis 1919 geschaffen, auch wenn einige Gesetze im Verlaufe des Badischen Kulturkampfes noch verschärft bzw. seit 1880 wieder entschärft wurden.[42]

Einige Zugeständnisse der annullierten Konvention wurden der katholischen Kirche jedoch auf dem Wege einer Regierungsverordnung zugestanden. 304 Pfründen konnte der Großherzog als Landesfürst frei besetzen und 163 der Erzbischof, über das Besetzungsrecht von 132 Pfründen konnte man sich nicht einig werden. Dieses wurde bis zu einer endgültigen Einigung (1919) nach dem sogenannten Ternaverfahren geregelt. Die Priester bewarben sich hiernach bei der Regierung; diese strich politisch oder "bürgerlich mißliebige" Kandidaten von der Liste, danach konnte das Ordinariat drei der ihm genehmsten Bewerber bezeichnen, von denen wiederum die Regierung letzlich den Pfründinhaber aussuchte, der alsdann von der Kirche kanonisch investiert wurde.

Schon vor dieser komplizierten Regelung wurden von beiden Seiten Bewerber aus verschiedenen Gründen abgelehnt und von Regierungsseite staatstreue bzw. z.T. gemäßigt liberale Pfarrer bevorzugt. Doch die Regierung erklärte nun konsequent alle Priester, die sich "regierungsfeindlich" äußerten, für mißliebig.

Dagegen war die Kirchenbehörde weitgehend ohnmächtig, wenn sie ihrerseits vom Großherzog präsentierte Bewerber ablehnen wollte. Denn dies war nur bei nachweisbaren Verstößen gegen die kirchliche Disziplin möglich. Für den Fall der Fälle, daß ein Priester der Kirche in den Rücken fiel, konnte er nur als sittlich mißliebig, bzw. als "unklerikalisch" bezeichnet werden, wenn ein ordentliches kirchengerichtliches Verfahren gegen diesen Pfarrer eingeleitet und das

Urteil, sofern es zur Suspension oder einer Freiheitsstrafe führte, staatlich genehmigt worden war.[43]

Erst nach Abbau der Kulturkampfgesetze[44] konnte der Freiburger Erzbischof Einfluß auf die Besetzung der Leitung von Priesterseminar, Konvikten und theologischen Lehrstühlen gewinnen, indem nun die Regierung seinen Wünschen – zumindest zeitweise – weitgehend Gehör schenkte. Bis 1919 bedurfte die Personalpolitik des Erzbischöflichen Ordinariats staatlicher Genehmigung, Berufungen auf Lehrstühle der Universität Freiburg erfolgten ohnehin allein durch das Ministerium.

Während der Amtszeit des Erzbischofs Roos (1886-1898) konnten fast alle von insgesamt 21 badischen Priestern, die erstmals seit 1858 in Rom ausgebildet worden waren, Karriere machen.[45] Allein vier dieser Priester wurden zu Leitern oder stellvertretenden Direktoren des Priesterseminars ernannt, davon drei zwischen 1886 und 1888. Die Regierung erhob keine Einwendungen. Am 24.6.1887 schrieb Erzbischof Roos an den badischen Kultusminister Nokk[46], daß er nun beabsichtige, die Stelle eines Subregens zunächst Dr. Otto[47], die Repetitorenstelle Dr. Gihr[48] oder Dr. Mutz[49] zu übertragen, mit dem Vorhaben, nach einer Bewährungsfrist Dr. Otto zum Regens des Seminars und Herrn Dr. Gihr zum Subregens zu ernennen. Bis dahin gedenke er, den Herrn Domkapitular Dr. Schmitt[50] die Oberleitung mit den Funktionen des Regens zu übertragen.

Schon am nächsten Tag telegraphierte der Minister:

"Danke für vertrauliche Mittheilung, die mir zu keinerlei Bemerkungen Anlaß gibt. Mit den besten Wünschen für eine recht erfreuliche Kur in Karlsbad."[51]

Das Jahr 1888 stellte eine mehrfache Wende in der Geschichte des badischen Katholizismus dar: Sowohl in Priesterausbildung und Liturgie als auch im religiösen Vereinswesen erfolgte hier ein deutlicher Ultramontanisierungsschub. Dies ist neben dem Wirken des Erzbischofs Roos selber auch darauf zurückzuführen, daß die ultramontanen Domkapitulare mit dem Tode des relativ liberalen und staatlich genehmen Erzbischofs Orbin[52] ihre Macht ausbauen konnten. Damit herrschte nun weitgehende Einigkeit über den neuen kirchenpolitischen Kurs.

Unter der Ägide der nach Abbau der Kulturkampfgesetze kompromißbereiten Führungsschicht der Katholischen Volkspartei war es in den 1880er Jahren zum fast völligen Erliegen einer katholischen Politik gekommen. Die Neugründung der Badischen Zentrumspartei unter der Führung des katholischen Pfarrers Theodor Wacker[53] reaktivierte den Klerus, der nach Abbau des Kulturkampfes ebenfalls erlahmt war.

Die Reorganisation der Partei analog der Reichszentrumspartei führte außerdem zu professionelleren und moderneren politischen Aktionsformen des jüngeren Klerus, der sich – nunmehr ultramontan ausgebildet – in seiner überwiegenden Mehrheit der Basisarbeit mit Vereinsgründungen und Wahlagitation widmete. Erst im Wilhelminischen Deutschland erreichten also die politischen Aktivitäten des badischen Klerus ihren Höhepunkt.[54] Die Verbreitung des

"Volksvereins für das katholische Deutschland" etwa, mußte zunächst durch die dringenderen Aufgaben der Parteireorganisation und der Gründung weiterer Standesvereine aufgeschoben werden, machte aber nach der Jahrhundertwende schnelle Fortschritte. Im Mai 1913 gab es in 68,7% aller katholischen Pfarreien einen solchen Volksverein unter Leitung oder zumindest aktiver Beteiligung des Pfarrers.[55]

5. Das abweichende Verhalten des badischen Klerus

Ein deutlicher Spiegel des Ultramontanisierungsprozesses und des damit verbundenen Strukturwandels des Klerus ist die Anzahl der Disziplinaruntersuchungen, die mit einer Bestrafung, mindestens aber einem Verweis oder einem Eintrag in der Personalakte des betreffenden Priesters endeten.

Der Befund ist eindeutig: Abgesehen von den Spitzen, die
1. mit der Revolution von 1848/49 (=Rev),
2. mit dem Badischen Kirchenstreit 1852/55 (=KS) und
3. mit dem Höhepunkt des Kulturkampf (=KK) zusammenhängen,

ist eine Krise der Disziplin und des klerikalischen Verhaltens der badischen Priester zwischen 1840 und 1890 zu konstatieren, die erst mit der Jahrhundertwende deutlich abklingt.

Alle Delikte, die mit den drei Ausnahmesituationen zusammenhängen sind in der Graphik markiert:

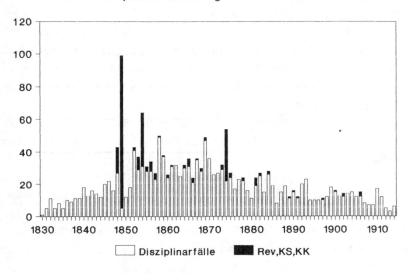

Insgesamt wurden 1855 Disziplinaruntersuchungen ausgewertet, die überwiegend in den Personalakten der 617 Priester dokumentiert sind, die als delinquent eingestuft wurden.

Die Menge der Disziplinarfälle ist nicht durch Anwendung von Kulturkampfgesetzen zu erklären. Verstöße gegen diese Ausnahmegesetze, bzw. überhaupt Delikte, die im Einsatz für den politischen Katholizismus begangen wurden, waren erstaunlich gering.

Absolut und relativ überwogen die "liberalen Delikte", die in der Regel von der Kirchenbehörde als solche definiert wurden. "Ultramontane" und Kulturkampfdelikte sind absolut und relativ erheblich niedriger. Und dies, obwohl die Bezirksämter und Gendarmeriestationen seit dem Badischen Schulstreit von 1864 die strikte Weisung erhalten hatten, jeden Priester dem Ministerium des Innern zu melden, der sich regierungsfeindlicher Äußerungen schuldig machte und damit möglicherweise entweder gegen das Ruhestörungsgesetz von 1852 oder das Kirchengesetz von 1860 mit seinen Strafbestimmungen gegen Amtsmißbräuche von Geistlichen bzw. gegen die Verschärfung dieser Bestimmungen während des Kulturkampfes verstieß.[56] Auf Initiative staatlicher Behörden wurden nur wenige Strafverfahren eingeleitet.

Wenn man allerdings den Einfluß der Regierung auf die Pfründbesetzung bedenkt und deren Möglichkeit, einen Pfarrer als politisch mißliebig zu erklären, ist die geringe politische Delinquenz des badischen Klerus nicht sehr verwunderlich.

Als die Verschärfung der Examensbestimmungen für Geistliche bevorstand, ließ Bistumsverweser Lothar Kübel einen ganzen Jahrgang der Priesteramtskandidaten eine Art Notweihe erteilen und setzte sie sofort als Vikare ein. Diesen wurde die Ausübung einer geistlichen Funktion durch die Regierung untersagt. Alle ohne Ausnahme hielten sich jedoch an die Weisungen der Kirchenbehörde. Die insgesamt 37 Vikare wurden in der Regel zunächst zu Geldstrafen verurteilt, die sie nicht bezahlten und die dann in z.T. mehrmonatige Gefängnisstrafen umgewandelt wurden. Häufig wurden sie auch nach der ersten Gefängnisstrafe von der Kirchenbehörde wieder zur Ausübung ihrer Funktionen angewiesen, bis sie erneut verhaftet wurden.

Diese sogenannten "Sperrlingspriester" des Weihejahrgangs 1874 erhöhten die Deliktquote gegen Kulturkampfgesetze also eher künstlich.

Die Kirchenbehörde stilisierte sie im Rahmen der Machtprobe zwischen Staat und Kirche zu Märtyrern,[57] bis der Bistumsverweser Lothar Kübel sich entschloß, das Kulturexamen zwar weiter boykottieren zu lassen, aber keine neugeweihten Priester mehr in Baden einzusetzen. Bis 1880 mußten die seit 1874 geweihten Priester entweder ins Ausland oder häufig etwa auch nach Bayern ausweichen. Sie waren damit die Hauptopfer der Politik von Staat und Kirche, wenn sie sich nicht, wie z.B. der Priester Joseph Flach[58], der nach Amerika gegangen war, woanders viel wohler fühlten. Er wurde 1883 wegen Priestermangels in die Erzdiözese Freiburg zurückberufen und erkrankte sofort an einem psychosomatischen Magenleiden, das er schon früher gehabt hatte, das aber in Amerika verschwunden war. Er selber führte das auf die Tatsache zurück, daß dort "Wünsche der Priester und der Gemeinden so weit wie möglich berücksichtigt" würden, "hier dagegen gar nicht". Als seine Krankheit lebensbedrohlich wurde, ließ die Kirchenbehörde ihn zurückkehren.

Im Gegensatz zu den Kulturkampfdelikten war die Zahl der "liberalen Delikte" sehr hoch. Hierunter wurden zusammengefaßt:

1.) liberale Pastoration: z.B. Abhängen von Marienbildern, unehrerbietige Äußerungen gegen die steigende Marienverehrung, Kritik an den Volksmissionen, Abnehmen der allgemeinen Beichte, Abschaffung von Bruderschaften und anderes mehr.

2.) Opposition gegen den kirchenpolitischen Kurswechsel: öffentliche Kritik am Erzbischof, Bischof Ketteler oder gar Pius IX. und Pius X. (Kritik an Leo XIII. kam nicht vor). Stellungnahmen für das Schulgesetz von 1864, Agitation gegen das Unfehlbarkeitsdogma und Übertritte zum Altkatholizismus, bzw. Austritte aus der katholischen Kirche aus liberaler Überzeugung.

3.) Verkehr mit Liberalen und "Kirchenfeinden", Besuch von Schützenvereinen, Mitgliedschaft in bürgerlichen Vereinen überhaupt, das Lesen und Abonnieren liberaler Zeitungen und anderes mehr.

"Ultramontane" Delikte dagegen nahmen logischerweise ab.

Vor 1848 bestand ein solches Delikt etwa darin, zum Besuch der Volksmissionen im Elsaß aufzufordern, geweihtes Wasser zu verkaufen, oder auch gegen den Wunsch eines Vorgesetzten zu häufigem Beichten und häufigem Kommunionsempfang aufzufordern. Vor und nach 1848 galten "Wunderheilungen" als Delikt, ebenso ohne bischöfliche Erlaubnis vorgenommene Exorzismen. Abgesehen von solchen Extremfällen galten nach 1848 nur noch solche Verhaltensweisen als unzulässig, die ultramontane Richtlinien zu wörtlich nahmen oder diese übertrieben. Ein allzu eifriger Priester etwa taufte ein Kind gegen den Willen seiner Eltern auf den Namen des Heiligen, an dessen Tag der Knabe geboren war, nachdem Erzbischof Hermann v. Vicari diese Praxis empfohlen hatte.[59]

In dem Maße, wie eine Frömmigkeitspraxis zur Norm wurde, die im Vormärz noch als Aberglaube galt, verschwanden auch "ultramontane Delikte".

Charakteristischer für das katholische Milieu und weitaus häufiger als die kirchenpolitischen Delikte waren Verstöße gegen sozialmoralische Normen des alltäglichen Verhaltens und eine rigide Sexualmoral. Deren strikte Einhaltung wurde nunmehr – insbesondere von einem Priester – gefordert, überwacht und gemaßregelt.

Vor und nach 1870 gingen zwischen 42% und 45% aller Delikte auf Verstöße gegen das Keuschheitsgelübde und auf "unklerikalisches" Verhalten zurück. Die Spitze dieser Delikte liegt im Jahrzehnt der Reaktion von 1850 – 1859, was mit der politischen Reaktionszeit und der gleichzeitigen Ultramontanisierung zusammenhängt.[60]

Unter die hier in der Statistik erfaßten Verstöße gegen das Keuschheitsgelübde fallen hier in erster Linie Schwängerungen der Pfarrhaushälterin, zunehmend aber auch strafrechtlich relevante Delikte wie Vergewaltigungen, Unzucht mit Kindern und Homosexualität. Gegen den Zölibat verstieß nur ein einziger Priester, indem er heimlich eine Zivilehe einging.

Unter das Verdikt "unklerikalisch" fielen zumeist Verstöße gegen das Wirtshausverbot, manchmal gepaart mit Alkoholmißbrauch oder Wirthausstreitereien, Karten- oder Kegelspiel, aber auch Absingen unsittlicher Lieder, Tragen eines Tirolerhutes und andere Kleinigkeiten, die in den Augen einer Gemeinde gegen die Würde eines Priesters verstießen.

Im Kaiserreich verschob sich das Gesamtbild der unpolitischen Delikte gegenüber dem Zeitraum 1850-1870 insofern entscheidend, als nun Streitigkeiten in der Gemeinde, zu rigoroses Vorgehen der Pfarrer (etwa namentliches Beschimpfen einzelner Gemeindemitglieder von der Kanzel, Verweigerung der Taufe unehelicher Kinder) und Mißhandlungen von Schulkindern den höchsten Prozentsatz aller Delikte ausmachten, während Sexualdelikte und unklerikalisches Verhalten absolut und seit 1890 auch relativ abnahmen.

Die Parteibildungsprozesse in den Gemeinde verliefen äußerst konfliktreich und machten sich nur zu häufig an der Person des Pfarrers fest. Mit der Stabilisierung der neuen Rolle des Pfarrers als Organisator des katholischen Milieus, das um liberal (und sozialistisch) eingestellte Mitglieder geschrumpft war, nahmen Delikte und Konflikte ab. Um nur ein konkretes Beispiel zu nennen: Wenn der Pfarrer dem Sohn eines "guten" Katholiken in der obligatorischen Christenlehre oder im Religionsunterricht eine Prügelstrafe verabreichte, fand dieser das in der Regel in Ordnung, während ein liberaler Katholik oder ein sozialdemokratischer eventuell Strafanzeige erstattete. Letztere tauchen als Beschwerdeführer in bezug auf die eigentliche Seelsorge kaum mehr auf.

Unter diesem Gesichtspunkt ist auch die Bildung altkatholischer Gemeinden in Baden zu berücksichtigen, die hier seit 1874 relativ stark waren[61] und den innerkatholischen Parteibildungsprozeß abschlossen. Überall dort, wo liberale Katholiken zu Altkatholiken wurden, fielen diese als Beschwerdeführer gegen "rigorose" Pfarrer weg. Auf keinen Fall darf man jedoch die Altkatholiken auf die Mitglieder der wenigen etablierten altkatholischen Gemeinden reduzieren, denn immer wieder tauchen in den Akten Altkatholiken auch dort auf, wo gar keine solchen Gemeinden existierten.

Erst der gesamtgesellschaftliche Statusverlust des katholischen Pfarrers machte ihn in so hohem Grade denunzierbar: Deliktquoten und Statusverlust des Pfarrers haben einen engen Zusammenhang.

Im Vormärz wagte es kaum jemand, einen Pfarrer anzuzeigen, auch wenn er die für alle geltenden Strafgesetze überschritt. Die vermutlich ohnehin hohe Dunkelzifferrate[62] für den gesamten Untersuchungszeitraum war sicherlich vor 1848 besonders hoch und stieg in kirchenpolitisch ruhigen Zeiten wahrscheinlich immer wieder an. Zwischen 1850 und 1880 jedoch war die soziale Kontrolle des katholischen Klerus durch Gemeinden, Kirche und Staat gleichermaßen sehr wirksam. Besonders auffällig ist etwa eine Häufung der angezeigten Fälle von Homosexualität während des Badischen Kulturkampfes. Zölibat und Keuschheitsgelübde wurden im liberalen und ultramontanen Lager gleichermaßen zum Mittel, politisch mißliebige Pfarrer zu stigmatisieren.

Im Verlaufe der heftigen Konflikte zwischen Staat und Kirche im Verlaufe der Ultramontanisierung wurden immer starrere Stereotypen von Katholischsein aufgestellt, an denen entlang sich in den Gemeinden entsprechende Parteiungen bildeten. Pfarrer und Gemeinden denunzierten sich wechselseitig als "gute" und "schlechte" Katholiken bzw. als katholisch und unkatholisch.

Nach der Revolution von 1848/49 häuften sich die Beschwerden von Gemeinden gegen ihre Pfarrer dramatisch. Auch anonymen Anzeigen wurde nun von der Kirchenbehörde nachgegangen. Zwischen 1850 und 1880 entstand ein Klima der Denunziation und Überwachung, in dem auch Pfarrer sich nicht scheuen, Kollegen bei der Kirchenbehörde anzuzeigen, ja selbst Vikare ihre Vorgesetzten meldeten, wenn diese ihrer Meinung nach noch zu liberal pastorierten oder einen unklerikalischen Lebenswandel führten. Wenn man bedenkt, daß – außer während des Badischen Kulturkampfes – auch das direkte Einschreiten der Kirchenbehörde und staatlicher Institutionen (Bezirksämter, Gerichte und Ministerien) – auf Grund von Informationen oder Anzeigen von Gemeindeangehörigen zustandegekommen sein muß, weisen diese Zahlen auf erhebliche Krisen und Parteibildungen in den Gemeinden hin. Meist gab es eine Partei, die den Pfarrer loswerden wollte und eine, die ihn gegen die Vorwürfe der anderen verteidigte.

Wenn man die Gesamtzahl der Initiatoren von Disziplinaruntersuchungen zeitlich auffächert, werden mehrere Trends deutlich:

1. Die Unzufriedenheit der Gemeinden mit ihren Pfarrern erreichte in den kirchenpolitischen Auseinandersetzungen der 1860er Jahre mit der Gründung einer katholischen Partei ihren Höhepunkt. Danach koppelten sich liberale Katholiken vom Gemeindeleben ab, fielen als Beschwerdeführer also teilweise weg.

2. Während Staat und Kirche bei den Disziplinaruntersuchungen vor 1850 nicht zu trennen sind, überwog die Quote der Kirche die des Staates bis 1860. In den 1870er und 1880er Jahren überwogen staatliche Disziplinarmaßnahmen, danach wieder kirchliche.

3. Mit der zweiten Ultramontanisierungsphase seit Ende der 1880er Jahre nahmen Konflikte und Streitigkeiten in den Gemeinden sogar noch zu, während alle anderen Delikte abnahmen. Das ist vor allem darauf zurückzuführen, daß die Kirche nun präventiv wirksam tätig war und daß selbst für staatliche Behörden die Agitation des Klerus für die Zentrumspartei nunmehr als selbstverständlich galt und so lange hingenommen wurde, als nicht außergewöhnliche Umstände eintraten.

Mit anderen Worten: Das katholische Milieu hatte sich konsolidiert.

Obwohl die "guten" Katholiken zu ihren ultramontanen Pfarrern hielten und viele andere Katholiken sich der Kirche entfremdet hatten, stieg die Zahl der Streitigkeiten und der Beschwerden über zu rigorose Pfarrer weiter an. Dies weist auf die fortschreitende innere Säkularisierung des katholischen Milieus hin, in dem Klerus und v.a. männliche Laien sich sukzessive entfremdeten. Die Identität von Klerus und Zentrumspartei dagegen war alltäglich, zur "Normalität" geworden. Nur noch in Einzelfällen kam es zu Skandalen.

Mit der Jahrhundertwende war zudem die Überwachung des Klerus durch die Kirchenbehörde standardisiert und perfektioniert worden; Disziplinarfälle konnten häufig bereits im Vorfeld vermieden werden. Außerdem war ja nun ein ganz anders sozialisierter Klerus tätig.

Seit 1898 mußte jeder Dekan jedes Jahr über jeden Priester seines Bezirks einen vorgedruckten "Jahresbericht über die Dienstführung" ausfüllen, in dem zunächst die Persönlichkeit des Priesters charakterisiert und dann detailliert sein klerikalischer oder unklerikalischer Lebenswandel beurteilt werden sollte. Ein solcher Fragebogen enthielt folgende Punkte:

"A. Dessen Person betreffend. 1. Befähigung – Gesundheit – Naturell. 2. Priesterlicher Wandel gemäß Erbischöfl. V.O. v. 8.Dez.1854 u. 8.Mai 1884 Nr.4324 insbesondere bezüglich Wirtshausbesuch. Vorsicht im Umgang. Residenzpflicht. Exerzitien. 3. Etwaige außerordentliche Begabung (...). B. Dessen Haushalt betreffend. 1. Wer führt den Haushalt? Obrigkeitlich genehmigt? (...). C. Dessen Wirken betreffend. Wie erfüllt derselbe seine Pflichten 1. in korrekter Abhaltung des Gottesdienstes? in Schule und Christenlehre? Bezüglich der Kranken? 2. Wie in Pflege der außerordentlichen Seelsorge – eventl. des Vereinslebens? (...)"

6. Der Priestermangel in Baden

Am schärfsten äußerte sich die Wandlungs- und Schrumpfungskrise des Katholizismus zwischen 1840 und 1890 in einem mehr oder weniger gravierenden Priestermangel.

Während 1836 nur 58 von 843 Pfründen und 224 Vikarsstellen der Erzdiözese Freiburg nicht besetzt werden konnten, so waren es 1847 schon 213, von insgesamt inzwischen 1121 Priester- und Hilfspriesterstellen zusammen. Durch den steigenden Nachwuchs der 50er und 60er Jahre sank die Zahl der vakanten Stellen im Jahre 1865 auf 144, stieg dann aber im Jahre 1886 noch über das Niveau des Jahres 1847. 1886 konnten von 1114 Stellen insgesamt ein Viertel (226)[63] nicht mehr besetzt werden.

Trotz der massiven Auseinandersetzungen zwischen Staat und Kirche und trotz der Politisierung des Klerus wurde von der Regierung an der Notwendigkeit einer ausreichenden Versorgung der katholischen Bevölkerung mit Priestern zu keiner Zeit gezweifelt. Die Kirche war und blieb unverzichtbarer Bestandteil der Legitimation staatlicher Macht und einer sozialmoralischen Stabilisierung der Bevölkerung – selbst während des Kulturkampfes.

Mehr als 50% Priester mit abweichendem Verhalten waren in den Jahren 1841, 1846 und 1849 geweiht worden, zwischen 25 % und 50% in den Jahren 1821, 1824, 1826, 1831-1838, 1840-1846, 1848-1855, 1857, 1859, 1864, 1870 und 1886. Der Weihejahrgang der "Sperrlingspriester" von 1874 war aufgrund des Boykotts der verschärften Examesgesetze zu 100% deviant.

Jeweils nach hohen Delinquentenquoten folgten bis in die 1880er Jahre niedrige Neupriesterquoten. Bis Ende der 1880er Jahre konnte weder die Anpassungskrise an das ultramontane

Priesterbild bewältigt, noch die Auswirkungen des Kulturkampfes durch die Neurekrutierung der Söhne aus ärmeren Landwirtsfamilien kompensiert werden.

Für die Kulturkampfzeit dürfen dabei nicht nur die wirklich abgeurteilten Delikte berücksichtigt werden, wie sie hier aufgeführt wurden, sondern außerdem die erhebliche Minderung von Aufstiegschancen durch den Boykott der staatlichen Examensvorschriften und die Möglichkeit der Regierung, politisch mißliebige Pfarrer bei Pfründbewerbungen nicht zu berücksichtigen. Diese Fälle konnten quantitativ nicht ermittelt werden.

Der Priestermangel und die hohen Quoten abweichenden Verhaltens des badischen Klerus haben einen inneren Zusammenhang und sind deutliche Symptome der Krise des Katholizismus im 19. Jahrhundert.

Schon 1844 hatte die badische Regierung die Hauptursache des Priestermangels im gesellschaftlichen Wandel von einer agrarisch-ständischen zu einer bürgerlich-kapitalistischen Gesellschaft gesehen:

"Die äußeren Reize der Kirchenämter sind großenteils verschwunden, der Entbehrungen sind viele, und die irdische Belohnung ist nur gering. In der aufblühenden Industrie und in den technischen Fächern haben sich für die gebildete Jugend reichliche Quellen einer weit behaglicheren Existenz eröffnet, als jene eines katholischen Geistlichen, der den Pflichten und Entsagungen seines Standes nachkommt."[64]

Grob zusammengefaßt zeigte die Interpretation der sozialen Herkunft der katholischen Priester Badens tatsächlich, daß die städtischen, gebildeten oder aufstiegsorientierten Schichten der Bevölkerung zunehmend nicht mehr bereit waren, einen ihrer Söhne Priester werden zu lassen.

Die Quoten abweichenden Verhaltens lassen außerdem erkennen, daß die Söhne dieser Schichten selber auch nicht mehr in der Lage oder willens waren, sich als Priester einer ultramontanaten Kirche angepaßt zu verhalten, insbesondere nicht als Landpfarrer.

Die badische Kirchenbehörde mußte zu neuen Mitteln greifen, um den potentiellen Priesternachwuchs aus der ärmeren, ländlichen katholischen Bevölkerung zu rekrutieren. Dies geschah im breiten Umfang durch Stipendien, Stiftungen und die Schaffung geschlossener Anstalten, in denen schon Knaben unter klerikaler Leitung auf den Priesterberuf vorbereitet wurden.

Die zwangsläufige Folge war, daß im Vergleich zu der ersten Jahrhunderthälfte vor allem seit den 1880er Jahren ein ganz anderer Pfarrertypus überwog. Aus dem Geistlichen, der eher die reicheren und städtischen Schichten der katholischen Bevölkerung repräsentierte, wurde der arme Priester vom Lande. Dieser war in der Regel der Sohn einer kinderreichen Familie, für den kirchliche Stipendien und Priesterinternate die einzige Möglichkeit darstellten, überhaupt einen akademischen Beruf zu ergreifen. Wurde er schließlich doch nicht Priester, mußte er häufig Stipendien oder Darlehen frommer Verwandter zurückzahlen. Dazu kam der psychische Druck der Familie, meistens der Mutter.

Erwähnt werden sollte in diesem Zusammenhang, daß es auch Kontinuitäten in der Rekrutierung des Priesternachwuchses gab, die statistisch schwer erfaßbar sind. Erstens gab es ausgesprochene Priesterdynastien, d.h. Pfarrer, die einem Neffen Theologiestudium und Priesterausbildung finanzierten, was relativ häufig vorkam; zweitens gab es eine Reihe frommer Stiftungen, die einem Gemeindeangehörigen das Studium finanzierten.

Die Möglichkeiten für die Freiburger Kirchenbehörde, auf breiter Ebene wirksame Mittel gegen den Priestermangel ergreifen zu können, waren ein Ergebnis der restaurativen politischen Wende nach der Revolution.

Den entscheidenden Hebel sah die katholische Kirche in der Errichtung von geschlossenen Knabenkonvikten alleine zum Zwecke der Heranziehung künftiger Theologiestudenten, wie sie schon im Konzil von Trient gefordert worden waren. Eine solche Anstaltserziehung, insbesondere die Verpflichtung Unmündiger für den späteren Priesterberuf, erschien Liberalen und Regierung des Vormärz gleichermaßen inhuman und indiskutabel; sie wurde deshalb kategorisch abgelehnt.

Zwar wurde 1845 in Freiburg von Erzbischof Hermann v. Vicari ein privates Internat für zukünftige Theologiestudenten errichtet, das seit 1850 offiziell als Erzbischöfliches Knabenseminar geführt werden konnte; staatlich anerkannte Internate für den Priesternachwuchs konnten aber erst auf Grund des Oktobergesetzes von 1860 gegründet werden, das den Kirchen das Recht der freien Erziehung des Klerus einschließlich der Errichtung geistlicher Studienanstalten zugestand.[65] Diese hatten für die Rekrutierung der Priester eine doppelte Funktion. Zum einen ermöglichten sie in der Regel den Söhnen ländlicher Schichten überhaupt den Besuch einer höheren Schule, zum anderen wurde eine klerikale Anstaltserziehung Grundlage zur Erziehung eines Priesters nach ultramontanem Bilde, der damit schon frühzeitig den Versuchungen und Einflüssen der Welt entzogen werden konnte.

Schon der Priesternachwuchs der 1870er Jahre war zu fast einem Drittel in solchen Internaten aufgewachsen, in der ersten Hälfte der 1880er Jahre entstammte fast die Hälfte der wenigen neu geweihten Priester diesen Instituten. Die Schließung aller Erzbischöflichen Konvikte für Neuzugänge an Schülern und Theologiestudenten während des Kulturkampfes im Jahre 1874 hatte katastrophale Folgen. Zwischen 1875 und 1886 sank die Zahl der Neupriester noch unter das Niveau der 1840er Jahre. – Das Märtyrerleben als Kulturkampfpriester war nur für wenige junge Männer eine erträgliche Aussicht. Die Zahl der Priester sank aber auch deshalb so drastisch, weil ohne materiell massiv geförderte Anstaltserziehung die Entscheidung für den Priesterberuf offensichtlich kaum mehr getroffen wurde.

Erst Ende der 1880er Jahre konnten die Erzbischöflichen Knabenkonvikte wieder eröffnet werden. Diese wurden im Wilhelminischen Deutschland zum Hauptrekrutierungsfeld des Priesternachwuchses, der damit insgesamt erstmals wieder (in absoluten Zahlen) die Größenordnung des Jahres 1830 erreichte, bzw. leicht überstieg. – Die Neupriester der Jahre 1910–1914 schließlich waren zu über 80% in Anstalten für den priesterlichen Nachwuchs sozialisiert.

Anteil der Gymnasialkonviktoristen an den Priesterberufen in der Erzdiözese Freiburg 1870-1914[66]			
Jahre	Priesterberufe	Konviktoristen absolut	prozentual
1870-1874	171	54	31.6%
1875-1879	80	26	32.5%
1880-1884	76	35	46.1%
1885-1889	120	15	12.5%
1890-1894	274	106	38.7%
1895-1899	285	171	60.0%
1900-1904	250	169	67.6%
1905-1909	212	158	74.5%
1910-1914	271	221	81.5%
Zusammen	1739	955	54.9%

Der Priestermangel war damit zunächst überwunden, doch es war ein ganz anderer Klerus, der nun das Priesterseminar verließ. Erstmals war in der Erzdiözese Freiburg eine ganze Generation ultramontan sozialisiert worden. Die ab Ende der 1880er Jahre geweihten Kleriker waren nun ganz überwiegend Söhne kinderreicher Landwirte oder kleiner Handwerker aus Dörfern oder kleinen Städten, die nichts anderes kannten als das katholische Milieu, dem sie entstammten.

Anläßlich der bevorstehenden Erzbischofswahl nach dem Tode Erzbischofs Orbin im Jahre 1886 besuchte Großherzog Friedrich zwei der Kandidaten für den Erzbischöflichen Stuhl, um sie persönlich kennenzulernen – Pfarrer Brettle in Glotterbad und den Repetitor und späteren Direktor des Priesterseminars St. Peter Dr. Franz Xaver Mutz[67]. Aufschlußreich ist die aus der Perspektive der Oberschicht verächtliche Charakterisierung der Priesteramtskandidaten durch den Großherzog:

"Von Interesse war mir, die sämtlichen Seminaristen kennenzulernen. Unter den 64 jungen Leuten befindet sich nur einer, der gebildeten Kreisen entstammt (...). Alle andern stammen aus den niedersten Kreisen der Bevölkerung, Bauern, Tagelöhner, Kleingewerbe, niedere Bedienstete, Volksschullehrer. Alle kurzsichtig, körperlich schwach entwickelt, ohne jedwede Haltung und dementsprechend schüchtern und ängstlich. Ich hatte den Eindruck, mit völlig willenlosen Menschen zu verkehren. Nur wenn von der Universität die Rede war, klang der Ton lebhafter. Die Lehrer machen einen ähnlichen Eindruck (...)."[68]

Im selben Brief äußert sich der Großherzog, wie viele andere Mitglieder der herrschenden Kreise, empört über die "... geradezu revolutionäre Hetzarbeit" der katholischen Geistlichen, die einen bisher noch nicht erlebten Grad erreicht habe. Der Pfarrer von St. Blasien habe den früheren nationalliberalen Abgeordneten und Leiter der Baumwollspinnerei am Orte "einen gemeinen Blutsauger genannt, der das Volk zu seinem Nutzen ausbeutet." Der Pfarrer Karl Friedrich Fritz[69] predige "sozialistische Tendenzen"; die gesamte Geistlichkeit des Südschwarzwalds treibe "gemeinste Wühlerei gegen die Regierung".

Und in der Tat war der katholische Klerus zum natürlichen Verbündeten der unterbürgerlichen ländlichen Schichten geworden. Er kannte ihre Nöte und konnte angemessen darauf reagieren.

Das Gegenteil dessen, was die Liberalen beabsichtigt hatten, war nun eingetreten. Das katholische Milieu unter klerikaler Führung hatte sich zu einer politisch bedeutsamen – antiliberal und antikapitalistisch orientierten – Kraft entwickelt. Extrem autoritär strukturiert hielt man hier nichts von der Selbstbestimmung des Individuums, dafür aber war das gleiche und direkte Stimmrecht durchgesetzt worden, das den Liberalen jederzeit den Todesstoß versetzen konnte. Dem sozialdemokratischen Milieu vergleichbar, setzte man im Katholizismus auf kollektive Verhaltensmuster und weltanschaulich begründete Solidarität.

Der Klerus war für die traditionalistischen Milieus die ideale patriarchalische Identifikationsfigur. Er vertrat so gut wie keine ökonomischen Eigeninteressen, sondern diente ganz einer Kirche, die von der bürgerlich-liberalen Öffentlichkeit verachtet und gedemütigt wurde. Gerade die Kirche und ihr Klerus nahmen sich nun verstärkt, da sie aus allen wichtigen Reproduktionsbereichen herausgedrängt worden waren, in karitativen Einrichtungen der Schichten an, die für kapitalistische Interessen nicht verwertbar waren: der Armen, Alten, unheilbar Kranken, Schwachsinnigen, der Witwen und Waisen. Das machte sie – für die Schichten, die im Prozess der Hochindustrialisierung auf der Verliererseite standen – zum Gegenbild eines militaristisch-expansiven modernen Staates, der eine Gesellschaft verwaltete, in der sozialdarwinistisch legitimiertes Profitdenken vorherrschte und in der ohne Rücksicht auf Verluste Modernisierung vorangetrieben wurde.

Gleichzeitig war die ultramontane Kirche durch ihre hierarchischen und autoritären Strukturen, in denen abweichendes Denken und Verhalten nicht geduldet wurde, ein äußerst effizienter Machtapparat, dessen Funktionsmechanismen ihre Gläubigen sich unbewußt unterwarfen. Insofern war die Kirche für die Klassengesellschaft des Kaiserreiches durchaus nicht entbehrlich.

7. Schluß

Der Prozeß der Entstehung eines ultramontanen Klerus hatte sich auf vier Ebenen vollzogen:
    1.) im Wandel der sozialen Herkunft,
    2.) durch Klerikalisierung und Sakralisierung des Priesterbildes,
    3.) durch Veränderung der Ausbildung,
    4.) durch Überwachen und Strafen.

Auf allen Ebenen vollzog sich ein Wandel, der sich diametral entgegengesetzt zur Modernisierung verhielt.

Der Klerus war eine der letzten Gruppen, die noch unverkennbar ständische Merkmale trug.[70] Schon der Zölibat schloß ihn aus der bürgerlichen Gesellschaft "freier" Individuen aus. Er war der einzige, der in einer sich ausdifferenzierenden Gesellschaft ganz und gar auf sein Priestersein reduziert wurde und für den eine Trennung zwischen privater und öffentlicher Rolle nicht existieren sollte.

Vom staatskirchlichen Beamten, der – ebenso wie Priester und Seelsorger – Träger von Aufklärung und Toleranz, Bildung, Sozialmoral und -disziplin sein sollte, war der badische Klerus zum Organisator des katholischen Milieus geworden: in der Seelsorge ultramontan, in der Politik kostenloser Funktionär einer modernen katholischen Massenpartei.

Der Badische Kulturkampf (1860 – 1876) und seine Nachwehen trugen entscheidend zur Konsolidierung des Ultramontanismus bei. Seit den 1880er Jahren hatte der Klerus in seiner überwiegenden Mehrheit diesem nichts mehr entgegenzusetzen. Politisch ging er mit der in Baden 1888 neugegründeten Zentrumspartei konform; der weitaus größere Teil des Klerus beteiligte sich hier aktiv an der Parteipolitik und mehr oder weniger intensiv am Aufbau eines katholischen Vereinswesens.

Die Hoffnungen von Staatsoberhaupt, Regierung und Liberalen, daß die Entbürgerlichungstendenzen des Klerus durch Ausnahmegesetze rückgängig gemacht werden könnten oder man ihn zumindest davon abhalten könnte, sich im Interesse der unterbürgerlichen, ländlichen Schichten für eine katholische Partei zu engagieren, hatten sich nicht erfüllt. Im Gegenteil: Zwar behaupteten die Liberalen ihre Kulturhegemonie, doch der neue ultramontane Klerus war – entsprechend seiner sozialen Herkunft – nun erst recht antikapitalistisch und antibürgerlich eingestellt und äußerst erfolgreich tätig. Die "Verfolgung" der katholischen Kirche und ihrer Priester hatte das Gegenteil dessen bewirkt, was man beabsichtigt hatte.

Insofern war der Kulturkampf gescheitert, und zwar auf der gleichen Ebene wie die Sozialistengesetze. In Baden hatte es zunächst den Anschein gehabt, als handle es sich beim Kulturkampf um eine Machtprobe, die leicht zu Gunsten des Staates entschieden werden könne, denn Folgen der Industrialisierung waren hier erst relativ spät spürbar. Aufgrund des großen Einflusses und der Stärke des Liberalismus in Baden – auch und zum Teil gerade in katholischen Regionen –, war hier die Hoffnung nicht so abwegig gewesen wie in Zentren der Hochindustrialisierung, man könne durch Druck auf den Klerus in der gesamten katholischen Bevölkerung eine Akzeptanz bürgerlicher Normen erreichen. Entsprechend wurde in Baden der Katholizismus erst seit 1888 zu einer sozialen Massenbewegung, in der die materiellen Benachteiligungen aber auch die Bedürfnisse ländlicher und provinzieller Lebenswelten nach Sicherheit, Ruhe und Ordnung zum Ausdruck kamen.

Für die Empfindungen und Emotionen eines großen Teils der katholischen Bevölkerung waren die Liberalen blind; als ihr politisches Konzept von Zuckerbrot (Freiheit der Ausbildung des Klerus) und Peitsche (Gesetz gegen Amtsmißbrauch der Geistlichen) mit der Mobilisierung des

Klerus für eine katholische Partei zu scheitern drohte, zogen sie die Konsequenz, den Druck noch zu erhöhen, was zu einer Eskalation der Konflikte und zu einer weiteren Stärkung des politischen Katholizismus führte.

In Preußen übernahm man das badische Modell zu einem Zeitpunkt, als dieser Prozeß noch nicht ganz absehbar war. Doch die Kulturkampfgesetze hatten überall den gleichen Effekt wie die Sozialistengesetze. Sie führten zur Konsolidierung und zur Kohäsion eines Milieus, dessen "negative Integration"[71] in das Deutsche Kaiserreich erst durch den Burgfrieden einer deutschen Volksgemeinschaft im Ersten Weltkrieg aufgehoben schien.

Insofern kann man sich natürlich auch fragen, ob der Kulturkampf wirklich gescheitert war, und ob er nicht doch – für Staat und Kirche gleichermaßen – eine herrschaftsstabilisierende Funktion hatte. Denn objektiv betrachtet verhinderten die Verschwörungstheorien auf beiden Seiten, daß unterprivilegierte soziale Gruppen mit ähnlichen Interessen und Bedürfnissen interkonfessionell kooperierten. – Überwachen und Strafen durch Staat und Kirche förderte nicht nur im Klerus autoritäre Charakterstrukturen. Die konfessionellen Auseinandersetzungen, deren tiefere Ursachen zumeist unbewußt blieben, trugen zur Irrationalität und Intoleranz der politischen Kultur des Deutschen Reiches entscheidend bei.

Anmerkungen

1 Dieser Aufsatz basiert auf einer noch nicht abgeschlossenen Arbeit über den Klerus in Baden von 1806 – 1914, die auf der Auswertung der Personen- und Karrieredaten von 3947 Priestern der Erzdiözese beruht, sowie auf der Inhaltsanalyse von 1160 Personalakten dieser Priester.

2 M. Rainer Lepsius, Parteiensystem und Sozialstruktur. Zum Problem der Demokratisierung der demokratischen Gesellschaft, in: Wilhelm Abel u.a. (Hg.), Wirtschaft, Geschichte und Wirtschaftsgeschichte, Stuttgart 1966, 163-288. Lepsius definiert das soziokulturelle Gebilde des sozialmoralischen Milieus als "soziale Einheiten, die durch eine Koinzidenz mehrerer Strukturdimensionen wie Religion, regionale Tradition, wirtschaftliche Lage, kulturelle Orientierung, schichtspezifische Zusammensetzung der intermediären Gruppen, gebildet werden."(383)

3 wie Thomas Nipperdey, Religion im Umbruch. Deutschland 1870-1918, München 1988, 26 behauptet. Es ist schwierig, sich mit Nipperdeys Behauptungen auseinanderzusetzen, weil er seine großen Deutungen oft im gleichen Atemzug durch sich widersprechende Bemerkungen relativiert. So auch an dieser Stelle die Behauptung, die katholischen Vereine seien "spontan" entstanden, denn im selben Satz wird konstatiert, daß sie alle zunächst unter geistlicher Leitung standen. – Insgesamt betont Nipperdey m.E. viel zu stark den modernen Charakter des katholischen Vereinswesen und die "emanzipatorische Modernität" des katholischen Milieus.

4 Im folgenden beziehe ich mich immer wieder auf: Josef Becker, Liberaler Staat und Kirche in der Ära von Reichsgründung und Kulturkampf. Geschichte und Strukturen ihres Verhältnisses in Baden 1860-1876, Mainz 1973, der das Thema abschließend behandelt hat. Durch ein hervorragendes Register kann man hier jede gewünschte Information nachschlagen.

5 Arbeiten, die auch nur ansatzweise einen Vergleich ermöglichen könnten, gibt es meines Wissens – mit Ausnahme des Zeitraums 1848/49 – nicht. Vgl. dazu v.a. Konrad Repgen, Klerus und Politik 1848. Die Kölner Geistlichen im politischen Leben des Revolutionsjahres – als Beitrag zu einer "Parteigeschichte von unten", in: Aus Geschichte und Landeskunde, Festschrift Franz Steinbach, Bonn 1960, 133-165 und Clemens Rehm, Die katholische Kirche in der Erzdiözese Freiburg während der Revolution 1848/49, Freiburg, München 1987 (Diss.phil. Freiburg 1984).

6 Im Rahmen dieses Aufsatzes beziehe ich mich nur auf die kirchenpolitischen Verhältnisse Badens, die Ausdifferenzierung meiner Daten zwischen Hohenzollern (Preußen) und Baden ist noch nicht abgeschlossen; im Vergleich zeichnen sich sehr aufschlußreiche Unterschiede ab, da jedoch rein flächenmäßig der preußische Teil der Erzdiözese sehr gering war, werden diese Unterschiede hier ignoriert. Vereinfachend ist also in der Folge vom badischen Klerus die Rede.

7 Vgl. dazu: Konrad Baumgartner, Der Wandel des Priesterbildes. Beiträge zur pastoraltheologischen Literatur vor allem des 17. und 18. Jahrhunderts, in: Pastoraltheologie. Ein entscheidender Teil der Josephinischen Studienreform, hg. von F. Klostermann und J. Müller, Wien, Freiburg, Basel 1979, 173-190

8 S. weitere Literaturangaben bei Karl-Heinz Braun, Hermann von Vicari und Ignaz Heinrich von Wessenberg. Zwei Prälaten im kirchenpolitischen Vergleich, in: Freiburger Diözesanarchiv (FDA) 107 (1987), 213-236 und ders., Konstanzer Traditionen im Erzbistum Freiburg, in: FDA 110 (1990), (erscheint voraussichtlich Frühjahr 1991).

9 Ignaz Klenker (1808-1861) in seiner Arbeit "Pro admissione cura animarum", in der er zwecks Erlangung der Erlaubnis zur Seelsorge u.a. die Frage beantworten mußte: "Was ist der katholische Priester überhaupt, und was ist er am Altare insbesondere, und wie hat er sich deswegen zu benehmen". (Personalakte (PA) Klenker, Erzbischöfliches Archiv Freiburg (EAF)). Die Arbeit wurde von Dekan und Kirchenbehörde sehr gut bewertet.

10 Otto Bechtold, Der "Ruf nach Synoden" als kirchenpolitische Erscheinung im jungen Erzbistum Freiburg. Ein Beitrag zum Verhältnis von Staat und Kirche im Großherzogtum Baden und zur Geschichte der religiösen Aufklärung in Süddeutschland, Diss. Theol. masch. Freiburg 1958

11 Vgl. zum Begriff des Fundamentalismus Martin Riesebrodt, Fundamentalismus als patriarchalische Protestbewegung. Amerikanische Protestanten (1910-28) und iranische Schiiten (1961-79) im Vergleich, Tübingen 1990, 1-39

12 Peter Schmidt, Herkunft und Werdegang der Alumnen des Priesterseminars Meersburg. Ein Beitrag zur Sozialgeschichte der Weltgeistlichkeit im deutschen Anteil des Fürstbistums Konstanz im 18. Jahrhundert, in: Freiburger Diözesanarchiv 97 (1977), 105

13 Der Freiburger Doktorand Thomas Adolf überließ mir freundlicherweise die Ergebnisse seiner sozialstatistischen Auswertung der Freiburger Univeritätsmatrikel, mit deren Hilfe ich Lücken bei der Erfassung der sozialen Herkunft ausfüllen konnte.

14 Die Einwohnerzahlen stammen aus: Ortsverzeichnis d. Großherzogtums Baden, Karlsruhe 1891 und aus: Gemeindelexikon Hohenzollern, Karlsruhe 1897

15 Die Daten zur sozialen Herkunft der 1739 seit 1870 geweihten Priester wurden entnommen: Gerhard Merkel, Studien zum Priesternachwuchs der Erzdiözese Freiburg 1870-1914, in: Freiburger Diözesan-Archiv (FDA) 94 (1974), 5-269. Alle anderen Daten wurden aus den Personalakten (PA) des Klerus der Erzdiözese Freiburg im Erzbischöflichen Archiv Freiburg (EAF) selbst erhoben.

16 Im Rahmen dieses Aufsatzes kann diese Behauptung nicht nachgewiesen werden. Vgl. zur sozialen und regionalen Struktur der Zentrumswählerschaft in Baden: Fred Ludwig Sepaintner, Die Reichstagswahlen im Großherzogtum Baden. Ein Beitrag zur Wahlgeschichte im Kaiserreich, Frankfurt/M., Bern 1983

17 Heinrich Joseph Wetzer u. Benedikt Welte (Hg.), Kirchen-Lexikon oder Encyklopädie der katholischen Theologie, Bd. 6, Freiburg 1851

18 Artikel "Clerus", in: Wetzer und Welte's Kirchenlexikon , 2. Aufl., 3. Bd., Freiburg 1884, 540

19 Vgl. z.B. die autobiographische Abrechnung mit dem Rationalismus durch den badischen Pfarrer Leopold Kist (1824-1902), Studium und Studentenleben vor vierzig bis fünfzig Jahren, Innsbruck 1891

20 Zu Alban Stolz (1808-1883) vgl. Josef Becker (Anm. 4) und: Elisabeth Mackscheidt, Erziehung für das Heil der Seele. Kritische Lektüre des katholischen Pädagogen Alban Stolz, Mainz 1982

21 Zu Heinrich Hansjakob (1837-1916) vgl. Josef Becker (Anm. 4) und: Antoon P.H. van Rijswijck, Heinrich Hansjakob, Diss. Phil. Heerlen 1948

22 Jakob Schmitt, Der Wirtshausbesuch der Geistlichen beurteilt unter dem Gesichtspunkte der Erlaubtheit u. Schicklichkeit, Separatabdruck aus den "Stimmen von Maria Laach", o.O., o.J., 2. Zu den biographischen Daten s. Anm. 50

23 Ebd., 11/12.

24 Z.B. im Jahre 1864 dem Pfarrverweser Anton Albrecht (1835-1878), 1867 dem Pfarrverweser Josef Dilger (1837 – (?)), der 1874 zum Altkatholizismus übertrat und 1870 dem Pfarrer Johann Evangelist Valois (1809-1882), einem alten 1848er.

25 Alban Stolz forderte 1867, allen Katholiken die Absolution zu verweigern, die das Abonnement für eine liberale Zeitung mit antichristlichen Grundsätzen trotz voraufgegangener Abmahnung nicht aufgaben , vgl. Josef Becker, 1974, 146 (Anm. 4).

26 Vgl. dazu Hubert Brosseder, Das Priesterbild in der Predigt. Eine Untersuchung zur kirchlichen Praxisgeschichte am Beispiel der Zeitschrift "Prediger und Katechet" von 1850 bis zur Gegenwart, München 1978, 265-284

27 Arbeit "Pro admissione cura animarum" 1874, PA Klemens Sprich (1846-1914), Vater: Landwirt, nicht deviant.

28 Jaques Le Goff, Die Geburt des Fegefeuers, Stuttgart 1984 (frz. 1981).

29 Arbeit "Pro admissione cura animarum" 1884 "Die Generalbeicht" (vgl. Anm. 9).

30 Hermann v. Vicari (1773-1868), Erzbischof von Freiburg seit 1842. Vgl. zur Person des Erzbischofs: Karl-Heinz Braun, Hermann von Vicari und die Erzbischofswahlen in Baden. Ein Beitrag zu seiner Biographie,

Freiburg, München 1990. Karl- Heinz Braun schätzt Vicari als weniger "ultramontan" ein, hier geht es aber weniger um die Persönlichkeit Vicaris, als um die Ultramontanisierung, die unter seiner Ägide erfolgte: Z.B. wurde durch ihn die "Erzbruderschaft des allerheiligsten Sakraments (Erzbruderschaft Ss. Corporis Christi) mit Hirtenbrief vom 25.11.1855 in allen Pfarreien der Erzdiözese eingeführt. Diese war verbunden mit "ewigem Gebet", das reihum abwechselnd stattfinden mußte. Am Tage der Aufnahme in die Bruderschaft wurde ein vollkommener Ablaß gewährt, ebenso für die Teilnahme an den Andachten, Gebetsübungen und Prozessionen der Bruderschaft: Franz Heiner (Hg.), Die kirchlichen Erlasse, Verordnungen und Bekanntmachungen der Erzdiöcese Freiburg, Freiburg 1898 (2. Aufl.), 375-385.

31   Die Schrift des Freiburger Reformtheologen Johann Baptist Hirscher (1788-1865) "Die kirchlichen Zustände der Gegenwart" wurde 1849 auf den römischen Index gesetzt. Als dieser ein Jahr später sein Reformprogramm (gemischte Diözesansynoden, Abschaffung des Pflichtzölibats, Liturgie- und Pastoralreform) widerrief, war auch in der Erzdiözese Freiburg die Restauration eingeleitet.

32   Vgl. dazu Hans Peveling, Der badische Kirchenkonflikt der Jahre 1852 bis 1854, Diss. phil. masch. Heidelberg 1954

33   Johann Christian Roos (1828-1898); Sohn eines rheinischen Winzers; Studium in München und Bonn; 1853 zum Priester geweiht; Regens des Priesterseminars und Domkapitular in der Diözese Limburg, 1885 Bischof von Limburg; 1886 Erzbischof von Freiburg.

34   Vgl. die "Erinnerungen an Erzbischof Roos", in: Freiburger Katholisches Kirchenblatt 41 (1897) (verteilt auf 32 Nummern) und zu den Redemptoristen die vielleicht spannendste Darstellung des frühen Ultramontanismus: Otto Weiss, Die Redemptoristen in Bayern (1790-1909). Ein Beitrag zur Geschichte des Ultramontanismus, St. Ottilien 1983.

35   Zur Geschichte der Kirchenmusik in der Erzdiözese Freiburg neuerdings: Christoph Schmieder, "Gotteslob mit Hörnerschall" oder "Gräuel an heiliger Stätte"? Untersuchungen zur kirchenmusikalischen Aufführungspraxis im Erzbistum Freiburg in der Zeit zwischen Errichtung des Bistums und Gründung des Diözesan-Cäcilien-Verbandes (1827-1878), Diss. Phil. Freiburg 1991, der den Prozeß der Ghettoisierung der katholischen Kirchenmusik und die Klerikalisierung des Kirchengesangs im 19. Jahrhundert anschaulich schildert.

36   Theodor Wacker (1845-1921), 1869 zum Priester geweiht, seit 1883 Pfarrer in Freiburg-Zähringen, seit 1888 Vorsitzender der Badischen Zentrumspartei. Margaret L. Anderson präsentiert Wacker in einem neueren Aufsatz als das schlagende Beispiel des Gegners eines klerikalen, konfessionell gebundenen Zentrums; doch dieser befand sich weitgehend in völliger Übereinstimmung mit seiner eigenen Kirchenbehörde. Er war der Vertreter eines sozialen und populistischen Katholizismus, dem der Herrschaftsanspruch der römischen Kurie unter Pius X. und der integralistischen Richtung – wie vielen anderen "guten" Katholiken bereits 1870/71 und 1887 – denn doch zu weit ging, insbesondere wenn dadurch Wähler verloren gingen. – Trotzdem war Wacker selber, wie seine Klientel und fast der gesamte badische Klerus, Teil eines sozialmoralischen Milieus, das seine Identität bewußt und unbewußt aus dem Zusammenschluß der "guten" Katholiken gegen die Feinde der katholischen Kirche bezog. Vgl. Margaret L.Anderson, Windthorsts Erben: Konfessionalität und Interkonfessionalismus im politischen Katholizismus 1890-1918, in: Christliche Demokratie in Europa. Grundlagen und Entwicklungen seit dem 19. Jahrhundert, hg. v. Winfried Becker u. Rudolf Morsey, Köln u. Wien 1988, 69-90, v.a. 81/82

37   Hans Peveling, Der badische Kirchenkonflikt der Jahre 1852 bis 1854, Diss. phil. masch. Heidelberg 1954, 94

38   Vgl. dazu Erich Will, Entstehung und Schicksal der Konvention zwischen dem Heiligen Apostolischen Stuhl und der Krone Badens vom 28. Juni 1859, Diss. Phil. masch. Freiburg 1951

39   Hans Fenske, Rationalismus und Orthodoxie. Zu den Kämpfen in der pfälzischen Landeskirche im 19. Jahrhundert, in: Zeitschrift für die Geschichte des Oberrheins 132 (1984), 239-269 und Claudia Lepp, Der Deutsche Protestantenverein in den Jahren 1863-1888, Wissenschaftliche Arbeit bei Prof. Dr. H. Fenske, Freiburg 1989 (wird derzeit zu einer Dissertation erweitert).

40   Lothar Gall, Der Liberalismus als regierende Partei. Das Großherzogtum Baden zwischen Restauration und Reichsgründung, Wiesbaden 1968. Kritisch dazu: Hermann Einhaus, Franz von Roggenbach. Ein badischer Staatsmann zwischen deutschen Whigs und liberaler Kamarilla, Frankfurt/M. usw. 1991

41   Vgl. dazu Josef Becker (Anm. 4), 65-82

42   "1871 war bei der Einführung des Reichsstrafgesetzbuches mit dem Kanzelparagraphen vom 10. Dezember 1871 das badische Gesetz über die Amtsmißbräuche von Geistlichen vom 9. Oktober aufgehoben (...) worden." Dieses wurde 1874 mit drei Ergänzungsparagraphen versehen, die Priestern, welche ihre kirchliche Autorität gegen staatliche Gesetze oder zur Beeinflussung kirchlicher und politischer Wahlen mißbrauchten, mit Geldstrafen und Gefängnisstrafen bis zu einem Jahr belegen konnte. Josef Becker, 1873, 326-331 (Anm. 4).

43   Besonders drastisch der Fall des Priesters Rudolf Oster (1842-1902), der 1873 um Dispens vom Staatsexamen ersucht hatte, von der Regierung 1874 auf die Stadtpfarrei Pfullendorf (Bodensee) präsentiert wurde, und dem man seitens der Kirchenbehörde krampfhaft ein unsittliches Verhältnis anhängen wollte, was dazu führte, daß Oster den Kirchendienst verließ. – Der liberale Gemeinderat Pfullendorfs forderte nachdrücklich die kirchliche Einsetzung Osters (PA Oster, EAF).

44   Vgl. dazu Manfred Stadelhofer, Der Abbau der Kulturkampfgesetzgebung im Grossherzogtum Baden 1878-1918, Mainz 1968 (Diss. Phil. Freiburg 1964).

45   Einige wurden Professoren an der Universität Freiburg, andere zumindest Dekane und/oder Prosynodalexaminatoren. Auf eine Darstellung der Verhältnisse an der Theologischen Fakultät mußte im Rahmen dieses Aufsatzes ganz verzichtet werden, ebenso auf den Wandel der Ausbildung im Priesterseminar St. Peter, dessen Archiv mir auch nicht zugänglich gemacht werden konnte.

46   Wilhelm Nokk (1832-1903), Minister der Justiz, des Kultus und des Unterrichts 1881-1900.

47   Dr. phil. et theol. Sebastian Otto (1840-1918),Studium am Collegium Germanicum in Rom 1859-1866, 1887 Subregens, 1888-1896 Regens des Priesterseminars St.Peter, Domkapitular 1896, Prosynodalexaminator 1904.

48   Dr. theol. Nikolaus Gihr (1839-1924), Studium am Collegium Germanicum in Rom 1861-1868, Direktor der Studienanstalt Breisach 1870, Spiritual am Priesterseminar St. Peter 1872, Repetitor 1887, Subregens 1888. Vgl. auch Otto Schöllig, Dr. Nikolaus Gihr. Eine Skizze seines Lebens und Wirkens, Karlsruhe 1925.

49   Dr. theol. Franz Xaver Mutz (1854-1925), Priester 1878, Kaplan am Campo Santo in Rom, Promotion Rom 1880, Repetitor Priesterseminar St. Peter 1887, Regens 1896, Ernennung zum Päpstlichen Hausprälaten 1902, Domkapitular 1912, Domdekan und Generalvikar 1921.

50   Dr. theol. Jakob Schmitt, zum Priester geweiht 1857 in Rom, Repetitor am Priesterseminar St. Peter 1858, Subregens 1884, Domkapitular und Direktor des Priesterseminars 1886-1888, 1902 Päpstlicher Hausprälat; vgl. zu Schmitt auch Anm. 22

51   Schriftwechsel Roos/Nokk, in: NL Roos, EAF

52   Johann Baptist Orbin (1806-1886), nach dem Tode des Bistumsverweser Lothar Kübel 1882 Erzbischof von Freiburg. Vgl. zur Wahl Orbins Karl-Heinz Braun, 1990, 333-338 (Anm. 30).

53   Vgl. Mit Gott für Wahrheit, Freiheit und Recht. Quellen zur Organisation und Politik der Zentrumspartei und des politischen Katholizismus in Baden 1888 – 1914, ausgew. u.eingel. von Hans-Jürgen Kremer unter Mitarb. von Michael Caroli, hg. von Jörg Schadt, Stuttgart, Berlin, Köln, Mainz 1983

54   Hans-Jürgen Kremer schätzt, daß 2/3 bis 3/5 des badischen Klerus aktiv für die neue Zentrumspartei tätig war; er hat mir freundlicherweise einen Entwurf des Kapitels über "Klerus und Zentrumspartei" seiner demnächst abgeschlossenen Dissertation: Die Zentrumspartei im Grossherzogtum Baden 1888-1914. Ein Beitrag zur Geschichte des politischen Katholizismus im Kaiserreich, überlassen. Vgl. also ausführlich demnächst dort.

55   Hans-Jürgen Kremer, Der Volksverein für das katholische Deutschland in Baden 1890-1933, in: FDA 104 (1984), 228

56   Vgl. Anm. 42

57   Vgl. Josef Schofer, Sperrgesetz und Sperrlingslos. Ein Ausschnitt aus dem badischen Kulturkampf für das Volk dargestellt, Karlsruhe 1930

58 Vgl. PA Joseph Flach (1850- (?)), 1876 in St. Peter zum Priester geweiht, der infolge der Kulturkampfgesetze in die Diözese Fort Wayne (USA) ging.

59 PA Ludwig Maier (1814-1892); erschwerend kam hier sicher dazu, daß es ausgerechnet der Name "Judas" war.

60 Vgl. dazu ausführlich meinen 1992 in der Schriftenreihe des Arbeitskreises für Moderne Sozialgeschichte erscheinenden Aufsatz über die Ultramontanisierung des Klerus in den 1850er Jahren, in: Wolfgang Schieder (Hg.): Religion und Gesellschaft im 19. Jahrhundert, Stuttgart 1992

61 Zu der Bedeutung der Altkatholiken in Baden: J[ohannes] Rieks, Der Altkatholizismus in Baden. Eine Festschrift zur zehnjährigen Bestehungsfeier der badischen Gemeinden, insbes. der in Heidelberg, Ladenburg und Schwetzingen samt einem Mitgliederverzeichnis dieser, Heidelberg 1883; Konrad Gröber, Der Altkatholizismus in Konstanz. Die Geschichte seiner Entwicklung und Bekämpfung, in: FDA 39 (1911) und ders., Der Altkatholizismus in Meßkirch, in: FDA 40 (1912), 135-198.

62 Heinrich Popitz, Über die Präventivwirkung des Nichtwissens. Dunkelziffer, Norm und Strafe, Tübingen 1968.

63 Vgl. Barbara Richter, Der Priestermangel in der Erzdiözese Freiburg um 1850. Ursachen und Lösungsversuche durch Pastoralvertretungen aus der Diözese Rottenburg, in: FDA 108 (1988), 429-447.

64 Ebd., 433.

65 Vgl. Josef Becker (Anm. 4), 70.

66 Diese Tabelle ist übernommen von Gerhard Merkel, 1974, = Tabelle Nr. 39, 242 (Anm. 15).

67 S. Anm. 49.

68 Großherzog Friedrich an Nokk, St. Blasien 9.Juli 1898, in: Großherzog Friedrich I. von Baden und die Reichspolitik 1871-1907, hg. v. Walther Peter Fuchs, 4. Bd.:1898-1907, Stuttgart 1980, 60.

69 Karl Fritz (1864-1931): Erzbischof von Freiburg 1920-1931; bis 1896 Pfarrer, 1899 Oberstiftungsrat, 1911 Direktor der Erzbischöflichen Kanzlei, 1918 Generalvikar.

70 Hier bietet sich neuerdings ein interkonfessioneller Vergleich der sozialen Herkunft, des Status und der gesellschaftlichen Funktion von evangelischen und katholischen Pfarrern an: Vgl. Oliver Janz, Bürger besonderer Art. Evangelische Pfarrer in Preussen 1850-1914 vornehmlich in Westfalen, Phil. Diss. Berlin 1990, der auch für die evangelischen Pfarrer seit 1850 Entbürgerlichungsprozesse, Status- und Funktionsverlust sowie eine Sakralisierung und Klerikalisierung des Pfarrerbildes konstatiert.

71 Guenther Roth, The Social Democrats in Imperial Germany. A Study in Working-Class Isolation and National Integration, Totowa and New Jersey 1963, verwendet diesen Begriff nur für die sozialdemokratische Arbeiterbewegung, M. Rainer Lepsius (Anm. 2) dehnt ihn bewußt auch auf das katholische Milieu aus. – Ein Vergleich von sozialdemokratischem und katholischem Arbeitermilieu würde sicher zu erstaunlichen Parallelen und Unterschieden führen, die die Konfessionsproblematik im Deutschen Kaiserreich sicherlich in einem anderen Licht erscheinen ließe.

KLAUS-MICHAEL MALLMANN

Ultramontanismus und Arbeiterbewegung im Kaiserreich
Überlegungen am Beispiel des Saarreviers

1. Religion und Modernisierung

Bis vor nicht allzulanger Zeit gehörte es zu den meist uneingestandenen Prämissen der Erforschung des 19. Jahrhunderts, der Religiosität im Zeitalter der Industrialisierung und Demokratisierung, der Entstehung von Nationalstaaten und der Bildung neuer Klassengesellschaften eine sich verflüchtigende Bedeutung zu unterstellen, in den Kirchen angesichts dieser säkularen Umwälzungen eine Quantité négligiable zu sehen, sie als archaisches Element der alteuropäischen Welt mit bestenfalls retardierender Wirkung zu interpretieren. Die radikale anthropozentrische Religionskritik von Marx über Nietzsche bis Freud schlug sich hierin ebenso nieder wie die auf Max Weber zurückgehende Theorie der Säkularisierung, die eine okzidentale "Entzauberung der Welt", eine sich von kirchlichen Axiomen zunehmend emanzipierende Rationalität annimmt, die die Religion ins Irrationale abdrängen und einen Entfremdungsprozeß gesellschaftlicher Gruppen und Einzelpersonen von allen Formen des Glaubens induzieren soll.[1]

Diese Marginalisierung von Religiosität wurde durch die Strukturverliebtheit der Sozialgeschichte westdeutscher Prägung zusätzlich befördert. Das weite Feld von Culture und Meaning, die Deutungswelten der Menschen blieben vernachlässigte Wirklichkeitsdimensionen. Es dominierte das sozialökonomische Framework, die möglichst exakte Ausmessung der Erfahrungsräume. Daß Postulat der Weber'schen Trias von Herrschaft, Wirtschaft und Kultur geriet zur Sonntagsrede, zum vollmundig verkündeten Programm, das in der Forschungspraxis allerdings kaum irgendwo eingelöst wurde. Kultur blieb das Reservat eigener Scientific Communities – in diesem Fall der konfessionell und ekklesiologisch ausgerichteten Kirchen- und Religionsgeschichte –, innerhalb der sozialwissenschaftlich orientierten Gesellschaftsgeschichte jedoch kam sie über eine randständige Existenz nicht hinaus. Der Sektor der Kultur – der "dritten Ebene", um den französischen Sprachgebrauch aufzunehmen – blieb damit für die deutsche Sozialgeschichte eine in weiten Bereichen unerforschte Terra incognita. Die "Historische Sozialwissenschaft" bezahlte diese Vernachlässigung mit dem Verzicht auf wesentliche Perspektiven und einem Zugewinn an Komplexität.[2]

Immer noch übersieht die Arbeiter- und Arbeiterbewegungsgeschichte, mittlerweile das wohl quantitativ und qualitativ am besten beackerte Terrain in der neueren deutschen Historie, weitgehend den ultramontanen und damit antimodernistisch, antiliberal und antisozialistisch akzentuierten sozialen Protest, der sich aus religiösen Deutungsschemata begründete und unter diesem Vorzeichen Arbeiter mobilisierte, die durch die sozialdemokratische Bewegung nicht zu integrieren waren. Während die Existenz dieses Faktors für die Zeit des Kaiserreiches noch als gewissermaßen atavistischer Traditionsüberhang erwähnt, faßt möchte man sagen: kopfschüttelnd mitgeschleppt wird, so verflüchtigt sich Religion historiographisch endgültig im Schmelztiegel des Ersten Weltkrieges. Spätestens mit 1918 erscheint sie als Dimension der Moderne entbehrlich und taugt notgedrungen gerade noch für die Analyse des Zentrums – und die hat im Regelfall nichts mit der modernen deutschen Sozialgeschichte zu tun. Statt dessen beginnt nunmehr endgültig das Jonglieren mit soziologischen Variablen, mit Kriterien wie Geschlecht, Alter, Beruf, Betriebsgröße, Reallohnindex, Arbeitsmarkt etc., zweifellos wichtigen Parametern, die in aller Regel jedoch nur Verhaltens-, kaum aber Einstellungsmuster erklären können. "Faktoren wie Nationalität und Konfession" hingegen, so lesen wir etwa bei Robert F. Wheeler, zweifellos einem der besten Kenner der deutschen Nachkriegskrise, "haben für die soziale Zusammensetzung der Arbeiterbewegung nur regionale Bedeutung, wie z.B. im Falle der Christlichen und Polnischen Gewerkschaften im Ruhrgebiet"[3] – ein unbewältigter Rest an Vormoderne also, Stoff für das Kuriositätenkabinett der jeweiligen Landesgeschichte weit ab vom Mainstream der Historie. Daß sich die Welt nie von selbst verstand, daß sich ihre Auslegung stets im Streit verschiedener – sakraler wie säkularer – Deutungsmuster vollzog, daß diese mentalen Kategorien und kollektiven Vorstellungen ihre Perzeption steuerten, daß die Wahrnehmung und Einordnung von Erfahrungen stets auch einen Akt interpretativer Deutung beinhaltete,[4] all das wurde damit vom Tisch gewischt.

Der im letzten Jahrzehnt allmählich einsetzende Perspektivenwechsel in der Sozialgeschichte ließ Religion, Kirche, Frömmigkeit in neuem Licht erscheinen:[5] Das Forschungsinteresse begann sich auf Wertsysteme und Verhaltensmuster der "kleinen Leute" zu verlagern, auf die Cultural Patterns, die es den Unterschichten ermöglichten, den rasanten Wandel zu ertragen und ihm psychisch standzuhalten. Alle aus diesem Ansatz resultierenden Regionalstudien über den religiösen Mentalitätswandel der deutschen Bevölkerung im 19.Jahrhundert stimmen darin überein, daß die Modernisierung gerade in den katholischen Unterschichten Ängste freisetzte und Orientierungskrisen provozierte, die vorrangig mit Hilfe der Religion bewältigt wurden und keineswegs unmittelbar in einer Entkirchlichung mündeten.[6] Obwohl – oder vielleicht gerade weil – der Zusammenbruch der adligen Reichskirche im Gefolge der Französischen Revolution einen fundamentalen Struktur- und Bedeutungswandel der Kirchen in Staat und Gesellschaft bedingte, obwohl – oder vielleicht gerade weil – der Sieg des Ultramontanismus eine aggressive Abgrenzung gegenüber der Moderne beinhaltete, wurde damit kein postreligiöses Zeitalter eingeläutet, das den Glauben zu einer schwindenden Größe machte. Im Gegenteil: Während die Entkirchlichung der Arbeiterschaft bis zur Jahrhundertwende ein vorwiegend protestantisches Phänomen blieb, erlebte der Katholizismus gerade in den proletarisierten Unterschichten eine Renaissance, gewann der Himmel dort neue Attraktivität. Wahlsoziologisch gewendet: "Die katholische Konfession war der zentrale Faktor durch den die politische Wirksamkeit des Klassenfaktors gebrochen wurde".[7]

Die folgenden Überlegungen über das Verhältnis zwischen Ultramontanismus und Unterschichten, Katholizismus und Arbeiterschaft im Saarrevier wollen kein bestaunenswertes Exotikum in landesgeschichtlicher Perspektive vorstellen. Sie wollen eher einen scheinbaren Sonderfall in allgemeiner Absicht untersuchen und Bausteine liefern für alternative Modelle von Arbeiterbewegung. Sie wollen den Blick öffnen für andere Formen proletarischer Vergemeinschaftung und Interessenwahrnehmung, die durchaus hegemoniale Bedeutung erringen konnten und eine derartige Stabilität aufwiesen, daß sie – wenigstens regional – dem vorgeblich so geschichtsmächtigen Trend zur sozialdemokratisch-freigewerkschaftlichen Dominanzgewinnung bis weit über das Kaiserreich hinaus erfolgreich zu trotzen verstanden.

2. Katholiken und Klassenbildung

Der Prozeß proletarischer Klassenbildung ging nicht auf in Armut und Not, in den Erfahrungen betrieblicher Herrschaft und gesellschaftlicher Unterprivilegierung, in sozialräumlicher Segregation und differierender Lebensqualität. Er bestand nicht nur aus der Herausbildung von Lohnarbeit, aus sozialer Ungleichheit vor Krankheit und Tod, aus unterschiedlicher Chancenverteilung bezüglich Bildung und Aufstieg, aus selektivem Heirats- und Geselligkeitsverhalten und einem Set bürgerlicher Angebote und Zumutungen. Und er erschöpfte sich nicht in einer faktischen Erblichkeit des Arbeiterstatus, in relativ einheitlichen Lebensperspektiven, in Erfahrungen, die sich über Generationen hinweg ähnelten, in manchem sogar wiederholten, in einer Verdichtung von Kommunikation und Interaktion mit Personen gleicher Klassenlage und in einer sukzessiven Ballung von Herrschafts- und Verteilungskonflikten, die das Bewußtsein gemeinsamer Interessenlagen artikulierten – ganz zu schweigen von Schritten zur gewerkschaftlichen und politischen Organisationsbildung.[8]

Untrennbar verbunden mit dieser Konstituierung eines proletarischen Erfahrungs- und Lebenszusammenhangs waren in aller Regel Wanderungsprozesse, die häufig – wenn auch längst nicht immer – die konfessionelle Struktur der sich industrialisierenden Regionen veränderten, gelegentlich sogar auf den Kopf stellten und damit die potentielle Entstehung religiöser Reibungsflächen implizierten – ein Vorgang, der in den allermeisten Studien zu diesem Thema unbeachtet bleibt. Bereits dadurch wurde Religion als traditioneller Kompaß der Lebensdeutung und Weltorientierung – für die Menschen das vielleicht wichtigste Stück Kontinuität, das in die Moderne hineinragte – zum integralen Bestandteil des Klassenbildungsprozesses. Sie mischte sich ein in die Gemengelage neuer Widersprüche und blieb ein stets relevanter, wenn auch multivalenter Faktor, der die Homogenisierung der Arbeiterschaft ebenso befördern konnte wie deren Heterogenisierung, der imstande war, pazifizierend zu wirken, aber auch für zusätzlichen Sprengstoff zu sorgen, der fundamental zur proletarischen Identitätsbildung beitrug, aber auch fortwährend neue Fragmentierungen hervorrief.

Im Saarrevier brachte die Binnenwanderung, die durch die bergbauliche Expansion ausgelöst wurde, eine vollständige Konfessionsverschiebung mit sich:[9] Seit Mitte der 1850er Jahre besaß das eigentliche Industriegebiet – im wesentlichen identisch mit der 1575 reformierten Grafschaft Nassau-Saarbrücken – eine katholische Bevölkerungsmehrheit. In der Belegschaft der preussischen Saargruben spiegelte sich diese Verteilung noch deutlicher wider: Auf drei katholische Bergarbeiter kam hier ein Protestant. Seit dieser Umkehrung der Konfessionsverhältnisse waren religiöses Bekenntnis und Klassenzugehörigkeit weitgehend kongruent. Seitdem bildeten die Protestanten gewissermaßen die Herrenschicht der Region:[10] eine staatstragende Minderheit an den Schalthebeln der Macht, die sich als Avantgarde der Modernisierung, als Zuchtmeister der Vernunft und Zivilisation begriff.

Das Saarrevier war kein "goldener Westen", keine offene, aufstiegsorientierte Regionalgesellschaft.[11] Die Neuankömmlinge kamen als Parias in diese protestantisch dominierte, fremde Welt. Man brauchte und benutzte sie als Arbeitskräfte, doch weder als mittellose Einwanderer noch als Katholiken hieß man sie willkommen. Für die Eingesessenen bildeten sie eine unzivilisierte Masse mit rohen Sitten, die sich durch Zuzug und weit höhere Fertilität bedrohlich schnell vermehrte.[12] Es war durchaus symptomatisch für den bürgerlich-protestantischen Zeitgeist, daß der St. Johanner Pfarrer Petersen in der zusammengewürfelten Arbeiterschaft 1856 "den Schmutz und den Auswurf aller Gegenden" erblickte und vor einer "uns überflutenden katholischen Bevölkerung" warnte, die ein "besonders unsittliches und leibliches Proletariat" aufweise und eine Wiederholung des "Teufelsjahr(es) 1848" befürchten lasse[13] – eine Feststellung, in der sich alle zeitgenössischen Stereotypien bündelten: Katholizismus, Arbeiterklasse und Rebellion wurden als identisch empfunden, Armut gleichgesetzt mit kultureller, moralischer und konfessioneller Minderwertigkeit, vor allem mit Unfähigkeit zu jener aufklärerisch geadelten Affektkontrolle, auf deren Einübung man selbst so stolz war. Diese Kombination geronnener Vorurteile erzeugte ein Gefühl der Bedrohung, das sich gleichermaßen aus dem Instikt der Besitzstandswahrung, liberaler Ablehnung des "mittelalterlichen" Katholizismus und kultureller Überheblichkeit nährte.[14]

Die Minderheitenposition im nationalen Maßstab mit ihren kollektiven Diaspora-Erlebnissen war sicherlich eine wichtige Voraussetzung zur subkulturellen Integration der katholischen Gläubigen.[15] Eine noch weit höhere Bindewirkung scheinen indes punktuelle Umkehrungen dieses Mehrheitsverhältnisses bewirkt zu haben: numerische Majoritäten der Katholiken im regionalen Maßstab, die dort hingegen mit einer politischen, gesellschaftlichen und wirtschaftlichen Dominanz der Protestanten kollidierten. Da sich damit jedoch beide Lager jeweils partiell als Minorität empfinden mußten, scheint gerade dieses Moment der sich wechselseitig relativierenden Mehrheiten im Saarrevier besondere Phobien ausgelöst zu haben. Die Protestanten sahen sich plötzlich von Katholiken umzingelt, die Katholiken erlebten sich als einer evangelischen Oberschicht unterworfen. Daraus resultierte eine ständige negative Bezogenheit, eine Sensibilisierung durch Abgrenzung, eine latente Spannung und argwöhnische Beobachtung, eine permanente Projektion von Vorurteilen, letztlich ein Doping mit Feindbildern, das Interaktionsbeschränkungen, aber auch eine dauernde Reproduktion der Wahrnehmungsmuster verursachte: Was man sehen wollte, das sah man auch; was dabei stören konnte, geriet nicht in den Blick; die selektive Optik verhinderte Irritationen. Ein Kreislauf der Self-fulfilling Prophecy entstand, der die Bilder voneinander immer wieder bestätigte, der die "populäre katholische Aschenbrödel-Mentalität"[16] befestigte, der dem Katholizismus aber auch dazu verhalf, neben den religiösen auch demokratische Impulse und Affekte auf sich zu bündeln und damit eine populistische Potenz zu gewinnen.[17]

Durch diese regionale Cleavage-Struktur erhielt die mit ihren Kulturbrüchen und Zukunftsängsten ohnehin mehr erlittene Industrialisierung eine zusätzliche Dimension von Fremdbestimmung. Wir wissen längst, daß die neuen Arbeitsordnungen und Strafreglements[18] nicht die Realität der sozialen Beziehungen beschrieben, sondern Entwürfe beinhalteten – Visionen eines neuen Menschen, eines "Disziplinarindividuums", das "nach den allgemeinen Normen einer industriellen Gesellschaft mechanisiert" sein sollte, um mit Foucault zu sprechen.[19] Auch im Saarrevier läßt sich der Prozeß der Industrialisierung nicht zuletzt als Jahrhundert-Projekt zur Umerziehung deuten, als langfristiger Versuch einer "Zivilisierung" und "Besserung" der Unterschichten, einer kodifizierten Einhegung von Macht, aber auch einer Verregelung der Verkehrsformen im Betrieb, im Reproduktionsbereich und in der Öffentlichkeit. Für die Betroffenen schuf er eine Welt voller Imperative und abstrakter Machtrelationen, in der sich die Menschen von aufklärerisch motivierten Ge- und Verboten, von strafwütigen Missionaren der Sauberkeit, Sparsamkeit und Sittlichkeit umstellt sahen, in der sie einer pädagogisch legitimierten Herrschaftsintention begegneten, die eine neue Hierarchisierung begründete.[20] Diesen Prozeß der allseitigen Disziplinierung und Verfleißigung, dem die katholischen Arbeiter unterworfen wurden, erlebten sie auch als Sieg der protestantischen Arbeitsethik, die preußische Erziehungsdiktatur als Triumph eines fremden, in den damaligen Kategorien meist als feindlich begriffenen Glaubens. Alle Indikatoren der Ungleichheit und Herrschaft waren damit konfessionell besetzt, zumindest konnotiert. Die neue Disziplinargesellschaft ließ sich seitdem entlang der religiösen Differenzen interpretieren.

Mehr noch: Da sich die sozialen und kulturellen Unterschiede in der proletarischen Erfahrungswelt mit den konfessionellen deckten und bald noch durch die politische Feindschaft zwischen Liberalismus und Zentrum als vierte Widerspruchsebene ergänzt wurden, verknüpften sich alle Differenzen und Identitäten miteinander, bildeten ein geradezu klassisches Cluster, wie Wahlsoziologen sagen würden. Diese "Anreicherung des konfessionellen Gegensatzes mit zusätzlichen Konfliktdimensionen"[21] überlagerte alle Widersprüche der regionalen Klassengesellschaft und machte den industriellen Konflikt zu einem ebenso permanenten wie unentwirrbaren Mixtum Compositum aus Glaubenskrieg, Kulturkampf, Wahlschlacht, Klassenauseinandersetzung und Modernisierungsgegensatz die eigentümliche Übereinstimmung sozialer Schranken und konfessioneller Grenzen und das daraus resultierende Zusammenfallen mit anderen Konfliktkonstellationen prädestinierte den Katholizismus zur Unterschichtenreligion, bewirkte eine primär über das Medium der Konfession vermittelte Integration in die Lokalgesellschaften und machte so Kirche und Pfarrgemeinden zu den Gegenpolen von Betrieb und Herrschaft. "Hier ist alles entweder 'Sankt' oder königlich", analysierte die sozialdemokratische Presse 1891 die Situation im Saargebiet und fand damit die Formel für die revierspezifische Klassenlinie, die den regionalen Typus der Arbeiterbewegung prägte und für SPD und Freie Gewerkschaften keine Lücke ließ.[22]

3. Milieu und Proletariat

Die bisherige Argumentationslinie wurde aus dem Klassenbildungsprozeß selbst entwickelt, um zu belegen, daß die religiöse Überformung industriegesellschaftlicher Konfliktlagen originär keineswegs besonders raffinierten Manipulationstechniken der Kirche zuzuschreiben ist, wie man immer noch lesen kann.[23] Allerdings hätte sich die Symbiose zwischen Unterschichten und Katholizismus wohl kaum derart intensiv gestaltet, wenn nicht Religion und Kirche ihrerseits dazu wichtige Voraussetzungen mitgebracht bzw. entwickelt hätten. Vor allem war Religion stets mehr als bloßer Glaube. Sie war "keine autonome Kraft, die nur im Herzen der Gläubigen wohnte",[24] sondern eingebunden in ein Netzwerk von Riten und Institutionen, das Himmel und Erde miteinander verzahnte, indem es die unterschiedlichen Bedürfnisse aufgriff und auffächerte, gleichzeitig aber aufeinander bezog und damit verklammerte. Als vermittelnde Instanz, die sich ebenso um den Sinn des Lebens kümmerte wie um die Nöte des Alltags, hatte die Kirche strukturell gewissermaßen einen Fuß im Diesseits, einen im Jenseits; Spielbein und Standbein wechselten dabei je nach Erfordernis.

Die Konsequenz war ein mehrdimensionales Geflecht verschiedener Funktionen: Als Institution der Sinnstiftung und -vermittlung bemühte sich die Kirche um den Abbau der Orientierungsdefizite und konstituierte durch Kult und Seelsorge, verpflichtende Handlungsgebote und metaphysische Offerten eine religiöse Sinnmitte im Arbeiterdasein. Als gemeinschaftsbildende Instanz trug sie mit ihrem Gemeindeleben zur sozialen Vernetzung bei, schuf in ihren St.Barbara-Bruderschaften und Knappenvereinen Zentren der Akkulturation und verlieh der proletarischen Existenz durch die ostentative Wertschätzung industrieller Arbeit die Aura sozialer Ehrbarkeit. Als caritative Großorganisation entwickelte sie eigenständige Strukturen der Selbsthilfe, kümmerte sich um die individuellen Lasten der Modernisierung und blieb durch ihren insistierenden Appell an die Nächstenliebe das wichtigste Sprachrohr sozialen Gewissens.[25]

Die ultramontane Wende mit ihrer schroffen Frontstellung gegen Liberalismus und Moderne beeinträchtigte die Attraktivität des Katholizismus in den Unterschichten keineswegs. Im Gegenteil: Es war gerade die Verzauberung der Welt, die ihm Resonanz im Proletariat verschaffte.[26] Katholizismus, das war Farbe und Geruch, das war eine handfeste Religion der Reliquien und Rituale, der sakralen Morbidität und der sinnlichen Heiligkeit, der zelebrierten Geheimnisse und der kultischen Gemeinschaft. Die Modellierung vorwissenschaftlicher Erkenntnisweisen und Erlebnisformen, die das Wunder gegen die gefeierte Rationalität ausspielten, die

Ekstase und Mystik seiner spezifischen Kultformen, die Freisetzung eschatologischer Utopien und der Affront gegen die bürgerliche Zivilisation – all das kam den spirituellen Bedürfnissen und Überfremdungsängsten der katholischen Arbeiterschaft entgegen, korrespondierte mit ihren existentiellen Defiziten, Fortschrittsphobien und Klassenerfahrungen.

Die proletarische Massenbeteiligung an den Trierer Rockwallfahrten[27] spricht dafür eine ebenso deutliche Sprache wie die Pilgerzüge ins nordsaarländische Marpingen. Als dort am 3.Juli 1876 drei Mädchen behaupteten, daß ihnen Maria erschienen sei, initiierten sie damit quasi über Nacht einen "wilden Kult". Nachrichten von Wunderheilungen – zweifellos ein Faszinosum angesichts der Krankheits- und Unfallgefährdung der frühindustriellen Arbeiterschaft – lockten wahre Pilgerströme an; ein deutsches Lourdes lag in der Luft. Um dies zu verhindern, wurde der Ort der Erscheinung militärisch geräumt, Marpingen mit Truppen besetzt. Obwohl es Geld- und Gefängnisstrafen hagelte, ließ sich die Wallfahrtsbewegung, die zuweilen in gewaltsame Tumulte umschlug, jedoch nicht unterdrücken. Sie war verboten vom preussischen Obrigkeitsstaat, aber göttlich gebilligt im Bewußtsein der Gläubigen. Kaum irgendwo sonst wurden die unterschiedlichen Konzeptionen der beiden konfessionell und sozial so verschieden gefärbten Kulturen für den Umgang mit der neuen Realität deutlicher: hier Mirakel und Ekstase, dort Kant mit dem Knüppel.[28]

Der programmatische Antimodernismus hinderte die Kirche bekanntlich nicht daran, sich der Moderne zu bedienen. Katholische "Kirchturmspolitik" wurzelte nicht nur in den Traditionen von Familie und Gemeinde, früh bereits benutzte sie die Mittel bürgerlicher Öffentlichkeit, setzte auf die neuen Sozialisationsmedien Presse und Verein und profitierte damit von der kulturellen Modernisierung, der Überwindung des Analphabetismus und des Durchbruchs der freien Assoziation.[29] Soziale Lage, Geschlecht und Generation bildeten dabei die jeweiligen Ansatzpunkte spezifischer Organisationsbildung. Damit wurden alle wesentlichen Distinktionskriterien der sozialen Welt zu Variablen der parochialen Kultur, während Konfession, das vierte zentrale Bestimmungsmerkmal, als Konstante fungierte. Gleichzeitig aber unterwarf die Präsidesverfassung alle Aktivitäten einer klerikalen Kontrolle, verhinderte eine Selbstverwaltung und synchronisierte die Vereinstätigkeit mit den Intentionen der Kirche. Durch diese strukturelle Bevormundung wurden Interessenlagen zwar "konfessionell eingehegt",[30] dennoch erhielten sie damit einen beträchtlichen Schub an Artikulationsfähigkeit und gesellschaftlicher Legitimation.

Der Kulturkampf[31] – zusätzlich brisant durch seine Kongruenz mit den Subsistenzängsten der Gründerkrise – wurde zum Katalysator all dieser Entwicklungen, wurde "für die katholische 'Konfession' ein ähnliches Stifterdatum wie der deutsch-französische Krieg für die 'Nation'".[32] Die sich vergrößernde Kluft zwischen staatlichem Herrschaftsanspruch und religiöser Selbstbehauptung forcierte die Integration durch ideelle Interessenlagen auf seiten der Katholiken, sie stützte die proletarisch-klerikale Allianz,[33] verstärkte die Tendenz zu Ghettoisierung und Lagerbildung und brachte jene Milieuverdichtung mit sich, die als "Zentrumsturm" sprichwörtlich wurde. Gemeinsame Wertvorstellungen, Heilsgewißheiten und Manichäismen bildeten den ideellen Leim, der das katholische Milieu im Innersten zusammenhielt. Seine Stabilität indes verdankte es nicht nur diesem normativen Konsens, sondern auch – möglicherweise sogar primär – dem überaus hohen Maß intermediärer Vernetzung, sozialer Kontrolle und ganzheitlicher Eingebundenheit. Diese Mechanismen konstituierten eine "alltagsweltlich begründete Gesinnungsgemeinschaft"[34] mit akzeptierten Riten und anerkannten Autoritäten, mit langer Tradition, verbindlicher Moral und einem durch Klerus, Kirchengemeinde, Presse und Vereinswesen klar strukturierten Zusammenhang. Obwohl die katholische Pfarrei immer auch eine Vielfalt von Lebensweisen zu integrieren hatte, war sie dadurch stets "mehr als eine Ansammlung separater Sozialmilieus, die nur durch die gemeinsame Meßfeier zusammengehalten wurden".[35]

Tendenziell bildete sich eine katholische Gegen- oder Alternativgesellschaft heraus, in der "die organisatorischen Beziehungen ideologisiert und die ideologischen Positionen organisiert werden" konnten, da sie sowohl über eine eigene Subkultur verfügte wie über eine gemeinsame Substruktur und durch diese Verbindung werthafter und sozialer Momente Weltanschauung und Lebenswelt miteinander verzahnte.[36] In aller Regel dürfte der Prägekraft dieses Milieus, das gleichermaßen metaphysische Sinnstiftung betrieb wie soziale Beziehungen von der Wiege bis zur Bahre ideell vermittelte und real organisierte, das Traditionen des Denkens und Fühlens begründete, Deutungs- und Orientierungsmuster für Vergangenheit, Gegenwart und Zukunft entwarf, das Leitlinien politisch-gesellschaftlichen Handelns lieferte, Formen öffentlicher Repräsentanz anbot und Modelle symbolischer Politik entwickelte, in dem Religiosität, Geselligkeit und Politik zu handlungsorientierenden Einstellungen verschmolzen, eine überaus hohe Bedeutung zugekommen sein.[37]

Daß das "katholische Deutschland" trotz seiner "Strategie der Segmentierung oder Versäulung"[38] keineswegs den einheitlichen Block bildete, als den es sich selbst gern darstellte, daß seine soziale Heterogenität – vom aristokratisch-konservativen Flügel über die bürgerlichen Kräfte und die populistischen Elemente des alten Mittelstandes bis hin zur katholischen Arbeiterbewegung – immer wieder Kompromisse und Zweckbündnisse erzwang, da keine dieser Gruppen allein durchsetzungsfähig war, gehört mittlerweile zur gesicherten Erkenntnis.[39] Diese generalisierende Differenzierung wirft die Frage nach dem immanenten Konfliktpotential der regionalen katholischen Milieus auf. Auch hier stoßen wir im Saarrevier auf spezifische Stabilitätsfaktoren: Im Vergleich zu anderen Gegenden zeichnete es sich insbesondere durch ein Defizit an Bürgerlichkeit und Urbanität aus, die es weit monolithischer machten als seine Pendants in den meisten anderen Regionen. Sieht man von einigen Händlern, Handwerkern, Steigern und Wirten ab, dann war das katholische Milieu im eigentlichen, dörflich geprägten Industrierevier – mit Ausnahme der beiden Städte Saarbrücken und Saarlouis – sozial überaus homogen zusammengesetzt. Im wesentlichen war es die proletarische Enklave in der bürgerlichen Gesellschaft.[40]

Damit entfiel in den Kirchengemeinden jene Begegnung zwischen Arm und Reich, von der viele Sozialreformer eine ausgleichende Wirkung, einen "neuen Patriarchalismus ohne herrschaftliche Distanz"[41] erhofften. Damit erübrigten sich aber auch jene mühsamen Formelkompromisse, die ansonsten die Zentrumspraxis kennzeichneten. Auch die internen Machtproben, die andernorts gelegentlich zur Aufstellung eines katholischen Arbeiterkandidaten gegen einen bürgerlichen Zentrumskandidaten führten,[42] blieben hier aus; lediglich die "große Streikzeit" der Jahre 1889-1893 fiel aus diesem Rahmen. Der Faktor der relativen sozialen Homogenität vergrößerte sicher die Milieukonsistenz, allerdings sollte man ihn nicht überschätzen oder gar zur monokausalen Erklärung hochstilisieren. Denn die in der volksparteilichen Konzeption angelegte Zerreißprobe besaß auch eine höchst attraktive Kehr- oder besser Schattenseite: die ideologisch antizipierte "Volksgemeinschaft" jenseits klassengesellschaftlicher Schranken – jene politisch-soziale Vision, die im August 1914 die deutsche Levée en masse beflügelte, seitdem als rechtes Pendant zum Traum von der klassenlosen Gesellschaft umtriebig blieb und als utopisches Substrat die nationalsozialistische Propaganda befruchten sollte.[43]

4. Arbeiterbewegung und Kirche

Die religiös-kirchliche Einbindung der katholischen Arbeiterschaft verhinderte zwar eine Sozialdemokratisierung des Reviers, keineswegs aber den Ausbruch von Klassenkonflikten. Die "große Streikzeit" 1889-1893, der 1904 einsetzende Gewerkschaftsstreit,[44] der Arbeitskampf auf der Burbacher Hütte 1906, der abgeblasene Bergarbeiterausstand um die Jahreswende 1912/13: All diese Ereignisse markieren die Krisenjahre einer Zweierbeziehung, die die gewachsene proletarisch-klerikale Allianz belasteten, sie bei aller zeitweisen Entfremdung jedoch nie grundsätzlich in Frage stellten.

Obwohl der Episkopat im Geist des ganzheitlichen Ordo-Denkens auch die "soziale Frage" einem religiösen Totalitarismus unterstellte, gelang den Christlichen Gewerkschaften der schwierige Spagat zwischen autonomer Arbeiterorganisation und – wenngleich randständiger – kirchlicher Akzeptanz.[45] Dieses strukturelle Dilemma zwischen kollektiver Interessenvertretung und episkopaler Verbotsdrohung setzte sie zwar manch halsbrecherischem Balanceakt aus, doch trotz ihres sozialpartnerschaftlichen Ansatzes, ihrer ständestaatlichen Orientierung und ihres Bekenntnisses zur Integration in den nationalen Staat waren sie keineswegs "gelbe" Organisationen. Mehr noch: In ihrer Praxis unterschieden sie sich kaum von den Freien Gewerkschaften. Vor allem die Intransigenz der Unternehmer, die einvernehmliche Konfliktlösungen mit Arbeiterorganisationen jeder Couleur kategorisch ablehnten, machte die unterschiedliche programmatische Ausrichtung ständig zur Makulatur; das Postulat des Kampfvereins blieb Pose, die Forderung des friedlichen Interessenausgleichs Farce. Statt dessen zwangen die Machtverhältnisse der Klassengesellschaft den Gewerkschaften aller Richtungen einen trade-unionistischen Pragmatismus auf und reduzierten sie faktisch zu Bildungs- und Unterstützungsvereinen. Gleichwohl bildete die Existenz von Christlichen Gewerkschaften, die unter Hinweis auf Dekalog und Bergpredigt Gleichberechtigung und Menschenrechte einklagten, eine stete Provokation für einen nicht unbeträchtlichen Teil von Klerus und Episkopat, der eine "Dekatholizierung der Massen" befürchtete.[46]

Obwohl gerade das Saarrevier zu den wichtigsten Schlachtfeldern im Streit zwischen "Berlinern" und "Christlichen", zwischen den integralistisch orientierten Katholischen Arbeitervereinen und den interkonfessionellen Christlichen Gewerkschaften zählte,[47] hinterließ dieser Kampf um eine partielle Modernisierung im Inneren erstaunlich wenig Spuren, wenn man die Kohärenz des katholischen Milieus zum Maßstab nimmt und das Ausmaß der Zerrüttung mit Blick auf eine größere Zeitspanne untersucht. Die Auseinandersetzung zwischen klerikalem Fundamentalismus und autonomer proletarischer Interessenvertretung bewirkte zweifellos Risse im "Zentrumsturm", kaum jedoch Bruchstellen. Warum auch mußte das Engagement in und für die Christlichen Gewerkschaften automatisch schon eine Ablehnung der ultramontanen Frömmigkeits- und Kultformen beinhalten? Weshalb sollten die verbreiteten Abweichungen vom klerikal patentierten Moralkodex bereits die beherrschende Position des Priesters in Zweifel ziehen? Die Spannungen ließen viele Schattierungen und Melangen zu, brauchten nicht in eine Ablehnung des Ultramontanismus in toto zu münden, schlossen weite Felder der Koexistenz mit ein. Blitzableiter des Grolls waren primär die "Berliner", wohl auch der sie eventuell protegierende örtliche Pfarrer, vielleicht Bischof Korum mit all seiner intransigenten Halsstarrigkeit, kaum jedoch die Kirche insgesamt; allein schon das Vorhandensein "arbeiterfreundlicher" Positionen auf allen Ebenen von Klerus und Episkopat verhinderte eine solche Verallgemeinerung

Andererseits besaßen Gemengelagen dieser Art auch ihr Pendant auf der Gegenseite. Vor dem Weltkrieg war der Ultramontanismus nicht mehr der der Kulturkampf-Ära. Bei aller Aversion gegen die Moderne hatte er sich ihr auch zwangsläufig einen Spalt weit öffnen müssen. Die Binnendifferenzierung im eigenen Lager hatte zugenommen, Säkularisierung und Urbanisierung hatten an ihm genagt, die Ausdehnung des Verbandskatholizismus hatte ihn partiell entklerikalisiert. Im wesentlichen war es eine Modernisierung wider Willen, ähnlich der im "Dritten Reich", Ergebnis einer Dialektik der "Verweltlichung und ihrer Abwehr".[48] Sie ergab ein zwiespältiges Neben- und Ineinander von Frontstellung gegen die Moderne und Eingewöhnung in sie, ähnlich jener für die SPD typischen Mischung aus Einbindung und Ausgrenzung, Kooperation und Konflikt im Kaiserreich, jener ambivalenten Spannung, für die Guenther Roth und Dieter Groh die Formel von der strukturellen Balance zwischen negativer Integration und revolutionärem Attentismus geprägt haben.[49] Im Bewußtsein der proletarischen Aufbruchgeneration jedenfalls mag am Vorabend des "Großen Krieges" nicht nur die Drohung des päpstlichen Verdikts präsent gewesen sein, sondern auch deren Umkehrung: daß man sich die Duldung erkämpft hatte.[50]

Die Nagelprobe brachten die Erschütterungen des folgenden Jahrzehnts: Trotz der vergangenen Differenzen überstanden katholische Arbeiterbewegung und katholisches Milieu relativ unbeschadet Ersten Weltkrieg, Novemberrevolution und Nachkriegskrise und gewannen nach einer kurzen Zeit der Defensive ihre alte Stabilität zurück, vergrößerten sie sogar noch beträchtlich im Vergleich zur Vorkriegszeit. Die neuen Herausforderungen und Frontstellungen ließen die Turbulenzen von einst erstaunlich schnell vergessen. Mit der Formierung gegen die Linke fand das katholische Milieu endgültig zur inneren Geschlossenheit zurück. Kulturkampf-Erinnerungen beschworen nicht nur die Wagenburg-Mentalität der einstigen "Heldenzeit", sie zogen auch Traditionslinien in die Gegenwart: Der Kampf gegen das sich säkularisierende Bismarck-Reich verwandelte sich nunmehr in den gegen den drohenden atheistischen Staat. Die Beilegung des Gewerkschaftsstreits, die die Christlichen Gewerkschaften gewissermaßen zur sozialpolitischen Etage im "Zentrumsturm" machte, ließ diesen uneinnehmbarer werden denn je. Das Zentrum blieb größte Arbeiterpartei des Reviers. Bis 1932 gelang es ihm, den Mobilisierungsgrad der Katholiken und damit die absolute Zahl seiner Wähler im Saargebiet kontinuierlich zu steigern.[51] Erst mit der Rückgliederung ans Deutsche Reich 1935 begann auch hier jene "Verkirchlichung des Katholizismus"[52] und die Erosion seiner milieuprägenden Kraft, die sich nach 1945 nicht wieder rückgängig machen ließen.

Dieses hohe Maß an Konsistenz wirkt umso erstaunlicher, wenn man die parallele Entwicklung im regionalen Protestantismus betrachtet, der unmittelbar nach der Jahrhundertwende nach klassenmäßigen Gesichtspunkten zu zerfallen begann. Die Hochburgen von SPD und KPD lagen in den 1920er Jahren durchgängig in dominant evangelischen bzw. konfessionell stark durchmischten Orten. Gemeinden mit klarer katholischer Mehrheit hingegen blieben fast ausnahmslos Bastionen des Zentrums und der Christlichen Gewerkschaften. Die konfessionellen Grenzen deckten sich wiederum weitgehend mit politischen Optionen, unterschiedliche Bekenntnisse dominierten über kollektive Klassenlagen, Milieudichte über gemeinsame proletarische Erfahrungen.[53] Diese völlig unterschiedliche Entwicklung verweist nicht nur auf die Unzugänglichkeit einer Untersuchung mit lediglich klassenanalytischen Kategorien, sie sollte auch davor warnen, den in der Endphase des Kaiserreichs im Katholizismus angesammelten Konfliktstoff ex post in Sprengstoff zu verwandeln und ihm damit antagonistische Qualitäten zu unterstellen.

5. Bedingungen, Begrenzungen und Perspektiven

Allerdings war das Saarrevier weder das Kaiserreich, noch verzahnen sich Mikro- und Makrohistorie dermaßen naiv, daß man im Teil bereits vollständig das Ganze erkennen könnte. Eine Sozialgeschichte des deutschen Katholizismus, die die Schablonen des Kulturkampfs hinter sich läßt, wird darum mehr sein müssen als die Quersumme von Regionaluntersuchungen. Gleichwohl werden Zusammenhangsannahmen, die sich auf komplexerem Niveau aggregieren lassen und den Vergleich ermöglichen, auf die "unaufhaltsame Annäherung an das Einzelne",[54] auf die alltagsgeschichtliche Perspektive immer dringlicher angewiesen sein. Fragen wir deshalb abschließend nach den wesentlichen Bedingungen und Grenzen der regionalspezifischen Stabilität des Katholizismus. Mit anderen Worten: Inwieweit läßt sich das "Modell Saarrevier" verallgemeinern?

Vier Faktoren lassen sich als zentrale Voraussetzungen benennen:

1) Das System der sozialen Sortierung machte die Protestanten zur Herrenschicht, die Katholiken zu gesellschaftlichen Underdogs, gleichzeitig aber zur regionalen Majorität.

2) Alle Differenzen und Identitäten der proletarischen Erfahrungswelt fanden in der gemeinsamen Religion ihren Fixpunkt und ermöglichten so eine Überformung der klassengesellschaftlichen Konfliktlagen.

3) War die religiös bedingte Gegnerschaft in den Prozeß der Klassenbildung integriert, so ruhte die religiöse Verwurzelung im sozialmoralischen Geflecht des katholischen Milieus, in dem sich Sinnstiftung, Gemeinschaftsbildung und Caritas verbanden, aufeinander bezogen und damit Transzendenz und innerweltliches Wohlbefinden zu einer Einheit verschmolzen.

4) Die soziale Homogenität des katholischen Milieus konservierte die im Kulturkampf erreichte Kohärenz ebenso wie die dörfliche Lebensweise, die die katholische Arbeiterschaft kaum den Sogwirkungen der Urbanisierung aussetzte.

Vier Faktoren fallen auch ins Auge, wenn man nach den Grenzen des hier entwickelten Modells fragt:

1) Mit hoher Wahrscheinlichkeit ist es an Gebiete mit starker konfessioneller Durchmischung gebunden, in denen neue Klassengegensätze mit neuen religiösen Widersprüchen kollidierten, die das Ergebnis industrieller Wanderungsbewegungen waren. Eine Untersuchung über das Verhältnis zwischen Ultramontanismus und Arbeiterbewegung in rein katholischen Gegenden Bayerns[55] beispielsweise käme wohl zu beträchtlich anderen Ergebnissen, während das westliche Ruhrgebiet etwa durchaus ähnliche Befunde aufweisen dürfte.[56]

2) Die Konzeption des Milieus verleitet dazu, dem katholischen Lager eine quasi überzeitliche Integrationskraft zu unterstellen, es von den Einflüssen und Entwicklungen der Gesamtgesellschaft zu isolieren und die Probleme der unscharfen Ränder und der mehrfachen Loyalitäten zu übersehen. Da Milieus stets in die nationale politische Kultur eingebunden blieben und damit nur eine relative Autonomie besaßen, liegen auch hierin eingebaute Grenzen.[57]

3) Generell gilt auch, daß der fortschreitende Grad der Urbanisierung und die damit einhergehende "Pluralisierung der Lebenswelt durch die Stadt und ihren Umkreis"[58] à la longue die Bindewirkung des Katholizismus minderten – die alte Devise "Stadtluft macht frei" in gewissermaßen industriezeitalterlicher Version.

4) Ähnliches trifft auch auf die Verbreitung einer säkularisierten Bildung durch das Schulwesen zu. Ebenso wie die Armee bereitete es als Zentralinstanz politischer Sozialisation einer mentalen Verstaatung und Nationalisierung den Boden und bewirkte im katholischen Denk- und Gefühlshaushalt auf die Dauer erhebliche Erosionen. In dieselbe Richtung wirkten die Kriegervereine als Hort des Militarismus der "kleinen Leute"; auch für "gediente" Katholiken bildeten sie einen wesentlichen Integrationsfaktor in die poltische Kultur des Kaiserreiches und dessen patriotischen Festkalender, waren sie ein Vehikel der Nationalisierung.[59]

Um religiöses Verhalten in seiner komplexen Interdependenz mit anderen Wirklichkeitsbereichen zu begreifen, ist es unabdingbar, räumlich und zeitlich genau zu differenzieren und sich davor zu hüten, vorschnell etwa von "den Katholiken" zu sprechen. Die theoriegeleitete Analyse in überschaubaren Räumen und mit klarer zeitlicher Eingrenzung erscheint zur annäherungsweisen Lösung dieser Fragen einstweilen erfolgversprechender als forsche Deduktion aus dem religionssoziologischen Schatzkästlein, obwohl gerade das grandiose Werk von Max Weber ein Reibebaum für jeden bleibt, der Gesellschaftsgeschichte erforscht. Zweifellos kommt die Geschichtswissenschaft ohne die Parameter von Modernisierungs- und Säkularisierungsmodellen[60] als Vergleichsmaßstab und Theorieangebot nicht aus, sie sollte sich indes durch normative Vorgaben nicht den Blick verstellen lassen. Statt lediglich die Meßlatten sozialwissenschaftlicher Theorien, die Elle vermeintlich objektiver Urteilsbildung anzulegen, um den Eigenarten historischer Lebensformen auf die Spur zu kommen, sollte sich die Geschichtswissenschaft auch des ethnologisch geschärften Blicks bedienen, die Sichtweise der "Eingeborenen", der Subjekte einüben,[61] ohne sogleich dem beckmesserischen Verdikt einer Heiligsprechung "falschen Bewußtseins" ausgesetzt zu sein oder mit der Keule des Neohistorismus-Vorwurfs bedroht zu werden.

"Wer sich mit der Sozialgeschichte des Katholizismus befaßt, übernimmt die Perspektive von unten, die dem Volks- und Alltagskatholizismus eigen ist, ohne dabei die Eliten und die Institutionen der Kirche auszublenden. Es geht um die Kultur- und Mentalitätsgeschichte der Durchschnittskatholiken", schreibt Urs Altermatt in der Einleitung zu seiner in vielerlei Hinsicht beispielhaften Untersuchung der Schweizer Katholiken. "Den Katholizismus von unten und von innen zu erforschen: Darin besteht das Programm einer Sozialgeschichte des "Katholizismus".[62]

Eigentlich müßte es sich auch in Deutschland umsetzen lassen.

Anmerkungen

1 Als neuere Forschungsüberblicke Wolfgang Schieder, Religion in der Sozialgeschichte, in: ders./Volker Sellin (Hrsg.), Sozialgeschichte in Deutschland, Bd. 3, Göttingen 1987, 9-31; Richard J. Evans, Religion and Society in Modern Germany, in: ders., Rethinking German History. Nineteenth-Century Germany and the Origins of the Third Reich, London-Boston-Sydney-Wellington 1987, 125-155; Rudolf Lill, Der deutsche Katholizismus in der neueren historischen Forschung, in: Ulrich von Hehl/Konrad Repgen (Hrsg.), Der deutsche Katholizismus in der zeitgeschichtlichen Forschung, Mainz 1988, 41-64.

2 Vgl. Thomas Nipperdey, Religion und Gesellschaft: Deutschland um 1900, in: Historische Zeitschrift (=HZ) 246 (1988), 591-615; Hans-Ulrich Wehler, Alltagsgeschichte: Königsweg zu neuen Ufern oder Irrgarten der Illusionen, in: ders., Aus der Geschichte lernen? Essays, München 1988, 130-151, bes. 133ff.; zur Kritik am "Alptraum von einer Sozialgeschichte ohne Menschen" Peter Borscheid, Alltagsgeschichte – Modetorheit oder neues Tor zur Vergangenheit?, in: Schieder/Sellin, Sozialgeschichte in Deutschland, Bd. 3, 78-100, Zitat 82; Martin Broszat, Plädoyer für Alltagsgeschichte. Eine Replik auf Jürgen Kocka, in: ders., Nach Hitler. Der schwierige Umgang mit unserer Geschichte, München 1988, 194-200.

3 Robert F. Wheeler, Zur sozialen Struktur der Arbeiterbewegung am Anfang der Weimarer Republik. Einige methodologische Bemerkungen, in: Hans Mommsen/Dietmar Petzina/Bernd Weisbrod (Hrsg.), Industrielles System und politische Entwicklung in der Weimarer Republik, Düsseldorf 1974, 188; zur Kritik an dieser Forschungstradition Alf Lüdtke, Erfahrung von Industriearbeitern – Thesen zu einer vernachlässigten Dimension der Arbeitergeschichte, in: Werner Conze/Ulrich Engelhardt (Hrsg.), Arbeiter im Industrialisierungsprozeß. Herkunft, Lage und Verhalten, Stuttgart 1979, 494-512; James J. Sheehan, Klasse und Partei im Kaiserreich: Einige Gedanken zur Sozialgeschichte der deutschen Politik, in: Otto Pflanze (Hrsg.), Innenpolitische Probleme des Bismarck-Reiches, München-Wien 1983, 1-24.

4 Vgl. Pierre Bourdieu, Die feinen Unterschiede. Kritik der gesellschaftlichen Urteilskraft, Frankfurt 1982; Roger Chartier, Die unvollendete Vergangenheit. Geschichte und die Macht der Weltauslegung, Berlin 1989, 10ff.

5 Wesentlich für einen sozialhistorischen Ansatz in der Erforschung von Religion Wolfgang Schieder, Religionsgeschichte als Sozialgeschichte. Einleitende Bemerkungen zur Forschungsproblematik, in: Geschichte und Gesellschaft (=GG) 3 (1977), 291-298; Urs Altermatt, Volksreligion – neuer Mythos oder neues Konzept? Anmerkungen zu einer Sozialgeschichte des modernen Katholizismus, in: Jakob Baumgartner (Hrsg.), Wiederentdeckung der Volksreligiosität, Regensburg 1979, 105-124; Richard van Dülmen, Religionsgeschichte in der historischen Sozialforschung, in: GG 6 (1980), 36-59; Rudolf von Thadden, Kirchengeschichte als Gesellschaftsgeschichte, in: GG 9 (1983), 598-614; wichtig aus volkskundlicher Perspektive Wolfgang Brückner/Gottfried Korff/Martin Scharfe (Hrsg.), Volksfrömmigkeitsforschung, Würzburg-München 1986; aus religionssoziologischer Perspektive Michael N. Ebertz/Franz Schultheis (Hrsg.), Volksfrömmigkeit in Europa. Beiträge zur Soziologie populärer Religiosität aus 14 Ländern, München 1986.

6 Fintan Michael Phayer, Religion und das Gewöhnliche Volk in Bayern in der Zeit von 1750-1850, München 1970; Werner K. Blessing, Staat und Kirche in der Gesellschaft. Institutionelle Autorität und mentaler Wandel in Bayern während des 19.Jahrhunderts; Göttingen 1982; David Blackbourn, Class, Religion and Local Politics in Wilhelmine Germany: the Center Party in Württemberg before 1914, New Haven-London 1980; Jonathan Sperber, Popular Catholicism in Nineteenth Century Germany. Society, Religion and Politics in Rhineland-Westphalia 1830-1880, Princeton 1984; Klaus-Michael Mallmann, "Aus des Tages Last machen sie ein Kreuz des Herrn ..."? Bergarbeiter, Religion und sozialer Protest im Saarrevier des 19.Jahrhunderts, in: Wolfgang Schieder (Hrsg), Volksreligiosität in der modernen Sozialgeschichte, Göttingen 1986, 152-184; wichtig jetzt auch Urs Altermatt, Katholizismus und Moderne. Zur Sozial- und Mentalitätsgeschichte der Schweizer Katholiken im 19. und 20.Jahrhundert, Zürich 1989.

7 Karl Rohe, Konfession, Klasse und lokale Gesellschaft als Bestimmungsfaktoren des Wahlverhaltens. Überlegungen und Problematisierungen am Beispiel des historischen Ruhrgebiets, in: Lothar Albertin/Werner Link (Hrsg.), Politische Parteien auf dem Weg zur parlamentarischen Demokratie in Deutschland. Entwick-

lungslinien bis zur Gegenwart, Düsseldorf 1981, 109; vgl. Alois Klöcker, Die Konfession der sozialdemokratischen Wählerschaft 1907, München-Gladbach 1913. Über die Dimensionen, Grenzen und konstitutiven Elemente des Begriffs der Klassenbildung herrscht keineswegs Übereinstimmung; zu den differierenden Ansätzen Jürgen Kocka, Bürger und Arbeiter. Brennpunkte und Ergebnisse der Diskussion, in: ders. (Hrsg.), Arbeiter und Bürger im 19.Jahrhundert. Varianten ihres Verhältnisses im europäischen Vergleich, München 1986, 325-339, bes. 326f.; zentrale Studien dazu: Edward P. Thompson, Die Entstehung der englischen Arbeiterklasse, 2 Bde, Frankfurt 1987 (englische Erstfassung 1967); Hartmut Zwahr, Zur Konstituierung des Proletariats als Klasse. Strukturuntersuchungen über das Leipziger Proletariat während der industriellen Revolution, Berlin (DDR) 1978; Jürgen Kocka, Lohnarbeit und Klassenbildung. Arbeiter und Arbeiterbewegung in Deutschland 1800-1875, Berlin-Bonn 1983 sowie neuerdings ders., Weder Stand noch Klasse. Unterschichten um 1800; Arbeitsverhältnisse und Arbeiterexistenzen Grundlagen der Klassenbildung im 19 Jahrhundert, beide Bonn 1990.

9   Vgl. Wolfgang Laufer, Bevölkerungs- und siedlungsgeschichtliche Aspekte der Industrialisierung an der Saar, in: Zeitschrift für die Geschichte der Saargegend (=ZGS) 29 (1981), 122-164; zu Agrarkrise und Bevölkerungswachstum in der ersten Jahrhunderthälfte jetzt Gert Fischer, Wirtschaftliche Strukturen am Vorabend der Industrialisierung. Der Regierungsbezirk Trier 1820-1850, Köln-Wien 1990.

10 Vgl. Klaus-Michael Mallmann, Die heilige Borussia. Das Saarrevier als preußische Industriekolonie, in: ders./Gerhard Paul/Ralph Schock/Reinhard Klimmt (Hrsg.), Richtig daheim waren wir nie. Entdeckungsreisen ins Saarrevier 1815-1955, 2. Aufl. Berlin-Bonn 1988, 16-21.

11 Zu den Prozessen der Klassenbildung und des sozialen Protests im regionalen Maßstab bislang mit recht unterschiedlichen Ansätzen ders., Die Anfänge der Bergarbeiterbewegung an der Saar (1848-1904), Saarbrücken 1981; Hans Horch, Der Wandel der Gesellschafts- und Herrschaftsstrukturen in der Saarregion während der Industrialisierung (1740-1914), St. Ingbert 1985; Horst Steffens, Autorität und Revolte. Alltagsleben und Streikverhalten der Bergarbeiter an der Saar im 19.Jahrhundert, Weingarten 1987; Klaus-Michael Mallmann/Horst Steffens, Lohn der Mühen. Geschichte der Bergarbeiter an der Saar, München 1989; eine Untersuchung der Hüttenarbeiter in moderner sozialhistorischer Perspektive bildet ein dringendes Desiderat; dazu immer noch lesenswert die Marburger Dissertation von Karl Alfred Gabel, Kämpfe und Werden der Hüttenarbeiterorganisationen im Saargebiet, Saarbrücken 1921.

12 Plastisch dazu Promemoria Knappschaftsarzt Teich/Dudweiler von Dezember 1862, Landesarchiv Saarbrücken 564/628, 171-221; vgl. Hannes Pyszka, Bergarbeiterbevölkerung und Fruchtbarkeit. Eine Studie der Bevölkerungsbewegung der deutschen Bergarbeiterbevölkerung, München 1911; Ulrich Linse, Arbeiterschaft und Geburtenentwicklung im Deutschen Kaiserreich von 1871, in: Archiv für Sozialgeschichte (=ASG) 12 (1972), 205-271.

13 Pfarrer Petersen/St.Johann an Oberpräsident der Rheinprovinz v. 29.Juli 1856, Landeshauptarchiv Koblenz 403/8164, 1-6.

14 Ausführlich dazu Klaus-Michael Mallmann, Zwischen Machtanbetung und Revolte. Protestanten und Proletarisierung an der Saar, in: Das Saarrevier zwischen Reichsgründung und Kriegsende (1871-1918), Saarbrücken 1991, 57-70; zur politischen Kultur des protestantischen Saarbrücker Bürgertums Wilfried Loth, 75 Jahre Großstadt Saarbrücken, in: Saarheimat 28 (1984), 112-114.

15 So Hugh McLeod, Church and Class. Some international Comparisons, in: Kocka, Arbeiter und Bürger im 19.Jahrhundert, S .109.

16 David Blackbourn, Die Zentrumspartei und die deutschen Katholiken während des Kulturkampfes und danach, in: Pflanze, Innenpolitische Probleme des Bismarck-Reiches, 91.

17 Zu einigen Grundlinien einer regionalen Religionsgeschichte in sozialhistorischer Perspektive vgl. Klaus-Michael Mallmann, Die neue Attraktivität des Himmels. Kirche, Religion und industrielle Modernisierung, in: Richard van Dülmen (Hrsg.), Industriekultur an der Saar. Leben und Arbeit in einer Industrieregion 1840-1914, München 1989, 248-257.

18 Vgl. Sidney Pollard, Die Fabrikdisziplin in der industriellen Revolution, in: Wolfram Fischer/Georg Bajohr (Hrsg.), Die soziale Frage. Neuere Studien zur Lage der Fabrikarbeiter in den Frühphasen der Industrialisie-

rung, Stuttgart 1967, 159-185; Bernd Flohr, Arbeiter nach Maß. Die Disziplinierung der Fabrikarbeiterschaft während der Industrialisierung Deutschlands im Spiegel von Arbeitsordnungen, Frankfurt-New York 1981.

19   Michel Foucault, Überwachen und Strafen. Die Geburt des Gefängnisses, Frankfurt 1976, 310, 396.

20   Vgl. Klaus-Michael Mallmann, Verfleißigung und Eigensinn. Bergmännische Lebenswelten, in: van Dülmen, Industriekultur an der Saar, 98-108; Paul Münch (Hrsg.), Ordnung, Fleiß und Sparsamkeit. Texte und Dokumente zur Entstehung der "bürgerlichen Tugenden", München 1984; mit umfangreichen Literaturangaben Rudolf Schenda, Die Verfleißigung der Deutschen. Materialien zur Indoktrination eines Tugend-Bündels, in: Utz Jeggle/Gottfried Korff/Martin Scharfe/Bernd Jürgen Warneken (Hrsg.), Volkskultur in der Moderne. Probleme und Perspektiven empirischer Kulturforschung, Reinbek 1986, 88-108.

21   Karl Rohe, Die "verspätete" Region. Thesen und Hypothesen zur Wahlentwicklung im Ruhrgebiet vor 1914, in: Peter Steinbach (Hrsg.), Probleme politischer Partizipation im Modernisierungsprozeß, Stuttgart 1982, 236.

22   Westfälische Freie Presse v. 5.April 1891 (Nr.80); zu den verschiedenen Cleavage-Strukturen in den deutschen Bergbaurevieren und ihrer heterogenisierenden Wirkung auf die Bergarbeiterbewegung des Kaiserreichs Klaus-Michael Mallmann, Erfahrungsräume und Deutungswelten. Klassenbildung, Fragmentierung und Bergarbeiterbewegung in Deutschland 1871-1914, in: Klaus Tenfelde (Hrsg.), Sozialgeschichte des Bergbaus im 19. und 20.Jahrhundert, München 1991, 557-572.

23   Etwa Peter Assion, Arbeiterbewegung und katholisches Vereinswesen, in: Albrecht Lehmann (Hrsg.), Studien zur Arbeiterkultur, Münster 1984, 174-200.

24   Sheehan, Klasse und Partei im Kaiserreich, 9.

25   Zur Gründung von Pfarreien im Industrierevier Ernst Klein, Bergfiskus und Kirche an der Saar im 19.Jahrhundert, in: ZGS 23/24 (1975/76), 157-193; Wolfgang E. Pinzka, Kirchenbau im Saarrevier im Spiegel der Industrialisierung, in: Saarheimat 32 (1988), 272-275, 33 (1989), 13-15, 33-37; zur katholischen Vereinstätigkeit Mallmann, Die Anfänge der Bergarbeiterbewegung an der Saar, 50-55; zur Caritas Erwin Gatz, Kirche und Krankenpflege im 19.Jahrhundert. Katholische Bewegung und karitativer Aufbruch in den preußischen Provinzen Rheinland und Westfalen, München-Paderborn-Wien 1971; als Lokalstudie dazu Thomas Trapp, Christliche Caritas in einer Bergarbeitergemeinde des 19.Jahrhunderts. Die Schwestern vom Heiligen Geist in Sulzbach/Saar, in: Archiv für mittelrheinische Kirchengeschichte (=AMrhKG) 41 (1989), 347-370.

26   Vgl. Michael N. Ebertz, Die Organisierung von Massenreligiosität im 19.Jahrhundert. Soziologische Aspekte zur Frömmigkeitsforschung, in: Jahrbuch für Volkskunde N.F. 2 (1979), 38-72; Gottfried Korff, Zwischen Sinnlichkeit und Kirchlichkeit. Notizen zum Wandel populärer Frömmigkeit im 18. und 19.Jahrhundert, in: Jutta Held (Hrsg.), Kultur zwischen Bürgertum und Volk, Berlin 1983, 136-148.

27   Wolfgang Schieder, Kirche und Revolution. Sozialgeschichtliche Aspekte der Trierer Wallfahrt von 1844, in: ASG 14 (1974), 419-454; Gottfried Korff, Formierung der Frömmigkeit. Zur sozialpolitischen Intention der Trierer Rockwallfahrten 1891, in: GG 3 (1977), 352-383.

28   Vgl. Gottfried Korff, Kulturkampf und Volksfrömmigkeit, in: Schieder, Volksreligiosität in der modernen Sozialgeschichte, 137-151; Klaus-Michael Mallmann, "Maria hilf, vernichte unsere Feinde". Die Marienerscheinung von Marpingen 1876, in: ders. u.a., Richtig daheim waren wir nie, 48-50; zum Medium der "Protestwallfahrt" Iso Baumer, Kulturkampf und Katholizismus im Berner Jura, aufgezeigt am Beispiel des Wallfahrtswesens, in: Günter Wiegelmann (Hrsg.), Kultureller Wandel im 19.Jahrhundert, Göttingen 1973, 88-101.

29   Zum katholischen Vereins- und Verbandswesen Emil Ritter, Die Katholisch-Soziale Bewegung Deutschlands und der Volksverein, Köln 1954; Horstwalter Heitzer, Der Volksverein für das katholische Deutschland im Kaiserreich 1890-1918, Mainz 1979; in gesamtgesellschaftlicher Perspektive Klaus Tenfelde, Die Entfaltung des Vereinswesens während der industriellen Revolution in Deutschland (1850-1873), in: Otto Dann (Hrsg.), Vereinswesen und bürgerliche Gesellschaft in Deutschland, München 1984, 55-114; zur katholischen Presse Ulrich Fohrmann, Trierer Kulturkampfpublizistik im Bismarckreich. Leben und Werk des Preßkaplans Georg Friedrich Dasbach, Trier 1977.

30   Thomas Nipperdey, Religion im Umbruch. Deutschland 1870-1918, München 1988, 26.

31 Die Analyse des Kulturkampfs bleibt eine zentrale Herausforderung an die deutsche Sozialgeschichtsschreibung; immer noch anregend Lothar Gall, Die partei- und sozialgeschichtliche Problematik des badischen Kulturkampfes, in: Zeitschrift für die Geschichte des Oberrheins 113 (1965), 151-196; zum Saargebiet Klaus-Michael Mallmann, Volksfrömmigkeit, Proletarisierung und preußischer Obrigkeitsstaat. Sozialgeschichtliche Aspekte des Kulturkampfes im Saarrevier, in: Soziale Frage und Kirche im Saarrevier. Beiträge zu Sozialpolitik und Katholizismus im späten 19. und frühen 20. Jahrhundert, Saarbrücken 1984, 183-232; wichtig zu den institutionellen Aspekten Emil Heitjan, Zentrumspartei und Zentrumspresse an der Saar zur Zeit des Kulturkampfes, Saarlouis 1931; Christoph Weber, Kirchliche Politik zwischen Rom, Berlin und Trier 1876-1888. Die Beilegung des preußischen Kulturkampfes, Mainz 1970.

32 Karl Rohe, Vom alten Revier zum heutigen Ruhrgebiet. Die Entwicklung einer regionalen politischen Gesellschaft im Spiegel der Wahlen, in: ders./Herbert Kühr (Hrsg.), Politik und Gesellschaft im Ruhrgebiet. Beiträge zur regionalen Politikforschung, Königstein 1979, 37.

33 Vgl. Klaus-Michael Mallmann, Kulturkampf, katholischer Klerus und Bergarbeiterbewegung an der Saar, in: Der Anschnitt 33 (1981), 110-116; zum Phänomen der "roten Kapläne" – wenn auch mit apologetischem Unterton – Ludwig Anderl, Die roten Kapläne. Vorkämpfer der katholischen Arbeiterbewegung in Bayern und Süddeutschland, München 1961; Heiner Budde, Die "roten" Kapläne. Priester an der Seite der Arbeiter, Köln 1978.

34 Josef Mooser, Arbeiterleben in Deutschland 1900-1970. Klassenlagen, Kultur und Politik, Frankfurt 1984, 184; konkrete Untersuchungen lokaler katholischer Milieus in sozialhistorischer Perspektive bilden immer noch ein dringendes Desiderat; vgl. Urs Altermatt, Konfessionelle Minderheit in der Diaspora: Zwischen Isolation und Assimilation. Das Beispiel von Katholisch-Zürich 1850-1950, in: Schieder, Volksfrömmigkeit in der modernen Sozialgeschichte, 185-204; Doris Kaufmann, Katholisches Milieu in Münster 1928-1933. Politische Aktionsformen und geschlechtsspezifische Verhaltensräume, Düsseldorf 1984; zur Problematik des Milieu-Begriffs und dessen Operationalisierung Karl Rohe, Wahlanalyse im historischen Kontext Zu Kontinuität und Wandel von Wahlverhalten, in: HZ 234 (1982), 337-357, bes. 350ff.

35 Karl Rohe, Katholiken, Protestanten und Sozialdemokraten im Ruhrgebiet vor 1914. Voraussetzungen und Grundlagen "konfessionellen" und "klassenbewußten" Wählens in einer Industrieregion, in: ders., Vom Revier zum Ruhrgebiet. Wahlen-Parteien-Politische Kultur, Essen 1986, 56.

36 Urs Altermatt, Katholische Subgesellschaft. Thesen zum Konzept der "katholischen Subgesellschaft" am Beispiel des Schweizer Katholizismus, in: Karl Gabriel/Franz-Xaver Kaufmann (Hrsg.), Zur Soziologie des Katholizismus, Mainz 1980, 147.

37 Lebensgeschichtliche Aufzeichnungen, die dieses Bild konkretisieren, ergänzen, aber auch brechen können, sind nach wie vor eine Rarität, da die katholischen Unterschichten als geradezu klassische Homines illiterati anzusehen sind; vgl. Karl Ludwig Jüngst, "Auch dafür danke ich dem lieben Gott". Lebenserinnerungen des Holzer Bergmanns Johann Meiser, in: Mallmann u.a., Richtig daheim waren wir nie, 43-47; Michael Mitterauer, Religion in lebensgeschichtlichen Aufzeichnungen, in: Andreas Gestrich/Peter Knoch/Helga Merkel (Hrsg.), Biographie – sozialgeschichtlich, Göttingen 1988, 61-85.

38 Helmut Geller, Sozialstrukturelle Voraussetzungen für die Durchsetzung der Sozialform "Katholizismus" in Deutschland in der ersten Hälfte des 19.Jahrhunderts, in: Gabriel/Kaufmann, Zur Soziologie des Katholizismus, 87.

39 Grundlegend neben Blackbourn, Class, Religion and Local Politics in Wilhelmine Germany vor allem Wilfried Loth, Katholiken im Kaiserreich. Der politische Katholizismus in der Krise des wilhelminischen Deutschlands, Düsseldorf 1984; konträre Positionen bei Winfried Becker, Die Deutsche Zentrumspartei im Bismarckreich, in: ders (Hrsg.), Die Minderheit als Mitte. Die Deutsche Zentrumspartei in der Innenpolitik des Reiches 1871-1933, Paderborn-München-Wien-Zürich 1986, 9-45.

40 Die im Vergleich zur Klassenfrage ebenso wichtige Geschlechterfrage muß hier ausgespart bleiben; wichtige Aspekte dazu bei bei Hugh McLeod, Weibliche Frömmigkeit – männlicher Unglaube? Religion und Kirche im bürgerlichen 19 Jahrhundert, in: Ute Frevert (Hrsg.), Bürgerinnen und Bürger. Geschlechterverhältnisse im 19 Jahrhundert, Göttingen 1988, 134-156; Doris Kaufmann, Vom Vaterland zum Mutterland. Frauen im katholischen Milieu der Weimarer Republik, in: Karin Hausen (Hrsg.), Frauen suchen ihre Geschichte. Historische Studien zum 19. und 20.Jahrhundert, München 1983, 250-275.

41 Josef Mooser, Arbeiter, Bürger und Priester in den konfessionellen Arbeitervereinen im deutschen Kaiserreich, 1880-1914, in: Kocka, Arbeiter und Bürger im 19.Jahrhundert, 95.

42 Vgl. Klaus Tenfelde, Sozialgeschichte der Bergarbeiterschaft an der Ruhr im 19.Jahrhundert, 2. Aufl. Bonn 1981, 464-470, 494-501; Herbert Lepper, Kaplan Franz Eduard Cronenberg und die christlich-soziale Bewegung in Aachen 1868-1878, in: Zeitschrift des Aachener Geschichtsvereins 79 (1968), 57-148.

43 Mit überraschenden Einsichten dazu Gunther Mai, Arbeiterschaft zwischen Sozialismus, Nationalismus und Nationalsozialismus. Wider gängige Stereotype, in: Uwe Backes/Eckhard Jesse/Rainer Zitelmann (Hrsg.), Die Schatten der Vergangenheit. Impulse zur Historisierung des Nationalsozialismus, Frankfurt-Berlin 1990, 195-217.

44 Vgl. Loth, Katholiken im Kaiserreich, 85-98; Rudolf Brack, Deutscher Episkopat und Gewerkschaftsstreit 1900-1914, Köln-Wien 1977; Horstwalter Heitzer, Georg Kardinal Kopp und der Gewerkschaftsstreit 1900-1914, Köln-Wien 1983; Johannes Horstmann, Katholizismus und moderne Welt. Katholikentage, Wirtschaft, Wissenschaft 1848 bis 1914, München-Paderborn-Wien 1976, S 54-89; immer noch wichtig Michael Berger, Arbeiterbewegung und Demokratisierung Die wirtschaftliche, politische und gesellschaftliche Gleichberechtigung des Ar beiters im Verständnis der katholischen Arbeiterbewegung im Wilhelminischen Reich zwischen 1890 und 1914, Diss. Freiburg/B. 1971.

45 Grundlegend dazu Michael Schneider, Die Christlichen Gewerkschaften 1894-1933, Bonn 1982; ders., Das Streikverhalten der Christlichen Gewerkschaften vor 1914, in: Wolfgang J. Mommsen/Hans-Gerhard Husung (Hrsg.), Auf dem Weg zur Massengewerkschaft. Die Entwicklung der Gewerkschaften in Deutschland und Großbritannien 1880-1914, Stuttgart 1984, 354-374; regional dazu Horstwalter Heitzer, Die christliche Bergarbeiterbewegung im Saarrevier von 1904 bis zum Ersten Weltkrieg, in: Soziale Frage und Kirche im Saarrevier,23 271; Mallmann/Steffens, Lohn der Mühen, 101-107.

46 Vgl. Michael Sander, Katholische Geistlichkeit und Arbeiterorganisation. 2 Gutachten aus dem Saarrevier und die Vorgeschichte des "Fuldaer Pastorale" von 1900, in: Soziale Frage und Eirche im Saarrevier, S . 273-302 .

47 Zur Diözese Trier ders., Katholische Arbeitervereine Berliner Richtung, in: AMrhKG 37 (1985), 115-135; zur differierenden Entwicklung in der Diözese Speyer Fritz Jacoby, Katholische soziale Bestrebungen in der Westpfalz im 19. und frühen 20.Jahrhundert, ebd., 97-114.

48 Blessing, Staat und Kirche in der Gesellschaft, 265; vgl. Nipperdey, Religion im Umbruch, 27-31.

49 Zur Verschränkung von Emanzipation und Integration Guenther Roth, The Social Democrats in Imperial Germany. A Study in Working-Class Isolation and National Integration, Totowa 1963; Dieter Groh, Negative Integration und revolutionärer Attentismus. Die deutsche Sozialdemokratie am Vorabend des Ersten Weltkrieges, Frankfurt-Berlin-Wien 1973 .

50 Zur Krise von 1912 und der Enzyklika "Singulari quadam" Loth, Katholiken im Kaiserreich, 247-263; Michael Sander, Zwischen Kirche, Streik und Zentrum. Der Gewerkverein christlicher Bergarbeiter im Krisenjahr 1912, in: Mallmann u.a., Richtig daheim waren wir nie, 87-90.

51 Vgl. Maria Zenner, Parteien und Politik im Saargebiet unter dem Völkerbundsregime, Saarbrücken 1966, 152-170; dies., Saarländischer Katholizismus in der Völkerbundszeit, in: Mallmann u.a., Richtig daheim waren wir nie, 143-147; Berechnungen bei Gerhard Paul, Die NSDAP des Saargebietes 1920-1935 . Der verspätete Aufstieg der NSDAP in der katholisch-proletarischen Provinz, Saarbrücken 1987, 21, 23.

52 Werner K. Blessing, "Deutschland in Not, wir im Glauben ..." Kirche und Kirchenvolk in einer katholischen Region, in: Martin Broszat/Klaus-Dietmar Henke/Hans Woller (Hrsg.), Von Stalingrad zur Währungsreform. Zur Sozialgeschichte des Umbruchs in Deutschland, München 1988, 110; vgl. Rolf Wittenbrock, "... Du heiliges Land am Saaresstrand". Konfessionsschule und Identitätssuche, in: Von der 'Stunde O' zu 'Tag X'. Das Saarland 1945-1959, Saarbrücken 1990, 257-272.

53 Vgl. Mallmann/Steffens, Lohn der Mühen, 134-138, 179-184.

54 Programmatisch Gert Zang, Die unaufhaltsame Annäherung an das Einzelne. Reflexionen über den theoretischen und praktischen Nutzen der Regional- und Alltagsgeschichte, Konstanz 1985.

55 Vgl. Hans Dieter Denk, Die christliche Arbeiterbewegung in Bayern bis zum Ersten Weltkrieg, Mainz 1980.

56 Anhaltspunkte dafür bei David Crew, Bochum. Sozialgeschichte einer Industriestadt 1860-1914, Frankfurt-Berlin-Wien 1980, 141ff.; Rohe, Vom alten Revier zum heutigen Ruhrgebiet, 32ff.; Herbert Kühr, Das Ruhrgebiet in Schwarz und Rot. Zur politischen Kultur des Ruhrgebiets, in: Hans-Georg Wehling (Hrsg.), Regionale politische Kultur, Stuttgart-Berlin-Köln-Mainz 1985, 58-75.

57 Vgl. Gerhard A. Ritter, Die deutschen Parteien 1830-1914. Parteien und Gesellschaft im konstitutionellen Regierungssystem, Göttingen 1985, 49ff.

58 Nipperdey, Religion und Gesellschaft, 603; Rohe ergänzte diese Säkularisierungs-These, die bei aller generellen Plausibilität manchen empirischen Befund nicht zu erklären vermag, durch eine Community-These, die die Integrationsfähigkeit von Lokalgesellschaften in den Mittelpunkt rückt. vgl. Rohe, Katholiken, Protestanten und Sozialdemokraten im Ruhrgebiet vor 1914, 49ff., 55ff.

59 Zusammenfassend Gerhard A. Ritter, Staat, Arbeiterschaft und Arbeiterbewegung in Deutschland. Vom Vormärz bis zum Ende der Weimarer Republik, Berlin-Bonn 1980, 30ff.; zur Schule Folkert Meyer, Schule der Untertanen. Lehrer und Politik in Preußen 1848-1900, Hamburg 1976; zum Staatskult Werner K. Blessing, Der monarchische Kult, politische Loyalität und die Arbeiterbewegung im deutschen Kaiserreich, in: Gerhard A. Ritter (Hrsg.), Arbeiterkultur, Königstein 1979, 185-208; zu den Kriegervereinen jetzt Thomas Rohkrämer, Der Militarismus der "kleinen Leute". Die Kriegervereine im deutschen Kaiserreich, München 1991; in vielem fehlerhaft und überholt Hansjoachim Henning, Kriegervereine in den preußischen Westprovinzen. Ein Beitrag zur preußischen Innenpolitik zwischen 1860 und 1914, in: Rheinische Vierteljahresblätter 32 (1968), 430-475.

60 Zusammenfassend Hans-Ulrich Wehler, Modernisierungstheorie und Geschichte, Göttingen 1975; vgl. Thomas Nipperdey, Probleme der Modernisierung in Deutschland, in: ders., Nachdenken über die deutsche Geschichte. Essays, München 1990, 52-70

61 Zur produktiven Provokation durch Ethnologie und historische Anthropologie vor allem Edward P. Thompson, Volkskunde, Anthropologie und Sozialgeschichte, in: ders., Plebeische Kultur und moralische Ökonomie. Aufsätze zur englischen Sozialgeschichte des 18. und 19.Jahrhunderts, Frankfurt-Berlin-Wien 1980, 290-318; Hans Medick, "Missionare im Ruderboot"? Ethnologische Erkenntnisweisen als Herausforderung an die Sozialgeschichte, in: GG 10 (1984), 295-319

62 Altermatt, Katholizismus und Moderne, 27f.

WERNER K. BLESSING

Kirchenfromm – volksfromm – weltfromm:
Religiosität im katholischen Bayern des späten 19. Jahrhunderts

1. Ein katholisches Land?

Der Katholizismus befand sich in Bayern nach der Mitte des 19. Jahrhunderts in einer eigentümlichen Konstellation. Einerseits waren über zwei Drittel der Bevölkerung katholisch – und das vorwiegend in agrarischem oder kleingewerblichem Stand mit seiner herkömmlich hohen Kirchlichkeit.[1] So kam der kirchlich vermittelten Religion eine weitreichende Bedeutung zu. Dem starken gesellschaftlichen Einfluß der katholischen Kirche stand andererseits die säkulare Staatsräson entgegen, wie sie für das am Anfang des Jahrhunderts, im napoleonischen Umbruch Mitteleuropas, aus aufgeklärtem Ordnungsdenken entstandene paritätische Königreich Bayern grundlegend war.[2]
Diese von Montgelas gezogene Linie der inneren Politik und der Verwaltungspraxis wurde allerdings im Vormärz, unter Ludwig I., aus 'romantischem' Geist entschieden religions- und traditionsorientiert überformt. Das kam vor allem dem Katholizismus zugute; München wurde zum Vorort katholischen Selbstgefühls und katholischer Kultur in Deutschland. Doch die Stellung der Kirche stärkte das nur bedingt. Denn der autokratische König hielt energisch an dem Staatskirchentum fest, das im alten Baiern seit dem 16. Jahrhundert kräftig ausgebildet und von der bayerischen Verfassung 1818 in einer Weise behauptet worden war, daß Rom zähen Widerstand leistete. Vor allem aber war die Aufwertung der Religion zur kulturellen Leitlinie und politischen Richtschnur so eng mit der Person des Königs und dem von ihm bestimmten Kreis verbunden, war in einem Maß Element seines Kurses, daß sie vom Abbruch seines Regiments entscheidend getroffen wurde.[3] Zwar gewannen dann aus der Abwehr der liberalen und nationalen Revolution religiös geleitete Ordnungskräfte noch einmal im Zeichen von 'Thron und Altar' offizielle Geltung. Doch geschah das nun reaktionär, gegen die 1848 zum Durchbruch gelangte Fortschrittsbewegung, was die daran beteiligten christlich-konservativen Ideen eher belastete.[4]

Als die Revolutionsfurcht der Kabinette verebbte, das Bürgertum wieder zur Öffentlichkeit drängte und sich die äußeren, die im Deutschen Bund gesetzten Bedingungen änderten, lenkte die Regierung in den 1860er Jahren zurück in Bahnen, die abseits katholischer Werte und Interessen lagen. Es sollte eine Weichenstellung für Jahrzehnte werden.[5] Die Könige Max II. und Ludwig II. folgten der nationalen Kultur von letztlich protestantischer Provenienz. Der eine öffnete entschlossen sein Land vor allem ihrer Wissenschaft und Bildung – auch wenn das zunächst im Zug einer Stärkung Bayerns gegen die politische Gefahr von seiten Preußens und der Liberalen geschah. Und der zweite fand sich in ihrer neuen Kunst, was ihn auch in seiner Herrscherrolle tief beeinflußte. Minister und hohe Bürokratie verfolgten seit der Mitte der 1860er Jahre durchweg eine gouvernementale Richtung, häufig in liberalem Sinn. Ihr Vorbild wirkte sich zunehmend auf die von Ludwig I. in konservativ-religiöse Richtung geführte Beamtenschaft aus, in der das rationale Leitbild aus der Reformzeit am Beginn des Jahrhunderts ja nie ganz verblaßt war. Daher begünstigte der Staat – bis hin zur Wahlbeeinflussung – das liberale und nationale Bürgertum und stützte sich auf dessen Öffentlichkeit; in ihr hatten manche Norddeutsche, meist Protestanten, eine führende Stimme.[6]

Der herrschende Zeitgeist, aus Staatsinteresse und bürgerlicher Überzeugung in erster Linie 'säkular', hob sich ab von einer kirchlich angeleiteten, ausgeprägt katholischen Kultur, die hauptsächlich für die 'einfachen Leute' galt und viele aus der alten Elite, dem Adel; dazu kam eine konservative Minderheit im gebildeten Bürgertum. Jener Zeitgeist lag im europäischen Trend selbstgewissen Fortschritts; katholische Mentalität hingegen erschien nun rückständig und provinziell.[7] So bildete Bayern im letzten Drittel des 19. Jahrhunderts zwar einen überwiegend katholischen Lebensraum, aber zeigte kein katholisches Profil.

2. Kirchenfromm: Die Formierung eines katholischen Lagers

In der Spannung zwischen breiter Katholizität und dominierender Weltanschauung entwickelte sich, als einschneidende wirtschaftlich-soziale Veränderungen und die akut gewordene nationale Frage Bayern polarisierten, eine katholische Bewegung. Das war ein ebenso politischer wie sozialer Vorgang; voraus aber ging ihm ein nachhaltiger kirchlicher Wandel.[8]

Bereits die Abwendung von der katholischen Aufklärung, deren Tugendglauben in den Augen einer wachsenden Zahl von Gläubigen erstarrt war, hatte seit den 1820er Jahren eine Dynamik sich selbst verstärkender institutioneller Geltungskraft in die Kirche gebracht. Deren Wirkung als genuin sakrale Anstalt war wieder gestiegen, seit der Akzent pastoralen Handelns sich von sozial nützlicher Morallehre zu heilsbetonter Seelsorge verlagerte, Korporations- und Hausfrömmigkeit erneut belebt sowie neue Mittel, z.B. Pfarrbüchereien eingeführt wurden.[9] Allerdings war das noch in einem durchaus weltfreundlichen, konfessionell irenischen Stil geschehen, wie ihn Johann Michael Sailer, Theologe, Pädagoge und zuletzt Bischof von Regensburg, prominent vertrat. Im ludovizianischen Bayern hatte er durch eine Reihe von Schülern in wichtigen Stellungen – an der Spitze der König selbst – maßgeblichen Einfluß gewonnen.[10]

Mit dem Vordringen des Ultramontanismus ab den 1840er Jahren gewann die Kirchenbindung dann weit über das Maß der frühen Erneuerung hinaus eine Intensität, die zur geistigen Ausschließlichkeit drängte. Von entschlossen rechtgläubigen und sendungsbewußten, vornehmlich im Collegium Germanicum zu Rom geschulten Priestern in Schlüsselpositionen – Bischofsstühlen, Diözesanverwaltungen, Priesterseminaren – ging eine nachhaltige Straffung der römisch-katholischen Religion aus. Wie das Engagement solcher Männer wirken konnte, zeigte die Diözese Regensburg. Sie wurde unter Bischof Senestrey, einem der entschiedenen Kurialisten im deutschen Episkopat, der ab 1858 fast ein halbes Jahrhundert im Amt war, zum Musterbistum in jenem Sinn.[11] Unterschiedlich rasch, doch in der Tendenz einheitlich verbreitete sich ein Glaubenstyp, der das Kirchenvolk gegen konkurrierende Werte und Mächte so bestimmt an Rom ausrichtete, daß der Katholizismus merklich 'katholischer' wurde. Denn der Klerus dieser neuen Richtung, offensiv nach außen und rigoros nach innen, suchte über den gewöhnlichen pastoralen Einfluß hinaus weltanschaulich zu prägen und religiöse Praxis zu regulieren. Dazu mußte die Kirche als Organisation wie als Autorität zwingender werden. Ihr Zustand befriedigte die engagiert römischen Geistlichen nicht, weil sie den der Gesellschaft nicht hinnahmen. Sie wollten die Institution zu energischerer Wirkung bewegen, um in deren Einflußkreis Bewegung zu bringen.[12]

Das geschah – wie oft beschrieben – mit verschärfter Hierarchie und intensiver Priesterbildung, mit Kontroverstheologie und Antimodernismus, mit neu belebter Sündenpredigt und Kirchenzucht. Außerdem wurde ein Netz vielfältiger Kommunikation um die Kirche gelegt, zu dem sich tradierte und moderne, von der bürgerlichen Öffentlichkeit übernommene Einrichtungen verdichteten. Alle Mittel, ob es Texte, Symbole oder Riten waren, ob sie innerhalb oder außerhalb der Kirchenmauern wirkten, durchzog bündig ein charakteristischer Stil.[13] Nachdrücklicher als früher integrierte das und distanzierte nach außen. Sammlung und Mobilisierung der Gläubigen gegen einen als feindlich angesehenen Zeitgeist – dies war das Ziel, welches kirchliches Handeln in der zweiten Hälfte des 19. Jahrhunderts ungemein aktivierte. Im Ringen um katholische Identität drang dabei ein reizbares Konfliktdenken vor; pastorales Handeln gewann auf allen Ebenen an Energie und Schärfe. Das äußerte sich in der Disziplinierung frommer Volksbräuche ebenso wie in der Polemik gegen Protestanten und Liberale. Kanzel und Beichtstuhl, Vereine und erbauliche Schriften beeinflußten so, daß die katholischen Gemeinden, vor allem die auf dem Land, wie noch nie fromm im kirchlichen Sinn wurden.[14]

Der Erfolg der breiten kirchlichen Mobilisierung erlaubte auch eine politische, die ihrerseits jene stützte: Beide, personell eng verflochten, erschienen – von außen wie im Bewußtsein ihrer Träger – im Grunde als *eine* Bewegung.[15]

In der politischen Arena waren katholische Interessen, dank der neuen Presse- und Vereinsfreiheit, in den Konflikten um eine 'volkstümliche' Verfassung 1848/49 erstmals massiv aufgetreten: Die Meinungsführer der kirchenverbundenen Bevölkerung, Geistliche wie Laien, brachten den Anspruch, eine dem Volk gemäße rechte Ordnung auf das kirchlich bestimmte Weltbild zu gründen, energisch zum Ausdruck. Dabei fanden sie mit ihren Versammlungen, Adressen, Zeitungen und Vereinen im katholischen Altbayern breiten Rückhalt.[16] Auch nach der Revolution, als solch' politische Interessenvertretung publizistisch wie organisatorisch gehemmt war, wurde die Position doch von der konservativen Stimmung der 1850er Jahre lebendig gehalten. Im allgemeinen Aufbruch gesellschaftlicher Kräfte in die Öffentlichkeit während der 1860er Jahre formierte sie sich dann zu einer Partei.[17]

Daß man mit ihr neben der Kirche einen ganz auf die weltliche Macht bezogenen, über allen Einzelzwecken einheitlich organisierten Einfluß suchte, richtete sich in erster Linie gegen den ausgreifenden Liberalismus. Dieser dominierte ja, als ihm das Bildungs- und Wirtschaftsbürgertum der protestantischen Städte durchweg, der katholischen zu einem nicht geringen Teil folgte, jenen Aufbruch der 1860er Jahre zunächst.[18] Durch seinen Fortschrittsglauben fühlten sich weite Kreise vor allem in Altbayern – vom Adel über den gewerblichen Mittelstand bis zu den Bauern – wirtschaftlich-sozial bedroht; zugleich sahen sie durch seinen kleindeutschen Nationalismus ihr bayerisches Eigenleben gefährdet. Derart von einer mächtigen Strömung bedrängt, die sie ökonomisch und weltanschaulich zugleich attackierte, suchten sie sich im Anschluß an katholische Interessen zu behaupten. Die Römische Kirche, erklärtermaßen und mit sichtbarem Erfolg gegen die 'Moderne' engagiert, galt als der beste Bürge einer überkommenen Ordnung. Deshalb kristallisierte sich ein breiter Widerstand gegen gesellschaftlichen 'Progress' um das katholische Bekenntnis.[19] Doch zielte er, da liberale Interessen seit 1866, mit dem Antritt des Ministeriums Hohenlohe, erheblich in die Regierung wirkten, auch auf den Staat. Denn der war vom nachrevolutionären Bündnis mit der Kirche wieder so weit abgerückt, daß er in ihr nicht nur den Helfer für innere Stabilität sah, sondern zunehmend auch eine Autoritätskonkurrenz. Die Bürokratie hatte die weitgehenden Forderungen der bayerischen Bischöfe nach kirchlicher Autonomie und religiösen Privilegien aus den Jahren 1848/50 nicht vergessen.[20]

So entstand die katholisch-konservative Partei in enger Anlehnung an die Kirche, unter aktiver Mitwirkung vieler Geistlicher. Die wirtschaftlichen Anliegen der Bauern und Gewerbsleute, die sie in erster Linie vertrat, ihre ständisch-korporativen sozialen Grundsätze, der dezidiert bayerische Standpunkt in der nationalen Frage – alles war in das Leitbild einer katholischen Kultur eingebunden. Auf den Begriff brachte dieses Konzept einer christlichen Ordnung der Name 'Patriotenpartei'; in ihm klang die Gemeinwohl-Bedeutung des Patrioten aus dem 18. Jahrhundert durchaus nach.[21] Wenn die Partei wirtschaftliche und politische Interessen verfocht, indem sie gegen liberale Freizügigkeit, Nationalismus und preußische Macht auftrat, wenn sie auf die 'wahren Bedürfnisse' Bayerns setzte, geschah das stets unter einer religiösen Bewertung. Das sprach im Geltungskreis der Kirche über alle Unterschiede der Schichten und Lebenswelten hinweg an. Mit ihrer Verbindung von katholischem Appell, bayerischem Beharren, ökonomisch-sozialer Bestandsverteidigung und der Artikulation diffuser Zukunftsängste, in die konfessionelle und soziale Vorurteile eingingen, traf die Patriotenpartei die Volksstimmung der katholischen Gebiete zumal Altbayerns. Als sie in den Wahlen zum Zollparlament 1868, dann zum Landtag 1869 hier fast alle Mandate holte, wurde sie auf Anhieb zur stärksten parlamentarischen Kraft Bayerns.[22]

Das blieb sie – obwohl Krieg und Reichsgründung 1870/71 einen Triumph der liberalen Öffentlichkeit brachten und das Nationale selbst auf dem flachen altbayerischen Land aufwerteten.[23] Zu solch' anhaltendem Willen einer vorindustriellen und vornationalen Gesellschaft, politisch standzuhalten, trug ein religiöser Konflikt wesentlich bei. Denn in Bayern begann der 'Kulturkampf' des Staates gegen die Römische Kirche dramatisch.[24] Als diese durch das Erste Vaticanum ihre innere Stärkung sichern, den Zentralismus besiegeln wollte, widersetzte sich dem keine Regierung so wie die in München. Im Namen des säkularen Monopolstaates suchte sie zunächst diplomatisch das Unfehlbarkeitsdogma zu verhindern. Damit erfolglos, forcierte sie eine Konfessionstrennung von Rom und warb durch ihre Beamten für die Altkatholische Kirche. Auf kurze Zeit brachte die Autorität der Behörden manche Irritation unter die einfachen Leute. Doch rasch gelang es dem Klerus, die ländliche und kleinbürgerliche Bevölkerung in eindrucksvoller Geschlossenheit zu halten.[25] Und selbst das nationalliberale Bürgertum mit seinem kräftigen Anti-Rom-Affekt blieb, als der Altkatholizismus sehr bald stagnierte, weitgehend in der Römischen Kirche.[26]

Allerdings waren diese Kreise keineswegs kirchenfromm wie jene Schichten, die in erster Linie den Priestern folgten; meist verhielten sie sich lediglich kirchlich, im formellen Sinn äußerer Zugehörigkeit und gelegentlicher Teilnahme an den Riten. Sie standen hinter der Regierung, als diese, entschlossen gouvernemental, bis in die 1880er Jahre Stellung und Einfluß der katholischen Kirche mit Hilfe des Reiches zu mindern suchte.[27] In kaum einem anderen Punkt trafen sich Etatismus und Zeitgeist so. Energisch setzte eine kulturkämpferische Öffentlichkeit die liberale Offensive der späten 1860er fort, nun, da sie in Bayern durch den protestantisch dominierten, von den Liberalen mitbegründeten Nationalstaat wesentlich gestärkt war. Bürgerliche Interessen wirtschaftlicher, sozialer, politischer Art bündelten sich in der Konfrontation mit dem Ultramontanismus, der zum Feind aller Freiheit und jedweden Fortschritts erklärt wurde.[28]

Gegen diese Herausforderung entfaltete sich in dem gesellschaftlichen Raum, den die Kirche bestimmte, ein Netz von Organisationen, Medien und Riten konfessioneller Selbstbehauptung. Der Klerus knüpfte die Hauptstränge, die so erfolgreiche politische Mobilisierung gab ihm Dynamik.[29] Weit über die bisherige 'Vergemeinschaftung' um die Kirche hinaus schuf das katholische Verbands-, Presse-, Versammlungswesen eine nahezu autarke sozialkulturelle Sphäre. Sie erlaubte den Kirchenfrommen, Haltung und Handeln in einem Maß an der Kirchenreligion auszurichten, daß andere Bindungen nebensächlich blieben. Man konnte in dieser Sphäre nahezu ungestört durchgängig kirchengemäß leben. Dabei gewannen die Geistlichen, die häufig neben dem Priesteramt in mehreren Funktionen – als Präsides, Artikelschreiber, Versammlungsredner – lenkten und warben, eine eminente Bedeutung als Meinungsführer.[30]

Ihrer Wirkung kam entgegen, daß durch das Zusammentreffen verschiedener Veränderungen im späten 19. Jahrhundert die gewohnte Orientierung brüchig wurde: beschleunigter ökonomischer und sozialer Wandel, die wachsende Kommunikation, eine bis in die unteren Schichten ausgreifende Politisierung.[31] Selbst in der bäuerlichen Umwelt begann Gewohntes zumindest mittelbar den Einwirkungen von Industrialisierung, Urbanisierung, Nationalisierung zu erliegen.[32] In solchem Zustand boten die Priester mit entschiedener Deutung und fester Anleitung den Gläubigen Verhaltenssicherheit, auch im profanen Alltag. So konstituierte sich auf der Grundlage herkömmlicher, in der ersten Jahrhunderthälfte erneut gestärkter Kirchlichkeit nach der Jahrhundertmitte ein integraler, dichter Katholizismus. Gegen einen religiös indifferenten und kirchenfernen, einen 'säkularen' Zeitgeist festigte sich katholische Lebenswelt zunehmend bewußt als Milieu. In ihm organisierte sich dann zur offensiven Verteidigung von Identität und Interessen eine konservative Bewegung, seit man traditionale Werte und Besitzstände ernstlich bedrängt sah, wofür der weltanschaulich-politische Liberalismus verantwortlich gemacht wurde.[33]

Der geistige Konflikt um die Säkularisierung, der das Jahrhundert durchzog, griff durch das Vehikel wirtschaftlicher und politischer Gegensätze, die sich häuften, sozial weit aus. In dieser Auseinandersetzung konnten die Kirchenreligion als Sinnachse und damit die Kirche als kulturelle Instanz im mehrheitlich katholischen Bayern die gesellschaftlich breiteste Geltung behaupten. In Altbayern wuchs solche Loyalität aus einer kontinuierlich starken Katholizität; die Mobilisierung gelang hier fast selbstverständlich.[34]

Deren Dynamik zeigte sich in erster Linie in den katholischen Gebieten Frankens, Schwabens und schließlich auch der Pfalz. Denn noch 1848 hatte in ihnen genauso wie in den benachbarten protestantischen Gegenden ein neubayerischer Regionalismus die öffentliche Stimmung beherrscht, der sich politisch liberal oder demokratisch äußerte. An Vereinen, der Presse, den Wahlen läßt sich ablesen, wie die vorbayerischen Erinnerungen und die gemeinsame Erfahrung in Staatsbayern, dem man erst wenige Jahrzehnte angehörte, eine einmütige Grundhaltung schufen. Seit den 1860er Jahren aber drang auch hier die katholisch-konservative Orientierung so vor, daß die religiöse Raumgliederung nun durchschlug. Katholische und protestantische Gebiete drifteten in ihrer Öffentlichkeit auseinander.[35] Von nun an sollte die Konfession in ganz Bayern ein Hauptfaktor der politischen Topographie bleiben. Zentral repräsentiert wurde dieses gesellschaftliche Gewicht kirchenfrommer Haltung in der Abgeordnetenkammer des Landtags, wo der politische Katholizismus stetig die Majorität besaß.[36]

Allerdings setzte sich der parlamentarische Dauererfolg bis ins 20. Jahrhundert nicht in Regierungsmacht um. Die Verfassung der konstitutionellen Monarchie erlaubte das. Der König – Ludwig II. – bzw. ab 1886 Prinzregent Luitpold hielten gegen die Ansprüche des katholischen Lagers an Beamtenkabinetten fest.[37] Es kennzeichnete den Kurs dieser Regierungen, daß sie in der Öffentlichkeit von den liberalen, allmählich liberal-konservativen, entschieden nationalen Bürgerkreisen unterstützt wurden. Deren staatstragende Rolle war nicht nur ideell und ökonomisch begründet, sondern auch sozial. Denn aus ihnen wuchs eine neue Führungsschicht von Bankiers, Fabrikanten, hohen Beamten und Gelehrten; nobilitiert oder durch Titel und Orden exklusiv geworden, gewannen sie wesentlichen Einfluß auf die Entwicklung des Landes, kamen zunehmend dem Hof nahe und gelangten teilweise zum Connubium mit dem Adel.[38] Sie standen für ein wirtschaftlich und kulturell fortschrittliches Bayern im Reich. Ein Bayern, wie es der führende Minister Lutz (1867-1890), der Bismarck eng verbunden war, hervorragend verkörperte.[39]

Demgegenüber erschien die katholisch-konservative Haltung vorwiegend 'kleiner Leute', erklärt bayerisch und von Priestern, Landadeligen und volkstümlichen Journalisten propagiert, rückständig, klerikal und partikularistisch. Im herrschenden Bayernbild, das Staatsführung und reichsbewußte Öffentlichkeit prägten, hemmten die Kirchenfrommen den Aufschwung des Landes. Sie galten als der Kern des Bayern, welches nicht nur wirtschaftlich, sondern fundamental in seiner Bildung und Alltagskultur hinter dem Norden zurückgeblieben sei und folglich militärisch-politisch versagt habe. Gerade diese Verurteilung aber bestärkte jene in ihrer – religiös pointierten – Aversion gegen Preußen und alle Preußengänger.[40]

Eine lange Opposition brachte für das katholische Lager freilich manche Anpassung, sichtbar vor allem am Kurs des politischen Katholizismus. Sie ergab sich schon deshalb, weil die Regierung seit den späten 1880ern, zumal nach dem Abtritt von Lutz, in mancherlei Kontroversen einlenkte und der Liberalismus, der weltanschauliche Gegner, geistig wie politisch an Kraft verlor. Außerdem wirkten auf die Dauer die Zwänge der nun herrschenden Verhältnisse; das Vordringen des nationalen Horizonts zeigte etwa schon der Anschluß der Patriotenpartei an das Reichszentrum 1887.[41] Die derart veränderte Lage rief, da sich die für den Katholizismus konstitutiv gewordene Abwehrhaltung in nicht wenigen Situationen lockerte, zu gewissen inneren Spannungen. Bischöfe, die ihr hohes Amt unter den staatskirchlichen Bedingungen Bayerns nahe an Hof und Regierung führte, entfremdeten sich prononciert regimekritische Pfarrer und Verbandsmänner. Der Klerus sah nicht selten mißtrauisch auf die Partei, die im Zug parlamentarischer Kompromisse kirchlichem Fundamentalismus politisch nicht immer folgen konnte. Und schließlich entzweiten sich innerhalb des Zentrums eine 'feudale' Führung und populistische Kräfte, denen vor allem die Bauern folgten.[42]

Letzteres war auch Reaktion auf einen Druck von außen. Denn der massive bäuerliche Protest gegen die schwere Bedrängung durch die Getreidekrise der 1890er Jahre mündete im katholischen Altbayern vielerorts in eine neue, radikale Partei: den Bauernbund, der rasch eine kräftige Minderheit gewinnen konnte. Er war durch und durch katholisch, aber antiklerikal – vor allem in seiner Agitation gegen den politischen Einfluß des Klerus.[43] Diesem grollte man nicht nur aktuell wegen der Misere der Landwirtschaft, für die man die politischen Geistlichen als Vertreter der stärksten Partei im Land, ja, der Partei, die in den katholischen Dörfern bisher nahezu ausschließlich für Politik stand, mit verantwortlich machte. Darüber hinaus zeigte sich jetzt, daß vor allem unter den Dorfhonoratioren, den Wirten und größeren Bauern, gegen Priester in der Politik teilweise eine grundsätzliche Abneigung entstanden war. Auch bei Kirchenfrommen stieß offenkundig ein Loyalitätsanspruch, der die Kirchensphäre weit überschritt, an Grenzen, als sich politische Wahrnehmung bis auf das flache Land zu verselbständigen begann. Gerade dazu aber hatte die katholische Mobilisierung selbst wesentlich beigetragen.[44]

Die Integrationskraft des Katholizismus ließ um 1900 in Bayern offenkundig nach. Das konnte man an den erwähnten Spannungen generell erkennen. Besonders sichtbar wurde es an speziellen Vorgängen wie dem Monopolverlust des Zentrums auf dem Land, aber auch den Friktionen, die der Gewerkschaftsstreit im Verband der Süddeutschen Arbeitervereine auslöste oder den theologischen Auseinandersetzungen um den Modernismus, in denen die Universität Würzburg besonders hervortrat.[45] Das katholische Lager konnte die Gläubigen weder so geschlossen noch so weitreichend wie in der Kulturkampf-Zeit halten. Als große, sozial übergreifende Gruppierung geriet es mehr als bisher in die Divergenz wirtschaftlicher Interessen. Denn ein Entwicklungsschub führte seit den 1890er Jahren Bayern, das trotz einiger Pionierstandorte ein Nachzügler war, so weit ins Industriezeitalter, daß der Gegensatz von Unternehmern und Arbeitern erstmals gesamtgesellschaftliche Bedeutung gewann.[46] Gleichzeitig wurde das katholische Lager vom Emanzipationsbegehren einer ausgreifenden Demokratisierung erfaßt, die sein politischer Arm selbst mit angetrieben hatte.[47] So war der Höhepunkt seiner inneren Stärke wohl überschritten. Aber deren Wirkung nach außen hatte sich nun bis zu einem Grad entfaltet, daß die katholische Bewegung schließlich doch Teilhabe an der Staatsmacht gewann. 1912, nach nahezu einem halben Jahrhundert Opposition, wurde das Zentrum mit der aufsehenerregenden Ernennung Hertlings zum leitenden Minister in München so etwas wie "regierende Partei".[48]

3. Volksfromm: Die Tradition katholischer Lebenswelt

So sehr sich das katholische Milieu unter bewußter Prägung bildete und die katholische Bewegung auf gezielter Organisation beruhte – aus der Einwirkung der Kirche und kirchennaher Gruppen allein erklärt sich die 'Konstituierung' eines öffentlich starken Katholizismus nicht. Es war mehr als erfolgreiches Interessenkalkül. Man würde den Vorgang zur Manipulation verkürzen, wenn man seine gesellschaftliche Voraussetzung nicht sähe: eine verbreitete Einstellung, die jenen Einflüssen erst die Resonanz bot. Kirchenfromm in dem beschriebenen weitgehenden Sinn wurden Menschen, weil sie volksfromm waren. Eine alltägliche und alltagsbestimmende Religiosität, dem Herkommen nach sozial geboten, wurde mehr als je zuvor systematisch pastoral ausgebildet: Gewohnte Katholizität sollte bewußt gemacht werden.[49] Dabei begünstigte – wie bereits erwähnt – eine wachsende Unsicherheit im Volk angesichts vielfältiger Brauchentwertung die Rezeption. Der Fortschritt als vordringendes Leitmotiv drängte die Gruppen, die auf überkommenen Lebensformen beharrten, zu den traditionshegenden Instanzen.

Katholische Volksfrömmigkeit war ein seit dem Spätmittelalter gewachsener Komplex von Vorstellungen und Riten, die den Glauben eng auf den Erfahrungsraum der Menschen bezogen. Ihre wirkungsvolle Form hatte sie im wesentlichen von der 'barocken' Belebung expressiver Religiosität im Zug katholischer Reform und Gegenreformation erhalten. Ob in ihren allgemein geltenden oder den standesspezifischen Elementen – durchweg erscheint sie sinnenhaft und auf oft handgreifliche Weise sinnhaft.[50] Solche Frömmigkeit vollzog sich innerhalb wie außerhalb der Kirchenmauern. Zunächst war sie natürlich durch jahrhundertelange Übung in die Zeichen und Zeremonien des Gottesdienstes gefaßt; dort vor allem erhielt sie den Stempel der Rechtgläubigkeit. Daneben entfaltete sie sich mit Andachten, Prozessionen, Wallfahrten in Gassen und Fluren, zugleich pastoral angeleitet und populär praktiziert. Schließlich ging sie über in die Brauchformen vielfältiger 'Daseinsversicherung', die in Haus und lokalem Umgang weitergegeben wurden. In diesem Sektor entglitt sie immer irgendwann dem Priester.[51]

In das Geflecht von Kirchenjahr und Brauchrhythmus hatte um 1800 hart der aufgeklärte Reformstaat gegriffen. Geschehen war das im Zug einer scharf auf Nutzen und Tugend gerichteten Gesellschaftspolitik – zumal unter dem ungebrochenen Rationalismus der frühen Montgelas-Zeit, d.h. etwa im ersten Jahrzehnt nach dem Regierungswechsel von 1799.[52] Den Verdikten,

Verboten und neuen Mustern war die Kirche weit entgegengekommen; ja, sie hatte vielfach selbst das Ziel verfolgt, die Religion volkspädagogisch nach dem Maßstab vernünftiger Sittlichkeit und schlichter Würde zu reinigen. Das galt für die meisten Bischöfe, radikal etwa bei Hieronymus Colloredo, dem letzten Fürstbischof von Salzburg, sowie für weite Kreise des Pfarrklerus wie z.b. die Geistlichen der Diözese (München-)Freising, die das um 1800 entschieden rationalistische Priesterseminar besucht hatten.[53]

Doch überwiegend war diese Umerziehung aus 'modernem' Geist bei den einfachen, vielfach illiteraten Leuten mit ihrer starken Gewohnheitsbindung auf zähen Widerstand gestoßen. Gebote waren mißachtet, Verbote unterlaufen, selbst Gottesdienste ob ihres neuen Stiles boykottiert worden. Priester mit aufgeklärtem Habitus hatten sich oft schwer getan, die Autorität, welche ihre Position in Gemeinden mit durchgehender Kirchlichkeit üblicherweise gab, zu gewinnen.[54] Sie hatten mit ihrem Eifer die Erwartungen der Gemeinden, die sich im Glauben enttäuscht sowie in der Moral überfordert fühlten, eher verfehlt und folglich zu wenig Zutrauen gefunden. So war die große Mehrheit der Bevölkerung mit ihrer agrarisch-kleingewerblichen Lebenswelt in Dorf und kleiner Stadt von der staatlich und kirchlich gesetzten Norm aufgeklärter Religion wohl befremdet. Für eine allmähliche Gewöhnung aber, die das Neue schließlich zum Herkömmlichen machen konnte – wie es in protestantischen Gebieten durch eine Entwicklung von einem halben Jahrhundert und mehr häufig geschah [55] – blieb diese Norm zu kurz in Gebrauch. Ohne die vertraute Form der Religion war auch die Funktion, die Sinnvermittlung und Leidentlastung, gefährdet. In ihrer kulturell grundlegenden Frömmigkeit von den offiziellen Regeln irritiert, hatten sich die einfachen Leute der zugemuteten Haltung nach Möglichkeit entzogen – zum Teil demonstrativ, zumindest jedoch innerlich. Davon war über den religiösen Bereich hinaus die Anerkennung der herrschenden Ordnung insgesamt betroffen.[56]

Deshalb lebten die alten Formen im Vormärz rasch wieder auf, als antirationalistische Kräfte für Bayern maßgeblich wurden. Ein gegen die 'Vernunftdiktatur' der Montgelas-Zeit engagierter König, geschichtsbewußt sowie vor allem auf die Geltung der Religion, zumal der katholischen, bedacht und darin von seinen Minstern zunehmend bestärkt, griff autokratisch in die Gesellschaftspolitik. Dieser Ludwig I. suchte durch erklärte Rücksicht auf alt vertraute Zustände die Bevölkerung mehr für den Staat zu gewinnen und Bayern besser zu integrieren.[57] Gleichzeitig errangen romantisch-konservative Kreise, begeistert vom Volksleben und überzeugt christlich, in der Öffentlichkeit einen starken Einfluß. Durch das Zusammenspiel mit der Regierung wurden sie in München dominierend.[58] Und in der Kirche setzte sich – von eben diesen Tendenzen forciert – die theologisch-pastorale Erneuerung zügig durch. Mit ihren Anhängern auf Bischofsstühlen und durch den Generationswechsel im Pfarrklerus erfuhr die 'volkstümliche' Religiosität – im Sinn von herkömmlich wie von populär – wieder eine nachdrückliche Aufwertung.[59]

Geistige Strömung und institutionelle Macht verbanden sich so im Bayern der 1830/40er Jahre ungemein günstig für Traditionen ganz allgemein und besonders solche religiöser Art: Sie wurden als Stützen einer stabilen inneren Ordnung nicht nur wieder zugelassen, sondern oft auch ermutigt, gefördert, ja manchmal sogar historisierend neu geschaffen. Zeremoniell und Ausstattungsprunk der Gottesdienste entfalteten sich erneut, besonders beliebte Kultakte wie die Christmette kehrten zurück, Prozessionen und Wallfahrten konnten wieder durchs Land ziehen, Bruderschaften ihre Versammlungen durchführen.[60] Das dichte 'barocke' Netz frommen Brauchtums lebte allerdings nicht wieder auf. Denn auch nach der Abkehr vom Aufklärungspurismus blieben die Gebildeten in Staatsbehörden, Kirchenämtern und Öffentlichkeit gegenüber dem, woran die einfachen Leute hingen, durchaus kritisch. Sie sahen nicht wenige der alten Verehrungs- und Bittformen, die höchst sinnlich und ausladend gewesen waren, weiterhin als unnütz oder gar schädlich an.[61] Bei aller Abkehr vom Rationalismus und Utilitarismus der eben 'überwundenen' Epoche hatte diese doch bleibende Maßstäbe vernünftigen Verhaltens gesetzt. Sie allein schienen mit den Regeln der von der Reformzeit tief verwandelten Staats- und Gesellschaftsordnung verträglich. Kulturell wurden ebensowenig wie politisch die Zustände vor dem Umbruch um 1800 restauriert. Das bedeutete für die Volksfrommen, unter denen die früheren Bräuche durchaus noch erinnert wurden, in einem zentralen Bereich die Erfahrung andauernder Reglementierung der eigenen Bedürfnisse. Offenkundig galten diese zwar bei der Obrigkeit wieder mehr; aber sie waren durchaus nicht einfach mit deren Grundsätzen konform.[62]

Weit tiefer jedoch als der Eindruck, daß auch ein konservatives Regiment nur in begrenztem Maß populäre Lebensformen stützte, wirkte deren Beeinträchtigung unter liberalem Vorzeichen. Noch war das Trauma des Modernisierungseinbruchs zu Beginn des Jahrhunderts in der breiten Bevölkerung nicht verklungen, als die Revolution von 1848 erneut Eingriffe in ihre Erfahrungswelt auslöste: Wirtschaftliche, soziale, rechtliche Reformen in bürgerlichem Sinn, die die unterbürgerlichen Schichten nachhaltig betrafen.[63] Im agrarischen wie im gewerblichen Bereich verschwanden gewohnte Umstände, verfiel manch' vertrautes Verhalten. Unabhängig davon, ob die Veränderungen beklagt oder begrüßt wurden, brachten sie Umstellungen und drängten die Menschen generell zu mehr Wandlungsbereitschaft. Nach einer retardierenden Phase – dem Jahrzehnt politischer Stagnation – setzte sich dieser Vorgang dann in den 1860er Jahren verstärkt fort, u.a. mit Freizügigkeit, Gewerbefreiheit, rechtlicher Liberalisierung.[64] Dem waren nicht alle gewachsen; die Veränderungen wurden daher nicht selten mehr als bedrängend denn als befreiend empfunden.[65]

Aufgrund solcher Reaktionen gewannen die Reformen, welche das Bürgertum bei gouvernemental-liberalen Regierungen erreichte, auch für die Religiosität in ihrem Verhältnis von kirchenfrommen und volksfrommen Zügen Bedeutung. Das galt vor allem für die weiten ländlichen Gebiete Bayerns, in denen noch kein gründlicher ökonomisch-sozialer Wandel die Lebensbedingungen 'von innen heraus' umbrach, sondern die großen Veränderungen erst partiell spürbar wurden und das vorwiegend durch Staatshandeln und die Ansprüche liberaler Öffentlichkeit.[66] Hier wuchs eine Sensibilität für die Bedrohung herkömmlicher Verhältnisse. Die übliche traditionale, der Gewohnheitsgeltung sichere Einstellung ging offensichtlich in eine gefährdungsbewußte, eine konservative über.[67] Denn das diffuse Mißtrauen gegen Neuerungen, wie man es stets bei denen findet, die im wesentlichen 'nach der Väter Brauch' arbeiten und leben wollen, verdichtete sich zu einer wachen Abwehr ganz bestimmter Tendenzen, in erster Linie des Entwicklungsdruckes von Beamten und fortschrittlichen Honoratioren.[68]

Der richtete sich ja nicht nur auf das alltägliche Verhalten; er traf grundlegende Orientierungen, wenn Rationalität und Leistungssteigerung, Freizügigkeit und Marktprinzip als Richtschnur wirkten und das immer mehr mit nationaler Blickrichtung. In eingefleischten Interessen bedroht, fühlte man zugleich seine Überzeugungen und Sitten gefährdet. Dagegen sahen die einfachen Leute im Klerus, wie er seit der Zeit der katholischen Erneuerung auftrat, ihren nächsten Anwalt. So setzte ein Großteil der unterbürgerlichen Bevölkerung, der nach wie vor in einer religiös geleiteten Kultur stand, in einem bedrängenden Wandel vor allem auf die Priester.[69] Solches Vertrauen aber förderte auch die Bereitschaft, die ultramontane Prägung ihrer Religiosität anzunehmen: Angesichts mentaler Versagungen wurde, wer volksfromm war, in gesteigertem Maß kirchenfromm.

Doch stieß die Verkirchlichung brauchhafter Frömmigkeit an Grenzen. Wenn sie ein Maß, das für uns freilich kaum greifbar ist, überschritt, verweigerten sich die einfachen Leute. Sie entzogen sich einer Kontrolle, die ihrem sinnenhaften, oft spontan thaumatischen Glauben zu nahe kam, und sie sperrten sich gegen entsprechende Reglementierungen. Dann wurden eigene populäre Formen neben den pastoral gebotenen geübt – meist kleinräumig bis zu einem Radius von einigen Pfarreien, teilweise aber auch viel weiter reichend. Das geschah nicht selten ganz offen; zum wenigsten jedoch praktizierte man sie in heimlicher Gemeinschaft. Dann galten Wunder – Erscheinungen, Heilungen, Errettungen – auch gegen geistlichen Einspruch. Personen wurden, auch ohne die kirchliche Auszeichnung, aufgrund ihrer Fama als heiligmäßig verehrt. Und nicht anerkannte Wallfahrten zogen 'Eingeweihte', manchmal in Scharen, an.[70] Da sich mit solchem Glauben in der Regel vielerlei Hoffnungen verbanden, welche die Kirche nicht immer unmittelbar zu erfüllen vermochte, war ihm oft schwer beizukommen. Manchmal konnte seine Hartnäckigkeit allerdings erreichen, daß er schließlich doch sanktioniert wurde. Gründe im Sinn rationaler Erklärung für ein Abweichen von der kirchlichen Norm hier und für ihre Befolgung dort sind selten zu finden. Der 'Eigen-Sinn' der einfachen Leute lag quer zu den theologischen Regeln der Zeit wie zu unseren Kategorien. Auch hier erweist sich Volkskultur als – im doppelten Sinne – nahezu uneinsichtig.

Vor allem entzogen sich der kirchlichen Verfügung die magischen Züge. In der ländlichen Bevölkerung und bis ins Kleinbürgertum der Märkte und Städte gingen Bittgebete, Heiligenverehrung, der Kult um Gnadenstätten, auch wenn sie geistlich geleitet oder doch gebilligt waren, fließend über in die vorchristlichen Praktiken beschwörender Schadensabwehr und Erfolgssicherung. Nach wie vor durchdrangen sie in den verschiedensten Situationen den Alltag: unter der Gewalt der Natur, bei Geburt, Krankheit und Tod, vor Arbeiten und Unternehmungen aller Art.[71] Ganz offensichtlich hatten die aufgeklärten Glaubensreformer sie vergeblich bekämpft.[72] Ihr Netz war so dicht, das Vertrauen in sie so zäh, daß sie nun von den konservativen Priestern meist pragmatisch hingenommen wurden. Als ein religiöses Reservat des einfachen Volkes blieben sie ihnen allerdings ein Dorn im Auge.[73]

Selbst in dieser Zeit entschiedenster geistlicher Anleitung ging Volksfrömmigkeit nicht in der Kirchenreligion auf. Folglich wurde sie auch von der katholischen Mobilisierung nicht gänzlich erfaßt. Wo solcher Eigenwille sehr katholischer Menschen gegenüber dem Angebot und Anspruch der Kirche begann, ist schwer zu bestimmen; daß es bestand, deuten Pfarrberichte an.[74] Und wie es in außergewöhnlicher Lage sogar Widerständigkeit nähren konnte, wie aus der Resistenz eine Renitenz wachsen konnte, wenn diese Menschen ihre 'profanen' Interessen von den Kirchenmännern vernachlässigt glaubten, zeigte der erwähnte Protest in den 1890er Jahren gegen das kirchenverbundene Zentrum, der im Bauernbund Gestalt gewann.

4. Weltfromm: Die Religion der Bürger

Ein merklich anderer Glaube herrschte in der zweiten Hälfte des 19.Jahrhunderts in katholischen Bürgerkreisen Bayerns.[75] Zwar überging man – abgesehen von einer kleinen Minderheit dezidiert Antiklerikaler – in aller Regel die Kirche nicht oder brach gar förmlich mit ihr.[76] Auch die spektakuläre Absonderung von der Römischen Kirche infolge des II. Vaticanums blieb vorübergehend.[77] Zunächst gab allerdings das gebildete und besitzende Bürgertum dem Widerstand der bayerischen Regierung gegen das Infallibilitätsdogma den gesellschaftlichen Nachdruck. In seiner Presse verbreitete es während der Konzilsberatungen 1870 den politischen wie den weltanschaulichen Protest. Nachdem das Dogma beschlossen und auch von den bayerischen Bischöfen (die ihm wie die deutschen überhaupt mehrheitlich zunächst als gegenwärtig inopportun widerstrebt hatten) verkündet war, formierte dieses Bürgertum mit einem staatsloyalen Bekenntnis die Abkehr von Rom. Seine Honoratioren, voran die Repräsentanten der Haupt- und Residenzstadt München, warben mit der 'Museums-Adresse' für einen vom Ultramontanismus befreiten Katholizismus, Hand in Hand mit zahlreichen Staatsdienern bis hinaus in die kleinen Ämter auf dem Land.[78]

Doch die Altkatholische Bewegung scheiterte nicht nur beim Ausgreifen in die unterbürgerlichen Schichten. Sie verlief sich, sobald die Regierung aufgrund des fehlenden Massenechos nicht mehr auf sie setzte und sich wieder der Römischen Kirche zuwandte, – auch im Bürgertum – und wurde marginal. Die Beamten, Fabrikanten, Ärzte, soweit sie dem altkatholischen Bekenntnis gefolgt waren, kehrten zum größten Teil zur Kirche zurück.[79] Von ihren Priestern ließ man sich taufen, firmen, trauen und bestatten; ihre Hochämter gaben den Feiern von Dynastie und Staat, an denen man vielfach beteiligt war, Glanz und Dignität; in ihrem Gottesdienst konnte man Festtage wie Weihnachten spirituell überhöhen. Damit war im Grunde die Lage vor dem Konflikt um die päpstliche Unfehlbarkeit wiederhergestellt – zumindest aus der Sicht der Kirche, die ihre Autorität nicht nur bewahrt, sondern mit großer sozialer Reichweite sichtlich gefestigt hatte.[80]

Doch ein näherer Blick auf die Motive und den Verlauf dieses Konflikts zeigt – wie in einem Brennspiegel – ein differenzierteres Bild weltanschaulicher, politischer und sozialkultureller Faktoren, in dem sich die Eigenart bürgerlicher Religiosität von kirchenfrommem wie volksfrommem Glauben abhebt. Kirchlich war diese Religiosität nur mehr bedingt. Die Rolle des 'praktizierenden Katholiken' hatte sich auf besondere Anlässe reduziert: Er suchte vor allem erbauliche Übergangsriten im Jahreskreis, im eigenen Lebenslauf sowie im öffentlichen Leben.[81] Hinzu kam für diese Menschen, die ja nicht nur katholisch registriert, sondern meist auch unter katholischem Einfluß in Familie, Schule oder Umwelt aufgewachsen waren, eine gewisse Deutungsleistung christlicher Religion – nicht mehr bewußt konfessionell gerichtet, aber unwillkürlich doch noch so geprägt. Aus dem Sinn und den Werten, wie sie die Kirche lehrte, leitete sich sowohl eine allgemeinste Legitimation gesellschaftlicher und staatlicher Ordnung als auch eine allgemeinste Begründung privater und öffentlicher Moral her. Aber das bedeutete weder eine politische Lehre als Handlungsanleitung (policy) noch eine verhaltensverbindliche Ethik.[82] Katholiken dieser Kreise waren katholisch, insoweit es – individuell wie in der Gemeinschaft – neben anderen Bedürfnissen auch religiöse gab und damit vernünftigerweise Kirchen. Sie waren es nicht mehr im Sinn einer existentiellen Orientierung. Rechte Ordnung und Tugend im kirchlichen Sinn blieben lediglich als abendländische Konsenstradition gegenwärtig.

Das Weltbild, die Leitideen und damit die Richtung kultureller, sozialer, politischer Haltung kamen aus anderen, aus 'säkularen' Begründungszusammenhängen. In diesem Bürgertum herrschte die Autorität von Popularphilosophie, Wissenschaft und Kunst: eine innerweltliche Anleitung in dem von der Aufklärung begründeten Sinn.[83] Sie verstand sich als liberal gerade durch eine Freiheit von Kirchenbindung als Konfessionszwang. Und sie war in allem national. Die Nation als Kulturgemeinschaft auf dem Weg zur politischen Einheit wurde zum vorrangigen Bezugspunkt. Groß in ihrer idealisierten Reichsvergangenheit und groß in einer nah erhofften staatlichen Zukunft, bündelte sie bürgerliches Denken, Fühlen und Handeln immer mehr auf sich.[84] Bürgerliche Religion war hier "Religion des Bürgers" geworden, Zivilreligion.[85]

Entfaltet hatte sich diese Haltung hauptsächlich im Horizont protestantischer Kultur. In diesem Bereich beherrschte sie um die Jahrhundertmitte bereits die öffentliche Meinung. Innerhalb Bayerns war 1848 die Freiheits- und Einheitsbewegung im protestantischen Neubayern am ausgeprägtesten national gewesen. Daß sich die benachbarten katholischen Gebiete davon allerdings nur graduell unterschieden, zeigte jedoch, wie das 'national-liberale Syndrom' die Konfessionsgrenzen durchdrang, wenn die Bedingungen günstig waren. Ein frühliberaler Regionalismus, der gegen den Zentralismus Staatsbayerns und dessen autokratischen König auf Deutschland setzte, hatte ihm den Weg gebahnt.[86] Dagegen war es im katholischen Altbayern noch ziemlich schwach geblieben. Hier hatte sich das Bürgertum überwiegend zu einem konservativen Ordnungsbild bekannt, dessen Grundlagen in erster Linie die Kirche vermittelte. Eine Welle von Vereinen, eine aufblühenden Presse und eine regelrechte Adressenbewegung gegen die Kräfte liberaler Emanzipation und nationaler Stärkung, wie sie besonders im Geltungsanspruch der Paulskirche, speziell der Reichsverfassung, auftraten, hatten ihm beredten Ausdruck gegeben. Dabei war Priestern besonders auf lokaler Ebene häufig die Rolle zugefallen, die Meinungen zu artikulieren und ihre öffentliche Vertretung anzutreiben.[87] Dort, wo Bayern als katholisches

Land der Wittelsbacher seit Menschengedenken vertraut war, hatte also – in einer Situation bisher unerhört offener politischer Polarisierung – das Bürgertum zum erheblichen Teil ebenso wie die Masse der einfachen Leute auf die kirchliche Autorität gehört. Auch in Bürgerkreisen war man vielfach so kirchenfromm gewesen, daß man sich politisch gegen den revolutionären Einbruch in die monarchische Ordnung gewehrt hatte, weil der Weltanschauung das Fortschrittsdenken zuwider war.[88]

Zwei Jahrzehnte später herrschte eine andere Stimmung. Im liberalen Wiederaufbruch der 1860er Jahre und mit der Zuspitzung der nationalen Frage griff im katholischen Bürgertum Altbayerns eine neue Haltung auffallend um sich. Die Dominanz derer, die religiös im ultramontanen Sinn, konservativ und bayerisch-patriotisch waren so wie der Großteil der Unterbürgerlichen, schwand ganz offensichtlich, während nationale und liberale Stimmen sich mehrten.[89] Das hatte seinen geistigen 'Vorlauf'. Ausgehend von der großen deutschen Literatur und Philosophie um 1800 war vornehmlich im protestantischen West-, Mittel- und Norddeutschland ein bürgerlicher Bildungskanon von hoher Attraktivität entstanden. Über den expandierenden Buchmarkt, durch die vermehrten Zeitschriften, in den neuhumanistisch geprägten Gymnasien, auf den Universitäten, die immer mehr nach Norden blickten (bis hin zum Münchener Berufungsschub von 'Nordlichtern' in den 1850er Jahren) – auf zunehmend breiteren Wegen also war dieser Kanon in den letzten Jahrzehnten auch in die katholischen Gebiete gedrungen.[90] Die genuin katholische Kultur, die in einem ausgeprägt süddeutschen Horizont barocke Tradition und christliche Romantik auf religiöser Leitlinie verband, wurde merklich zurückgedrängt. Nicht grundlos suchte man von geistlicher Seite die Dichter der Klassik und die Philosophen des Idealismus samt ihren populären Erben, aber auch eine Reihe antiker Autoren möglichst aus Schule und privater Lektüre fernzuhalten, da sie 'positivem Christentum' zuwider liefen.[91] Doch die 'säkularen' Ideen und Kunstwerke antiker wie deutscher Art zogen durch ihren Individualismus an, der bürgerlichem Selbstverständnis entsprach. Und sie faszinierten durch ihren meist als überlegen empfundenen Rang.

So glitten offenbar wachsende Kreise der Gebildeten in ästhetische Begriffe, in Deutungsmuster und damit auch in Ordnungsvorstellungen, die denen der Römischen Kirche nur mehr wenig entsprachen. Dieses kulturelle Abdriften traf zusammen mit anderen Vorgängen bürgerlicher Trennung von Zuständen, wie sie die Kirche vertrat: dem Vordringen wirtschaftlicher Interessen, die kapitalistischen Grundsätzen folgten und auf entsprechende Reformen drängten, sowie dem Entstehen eines sozialen Selbstbewußtseins als Klasse und zwar in der Rolle der gesellschaftlichen Avantgarde.[92] All das favorisierte liberales Fortschrittsdenken und nationales Bewußtsein. Sie griffen mit einem Freiheitspathos um sich, welches gerade auch auf die Römische Kirche als Hort geistigen Zwanges und Stütze einer überholten Ordnung zielte.[93]

An solcher Konfrontation wurde zugespitzt deutlich, wie schwierig für Katholiken bürgerliche Selbstfindung in der Ablösung von ständisch-korporativen Strukturen, von herkömmlichen Autoritäten war. Sie standen seit der zweiten Hälfte des 19. Jahrhunderts zwischen 'modernen' Prinzipien in Arbeit, Bildung, Öffentlichkeit und einer erklärt antimodernistischen Kirche. Einen

Kompromißweg wie den des Kulturprotestantismus, der religiöse Tradition und gegenwärtige Kultur zu versöhnen suchte, gab es für sie nicht.[94] Ihre widersprüchliche Lage brachte einen stets latenten Orientierungskonflikt. Dieser blieb freilich häufig unterschwellig: Ein schleichender Übergang zu einer liberalen und nationalen Weltanschauung, bei dem die Kirchenbindung allmählich zurücktrat, verdeckte ihn.[95] Doch gab es Situationen mit Entscheidungszwang und das nicht nur individuell, sondern bedeutsam für die Gruppe überhaupt, in denen er offen aufbrach.

Spektakulär geschah das, als Bayern beim Ausbruch des Krieges 1870 gespalten war zwischen dem Bündnis mit Preußen, dem Regierung und liberale Öffentlichkeit folgten, und bewaffneter Neutralität, welche die konservativ-katholische Landtagsmehrheit zunächst forderte. Die europaweite Auseinandersetzung um die Stellung des Papsttums zwischen dessen Triumph durch das Konzil und dem gleichzeitigen Verlust des Kirchenstaates durch den italienischen Nationalstaat spielte dabei verschärfend herein.[96] In diesem aktuellen Streit äußerte sich der grundsätzliche um die Priorität von Nation oder Religion. Eine starke Minderheit der Patriotenpartei unter Führung des oberbayerischen Abgeordneten Professor Sepp erklärte sich – in dramatischer Sezession – wie die Liberalen für den Nationalkrieg: Das machte offenkundig, wie tief nationales Denken, auch als politische Kultur, in das katholische Bürgertum gedrungen war. Am Weg Sepps, der vom entschieden katholischen Repräsentanten in der Frankfurter Paulskirche schließlich zum reichsstolzen Bismarckverehrer wurde, bewußt germanisch und seiner Kirche entfremdet, zeigt sich pointiert ein tiefgreifender mentaler Wandel katholischen Bürgertums.[97]

Solche Einstellungen breiteten sich unter Gebildeten aus: unter Akademikern in freien Berufen, Beamten, Unternehmern (deren Ausbildungsniveau nach der frühindustriellen Generation merklich stieg) und bis in den Adel hinein. Man fand sie demnach in erster Linie im urbanen Bereich. Doch Ärzte, Beamte, Lehrer trugen sie auch in die kleinen Amtsstädte und Märkte etwa Niederbayerns, wo sie hart auf die dominierende Kirchlichkeit stießen.[98] Vor allem Volksschullehrer mit ihrem Aufstiegsstreben zum gebildeten Bürger, häufig in einer von der Berufsstellung erzeugten Spannung zur Geistlichkeit und seit den 1860er Jahren in liberal-national gerichtetem Verband hoch organisiert, wurden 'Agenten' bis ins Dorf – wenn auch durch ihre Abhängigkeit oft gehemmt.[99] Der Wirkung derart eingestellter Gebildeter als Meinungsführer, also der Verbreitung nach unten kam entgegen, daß man in Gewerbe und niederem öffentlichen Dienst generell bürgerlichen Lebensstil gerne nachahmte. Mit materiellen und immateriellen Formen aller Art eigneten sich so manche auch ein liberales Weltbild, eine nationale Attitüde an.[100]

Wie weit die 'weltfromme' Haltung sozial reichte, ist nicht zu messen und auch anhand des Wahlverhaltens oder der Stimmungsberichte von Staats- und Kirchenbehörden kaum zu schätzen.[101] Vermutlich erreichte sie im bürgerlich-kleinbürgerlichen Bereich insgesamt nur eine Minderheit; höchstens unter den Gebildeten selbst mag sie in ihrer Hochzeit vorherrschend geworden sein. Ihre stärkste Geltung hatte sie wohl von den 1860er Jahren bis um 1890. Es waren die Jahrzehnte, in denen der Höhepunkt des Liberalismus – weltanschaulich wie politisch – und eines ungebrochenen Fortschrittsglaubens zusammentraf mit dem Anpassungsdruck des vorrangig protestantischen Nationalstaates, der die Katholizität Bayerns dämpfte. Deren Träger sahen sich öffentlich beschränkt, die Gegenseite wurde sehr gefördert. Vor allem in dieser Zeit überstieg der Einfluß jener Kreise ihren Bevölkerungsanteil bei weitem. Denn ihre Mitglieder besaßen überdurchschnittliches soziales und kulturelles Gewicht und sie äußerten sich öffentlich rege. Ja, sie verfügten über beträchtliche politische und publizistische Macht; das zeigt eine Reihe von Ministern und hohen Ratgebern der Krone ebenso wie die führende Zeitung Südbayerns – deren Echo weit über Bayern hinaus reichte -, die '(Münchner) Neuesten Nachrichten'.[102] Und diese Macht wurde in Regierung und Parlament, in Presse und Bildungswesen oft mit so viel Nachdruck genutzt, so missionarisch ausgeübt, daß darin ein Hauptgrund für die Formierung des katholischen Lagers zu sehen ist.

Doch hatte dieser Geist im Bürgertum keineswegs das Monopol. Auch Gebildete besuchten mindestens jeden Sonntag den Gottesdienst und kommunizierten weit häufiger, als es die Osterpflicht gebot, gehörten Bruderschaften an und gingen auf Wallfahrt. Sie waren Mitglied im Katholischen Casino, lasen 'klerikale' Blätter, etwa die 'Augsburger Postzeitung' und die 'Historisch-Politischen Blätter für das katholische Deutschland', nahmen vielleicht sogar an einem Katholikentag teil und folgten selbstverständlich den Wahlempfehlungen der Kanzel. Ihre Orientierung richtete sich primär an der Religion aus, wie sie die Kirche lehrte, nicht am Wert der Nation. Sie waren 'kirchenfromm' – zum Teil so sehr, daß Männer dieser Art neben Geistlichen und Angehörigen des Adels die katholische Mobilisierung trugen.[103] Zahlen haben wir hier so wenig wie für die weltanschauliche Gegenseite; zweifellos aber gab es genügend engagierte Katholiken, um die 'säkulare' Haltung nicht einfach als bürgerliche Regel erscheinen zu lassen.

Wer war nun 'kirchenfromm', wer 'weltfromm'? Eine durchgehende Unterscheidung nach gesellschaftlichen Kriterien und damit eine Erklärung aus der wirtschaftlichen und sozialen Position will nicht gelingen; es scheint keine befriedigende Zuordnung der weltanschaulichen Orientierung zu bestimmten Gruppen zu geben. Anders als bei den einfachen Leuten gründete bürgerlicher Glaube ersichtlich mehr in individuellen Erfahrungen und Erwartungen als in kollektiven. Er beruhte, wo Arbeitsweise, Bildung, materieller Spielraum den Einzelnen ganz anders als in den unterbürgerlichen Schichten zur Geltung brachten, wohl in erster Linie auf persönlicher Entscheidung, nicht auf sozialer Regel. So finden sich bei gleichen Lebensbedingungen unterschiedliche, ja gegensätzliche religiöse Haltungen.[104]

Die Entscheidung zur Kirchlichkeit wurde in Bürgerkreisen gegen Ende des 19. Jahrhunderts offenbar häufiger, lag näher als in den vorhergehenden Jahrzehnten. Gegen den lange vorherrschenden Trend zur Entkirchlichung gewann die Rolle des 'praktizierenden Katholiken' wieder an Gewicht und Prestige; Weltdeutung, Sinnvermittlung und Alltagsanleitung durch Priester wurden nicht mehr so leicht als eine von der bürgerlichen Kultur überholte Bindung empfunden. Diese neue Einstellung ergab sich aus mehreren Gründen. Da der Liberalismus als fortschrittsgewisse Bewegung merklich nachließ, seine Ideen Anziehungskraft verloren, wurde der Hauptgegner der Kirche im Bürgertum schwächer. Das korrespondierte mit einer Aufwertung der Kirchenreligion, die der katholischen Bewegung in ihrem vielfältigen Abwehren, Werben und

Drängen über ihr Milieu hinaus allmählich gelang. Obwohl die Konstituierung eines katholischen Lagers zunächst vornehmlich polarisierend Widerstand nährte, blieben doch auf längere Sicht seine augenfälligen Erfolge kultureller Selbstbehauptung nicht ohne Eindruck.[105]
Förderlich dafür war, daß unter dem Prinzregenten Luitpold (1886-1912) Kirchlichkeit als öffentliche Haltung, nicht nur als persönliche Frömmigkeit (die bei den bayerischen Monarchen bis zuletzt selbstverständlich war) wieder stärker 'hoffähig' wurde und damit 'gesellschaftsfähiger' in meinungsbildenden Kreisen der Oberschicht.[106] Das aber erleichterte der Katholizismus selbst durch seine Teilanpassung an einen Grundzug der Epoche: Indem er ausgreifend Stellung gewann, folglich sich weniger selbstbezogen abschotten konnte, öffnete er sich mehr der Reichsintegration, in die Bayern seit den 1890er Jahren wesentlich verstärkt gezogen wurde, und ließ sich zunehmend auf den Nationalismus ein. Die eifrige nationale Solidarität auch der kirchengebundenen Katholiken im Ersten Weltkrieg ergab sich aus einer längeren Rezeption der mächtigsten Ideologie der 'Wilhelminischen Zeit'.[107] Schließlich hob zur gleichen Zeit ein Druck von unten den Wert 'kirchenfrommer' Haltung in bürgerlichen Augen. Mit dem Industrialisierungsschub in Bayern um 1900 begann in den Unterschichten über die bisherige punktuelle Erscheinung hinaus eine Entkirchlichung aufzutreten, die anders als die Kirchendistanz liberaler Bürger dazu tendierte, sich ganz von der Institution und ihrer Glaubensleitung abzuwenden; das konnte bis zum bewußten Bruch gehen. Die herrschende Gesellschaft aber sah in der Autorität religiöser Werte eine wesentliche Grundlage für Moral und Ordnung der einfachen Leute. Daß die Sozialdemokratie, diese gefürchtete Fundamentalopposition, gegen die Kirchen stand und nicht wenige ihrer Meinungsführer ohne christliche Konfession, wenn nicht gar Atheisten waren, die man für Prediger eines innerweltlichen Erlösungsglaubens mit der Konsequenz des Umsturzes hielt, schien die Bedeutung der Kirchlichkeit für die allgemeine Stabilität eindringlich zu bestätigen. Auch politisch wurde sie wieder mehr geschätzt.[108] Mehrere Motive bündelten sich zu wachsender Akzeptanz kirchengemäßer Katholizität.

5. Auf dem Weg zum katholischen Staat

Zu Beginn des 20. Jahrhunderts waren die Gewichte in Bayern anders verteilt als in der eingangs beschriebenen Konstellation. Die katholische Kirche mit der von ihr vermittelten Religion hatte im Zentrum einer vitalen Bewegung von großer Breitenresonanz und begünstigt durch Veränderungen bei anderen weltanschaulich-politischen Kräften offenkundig gesamtgesellschaftlich merklich an Einfluß gewonnen. Ihr Stellenwert für die allgemeine Ordnung war so gestiegen, daß im Profil des Landes katholische Züge vordrangen. Ein auffallendes Symptom dafür war etwa die Wende von einer vorrangig liberalen Kulturpolitik zu einer, die kirchlichen Interessen weit entgegenkam.[109] Überspitzt ausgedrückt: Der Glaube der einfachen Leute begann die dominante Orientierung zu erobern; aus einer nahezu subkulturellen Qualität stieg er wieder auf in die herrschende Kultur. Daß gleichzeitig in den unteren Schichten mit der Ausbreitung urban-industrieller Lebensformen dieser Glaube tatsächlich Boden verlor, verstärkte seine Aufwertung eher noch. Wie die für die Leitlinien lange nur virtuelle Katholizität des mehrheitlich katholischen Landes aktualisiert wurde, sollte nach dem Ersten Weltkrieg – der den bürgerlichen Liberalismus und 'Säkularismus' tief erschütterte – offenbar werden: Bayerns Rolle und sein Bild in der Weimarer Republik bestimmten vor allem konservativ-katholische Kräfte mit überwiegend agrarischer Basis, geführt von der zur Staatspartei werdenden Bayerischen Volkspartei.[110]

Anmerkungen

1   Die Konfessionsverteilung 1895 (gerundet): 71% Katholiken, 28% Protestanten. Regional unterschied sie sich erheblich: Oberbayern 93% – 6%, Niederbayern 99% – 1%, Oberpfalz 91% – 8%, Oberfranken 42% – 57%, Mittelfranken 23% – 75%, Unterfranken 80% – 18%, Schwaben 85% – 14%, Pfalz 43% – 55% (Gemeinde-Verzeichnis für das Königreich Bayern, bearbeitet aufgrund der Volkszählung vom 2. Dezember 1895 (Beiträge zur Statisitk des Königreichs Bayern Heft 61), München 1897.

2   E. Weis, Die Begründung des modernen bayerischen Staates unter König Max I.(1799-1825), in: M. Spindler (Hg.), Handbuch der bayerischen Geschichte, Bd. IV/1, München 1974, 3-86; ders., Montgelas 1759-1799, München 1971, bes. 143ff.; K. Möckl, Der moderne bayerische Staat. Eine Verfassungsgeschichte vom Aufgeklärten Absolutismus bis zum Ende der Reformepoche, München 1979; W. Demel, Der bayerische Staatsabsolutismus 1806/08-1817, München 1983, bes. 98ff.; K. Hausberger, Staat und Kirche nach der Säkularisation. Zur bayerischen Konkordatspolitik im frühen 19. Jahrhundert, St. Ottilien 1983; E. R. Huber/W. Huber, Staat und Kirche im 19. und 20. Jahrhundert, 2 Bde, Berlin 1973/76, Bd. 1, 126ff., 169ff..

3   M. Spindler, Die Regierungszeit Ludwigs I., in: ders.(Hg.), Handbuch, 89-223, bes. 118ff., 193ff.; H. Gollwitzer, Ludwig I. von Bayern. Königtum im Vormärz, München ²1987, 513ff., 561ff.; zur Vorgeschichte H. Graßl, Aufbruch zur Romantik. Bayerns Beitrag zur deutschen Geistesgeschichte 1795-1785, München 1968, bes. 319ff.; Ph. Funk, Von der Aufklärung zur Romantik. Studien zur Vorgeschichte der Münchener Romantik, München 1925; K. Hausberger/B.Hubensteiner, Bayerische Kirchengeschiche, München 1985, 298ff.; W. M. Hahn, Romantik und katholische Restauration, München 1970; R. Hacker, Die Beziehungen zwischen Bayern und dem Heiligen Stuhl in der Regierungszeit Ludwigs I., Tübingen 1967; E. R. Huber/W. Huber (wie Anm. 2), 456ff.; H. Jedin (Hg.), Handbuch der Kirchengeschichte, Bd. VI/1 Die Kirche zwischen Revolution und Restauration, Freiburg 1971, 459ff. (R. Aubert).

4   M. Hanisch, Für Fürst und Vaterland. Legitimitätsstiftung in Bayern zwischen Revolution 1848 und deutscher Einheit, München 1991, 250ff.; G. Kirzl, Staat und Kirche im Bayerischen Landtag zur Zeit Max II.(1848-1864), München 1974.

5   Problemskizze bei Ch. Stache, Bürgerlicher Liberalismus und katholischer Konservativismus in Bayern 1867-1871, Frankfurt/M. 1981, 40ff.; eingehend J. Schmidt, Bayern und das Zollparlament. Politik und Wirtschaft in den letzten Jahren vor der Reichsgründung (1866/67-1870), München 1973 und H. Hesse, Die sogenannte Sozialgesetzgebung Bayerns Ende der sechziger Jahre des 19. Jahrhunderts, München 1971.

6 Haus der Bayerischen Geschichte (Hg.), König Maximilian II. von Bayern 1848-1864, München 1988, bes. der Abschnitt 'Kultur und Wissenschaft' (201ff.); zu Ludwig II. u.a. L. Hüttl, Ludwig II. König von Bayern, München 1986, 28ff. Zu den hohen 'Funktionären' in Regierung und Verwaltung vgl. etwa W. Grasser, Johann Freiherr von Lutz (eine politische Biographie) 1826-1890, München 1967; K. Möckl, Johann von Lutz, in: Fränkische Lebensbilder 14, 1991 (im Druck); ders., Die Prinzregentenzeit. Gesellschaft und Politik während der Ära des Prinzregenten Luitpold in Bayern, München 1972, 29ff.; Ludwig II., die Minister und der Landtag, in: M. Gregor-Dellin u.a., Ludwig II. – Die Tragik des 'Märchenkönigs', Regensburg 1986, 81-100. Zur liberal-nationalen Öffentlichkeit grundlegend Th. Schieder, Die kleindeutsche Partei in Bayern in den Kämpfen um die nationale Einheit 1863-1871, München 1936; Ch. Stache (wie Anm. 5).

7 Z.B sah der 'Fränkische Kurier' in Nürnberg, die führende liberale Tageszeitung Bayerns, am 19.6.1871 in der Feier des 25jährigen Pontifikats Pius IX. die "krampfhafte Gewaltanstrengung eines im Niedergange und Verfalle befindlichen Organismus, der die hohlen Wangen schminkt, der die schlotternden Glieder in festliche Gewänder hüllt, um die Leute glauben zu machen, daß er in kraftfülliger Luft der Gesundheit fortlebe, um ihnen eine Daseinsbefähigung und Berechtigung vorzulügen, die ihm schon längst abhanden gekommen ist ... Die religiöse Gemeinschaft also im Niedersteigen ... die nationale Gemeinschaft der deutschen Volksstämme dagegen in jugendlich rüstigem Aufwärtsstreben".

8 Eingehend Ch. Stache (wie Anm. 5); ein souveräner Umriß bei F. Hartmannsgruber, Die bayerische Patriotenpartei 1868-1887, München 1986, 8ff. Allg. zum 'katholischen Lager' in Deutschland vgl. die Beiträge in A. Rauscher (Hg.), Der soziale und politische Katholizismus. Entwicklungslinien in Deutschland 1803-1963, 2 Bde, München 1981/82; K.-E. Lönne, Politischer Katholizismus im 19. und 20. Jahrhundert, Frankfurt/M. 1986, 123ff., 151ff.; W. Loth, Katholiken im Kaiserreich. Der politische Katholizismus in der Krise des wilhelminischen Deutschlands Düsseldorf 1984, 16ff.

9 K. Hausberger/B. Hubensteiner (wie Anm. 3), 298ff.; W. K. Blessing, Staat und Kirche in der Gesellschaft. Institutionelle Autorität und mentaler Wandel in Bayern während des 19. Jahrhunderts, Göttingen 1982, 84ff.; W. M. Hahn (wie Anm. 3). Vgl. allg. H. Jedin (Hg.) (wie Anm. 3), 259ff. (R. Lill); F. Schnabel, Deutsche Geschichte im 19. Jahrhundert, Bd. 4: Die religiösen Kräfte, Freiburg ³1955; Th. Nipperdey, Deutsche Geschichte 1800-1866, München ⁴1987, 406ff.; u.a. N. Trippen, Der Neuanfang katholischen Lebens in Deutschland nach der Säkularisation, in: Pietismus und Neuzeit 9, Göttingen 1984, 12-31.

10 G. Schwaiger, Johann Michael Sailer, der bayerische Kirchenvater, München 1982; H. Gollwitzer (wie Anm. 3), bes. 513ff.

11 K. Hausberger/G. Hubensteiner (wie Anm. 3), 318ff.; P. Mai (Hg.), Ignatius von Senestrey. Beiträge zu seiner Biographie, Bärnau 1968; Ignatius von Senestrey, Wie es zur Definition der päpstlichen Unfehlbarkeit kam. Tagebuch vom I. Vatikanischen Konzil (hg. von K. Schatz S.J.), Frankfurt/M. 1977. Zur Priesterausbildung z.B. G. Schwaiger, Das katholische Priesterbild der neueren Zeit, in: P. Mai (Hg.), 100 Jahre Priesterseminar in St. Jakob zu Regensburg 1872-1972, Regensburg 1972, 37-51; J. Urban, Die Bamberger Kirche in Auseinandersetzung mit dem Ersten Vatikanischen Konzil, 2 Bde, Bamberg 1982, 202ff.; M. Hofmann u.a. (Hg.), Seminarium Ernestinum. 400 Jahre Priesterseminar Bamberg, Bamberg 1986, 180ff. (J. Urban) . Zu einem in Bayern wichtigen 'Kader' O. Weiss, Die Redemptoristen in Bayern (1790-1909). Ein Beitrag zur Geschichte des Ultramontanismus, St. Ottilien 1983. Allg. Überblick bei H. Jedin (Hg.) (wie Anm. 3), 415ff. (R. Aubert); H. Hürten, Kleine Geschichte des deutschen Katholizismus 1800-1960, Mainz 1986, 109ff. Zum Begriff H. Raab, Zur Geschichte und Bedeutung des Schlagwortes 'ultramontan' im 18. und frühen 19. Jahrhundert, in: HJb 81 (1962), 159-173.

12 W. K. Blessing (wie Anm. 9), 91ff. U.a. wurden Priester-Exerzitien forciert, z.B. Oberhirtliche Verordnungen für das Bisthum Regensburg 1850-1852, Regensburg 1853, 440ff.

13 Eindringlich über "la vie catholique" R. Aubert, Le pontificat de Pie IX (1846-1878), o.O. 1963, 451ff.; wegweisend M. N. Ebertz, Die Organisierung von Massenreligiosität im 19. Jahrhundert. Soziologische Aspekte zur Frömmigkeitsforschung, in: Jb. f. Volkskunde N.F.2 (1979), 38-72. Besonders dicht und suggestiv erscheint dieser Stil in den – nach französischem Vorbild – seit der Jahrhundertmitte von Redemptoristen, Jesuiten, Kapuzinern und Franziskanern zahlreich durchgeführten Volksmissionen (z.B. Erzbischöfl. Archiv München, Generalia, Missionen und geistliche Exercitien; Bischöfl. Zentralarchiv Regensburg, Pfarrakten Cham, Volksmissionen, Triduum, Rel. Wochen; Staatsarchiv München, AR F. 2778, 481; plastische Beschreibung etwa in Augsburger Postzeitung 28.6.1846, Sonntags-Beiblatt). Vgl. K. Jockwig, die

Volksmission der Redemptoristen in Bayern von 1843 bis 1873, in: Beitr. z. Geschichte des Bistums Regensburg 1 (1967), 41-408.

14   Z.B. die Pfingstpredigt "Zeitgeist" des Münchner Dompredigers (1878-1905 Bischof von Speyer) J. Ehrler, Das Kirchenjahr. Eine Reihe von Predigten, 1.-4. Jg., Freiburg 1871-75, 489ff. (der Unglaube sei nicht mehr wie früher "nur der gute Ton der Großen und Vornehmen", sondern "er verwüstet das Leben der großen Massen", 491f.). Zur Konfliktentfaltung allg. F. Eyck, Liberalismus und Katholizismus in der Zeit des deutschen Vormärz, in: W. Schieder (Hg.), Liberalismus in der Gesellschaft des deutschen Vormärz, Göttingen 1983, 133-146; J. Horstmann, Katholizismus und moderne Welt. Katholikentage, Wirtschaft, Wissenschaft 1848-1914, München 1976, bes. 14ff.; bahnbrechend zum Katholizismus zwischen Tradition und Moderne H. Maier, Revolution und Kirche. Studien zur Frühgeschichte der christlichen Demokratie 1789-1901, Freiburg ³1973; Überblick bei H. Jedin (Hg.) (wie Anm. 3), 738ff. (R. Aubert).

15   Besonders klar wird das in der exemplarischen Regionalstudie (Rheinland, Westfalen) von J. Sperber, Popular Catholicism in the Nineteenth-Century Germany, Princeton/N.J. 1984. Vgl. auch C. Bauer, Deutscher Katholizismus. Entwicklungslinien und Profile, Frankfurt/M. 1964 und H. Maier, Katholizismus, nationale Bewegung und Demokratie in Deutschland, in: ders., Kirche und Gesellschaft, München 1972, 178-196.

16   Der Klerus der Erzdiözese München-Freising z.B. sollte vor der Wahl zur Nationalversammlung die Bevölkerung "belehren und hiedurch die für das Wohl des Vaterlandes so folgenreiche Festhaltung conservativer Grundsätze zu fördern" (Ordinariat München an Dekanate 18.4.1848, OAM Generalia Nr. 384). Vgl. D. Thränhardt, Wahlen und politische Strukturen in Bayern 1848-1953, Düsseldorf 1973, 39ff. (in den Zahlen nicht immer zuverlässig; vgl. dazu K.-J. Hummel, München in der Revolution von 1848/49, Göttingen 1987, 228f.). M. Doeberl, Die katholische Bewegung in Bayern in den Jahren 1848 und 1849, in: Historisch-politische Blätter 170 (1922), 7-17, 65-71, 211-222, 249-257, 429-445, 494-503; M. Staudinger, Die katholische Bewegung in Bayern in der Zeit des Frankfurter Parlamentes, Regensburg 1925; allg. F. Schnabel, Der Zusammenschluß des politischen Katholizismus in Deutschland im Jahre 1848, Heidelberg 1910. Vgl. auch die Fallstudie von K. Repgen, Die Kölner Geistlichen im politischen Leben des Revolutionsjahres – als Beitrag zu einer 'Parteigeschichte von unten', in: Aus Geschichte und Landeskunde. Festschrift für Franz Steinbach, Bonn 1960, 134-165.

17   H. Rall, Die politische Entwicklung von 1848 bis zur Reichsgründung, in: M. Spindler (Hg.), Handbuch (wie Anm. 2), 228ff., 243ff.; M. Hanisch (wie Anm. 3), 178ff.; Ch. Stache (wie Anm. 5), 66ff.; grundlegend jetzt Hartmannsgruber (wie Anm. 8), 18

18   G. Kirzl (wie Anm. 4), 298ff., 323ff.; Th. Schieder (wie Anm. 6), Kap. 1 und 2; Ch. Stache (wie Anm. 5), 40ff., 109ff.

19   Seit 1848 erscheint die katholische Kirche stereotyp als "festeste Stütze aller Ordnung" gegen alle "Freiheitsschwindler": "der König ist auf seinem Throne, der Priester am Altare, auf seinem Posten der Soldat, auf seinem Schloß der Edelmann, der Fabrikherr in seiner Fabrik, der Meister in seiner Werkstatt, jeder Bürger und Bauer in seinem Besitzthum, ja selbst der Arbeiter und Taglöhner bei seiner Hände Arbeit bedroht" (Programm des Vereins für constitutionelle Monarchie und religiöse Freiheit, München Mai 1848). Zur geistigen Auseinandersetzung mit dem weltgeschichtlichen Phänomen Revolution vgl. A. Rauscher (Hg.), Deutscher Katholizismus und Revolution im frühen 19. Jahrhundert, München 1975. Erhellend die soziologische Analyse (anhand Preußens) der "Angst vor Überfremdung" bei H. Geller, Sozialstrukturelle Voraussetzungen für die Durchsetzung der Sozialform 'Katholizismus' in Deutschland in der ersten Hälfte des 19. Jahrhunderts, in: K. Gabriel/F.-X. Kaufmann (Hg.), Zur Soziologie des Katholizismus, Mainz 1980, 66-88.

20   Scharf arbeitet das politische Klima in den späten 1860ern heraus M. Doeberl, Entwicklungsgeschichte Bayerns, Bd. 3 (hg. von M. Spindler), München 1931, 459ff. Zur 'Freiheit der Kirche': A. Wendehorst, Das Bistum Würzburg 1803-1957, Würzburg 1965, 54ff. (Würzburger Bischofskonferenz 1848) sowie Denkschrift der vom 1-20sten October zu Freysing versammelten Erzbischöfe und Bischöfe Bayern, München 1850; E. R. Huber/W. Huber (wie Anm. 2), Bd. 2, 117ff.

21   F. Hartmannsgruber (wie Anm. 8), bes. 114ff. Zum historischen Bedeutungsfeld des Parteinamens vgl. R. Vierhaus, 'Patriotismus' – Begriff und Realität einer moralisch- politischen Haltung, in: ders., Deutschland im 18. Jahrhundert. Ausgewählte Aufsätze, Göttingen 1987, 96-109.

22 F. Hartmannsgruber (wie Anm. 8), 33ff., 142ff.; G. E. Southern, The Bavarian Kulturkampf: A Chapter in Government, Church and Society in the Early Bismarckreich, Diss. Univ. of Massachusetts, Ann Arbor/Mich. 1977, 48ff., 113ff.; G. G. Windell, The Catholics and German Unity 1866-1871, Minneapolis 1954, 175ff.; D. Thränhardt (wie Anm. 16), 48ff.

23 M. Doeberl, Bayern und die Bismarckische Reichsgründung, München 1925, bes. 176ff.; H. Rall (wie Anm. 17), 275ff. Den 'deutschen' Einfluß bereits der siegreichen ersten Phases des Krieges auf die Volksstimmung spiegeln die Regierungspräsidentenberichte in Hauptstaatsarchiv München (HStAM), MInn 30981/11-13.

24 D. Albrecht, Von der Reichsgründung bis zum Ende des Ersten Weltkrieges (1871-1918), in: M. Spindler (Hg.), Handbuch (wie Anm. 2), 321ff.; G. E. Southern (wie Anm. 22), 48ff. Allg. H. Jedin (Hg.) (wie Anm. 3), 774ff. (R. Lill); R. Morsey, Der Kulturkampf, in: A. Rauscher (Hg.) (wie Anm. 8), Bd. 1, 72-109; G. Franz, Kulturkampf. Staat und katholische Kirche in Mitteleuropa von der Säkularisierung bis zum Abschluß des preußischen Kulturkampfes, München 1954; als Problemskizzen W. P. Fuchs, Ultramontanismus und Staatsräson. Der Kulturkampf, in: ders. (Hg.), Staat und Kirche im Wandel der Jahrhunderte, Stuttgart 1966, 184-200 sowie W. Becker, Der Kulturkampf als europäisches und deutsches Phänomen, in: HJb 101 (1981), 422-446. Wegweisend (über den Auftakt in Deutschland) J. Becker, Liberaler Staat und Kirche in der Ära von Reichsgründung und Kulturkampf. Geschichte und Strukturen ihres Verhältnisses in Baden 1860-1876, Mainz 1973 und L. Gall, Der Liberalismus als regierende Partei. Das Großherzogtum Baden zwischen Restauration und Reichsgründung, Wiesbaden 1968.

25 W. Grasser (wie Anm. 6), 65ff.; J. Grisar, Die Cirkulardepesche des Fürsten Hohenlohe vom 9. April 1869 über das bevorstehende Vatikanische Konzil, in : Bayern, Staat und Kirche, Land und Reich. Gedächtnisschrift für W. Winkler, München 1960, 216-240; D. Albrecht, Döllinger, die bayerische Regierung und das erste Vatikanische Konzil, in: Spiegel der Geschichte. Festschrift für M. Braubach, Münster 1964, 795-815; W. Brandmüller, Die Publikation des 1. Vatikanischen Konzils in Bayern, in: Zs. f. bayer. Landesgeschichte 31 (1968), 197-258, 575-634; M. Weber, Das I. Vaticanische Konzil im Spiegel der bayerischen Politik, München 1970; E. R. Huber/W. Huber (wie Anm. 2), Bd. 2, 432f., 691ff.; z. B. J. Urban (wie Anm. 11), Kap. IV, der die Vorgänge in die theologische und kirchliche Entwicklung des Jahrhunderts einordnet; P. Hattenkofer, Regierende und Regierte, Wähler und Gewählte in der Oberpfalz 1870-1914, München 1979, 51ff.; Erzbischöfl. Archiv München, alte Ordnung 4-6. Als die Pfarrer erklärten, daß das Unfehlbarkeitsdogma "nicht staatsgefährlich sei, wie man vorgebe" (Pfarramt Wartenberg an Ordinariat München-Freising 13.5.1871, in: ebd., 6), zur Romtreue aufrufen und mit Exkommunikation drohen, zogen viele der außerhalb der großen Städte an sich nur kleinen Minderheit, welche ihre Unterschrift gegen das Dogma gegeben hatten, diese wieder zurück.

26 W. K. Blessing (wie Anm. 9), 181ff.; ders., Eine Krise des Katholizismus im vorigen Jahrhundert. Das katholische Bürgertum Bayerns und die Religion nach dem Ersten Vatikanischen Konzil, in: Unbekanntes Bayern, Bd. 11, München 1980, 107-125; OAM, alte Ordnung Nr. 7; E. Kessler, Johann Friedrich (1836-1917). Ein Beitrag zur Geschichte des Altkatholizismus, München 1975. Allg. V. Conzemius, Katholizismus ohne Rom. Die altkatholische Kirchengemeinschaft, Zürich 1969.

27 W. Grasser (wie Anm. 6), 76ff.; F. v. Rummel, Das Ministerium Lutz und seine Gegner 1871-1882, München 1935 (parteilich national); konzis M. Körner, Staat und Kirche in Bayern 1886-1918, Mainz 1977, 14ff., 23ff.; E. R. Huber/W. Huber (wie Anm. 2), Bd. 2, 522ff., 630ff., 691ff.

28 Die Papstkirche "ist mit den Grundsätzen und Forderungen der modernen Civilisation auf ewig unvereinbar" (Fränkischer Kurier 18.10.1864).

29 D. Albrecht (wie Anm. 24), 298ff.; G. E. Southern (wie Anm. 22); F. Hartmannsgruber (wie Anm. 8), bes. 173ff.; W. K. Blessing (wie Anm. 9), 181ff.; zum bedeutendsten Publizisten vgl. W. Becker, Joseph Edmund Jörg (1819-1901), in: J. Aretz u.a. (Hg.), Zeitgeschichte in Lebensbildern, Bd. 3, Mainz 1979, 75-90; D. Albrecht (Hg.), Joseph Edmund Jörg. Briefwechsel 1846-1901, Mainz 1988; E. Roeder, Der konservative Journalist Ernst Zander und die politischen Kämpfe seines 'Volksboten', München 1972, bes. 122ff.; Vgl. auch J. Sperber (wie Anm. 15), 156ff., 207ff.

30 W. K. Blessing (wie Anm. 9), 240ff. Zum Problem H. Maier, Katholizismus und moderne Kultur – historische Aspekte, in: ders. (wie Anm. 15), 197-209; zu einer beklagten Folge G. von Hertling, Das Bildungsdefizit der Katholiken in Bayern, in: ders., Kleine Schriften zur Zeitgeschichte und Politik, Freiburg

1897, 383ff. M. Baumeister, Parität und katholische Inferiorität. Untersuchungen zur Stellung des Katholizismus im Kaiserreich, Paderborn 1987, 39ff.

31 W. Zorn, Bayerns Gewerbe, Handel und Verkehr (1806-1970), in: M. Spindler (Hg.), Handbuch (wie Anm. 2), Bd. IV/2, 782-845, 808ff. ; ders., Die Sozialentwicklung der nichtagrarischen Welt (1806-1970), in: ebd., 846-882; Germanisches Nationalmuseum (Hg.), Leben und Arbeiten im Industriezeitalter. Eine Ausstellung zur Wirtschafts- und Sozialgeschichte Bayerns seit 1850, Stuttgart 1985; D. Thränhardt (wie Anm. 16), 96ff.

32 Z.B. Pfarrarchiv Oberhaching, Seelsorgeberichte. W. K. Blessing, Umwelt und Mentalität im ländlichen Bayern. Eine Skizze zum Alltagswandel im 19. Jahrhundert, in: AfS 19 (1979), 1-42, 21ff.

33 Anregend M. Ebertz, Herrschaft in der Kirche. Hierarchie, Tradition und Charisma im 19. Jahrhundert, in: K. Gabriel/F.-X. Kaufmann (Hg.) (wie Anm. 19), 89-111. Zum 'Milieu' exemplarisch U. Altermatt, Katholizismus und Moderne. Zur Sozial- und Mentalitätsgeschichte der Schweizer Katholiken im 19. und 20. Jahrhundert, Zürich 1989; zur 'Bewegung' grundlegend W. Loth (wie Anm. 8) sowie ders., Die Erosion des katholischen Milieus, in diesem Band; K.-E. Lönne (wie Anm. 8), 151ff.; J. Sperber (wie Anm. 15), 156ff.; D. Blackbourn, Class, Religion and Local Politics in Wilhelmine Germany. The Centre Party in Württemberg before 1914, Wiesbaden 1980. Zur Stellung im Kaiserreich jetzt Th. Nipperdey, Deutsche Geschichte 1866-1918, Bd. 1, München 1990, 439ff.

34 F. Hartmannsgruber (wie Anm. 8); G. E. Southern (wie Anm. 22), bes. 168ff., 196ff.; D. Thränhardt (wie Anm. 16), 54ff.

35 Ebd., 58ff.; G. E. Southern, 233f., 273ff.; L. Zimmermann, Die Einheits- und Freiheitsbewegung und die Revolution von 1848 in Franken, Würzburg 1951; J. Knorr, Charte über die politische Färbung Bayerns zur Zeit des Landtags 1849, München 1859; C. Fritsch, Uebersichtskarte zur Wahl der Landtagsabgeordneten in Bayern vom November 1869, München o. J.

36 F. Hartmannsgruber, Tab. 20; Zs. des kgl. bayer. Statistischen Bureaus (Landesamtes) 1893 (H. 1/2), 1899 (H. 2), 1905 (H. 2), 1907 (H. 3), 1912 (H. 2/3).

37 D. Albrecht (wie Anm. 24), 329ff., 351ff.; K. Möckl (wie Anm. 6).

38 H. Hesselmann, Das Wirtschaftsbürgertum in Bayern 1890-1914, Wiesbaden 1985, bes. 255ff.; W. Schärl, Die Zusammensetzung der bayerischen Beamtenschaft. Von 1806-1918, Kallmünz 1955.

39 Vgl. Anm. 6.

40 Der Nürnberger Anzeiger vom 3.10.1860 z.B. nannte das katholische Altbayern "pfaffenfinster" und partikularistisch.

41 K. Möckl, Prinzregentenzeit (wie Anm. 6), 292ff., 431ff., 535 ff; eingehend M. Körner, Staat und Kirche in Bayern 1886-1918, Mainz 1977; F. Hartmannsgruber (wie Anm. 8), 335ff.

42 K. Möckl, Prinzregentenzeit, passim; A. Knapp, Das Zentrum in Bayern 1893-1912. Soziale, organisatorische und politische Struktur einer katholisch-konservativen Partei, Diss. München 1973, L. Lenk, Georg Heim, in: Fränkische Lebensbilder 3, Würzburg 1969, 347-382; R. Kessler, Heinrich Held als Parlamentarier. Eine Teilbiographie 1868-1924, Berlin 1971.

43 A. Hundhammer, Geschichte des Bayerischen Bauernbundes, Diss. München 1924 ("Kontrollpartei der ländlichen Wählerschaft für das Zentrum", 118); H. Haushofer, Der Bayerische Bauernbund (1893-1933), in: H. Gollwitzer (Hg.), Europäische Bauernparteien im 20. Jahrhundert, Stuttgart 1977, 562-586.

44 Z.B. Staatsarchiv Landshut, Reg. KdI, Fasz. 612, 3407; W. K. Blessing (wie Anm. 32), 39ff.

45 H. D. Denk, Die christliche Arbeiterbewegung in Bayern bis zum Ersten Weltkrieg, Mainz 1980, 286ff.; J. Aretz, Katholische Arbeiterbewegung und christliche Gewerkschaften, in: A. Rauscher (wie Anm. 8), Bd. 2, 159-214, 169ff.; F. J. Stegmann, Geschichte der sozialen Ideen im deutschen Katholizismus, in: H. Grebing (Hg.), Geschichte der sozialen Ideen in Deutschland, München 1969, 325-560, 421ff.; – H. Jedin (Hg.) (wie Anm. 3), Bd. VI/2, 1973, 437ff. (R. Aubert); E. Weinzierl (Hg.), Der Modernismus. Beiträge zu seiner Erforschung, Graz 1974 (bes. E. Hanisch, Der katholische Literaturstreit, 125-160); vgl. auch G. Schwaiger (Hg.), Aufbruch ins 20. Jahrhundert. Zum Streit um Reformkatholizismus und Modernismus, Göttingen

1976; Th. M. Loome, Liberal Cathoicism, Modernism. A Contribution to a New Orientation in Modernist Research, Mainz 1979.

46 A. Schnorbus, Arbeits- und Sozialordnung in Bayern vor dem Ersten Weltkrieg (1890-1918), München 1969; speziell E. Jüngling, Streiks in Bayern (1889-1914). Arbeitskampf in der Prinzregentenzeit, München 1986.

47 Z.B. P. Hattenkofer (wie Anm. 25), 193ff. Die Frage, inwieweit der politische Katholizismus in Bayern an sich zur 'Demokratisierung' beitrug, erörtert abwägend F. Hartmannsgruber (wie Anm. 17), 394ff.

48 D. Albrecht (wie Anm. 24), 357ff.; W. Albrecht, Landtag und Regierung in Bayern am Vorabend der Revolution von 1918, Berlin 1968, 20ff., K. Möckl, Prinzregentenzeit (wie Anm. 6), 544ff.; R. Kessler (wie Anm. 42). "Regierende Partei" (zit. nach L.Gall (wie Anm. 24)) meint nicht Parlamentarisierung – die neuere Forschung betont gerade Hertlings monarchisch-gouvernementale Haltung -, doch eine merkliche politische Aufwertung katholischer Ideen und Interessen.

49 Problemaufriß bei G. Korff, Kulturkampf und Volksfrömmigkeit, in: W. Schieder (Hg.), Volksreligiosität in der modernen Sozialgeschichte, Göttingen 1986, 136-151. Vgl. auch I. Baumer, Kulturkampf und Katholizismus im Berner Jura, aufgezeigt am Beispiel des Wallfahrtswesens, in: G. Wiegelmann (Hg.), Kultureller Wandel im 19. Jahrhundert, Göttingen 1973, 88-101; U. Altermatt (wie Anm. 33), 247 ff; K.-M. Mallmann, Volksfrömmigkeit, Proletarisierung und preußischer Obrigkeitsstaat. Sozialgeschichtliche Aspekte des Kulturkampfs im Saarrevier, in: Soziale Frage und Kirche im Saar-Revier, Saarbrücken 1984, 183-232.

50 Aus einer zahlreichen Literatur vgl. etwa A. Veit/L. Lenhart, Kirche und Volksfrömmigkeit im Zeitalter des Barock, Freiburg 1961 W. Brückner, Die Verehrung des Heiligen Blutes in Walldürn. Volkskundlich soziologische Untersuchungen zum Strukturwandel barocken Wallfahrtens, Aschaffenburg 1958; ders., Zum Wandel der religiösen Kultur im 18. Jahrhundert. Einkreisungsversuche des 'Barockfrommen' zwischen Mittelalter und Massenmissionierung, in: E. Hinrichs/G. Wiegelmann (Hg.), Sozialer und kultureller Wandel in der ländlichen Welt des 18. Jahrhunderts, Wolfenbüttel 1982, 65-83 J. Gierl, Bauernleben und Bauernwallfahrt in Altbayern. Eine kulturhistorische Studie aufgrund der Tuntenhauser Mirakelbücher, München 1960; D. Harmenig, Fränkische Mirakelbücher. Quellen und Untersuchungen zur historischen Volkskunde und Geschichte der Volksfrömmigkeit, in: Würzburger Diözesangeschichtsblätter 28 (1966), 25-240. Allg. vor allem R. van Dülmen, Volksfrömmigkeit und konfessionelles Christentum im 16. und 17. Jahrhundert, in: W. Schieder (Hg.) (wie Anm. 49), 14-30 (mit Diskussion der internationalen Forschung); u.a. zur "historischen Konfiguration Wallfahrt" seit dem Mittelalter L. Kriss-Rettenbeck/G. Möhler (Hg.), Wallfahrt kennt keine Grenzen, München 1984. Zum Phänomen eingehend W. Brückner/G. Korff/M. Scharfe, Volksfrömmigkeitsforschung, Würzburg 1986; W. Brückner, Volksfrömmigkeit – Aspekte religiöser Kultur, in: KZSS 31 (1979), 559-569; breitester Überblick im Sammelband von M. N. Ebertz/F. Schultheis (Hg.), Volksfrömmigkeit in Europa. Beiträge zur Soziologie populärer Religiosität aus 14 Ländern, München 1986 (mit wichtiger – wenngleich theoretisch rigider – Einleitung).

51 Oberbayerische Beispiele: H. Hörger, Kirche, Dorfreligion und bäuerliche Gesellschaft, 2 Bde, München 1978/83, bes. Bd. 1, 148ff., 240ff.; ders., Frömmigkeit auf dem altbayerischen Dorf um 1800, in: Oberbayerisches Archiv 102 (1977), 123-142; F. M. Phayer, Religion und das Gewöhnliche Volk in Bayern 1750-1850, München 1970, bes. 28ff.

52 Vgl. allg. bes. Ch. Dipper, Volksreligiosität und Obrigkeit im 18. Jahrhundert, in: W. Schieder (Hg.) (wie Anm. 49), 73-96. B. Goy, Aufklärung und Volksfrömmigkeit in den Bistümern Würzburg und Bamberg, Würzburg 1969; F. Lipowski, Baiern's Kirchen- und Sitten-Polizey unter seinen Herzogen und Churfürsten, München 1821, Kap. I; A. Brittinger, die bayerische Verwaltung und das volksfromme Brauchtum im Zeitalter der Aufklärung, Diss. München 1938; W. K. Blessing (wie Anm. 9), 34ff.; G. Döllinger, Sammlung der im Gebiete der inneren Staats- Verwaltung des Königreichs Bayern bestehenden Verordnungen, 20 Bde, München 1835-1839, Bd. 8, 1182ff., 1219ff., 1234ff., 1258ff.

53 K. Hausberger/B. Hubensteiner (wie Anm. 3), 266ff.; J. Schöttl, Die kirchlichen Reformen des Salzburger Erzbischofs Hieronymus Colloredo im Zeitalter der Aufklärung, Hirschenhausen 1939; A. Schmid, Geschichte des Georgianums in München, Regensburg 1894, 228ff.; H. Marquart, Matthäus Fingerlos (1748-1817). Leben und Wirken eines Pastoraltheologen und Seminarregenten in der Aufklärungszeit, Göttingen 1977. Allg. H. Jedin (Hg.) (wie Anm. 3), Bd. 5, 1970, 597ff. (B. Stasiewski).

54 G. Schwaiger, Die altbayerischen Bistümer Freising, Passau und Regensburg zwischen Säkularisation und Konkordat (1803-1817), München 1959, 368ff.; B. Goy (wie Anm. 52), passim; A. Brittinger (wie Anm. 52), passim; W. Hanseder, Tumultuarische Auftritte. Lokale Unruhen in Bayern an der Wende vom 18. zum 19. Jahrhundert, in: Oberbayerisches Archiv 113 (1989), 231-297, 244ff.; z.B. OAM Pfarrbeschreibung Weildorf, Rep. Vikariat Weildorf; Staatsarchiv München AR F. 2746 (Regierung Isarkreis an Landgericht Miesbach 12.6.1817).

55 Z.B Landeskirchliches Archiv Nürnberg Kons. Ansbach 4475 II, 4612 II, 4617 II.

56 Dazu die Fallstudie von W. Hanseder (wie Anm. 54). Allg. zur 'Protestlatenz' religiöser Identität J. Mooser, Rebellion und Loyalität. Sozialstruktur, sozialer Protest und politisches Verhalten ländlicher Unterschichten im östlichen Westfalen, in: P. Steinbach (Hg.), Probleme politischer Partizipation im Modernisierungsprozeß, Stuttgart 1982, 57-87, 75ff.; K.-M. Mallmann, 'Aus des Tages Last machen sie ein Kreuz des Herrn ...'? Bergarbeiter, Religion und sozialer Protest im Saarrevier des 19. Jahrhunderts, in: W. Schieder (Hg.) (wie Anm. 49), 152-184.

57 H. Gollwitzer (wie Anm. 3), 513ff.; M. Spindler, Briefwechsel zwischen Ludwig I. von Bayern und Eduard von Schenk (1823-1841), München 1930, H. Schiel, Bischof Sailer und Ludwig I. von Bayern. Mit ihrem Briefwechsel, Regensburg 1932.

58 H. Gollwitzer, 561ff.; H. Kapfinger, Der Eoskreis 1828-1833, München 1928; B. Weber, Die Historisch-Politischen Blätter als Forum für Kirchen- und Konfessionsfragen, Diss. München 1983.

59 K. Hausberger/B. Hubensteiner (wie Anm. 3), 309ff.; W. M. Hahn (wie Anm. 3); A. Wendehorst (wie Anm. 20), 35ff.; H. Witetschek, Studien zur kirchlichen Erneuerung im Bistum Augsburg in der ersten Hälfte des 19. Jahrhunderts, Augsburg 1965, bes. 199ff.; W. K. Blessing (wie Anm. 9), 84ff.

60 Ebd.; z.B. J. Schlicht, Bayerisch Land und Bayerisch Volk, München 1875 (Neudruck Straubing 1937); Th. Braatz, Das Kleinbürgertum in München und seine Öffentlichkeit 1830-1870, München 1977, 74ff.; A. Mitterwieser/T. Gebhard, Geschichte der Fronleichnamsprozession in Bayern, München 1949; Bavaria. Landes- und Volkskunde des Königreichs Bayern, 4 Bde, München 1860-1866, Bd. 1, 999ff., Bd. 2, 313f., Bd. 3, 359f., Bd. 4, 256f. Ludwig I. ließ noch im Jahr seiner Thronbesteigung u.a. wieder die mitternächtliche Christmette zu (Staatsarchiv Amberg BA Vohenstrauß 1857).

61 Z.B. Publicandum des Ordinariats Passau über Mißbräuche bei kirchlichen Bittgängen 31.3.1839, in: Staatsarchiv Landshut BA Landau 263.

62 Am sichtbarsten wurde diese generelle Konstellation, wo materielle Bedürfnisse auf obrigkeitliche Regelungen stießen; vgl. z.B. W. K. Blessing, 'Theuerungsexcesse' im vorrevolutionären Kontext – Getreidetumult und Bierkrawall im späten Vormärz, in: W. Conze/U. Engelhardt, Arbeiterexistenz im 19. Jahrhundert, Stuttgart 1981, 356-384.

63 L. Zimmermann (wie Anm. 35); W. Zorn, Gesellschaft und Staat in Bayern, in: W. Conze, Staat und Gesellschaft im deutschen Vormärz 1815-1848, 113-142, 139ff.; K.-J. Hummel, München in der Revolution von 1848/49, Göttingen 1987. Allg. H.-U. Wehler, Deutsche Gesellschaftsgeschichte, Bd. 2, 1815-1845/49, München 1987, 775ff.

64 Vgl. bes. H. Hesse (wie Anm. 5); auch G. Müller, Max II. und die soziale Frage, München 1964.

65 Sensible Darstellung bei G. Schwarz, 'Nahrungsstand' und 'erzwungener Gesellenstand'. Mentalité und Strukturwandel des bayerischen Handwerks im Industrialisierungsprozeß um 1860, Berlin 1974, bes. 52ff.; W. K. Blessing (wie Anm. 32), passim. Allg. u.a. J. Kocka, Arbeitsverhältnisse und Arbeiterexistenzen. Grundlagen der Klassenbildung im 19. Jahrhundert, Bonn 1990, 335ff.; J. Mooser, Ländliche Klassengesellschaft 1770-1848, Göttingen 1984, bes. 342ff.

66 Überblick bei P. Fried, Die Sozialentwicklung im Bauerntum und Landvolk, in. M. Spindler (Hg.), Handbuch (wie Anm. 2), 751-780; z.B. F. F. Lipowsky, Darstellung des socialen und wirthschaftlichen Volkslebens des Kgl. Bayer. Landgerichtsbezirkes Moosburg, München 1861; J. Wimmer, Die socialen und volkswirthschaftlichen Zustände des kgl. Landgerichtes Eggenfelden, Landshut 1862; Bäuerliche Zustände in Deutschland, 3. Bd. (= Schriften des Vereins für Socialpolitik 24), Leipzig 1883, 115ff.

67 Vgl. K. Mannheim, Das konservative Denken, in: ders., Wissenssoziologie. Auswahl aus dem Werk, Neuwied 1964, 408-508.

68 Anzeichen dafür ziehen sich durch die Volksstimmungs-Berichte der Regierungspräsidenten an das Innenministerium, z.B. vor der Landtagswahl 1853: HStAM MInn 45790; ähnlich J. Wimmer (wie Anm. 66), 47.

69 Vgl. H. Hesse, Behördeninterne Informationen über die Volksstimmung zur Zeit des liberal-ultramontanen Parteikampfes 186/69, in : Zs. f. bayer. Landesgeschichte 34 (1971), 618-651.

70 Z.B. E. Stemplinger, Jugend in Altbayern, München 1932, 33ff. (1874 wilde Wallfahrt in Mettenbuch (niederbayerisches Donautal) mit einem "Taumel der Andacht, ... wie ich es in der Kirche nie erlebt hatte", trotz Verbot des Regensburger Bischofs Senestrey noch über ein Jahrzehnt besucht); Seelsorgebericht Pfarrei Arget 1853/54, Erzbischöfl. Archiv München, Generalia 'Leonhardifahrten' (Klage über zu viele Kreuzgänge – Reduzierung wäre "eine wahre Wohltat" -, die der Pfarrer jedoch "halten *muß*, wenn er nicht den vollen Zorn der Schreihälse aus der Bauernschaft sich auf den Hals laden will").

71 U.a. Bavaria (wie Anm. 60), Bd. 1, 453ff., 1023ff., Bd. 2, 336ff., 891ff., Bd. 3, 400ff., Bd. 4, 1. Buch 217ff., 2. Buch 441ff.; Erzbischöfl. Archiv München, 'Aberglaube', 'Wetterläuten und Wetterschießen'; Staatsbibliothek München, Hs.-Abt. Cgm 6874 Medicinische Topographie und Ethnographie, z.B. 27 (Bezirk Cham), 182 (Bezirk Vilshofen). Zur Kategorie 'Magie' der Sammelband von L. Petzold (Hg.), Magie und Religion. Beiträge zu einer Theorie der Magie, Darmstadt 1978.

72 Allg. R. van Dülmen, Christentum, Aufklärung und Magie, in: F. Seibt (Hg.), Gesellschaftsgeschichte. Festschrift für Karl Bosl, München 1988, 63-70.

73 Im oberbayerischen Dekanat Aibling etwa klagte der Pfarrklerus intern darüber, daß die Leute bei krankem Vieh und anderem Schaden allein auf apotropäische Ringe u. ä. vertrauten, die sie von Franziskanern erhielten, scheute aber offene Kritik – auch, weil er auf die Aushilfe der Ordensmänner im Beichtstuhl angewiesen war (Dekanat Aibling an Ordinariat München-Freising 7.11.1843, Protokoll Kapitelkongreß Aibling 12.9.1844, Erzbischöfl. Archiv München, Generalia 'Aberglaube').

74 Z.B. Pfarrarchiv Anger, A IV 10; Pfarrarchiv Oberhaching, Seelsorgeberichte Dekanat Au/Oberföhring; Bischöfliches Zentralarchiv Regensburg, Pfarrakten Frontenhausen (Jahresberichte).

75 Zur bürgerlichen Religion – die vom Aufschwung der Religiositätsforschung bisher vernachlässigt wird – jetzt bes. Th. Nipperdey (wie Anm. 33), 428ff. (überwiegend auch in ders., Religion im Umbruch. Deutschland 1870-1918, München 1988); u.a. G. Motzkin, Säkularisierung, Bürgertum und Intellektuelle in Frankreich und Deutschland während des 19. Jahrhunderts, in: J. Kocka (Hg.), Bürgertum im 19. Jahrhundert, 3 Bde, München 1988, Bd. 3, 141-171; J. Mooser, Volk, Arbeiter und Bürger in der katholischen Öffentlichkeit des Kaiserreichs. Zur Sozial- und Funktionsgeschichte der deutschen Katholikentage 1871-1913, in: H.-J. Puhle (Hg.), Bürger in der Gesellschaft der Neuzeit. Wirtschaft-Politik-Kultur, Göttingen 1991. Der wichtige Sammelband von H. Kleger/A. Müller (Hg.), Religion des Bürgers. Zivilreligion in Amerika und Europa, München 1986 behandelt einen Ausschnitt: christliche Philosophie politischer und privater Ordnung im Horizont des modernen liberalen Systems. Grundlegend die religionsphilosophische Einordnung bei H. Lübbe, Religion nach der Aufklärung, Graz 1986.

76 Z.B. Erzbischöfl. Archiv München, Generalia 155 (Paschalberichte München 1886/87).

77 Vgl. Anm. 26

78 Döllingers Attacke gegen die Forderung der offiziösen Jesuiten-Zeitschrift Civiltà cattolica, das Dogma per Akklamation zu beschließen, erschien 10.-15.3.1869 in der (Augsburger) Allgemeinen Zeitung (als erweiterte Buchausgabe : Janus (= I. Döllinger, unter Mitarbeit von J. N. Huber und J. Friedrich), Der Papst und das Conzil, 1869); eine wichtige, von den Priestern immer wieder gegeißelte Rolle spielten die Neuesten Nachrichten (München). Bericht über die am 21. Mai 1871 in München abgehaltene Katholiken-Versammlung, München 1871 (durch das Dogma "wird die Wissenschaft aus der katholischen Kirche ausgeschlossen ... wird der Klerus von der Bildung des Jahrhunderts ausgeschlossen ... ein brennender Konflikt zwischen den Übergriffen der Hierarchie und der Autorität der Verfassung des Landes sowie der Autorität der Regierung unseres Königs ... eine nationale Gefahr"); OAM alte Ordnung 4-7 (von den 73 Unterzeichnern in der oberbayerischen Kleinstadt Trostberg z.B. – lt. Pfarrer "größtenteils jene, welche schon längst am katholischen Glauben Schiffbruch gelitten" – hatte keiner an der Protestversammlung gegen die Annexion des Kirchen-

staates durch Italien am 11.12.1870 teilgenommen (Pfarramt Trostberg an Ordinariat München-Freising 8.5.1871, a.a.O., 6). Vgl. M. Weber, J. Urban und W. K. Blessing (wie Anm. 25 bzw. 26).

79 Selbst in München, der altkatholischen Hochburg in Bayern, wurden 1887/88 von 8690 in den katholischen Gemeinden Geborenen nur mehr 21 altkatholisch getauft, von 7648 Gestorbenen 16 beerdigt; Trauungen kamen noch 2 vor (Paschalberichte München 1887/88, Erzbischöfl. Archiv München, Generalia 155).

80 Erzbischöfl. Archiv München, alte Ordnung 7.

81 Z.B. Paschalberichte München 1886/87, 1888/89, Erzbischöfl. Archiv München, Generalia 107, 155; auch die Skizze von H.-J. Nesner, Die katholische Kirche, in: F. Prinz/M. Krauss (Hg.), München – Musenstadt mit Hinterhöfen. Die Prinzregentenzeit 1886-1912, München 1988, 198-205.

82 Vgl. etwa K. A. von Müller, Aus Gärten der Vergangenheit. Erinnerungen 1882-1914, Stuttgart o.J., 161ff.

83 Ebd., passim. Werte, Deutungsmuster und geistige Bezugsgrößen diese Bürgertums spiegelt vor allem die von ihm gelesene Meinungspresse, in den katholischen Gebieten voran die (ab 1887 Münchner) Neuesten Nachrichten, dann hauptsächlich das Regensburger Tagblatt, das Bamberger Tagblatt und die Bamberger Neuesten Nachrichten, die Neue Würzburger Zeitung, die (obgleich aus den protestantischen Kreisen der paritätischen Reichsstadt stammende) Augsburger Abendzeitung, in gewissem Sinn auch die überparteiliche, ehrwürdige Allgemeine Zeitung (Augsburg, ab 1882 München), Cottas 'Weltblatt' für Gebildete (Überblick in W. Heide (Hg.), Handbuch der Zeitungswissenschaft, Lieferung 1, Leipzig 1940, Sp. 335-430; L. Kuppelmayr, Die Tageszeitungen in Bayern, in: M. Spindler (Hg.), Handbuch (wie Anm. 2), Bd. IV/2, 1147ff.; M. Allaire, Die periodische Presse in Bayern. Eine statistische Untersuchung, München 1912).

84 Solche Haltung formierte sich seit dem späten Vormärz u.a. in der Turnerbewegung; beim ersten Deutschen Turnfest in Bayern, 1862 in München veranstaltet, wo "die deutschen Fahnen entschieden vorherrschten", z.B. stellte ein Redner das "fromm" im Turnermotto als "Frömmigkeit im wahren Gottes-Sinn" dem überholten Aberglauben der "Pfaffen-Frömmigkeit" gegenüber (Bezirkskommissariat an Polizeidirektion München 22.6.1862, Staatsarchiv München, PolDir. 24 a I. Fasz. 70, 35).

85 Zu den Begriffen H. Kleger/A. Müller, Einleitung, in: dies. (wie Anm. 75), 7-15 und bes. H. Lübbe, Staat und Zivilreligion. Ein Aspekt politischer Legitimität, in: ebd., 195-220 (Zivilreligion als "das Ensemble derjenigen Bestände religiöser Kultur, die in das politische System ... integriert sind, die somit auch den Religionsgemeinschaften nicht als ihre eigene interne Angelegenheit überlassen sind, die unbeschadet gewährleisteter Freiheit der Religion die Bürger unabhängig von ihren konfessionellen Zugehörigkeitsverhältnissen auch in ihrer religiösen Existenz an das Gemeinwesen binden und dieses Gemeinwesen selbst ... als in letzter Instanz religiös legitimiert, d.h. auch aus religiösen Gründen anerkennungsfähig darstellt", 206).

86 L. Zimmermann (wie Anm. 35); vgl. auch R. Endres, Franken und Bayern im Vormärz und in der Revolution von 1848/49, in: Haus der Bayerischen Geschichte (Hg.), 'Vorwärts, vorwärts sollst du schauen ...'. Geschichte, Politik und Kunst unter Ludwig I., München 1986, 199-217, 210ff. sowie ders, Der 'Fränkische Separatismus'. Franken und Bayern im 19. und 20. Jahrhundert, in: Mitteilungen des Vereins für Geschichte der Stadt Nürnberg 67 (1980), 157-183.

87 D. Thränhardt (wie Anm. 16), 41ff.; K.-J. Hummel (wie Anm. 16), bes. 209ff.; M. Staudinger (wie Anm. 16); wichtig noch immer M. Doeberl, Bayern und die Deutsche Frage in der Epoche des Frankfurter Parlaments, München 1922, 153ff.

88 Eine Flugschrift brachte das auf den Punkt: "Lieber bayerisch sterben als Frankfurterisch verderben" (Die Hauptseligkeiten der Frankfurter Reichsverfassung. Ein warnendes Wort an die Bürger und Landleute in Bayern, München 1849).

89 Th. Schieder (wie Anm. 6); Ch. Stache (wie Anm. 5); J. Schmidt (wie Anm. 5); L. Lenk, Katholizismus und Liberalismus. Zur Auseinandersetzung mit dem Zeitgeist in München 1848-1918, in: Der Mönch im Wappen. Aus Geschichte und Gegenwart des katholischen München, München 1960, 375-408 (dezidiert prokatholisch). Als Katalysator wirkten 'Bekenntnisvereine' mit ihrem Kult – Sänger, Turner und Schützen, nationale Gelehrtenkongresse, Reformverein und Nationalverein – sowie politische Bekenntnisakte historischen wie aktuellen Anlasses – die Erinnerung an 1813, die Kriegserregung 1859 und vor allem die Schleswig-Holstein-Bewegung. Allg. zu den Mitteln nationalliberaler Mobilisierung W. Hardtwig, Entwicklungstendenzen und Strukturmerkmale des Vereinswesens in Deutschland 1789-1848, in: O. Dann (Hg.), Vereinswesen

und bürgerliche Gesellschaft in Deutschland (= HZ Beih. 9), München 1984, 11-50; K. Tenfelde, Die Entfaltung des Vereinswesens während der industriellen Revolution in Deutschland (1850-1873), in: ebd., 55-114; Th. Nipperdey, Nationaldenkmal und Nationalidee in Deutschland im 19. Jahrhundert, in: ders., Gesellschaft, Kultur, Theorie. Gesammelte Aufsätze zur neueren Geschichte, Göttingen 1976, 133-173; D. Düding/P. Friedemann/P. Münch (Hg.), Öffentliche Festkultur. Politische Feste in Deutschland von der Aufklärung bis zum Ersten Weltkrieg, Reinbek bei Hamburg 1988. Zum nationalen 'Appell' von Geschichtsbild, Fest und politischer Ikonographie jetzt wegweisend W. Hardtwig, Nationsbildung und politische Mentalität. Denkmal und Fest im Kaiserreich, in: ders., Geschichtskultur und Wissenschaft, München 1990, 264-301 sowie ders., Erinnerung, Wissenschaft, Mythos. Nationale Geschichtsbilder und politische Symbole in der Reichsgründungsära und im Kaiserreich, in: ebd., 224-263.

90 Vgl. u.a. M. Doeberl (wie Anm. 20), 288ff.; H. Dickerhof, 'Es soll eine neue Ära in München begründet werden ...'. Zur Rolle der 'Nordlichter in der Modernisierung der bayerischen Universität, in: Haus der Bayerischen Geschichte (Hg.) (wie Anm. 6), 271-283.

91 Z.B. M. Jocham, Memoiren eines Obskuranten, Kempten 1896, 515ff. – Eklatant schieden sich die beiden Kulturen an den Schiller-Feiern 1859, die vielerorts zur nationalen und liberalen Demonstration wurden (z.B. Neueste Nachrichten (München) 7.11.-10.11.1859; sarkastisch dagegen etwa das energisch katholisch-bayerische Blatt Der Volksbote für den Bürger und Landmann (München) 9.11.1859). Vgl. allg. R. Noltenius, Schiller als Führer und Heiland, in: D. Düding/P. Friedemann/P. Münch (Hg.) (wie Anm. 89), 237-258.

92 Vgl. etwa R. A. Müller (Hg.), Unternehmer – Arbeitnehmer. Lebensbilder aus der Frühzeit der Industrialisierung in Bayern, München ²1987; F. Simhart, Bürgerliche Gesellschaft und Revolution. eine ideologiekritische Untersuchung des politischen und sozialen Bewußtseins in der Mitte des 19. Jahrunderts. Dargestellt am Beispiel einer Gruppe des Münchner Bildungsbürgertums, München 1978. Allg. zum bürgerlichen Habitus L. Gall, "... ich wünschte ein Bürger zu sein". Zum Selbstverständnis des deutschen Bürgertums im 19. Jahrhundert, in: HZ 245 (1987), 601-623; W. Kaschuba, Deutsche Bürgerlichkeit nach 1800. Kultur als symbolische Praxis, in: J. Kocka (Hg.) (wie Anm. 75), Bd. 3, 9-44; J. Kocka (Hg.), Bürger und Bürgerlichkeit im 19. Jahrhundert, Göttingen 1987. Zur Spannung zwischen liberaler und katholischer Orientierung u.a. F. Eyck (wie Anm. 14);

93 Z.B. die Grundsätze der 1859 in München gegründeten Süddeutschen Zeitung, München: "Ausbildung ... des konstitutionellen Systems, erweiterte Selbstverwaltung, Freiheit des industriellen Lebens, Bewahrung der Staatshoheit unabhängig von kirchlichen Einflüssen" (1.10.1859).

94 Dazu jetzt konzis Friedrich Wilhelm Graf, Kulturprotestantismus, in: Theologische Realenzyklopädie, Bd. 20, Berlin 1990, 230-243; Th. Nipperdey (wie Anm. 9), 427ff. und ders. (wie Anm. 33), 468ff.; auch L. Hölscher, Die Religion des Bürgers. Bürgerliche Frömmigkeit und protestantische Kirche im 19. Jahrhundert, in: HZ 250 (1990), 595-630, 615ff. Zur Spannung von Katholizität und Modernität vgl. u.a. E.-W. Böckenförde, Zum Verhältnis von Kirche und Moderner Welt. Aufriß eines Problems, in: R. Koselleck (Hg.), Studien zum Beginn der modernen Welt, Stuttgart 1977, 154-177.; F.-X. Kaufmann, Religion u. Modernität. Sozialwissenschaftliche Perspektiven, Tübingen 1989, bes. 14f.

95 Z.B. K. A. von Müller (wie Anm. 82), 161ff.

96 Vgl. Anm. 23; H. Jedin (Hg.) (wie Anm. 3), Bd. VI/1, 696ff. (R. Aubert).

97 M. Doeberl (wie Anm. 23), 40ff.; Stenogr. Berichte des Bayer. Landtags, Kammer der Abgeordneten, Session 1869/70, Bd. 3, 377-410 (18/19.7.1870). Zu Sepp u.a. seine Broschüre An das Wahlvolk von Oberbayern von einem deutschen Parlaments-Mitgliede, München 1848, Staatsbibliothek München, Handschriften-Abt., Seppiana 173; Briefe von Geistlichen (von "Wir halten Sie für den Mann ... wahrhaft katholischer Gesinnung" (Stadtpfarrer Deggendorf 22.4.1848) bis zur "Mißtrauens-Erklärung an den Exprofeßor Herrn Dr. Sepp" (Geistliche und Bürger aus Mainburg 30.1.1872)), ebd., 54; Broschüre Was wird uns der Friedensschluß bringen? 1870, ebd., 179; Rede (Ms.) Zu den Reichstagswahlen. Kann der Abgeordnete sich blindlings an Herrn Windthorst und das Centrum verkaufen? ("Der römische Clerus steht überall feindselig uns Deutschen gegenüber"), o.J. (1884) ebd., 54; Glückwünsche der Altgermanischen Markgenossenschaft Männer-Gesang-Verein Germania München zum 90. Geburtstag 1906 ("Solche Helden wie er / Gib uns Wotan mehr!"), ebd., 74; Briefe Bismarcks, ebd., 65. Zum Verhältnis von katholischer und nationaler Loyalität allg. A. Langner (Hg.), Katholizismus, nationaler Gedanke und Europa seit 1800, Paderborn 1985; E. Iserloh, Der

Katholizismus und das Deutsche Reich von 1871, in: D. Albrecht u.a. (Hg.), Politik und Konfession. Festschrift für K. Repgen, Berlin 1983, 213-229.

98 Z.B. Bischöfl. Zentralarchiv Regensburg, Pfarrbeschreibung 1860, Cham St. Jakob.

99 Z.B. Pfarrarchiv Oberhaching, Paschal-Elaborate 1864/65, 1871/72, 1886/87. Zum Bayerischen Lehrerverein vgl. J. Guthmann, Ein Jahrhundert Standes- und Vereinsgeschichte (Der BLLV. Seine Geschichte Bd. 2), München 1961; allg. R. Bölling, Sozialgeschichte der deutschen Lehrer, Frankfurt 1983.

100 Z.B. Bischöfl. Zentralarchiv Regensburg, Pfarrakten Frontenhausen (Jahres-Berichte 1870); Erzbischöfl. Archiv München, Generalia 107, 155 (Paschalberichte München 1886/87, 1888/89).

101 Die Berichte der Beamten und Pfarrer nennen, wenn sie Gruppeneinstellungen beschreiben, kaum je Zahlen und sprechen – wenn überhaupt – nur vage von Minderheit oder Mehrheit. Die Wahlentscheidung läßt sich – so sehr die Stimmen für Patriotenpartei/Zentrum relativ verläßlich den Kreis der Kirchenverbundenen angeben – aufgrund der Kategorien der Berufsstatistik nicht zufriedenstellend Schichten zuordnen (zu den Problemen bayerischer Wahlstatistik M. Niehuss, Zur Schichtungsanalyse der SPD-Wähler in Bayern 1890-1900, in: P. Steinbach (Hg.) (wie Anm. 56), 217-230, 221f.

102 Vgl. D. Albrecht (wie Anm. 24), passim; K. Möckl (wie Anm. 6), passim; J. Reimann, Ernst Müller-Meiningen senior und der Linksliberalismus in seiner Zeit, München 1968, 83ff.

103 Z.B. Erzbischöfl. Archiv München, Generalia 107, 155 (Paschalberichte München 1886/87, 1888/1889); B. Kühle, Der Münchener Vinzenzverein, Wuppertal-Elberfeld 1935; Verhandlungen der XIX. Generalversammlung der katholischen Vereine Deutschlands in Bamberg 1868, 393ff. Vgl. L. Lenk (wie Anm. 89); F. Hartmannsgruber (wie Anm. 8), 155ff.

104 Vor allem im Bild Münchens um 1900 bilden die Differenzen zwischen 'Liberalen' und 'Klerikalen' in den bürgerlichen Kreisen ein häufiges Thema autobiographischer Erinnerung wie literarischer Gestaltung.

105 Vgl. u.a. H.-J. Nesner (wie Anm. 81). Ein Signal hatte der Bayerische Katholikentag 1889 gesetzt (Der erste Bayerische Katholikentag zu München am 23. September 1889, hg. im Auftrag des Central-Comités, München 1889); vgl. K. Möckl (wie Anm. 6), 278ff.

106 Vgl. G. Schwaiger, Die persönliche Religiosität König Ludwigs I. von Bayern, in: Zs. f. bayer. Landesgeschichte 49 (1986), 381-398; H. Rall, Das Altarsakrament und Bayerns Könige, in: Der Mönch im Wappen (wie Anm. 89), 361-374; ders., Ausblicke auf Weltentwicklung und Religion im Kreise Max II. und Ludwigs II., in: Zs. f. bayer. Landesgeschichte 27 (1964), 488-523; E. J. Greipl, König Maximilian II. von Bayern und die Religion, in: Haus der Bayerischen Geschichte (Hg.) (wie Anm. 6), 141-149; K. Möckl (wie Anm. 6), bes. Kap. III. – Entschieden katholisch wirkte dann der letzte bayerische Monarch: A. Beckenbauer, Ludwig III. von Bayern 1845-1921, Regensburg 1987, 63ff.

107 W. K. Blessing (wie Anm. 9), 249f. Allg. E. Deuerlein, Die Bekehrung des Zentrums zur nationalen Idee, in: Hochland 62 (1970), 432-449; R. Morsey, Die deutschen Katholiken und der Nationalstaat zwischen Kulturkampf und Erstem Weltkrieg, in: G. A. Ritter (Hg.), Die deutschen Parteien vor 1918, Köln 1973, 270-298. Zum nationalen Bekenntnis katholischer Prominenz im Krieg herausragend G. Pfeilschifter (Hg.), Deutsche Kultur, Katholizismus und Weltkrieg, Freiburg ²1916, zur Breitenvermittlung z.B. B. Duhr S.J., Mit Gott für König und Vaterland. Ein Kriegsgebetbüchlein, München 1914 und vor allem H. Missalla, 'Gott mit uns'. Die deutsche katholische Kriegspredigt 1914-1918, München 1968. Zur Entspannung zwischen den Konfessionen in nationaler Absicht S. Merkle, Konfessionelle Vorurteile im alten Deutschland, in: Süddeutsche Monatshefte. Kriegshefte, 1914, 390-406. Vgl. W. Loth (wie Anm. 8), 279ff.

108 Zur Entkirchlichung in den Unterschichten z.B. Erzbischöfl. Archiv München, Generalia 107, 155 (Paschalberichte München 1886/87, 1888/89: bes. Mariahilf, St. Margareth, St. Ursula, St. Johann Baptist). W. K. Blessing (wie Anm. 9), 245ff.

109 Die schon durch die Kultusminister Ludwig August von Müller (1890-1895) und Robert von Landmann (1895-1902) eingeleitete Abwendung von dem seit 1866 unter Franz von Gresser (1866-1869) und Johann von Lutz (1869-1890) herrschenden Kurs mündete mit Anton von Wehner (1903-1912) in eine betont zentrumsfreundliche Politik, sichtbar vor allem in Schulfragen (u.a. Verhandlungen des Bayer. Landtags, Kammer der Abgeordneten, Session 1907-11, Bd. 5, 142ff.).

110 Vgl. A. Schwarz, Die Zeit von 1918 bis 1933, in: M. Spindler (Hg.), Handbuch (wie Anm. 2), Bd. IV/1, 387-517; W. Zorn, Bayerns Geschichte im 20. Jahrhundert, München 1986, Teil 2 und 3; K.Schönhoven, Die Bayerische Volkspartei 1924-1932, Düsseldorf 1972.

JOSEF MOOSER

"Christlicher Beruf" und "bürgerliche Gesellschaft".
Zur Auseinandersetzung über Berufsethik und wirtschaftliche "Inferiorität" im Katholizismus um 1900

Im Frühjahr 1896 debattierte der Bayerische Landtag wieder einmal über die "Zurückstellung" der Katholiken im Staatsdienst und an den Universitäten. In diesem Zusammenhang veröffentlichten die Münchner Neuesten Nachrichten einen Artikel, der in der katholischen Öffentlichkeit eine so große Erregung hervorrief, daß noch zehn, 15 Jahre später polemisch darauf Bezug genommen wurde. Der Zeitungsartikel brachte zunächst das schon länger bekannte Hin und Her von Argumenten. Er wies bildungsstatistisch nach, daß die geringere Vertretung von Katholiken in den Spitzenpositionen – gemessen am katholischen Bevölkerungsanteil – im Mangel an geeigneten Kandidaten gründe. Die Katholiken seien also selbst schuld an dem von ihnen beklagten Zustand, insbesondere wegen ihres "Mißtrauens" in die moderne Bildung und Wissenschaft. Das nationalliberale Blatt schloß mit der Aufsehen erregenden Prognose, daß die Katholiken mit "mathematischer Sicherheit" aus den führenden Stellungen verdrängt werden würden. "Sie werden verarmen und infolge dieser Verarmung immer weniger in der Lage sein, ihre Kinder auf höhere Schulen zu schicken".[1] Georg von Hertling, der Vorsitzende der Görres-Gesellschaft, dramatisierte die Prognose noch. Er sprach so klar wie vorher nicht üblich vom "Bildungsdefizit" der Katholiken und sah in der Zukunft die Bevölkerung auch in "katholischen Ländern" wie Bayern in "zwei Klassen" auseinanderfallen, "in die herrschende Klasse der gebildeten Protestanten und in die beherrschte der katholischen Bauern und Handwerker".[2] Hertling blieb nicht ungehört. Sein Thema beherrschte im Jahre 1896 (und darüber hinaus) die "ganze Atmosphäre des katholischen Lebens in Deutschland".[3]

Damit erlebte eine schon ältere, von der staatsrechtlichen "Parität" zwischen den Konfessionen ausgehende und auf viele Gebiete des öffentlichen Lebens ausstrahlende interkonfessionelle Auseinandersetzung über Zusammenhänge zwischen Religion und Wirtschaft, Religion und Lebensführung eine neuerliche und zugespitzte Aktualität. Erst in den Jahren um die Jahrhundertwende wurden dabei die Schlagworte von der "Inferiorität" oder – im Gegenzug – der "Superiorität" der Katholiken populär. Insbesondere ging es um die angebliche Bremserrolle der katholischen Religion gegenüber der sogenannten "modernen Kultur", ein Begriff, in dem alle Eigenarten und Errungenschaften der nachständischen, bürgerlichen Gesellschaft fortschrittsbewußt zusammengefaßt wurden. Im Unterschied zu früheren Auseinandersetzungen äußerte sich jedoch seit den 1890er Jahren auch die innerkatholische Selbstkritik deutlicher, sie blieb nicht auf Außenseiter wie die Reformkatholiken beschränkt. Dabei verharrte diese Selbstkritik nicht bei der Rekrutierung der Kandidaten für den Staatsdienst oder den wissenschaftlichen Nachwuchs. Das Problem des "Bildungsdefizits" öffnete die Schleusen auch für andere Fragen: etwa nach dem Anteil von Katholiken am Wirtschaftswachstum; nach der ästhetischen Qualität der katholischen Literatur; oder nach den Ursachen, warum sozialdemokratische Arbeiter augenscheinlich kompetenter in der Vertretung ihrer Interessen waren als katholische.[4]

Alle diese und andere Fragen wurden (mehr oder weniger klar) auf allen Seiten in konfessionell vergleichender Perspektive gestellt und zu beantworten versucht. Die Hauptfrage war, ob und inwiefern die katholischen Defizite konfessionell bedingt seien. Oder in Max Webers Worten, der sich in diesem Kontext zu seinen Studien über die protestantische Ethik herausgefordert sah: "Der Grund des verschiedenen Verhaltens muß also der Hauptsache nach in der dauernden inneren Eigenart und nicht nur in der jeweiligen äußeren historisch-politischen Lage der Konfessionen gesucht werden".[5] Gerade diese "äußere Lage" dominierte aber das Muster katholischer Antworten auf die Frage nach den Ursachen der "Inferiorität". Man sah sich als Opfer der Geschichte seit 1789. Das Bildungsdefizit erschien als Folge des "großen weltgeschichtlichen Unrechts" der Säkularisation,[6] der Verarmung der Kirche und des Raubes ihrer Bildungsinstitutionen. Die Aufstiegshindernisse im Staatsdienst wurden gedeutet als bewußte oder unbewußte Diskriminierung seitens der protestantischen Eliten. Die Webersche Art der Fragestellung dagegen war fast tabu – weshalb auch die offene und direkte Auseinandersetzung mit Webers These seitens katholischer Wissenschaftler und Intellektueller selten blieb oder sich auf Nebenfragen beschränkte.[7] Das ist insofern nicht verwunderlich, als Webers Fragestellung die religiöse Identität der Katholiken berührte, die als eine tiefe Verletzung empfunden wurde. Der Begriff "Inferiorität" galt als ein "ungeheuerlicher Vorwurf"[8], der die "Ehre und Selbstachtung" der Katholiken angreife, weil er dem katholischen Glauben in prinzipiellem Sinne eine Minderwertigkeit zuspreche.[9] Hinzu kam die historische Wahrnehmung, daß die Rede von der "Inferiorität" eine verdeckte Wiederholung der aufklärerischen und revolutionären Kirchenkritik darstellte. Tatsächlich spielten Argumente aus der Aufklärung des 18. Jahrhunderts – z.B. die Unmündigkeit der Laien unter geistlicher Herrschaft oder die Entwertung der Arbeit infolge des mönchischen Ideals religiöser Vollkommenheit – auch um 1900 durchaus noch eine Rolle[10].

Obwohl Max Weber den Katholiken der wilhelminischen Zeit – nicht nur aus diesen Gründen, sondern auch wegen seines Postulats der Werturteilsfreiheit – abgrundtief fremd blieb, sei im folgenden doch seine Fragestellung auf die innerkatholische Auseinandersetzung um die wirtschaftliche Rückständigkeit angewendet. Weber fragte bekanntlich nach der "inneren Eigenart" der Konfessionen in bezug auf die Berufsethik, wie und welche inneren psychischen Prämien sie auf die methodisch kontrollierte Lebensführung und Berufsarbeit setzten zum Zweck der religiösen Heilsvergewisserung.[11] In der protestantischen Berufsethik sah er einen religiösen Antrieb, der in seinen Folgen, das heißt der methodischen Berufsarbeit "um ihrer selbst" Willen zum "Geist des Kapitalismus" sich säkularisierte, aber letztlich doch "irrational" blieb, das heißt nicht aus den Funktionsimperativen kapitalistischer Wirtschaft ableitbar war. Nicht das Gewinnstreben als solches, sondern die methodisch-rationale Arbeit galt Weber als Zeichen des modernen Kapitalismus, den er daher auch vom bloßen Raub- oder Beutekapitalismus unterschied. In eigentümlicher Weise feierte er die kalvinistisch-protestantische Berufsethik des 16./17. Jahrhunderts auch als die "bürgerliche" Ethik des 19. Jahrhunderts, die Berufsarbeit als eine quasi-religiöse Grundlage der eigentätigen und eigenverantwortlichen Persönlichkeitsbildung.

Diese Andeutung muß hier genügen, um die Fragerichtung deutlich zu machen. Es interessieren Eigenarten der katholischen Berufsethik als Bestandteil einer katholischen Identität im späten 19. Jahrhundert und deren möglicher Wandel unter der Herausforderung der Auseinandersetzung um die "Inferiorität". Gab es im katholischen Selbstbild eine spezifische Auffassung über die Berufsarbeit, in der gruppenhafte Zeiterfahrungen verarbeitet und religiös gedeutet waren und mit der man sich von anderen absetzte? Welche Veränderungen sind dabei zu registrieren? Auf welche Grenzen stieß der Wandel? Nur um Normen, Selbstreflexionen, Motivationen und Einstellungen geht es im folgenden, nicht um die ex post möglichen politik-, sozial- und wirtschaftsgeschichtlichen Aussagen zur Realgeschichte der katholischen Rückständigkeit, die um 1900 in den oberen Berufs-und Einkommenspositionen tatsächlich erheblich war.[12]

Die hauptsächliche Grundlage für die folgenden Überlegungen bilden einerseits einschlägige Abschnitte und Artikel in normativen Quellen: Moraltheologischen Werken, katholischen Lexika und Zeitschriften, nicht zuletzt Periodika von Geistlichen und für Geistliche, da diese hier als intellektuelle Führungsgruppe im katholischen Milieu ernst genommen werden.[13] Auf der anderen Seite wurden Reden und Beschlüsse der Katholikentage im Kaiserreich ausgewertet. Die Katholikentage bildeten eine prominente Öffentlichkeit des katholischen Milieus, in denen zwar nicht über Berufsethik doziert wurde. In der Selbstdarstellung und Auseinandersetzung mit der Umwelt erscheinen aber in vielen sehr unterschiedlichen Zusammenhängen immer auch berufsethische Einstellungen. Sie tauchen dabei gewissermaßen nebenbei, wie selbstversändlich auf, so daß man sie als Indikator für tatsächlich gegebene, zumindest gewünschte Haltungen lesen kann.[14]

1. Gab es eine katholische Berufsethik?

Liest man die genannten Quellen begriffsgeschichtlich, dann findet man bis ins späte 19. Jahrhundert kaum Spuren des Sprachwandels um 1800.[15] Damals spaltete sich das Erfahrung verarbeitende und Erwartungen stiftende Verständnis von "Beruf" noch stärker als in der Reformation konfessionell und weltanschaulich auf. Neben der protestantischen Säkularisierung der theologisch fundierten vocatio zur philosophisch begründeten individuellen Arbeit, die der inneren, persönlichen Neigung folgt, überdauerte der katholische Traditionalismus. In ihm dominierte eindeutig – unter dem Einfluß der Neoscholastik – der theologische Begriff der Berufsarbeit als Amt und Dienst in einer naturrechtlich, göttlich vorgegebenen Ordnung. Der "Beruf" war ein "Lebensstand" mit der Pflicht zu nützlicher Tätigkeit für diese überindividuelle Ordnung. Das Wort umfaßte in der moraltheologischen Argumentation daher nicht nur die spezialisierte Erwerbstätigkeit, sondern auch den "Beruf der Frau", die dauerhafte Lebensstellung in der Ehe. Die

Frage der Berufs- oder "Standeswahl" schloß immer noch die Ehe bzw. Ehelosigkeit ein. Sittlich wichtig war die Erfüllung der objektiven Pflichten des Standes, nicht die individuelle Zielsetzung und subjektive Bildung in der Arbeit, die der inneren Neigung folgt. Franz Hitze konnte daher 1880 davon sprechen, daß "in unserer Zeit" nur die Arbeit als individuelles "Erwerbsmittel" zähle, während die soziale "Idee des Berufes verloren gegangen" sei.[16] Anders als in der Weberschen Konzeption sicherte die Berufsarbeit als solche keine religiöse Heilsgewißheit; allerdings gehörte zur Erlangung der religiösen Vollkommenheit die Erfüllung der ständischen Berufspflichten.

Immer wieder und mit großen Nachdruck korrigierten die Moraltheologen daher die populäre protestantische Wahrnehmung, daß das religiöse Lebensideal der Katholiken in mönchischer "Weltflucht" bestehe und daher den sittlichen Wert der Arbeit degradiere.[17] Das katholische Berufsverständnis enthielt durchaus persönlichkeitsbildende Momente. Mit der Pflicht zur Arbeit waren normativ verbunden Fleiß und Arbeitsamkeit, die Treue im Beruf, Ausdauer und Stetigkeit, die qualitätvolle und zuverlässige Arbeit, die Bindung an sittliche Normen im Vollzug der Tätigkeit, also die "ehrliche Arbeit". In diesem Sinne galt Arbeit als ein Mittel zur Förderung der Sittlichkeit. Die dadurch bewirkte Persönlichkeitsbildung sah man allerdings eher defensiv als eine Schulung des durch die Erbsünde geschwächten Willens – nach dem Motto: "Müßiggang ist aller Laster Anfang". Regelmäßige Berufsarbeit sollte primär vor den in der Menschennatur angelegten Lastern schützen. Auf der Grundlage dieser pessimistischen Anthropologie verwahrte man sich ausdrücklich gegen den Gedanken der Selbstbildung durch Arbeit, die in sich ein sittlicher Zweck sei. "Mag man auch noch so viel deklamieren darüber", rief 1895 der geistliche Gymnasialprofessor und Zentrumspolitiker Franz X. Schädler seinen Zuhörern auf dem Katholikentag zu, "daß die Arbeit Selbstzweck sei, daß sie um ihrer selbst Willen verrichtet werden müsse, daß sie auch ihren Genuß und ihren Lohn in sich selbst trage, die Menschennatur straft diese Deklamationen Lüge, denn die Menschennatur ist der Arbeit abgeneigt".[18]

Die normativen Texte bieten daher nur wenige, sehr allgemein gehaltene Gedanken zur Berufswahl. Sie schärfte zwar deren hohe Bedeutung ein und forderten, auf die individuellen Neigungen und Fähigkeiten Rücksicht zu nehmen, vor allem im Hinblick auf die folgenreiche "Berufung" zum geistlichen Stand. Die Wahl des "weltlichen" Berufes hingegen galt bis ins späte 19. Jahrhundert den Moraltheologen offenbar als ein geringes Problem, abgesehen vom moralischen Vorbehalt, daß "sittlich unerlaubte und unnütze Berufe ... von vornherein ausgeschlossen" waren.[19] Klarer stellten sich die Grenzen der "Berufsfreiheit" für die Frauen dar, wobei katholisches Naturrecht und bürgerlicher Patriarchalismus übereinstimmten, daß die "herrschende Sitte" ihnen den "stillen häuslichen Kreis" zuweise.[20] Mehr oder weniger stillschweigend herrschte die Vorstellung der Berufsvererbung, moralisch und theologisch aufgehoben im vierten Gebot, der Pflicht zum Gehorsam seitens der Kinder und zur Fürsorge seitens der Eltern. Mit Rücksicht auf die Rekrutierung des Klerus und die kanonische Ehegesetzgebung war allerdings das ständische elterliche Konsensrecht bei der Berufs- und Ehepartnerwahl prinzipiell insofern durchbrochen, als die Kirche die "freie" Wahl des geistlichen und Ehestandes forderte.[21]

Die ständische Tradition schärfte auf der anderen Seite jedoch den realistisch-nüchternen Blick auf die Freiheit der Berufswahl. Sie wurde zwar im Grundsatz akzeptiert, in ihrer Bedeutung aber soziologisch relativiert durch den Hinweis auf die sozialen Lagen, die das Recht der freien Berufswahl vielfach illusionär machen oder einschränken würden. Die Erfahrung der Klassenbildung und proletarischen Armut bestärkte damit den sozialmoralischen Traditionalismus.[22]

Zum Traditionalismus der katholischen Berufsauffassung gehörten freilich mehr noch als Enttäuschungen über Aufstiegschancen die offenen, explizit normativen Warnungen vor sozialer Mobilität. Eine Katholikentagsresolution im Jahre 1889, die u.a. vom Arbeiter und Reichstagsabgeordneten Gerhard Stötzel eingebracht worden war, deklarierte das "Herausstreben aus der angeborenen Lebensstellung" zu einer der "Hauptgefahren" für die Gesellschaft und empfahl Eltern und Lehrern "dringend das Festhalten an denjenigen Grundsätzen und Anschauungen, welche sie von ihren Eltern als Familientradition erhalten haben und dafür zu sorgen, daß das richtige Standesbewußtsein schon früh bei den Kindern ausgebildet werde". Nur die Rücksichtnahme auf die Rekrutierung des Klerus aus den bäuerlichen und kleinbürgerlichen Schichten ließ den Katholikentag davon Abstand nehmen, pauschal die "Überbildung" anzuprangern, wie es noch im ursprünglichen Entwurf erfolgte.[23] Abgesehen davon sollte jenes "Standesbewußtsein" mit einer standesspezifischen Bildung verbunden sein. Warnungen vor einer "über den Stand hinausgehenden Bildung"[24] waren daher Legion, nicht selten verbunden mit mehr oder weniger empörten, ironischen oder höhnischen Bemerkungen über den "Dünkel" der modernen Bildung. Eher zurückhaltend formulierte Cathrein seinen Kommentar zur Verfehlung eines "passenden Berufes" infolge des "falschen Bildungstriebes": Die für die Gesellschaft nützlichen "niedrigen Verrichtungen" fänden nicht mehr die nötigen Kräfte. "Das bißchen Schulbildung und der große Dünkel macht sie zu vornehm und gelehrt, um sich mit solchen niedrigen Arbeiten abzugeben. Alles drängt sich zu den höheren Stellungen. Jeder will lieber wenigstens 'Schreiber' in einer Beamtenstube oder bei einem Kaufmann werden, als ein ehrsames Handwerk ergreifen, bei dem man schwielige Hände bekommt".[25]

Auf Argwohn stießen auch andere Formen von Mobilität. Die Arbeitswanderung wurde durch die Brille der Seelsorgeprobleme in der Diaspora wahrgenommen und damit als Ursache einer "religiösen Erschlaffung".[26] In der Auswanderung sah man überwiegend niedere Motive des Erwerbstrebens wirksam. Allein die Karrierestufen im Handwerk – vom Lehrling über den Gesellen zum Meister – stellten eine erwünschte und durch die Gesellenvereine unterstützte Form sozialer Mobilität dar. Wie die wirtschaftliche Konkurrenz auf dem Markt als Quelle der moralischen Erosion galt, so stieß auch die liberale Maxime von "Aufstieg der Begabten" auf die ideologiekritisch begründete Ablehnung; sie sei "ein schönes Wort, aber auch nicht viel mehr", bemerkte Oswald v. Nell-Breuning 1926.[27]

Ein solches Urteil lag in der Tradition der kritischen sozialgeschichtlichen Bewertung der bürgerlichen Gesellschaft des 19. Jahrhunderts als "ständisch aufgelöste Gesellschaft". Auf diesen negativen Begriff brachte Adolf Bruder 1892 bzw. 1901 die gesellschaftliche Struktur und Mobilität nach den liberalen Reformen. Dabei betonte er die Polarisierung zwischen Arm und Reich und rückte in der Schilderung der sozialen Klassen gerade solche Berufsgruppen, die für den sozialen Wandel charakteristisch waren, in eine Residualklasse, die dadurch eine ironische Gestalt annimmt: "Schließlich gibt es zwischen Arm und Reich eine Grenzzone, bestehend aus kleinen Beamten, Schullehrern, besser gestellten Handwerkern und Landleuten, kleinen Kaufleuten und Fabrikanten". Dazu wird noch trocken bemerkt, daß die Auf- oder Abstiegsmobilität in jene "Grenzzone" Ausnahmen darstellten, die die "Aufmerksamkeit in unverdientem Maße" auf sich ziehen würden.[28]

Wie Bruders Einordnung der erwähnten Gruppen nahelegt, erhält man ein schärferes soziales Profil der bisher skizzierten katholischen Berufsauffassung, wenn man nach der konkreten positiven oder negativen Wertschätzung bestimmter Berufe fragt. Selbstverständlich wurde dem geistlichen Beruf die höchste Bedeutung und Achtung zugesprochen. An zweiter Stelle rangierten die (natürlich kirchentreuen) Gelehrten, wobei manchmal die Juristen besonders herausgehoben wurden, die als besondere Hüter der göttlichen Weltordnung galten, weil im Horizont des katholischen Naturrechtsdenkens das Recht ein Ausfluß göttlicher Gerechtigkeit und nicht der positiven Setzung war.[29] Diese beiden Berufe sind die einzigen, die herausragen in der allgemeinen Betonung, daß alle und insbesondere die handarbeitenden Berufe geachtet werden sollten, sofern sie für eine sittlich geordnete Welt nützlich seien. Die moralischen Kriterien für letzteres wurden aber kaum näher expliziert. In der katholischen Kritik der bürgerlichen Gesellschaft und den Zielsetzungen der Sozialpolitik ist aber – nicht überraschend –eine besondere Wertschätzung der Berufspositionen des alten Mittelstandes zu erkennen. Sie schienen den katholischen Normen der Berufsarbeit und Lebensführung am nächsten zu stehen. "Im echten und rechten Mittelstand" der Bauern und Handwerker sah der Jesuit Victor Cathrein 1899 die "soliden bürgerlichen Tugenden" gedeihen: Arbeitsamkeit und Fleiß, die vor schädlichem Müßiggang bewahren und die Unabhängigkeit des Charakters aufgrund der selbständigen Existenz gewährleisten.[30] Nur der Händler und Kaufmann waren von dieser selbstverständlichen Schätzung des alten Mittelstandes ausgenommen. Ihnen haftete der sehr alte Verdacht des Wuchers oder das neuere Stereotyp der Dummheit an, wie ein Kaufmann auf dem Katholikentag 1912 klagte. Es gebe leider noch "weite Kreise ..., die glauben, daß derjenige, der für einen anderen Stand nicht brauchbar ist, für den Kaufmannstand immer noch genug sein soll".[31]

Mit der berufsethischen Wertschätzung des alten Mittelstandes war das katholische Engagement für die Arbeiter gut zu begründen, teilweise auch anknüpfend an die ständischen Berufstraditionen etwa der Bergarbeiter. Die Überwindung der proletarischen Existenzunsicherheit orientierte sich zwar nicht an der sozialrechtlichen Selbständigkeit, aber an einer äquivalenten sozialen Sicherheit. Diese sah man fundiert in menschenwürdigen Arbeitsbedingungen und Löhnen, die die Subsistenz der Familie sichern, dadurch auch die "unnatürliche" Frauenerwerbsarbeit überflüssig machen und darüber hinaus die Bildung eines bescheidenen Vermögens erlauben sollten. Das Ziel katholischer Sozialpolitik brachte ein Autor im Staatslexikon noch 1901 auf die Kurzformel, daß im Hinblick auf das "zeitliche und ewige Heil der Menschen" Gesellschaft und Wirtschaft so zu ordnen seien, "daß der Bestand wohlhäbiger Bauern-, Handwerker- und Arbeiterfamilien gesichert ist".[32]

Zu den sozialethisch geschätzten Berufskreisen zählten – mit Ausnahme der Arbeiter – jedoch nicht die teils neu entstehenden, teils ein charakteristisches Profil gewinnenden und für die bürgerliche Gesellschaft charakteristischen Berufe. Alle modernen akademisch gebildeten Berufe, insbesondere die Lehrberufe, die das geistliche Bildungsprivileg erschütterten, standen im Schatten des Verdikts über die "moderne Bildung" mit dem Buch protestantischer Häresie.[33] Ähnlich wie die Presse galt sie als eine Giftquelle des unchristlichen, liberalen Zeitgeistes, so daß auch der Journalist und freie Schriftsteller suspekt war, obwohl man in der Auseinandersetzung mit der bürgerlichen Welt und in der Formierung des katholischen Milieus von den Mitteln des literarischen Massenmarktes ausgiebig Gebrauch machte. Aber die Schriftstellerei sollte kein gewerbsmäßiges, zum Schund verführendes "Handwerk" werden. Der katholische Literaturpapst der Kulturkampfzeit, Prälat Franz Hülskamp, mahnte die katholischen Schriftsteller 1887 daher, ihre Tätigkeit im "Nebenamt" zu betreiben und zunächst "dem Berufe nach(zu)kommen, der ihnen von Gott, von ihren Oberen, von ihren Verhältnissen angewiesen ist".[34] Am wenigsten gefährdet erschien der Geistliche in literarischen und journalistischen Funktionen, die von diesen auch tatsächlich wahrgenommen wurden.[35]

Nicht ganz so negativ wertete man die neu entstehenden industriellen Berufe, sofern sie überhaupt wahrgenommen wurden. Bei den Moraltheologen, aber auch in den Reden auf den Katholikentagen war von Technikern, Ingenieuren oder Chemikern lange Zeit überhaupt nicht die Rede, wohl aber vom Unternehmer, und das meist in kritischer Absicht. Das Bild des Unternehmers als patriarchalischer "Hausvater" gegenüber seinen Arbeitern und als der reiche Mäzenat blieb blaß im Vergleich zur Polemik gegen den gerissenen Geschäftsmann, der seine Millionen erwarb, nicht ohne mit dem Ärmel ans Zuchthaus zu streifen. Der Unternehmer war der "glückliche Gewinner" in den wirtschaftlichen Konjunkturen, der schnell reich werdende und egoistische Parvenü neben dem armen Arbeiter. Man klagte seine soziale Arbeitgeberfunktion ein, hatte aber keinen Blick für die wirtschaftliche Unternehmerfunktion. Die Erfahrung der Gründerjahre und der Gründkrise in den 1870er Jahren wirkte offenbar lange nach.[36] Gewissermaßen als Urbild des Unternehmers kolportierte man nicht selten Aufstieg und Fall des Eisenbahnkönigs Bethel Henry Strousberg, wobei der Hinweis auf dessen jüdische Herkunft nicht fehlte.[37] Das verweist auf den weit verbreiteten sozialen Antisemitismus innerhalb des Katholizismus, der sich auch darin zeigt, daß katholische Intellektuelle Werner Sombarts These über den jüdischen Ursprung des "kapitalistischen Geistes" stärker rezipierten als Webers These über die puritanischen Quellen dieses Geistes.[38]

Dieser Umriß der katholischen Berufsethik im späten 19. Jahrhundert muß hier genügen. Trotz Überlappungen mit dem bildungsbürgerlichen Berufsbewußtsein[39] der entstehenden

"Professionen" – Dienst am Allgemeinwohl, das die Standesehre und die -moral begründet – war sie eine unbürgerliche Berufsethik, fundiert durch religiöse und überindividuelle Normen, die der subjektiven bürgerlichen Leistungsethik fremd waren. Sie bildete einen Teil der umfassenden Bürgertumskritik. Cathrein meinte mit den oben zitierten "soliden bürgerlichen Tugenden" natürlich nicht den modernen, als unchristlich gedeuteten Wirtschafts- und Bildungsbürger, sondern den alten Stadtbürger, der auch im Mittelpunkt der thomistischen Sozialethik gestanden hatte. Der historisch vergängliche Charakter dieses Stadtbürgertums wurde selbstverständlich respektiert, aber gleichzeitig reklamiert, daß der darauf aufbauende "scholastische Berufsgedanke ... ganz allgemein für alles Gemeinschaftsleben dauernde Geltung beanspruchen (dürfte)". Er war in nuce das Programm einer nicht-individualistischen Wirtschaftsordnung.[40]

Die unbürgerliche katholische Berufsethik war jedoch nicht nur eine neoscholastische Doktrin des Klerus. Sie verarbeitete darüber hinaus politische, kulturelle und soziale Erfahrungen der Katholiken im 19. Jahrhundert, den Konflikt zwischen Reformstaat und Kirche und noch mehr den Konflikt mit der nationalliberalen, stark kulturprotestantisch geprägten bürgerlichen Elite. In ihrer Orientierung auf den "alten Mittelstand" war die katholische Berufsethik noch lange "vorindustriell"; sie verhielt sich defensiv, aber auch polemisch zum industriellen Strukturwandel und gewann damit – wohl anders als die protestantische Sozialethik im 19. Jahrhundert – bis zu einem gewissen Grade ein realistisch-kritisches Gespür für die neue Arbeiterfrage. Schärfe und Plausibilität dieser Dialektik des Traditionalismus resultierten dabei nicht zuletzt aus dem Umstand, daß zwischen 1850 und 1880 die Zeit der Industriellen Revolution in Deutschland mit der Zeit der "Kulturkämpfe" zusammenfiel. Die katholische Berufsethik war daher nicht nur "anders", unbürgerlich. Ihre katholische Identität stiftete im historischen Zusammenhang gerade der Anspruch, eine Alternative zur bürgerlichen Gesellschaft, nämlich die "christliche Gesellschaft" darzustellen. Im Blick auf dieses Ziel erfuhr die katholische Berufsethik auch ihre Konkretion in den bekannten Standesvereinen, die Wegbereiter für eine neue, berufsständisch geordnete Gesellschaft der Zukunft sein sollten.[41] Obwohl dies utopisch blieb, hat die "Standesbildung" in diesen Vereinen die geschilderten berufsethischen Normen auch sozialisiert. Man darf daher annehmen, daß sie nicht nur als Sonntagspredigt verhallten.

2. Welche Veränderungen dieser identitätsverbürgenden Berufsethik sind in der innerkatholischen Auseinandersetzung über die "Inferiorität" zu beobachten?

Zunächst fällt auf, daß über das "Bildungsdefizit" auch schon in den 1880er Jahren öffentlich gesprochen wurde, freilich ohne weiter ernstgenommen zu werden. So verabschiedete der Katholikentag 1888 auf Antrag des Kaufmanns und Zentrumspolitikers Nikolaus Racke eine Empfehlung, sich durch die "Zurückstellung" im öffentlichen Dienst nicht entmutigen zu lassen und die Söhne auf die höheren Schulen zu schicken, "damit die Zahl der katholischen Studierenden in einem entsprechenden Verhältnis stehe zur Zahl der katholischen Bevölkerung".[42] Besonders in den auch auf den Katholikentagen einflußreichen geistlichen Kreisen herrschte ein selbstsicheres Bewußtsein, trotz aller Hemmnisse doch manches geleistet zu haben, und "wenns nicht mehr ist, so tragen nicht wir die Schuld".[43] Auffälligerweise appellierte jedoch Ludwig Windthorst in den späten 1880er Jahren öfter, mehr zu lernen und zu leisten, weil seinem Eindruck zufolge katholische Kaufleute im Ausland wohlhabender waren als in Deutschland. Sein Wunsch nach katholischen Millionären und Kommerzienräten blieb aber – wie Carl Bachem 1901 sagte – als "Wort in scherzhafter Form" in Erinnerung, das damals "viel Heiterkeit erregt habe".[44] Erst die vielfach sich wandelnden politischen und sozialen Umstände und Herausforderungen in den 1890er Jahren, nicht zuletzt das Vordringen einer neuen politischen Generation von Katholiken im Zentrum, in den Verbänden und auch im Klerus, die einen "bürgerlichen Aufbruch" im politischen Katholizismus bewirkten,[45] erlaubte und förderte die selbstkritische Reflexion über die Ursachen der Rückstände.

Diese Reflexion provozierte die unbürgerliche katholische Identität und drängte auf eine Verbürgerlichung der katholischen Berufsethik. Natürlich änderte sie nicht den allgemeinsten normativen Rahmen, daß Berufsarbeit eine von Gott gewollte, an sittliche Normen gebundene Pflicht und ein Dienst an der Gemeinschaft sei. Aber innerhalb dieses Rahmens wurden doch eine Reihe bedeutender Akzentverschiebungen vorgenommen. In der Wertschätzung der Berufe stand der geistliche Beruf selbstverständlich weiterhin an der Spitze. Aber man individualisierte gewissermaßen die geistliche Berufung und verschob damit die Maßstäbe christlicher Erziehung. Die Entscheidung zum Priesterberuf müsse von der "Charakterreife des jungen Mannes abhängen", betonte 1900 der Rechtsanwalt (und spätere Reichskanzler) Fehrenbach.[46] Sie sollte nicht mehr in erster Linie der Ehre der "christlichen Familie" dienen, die man früher besonders daran gemessen hatte, ob sie Nachwuchs für den geistlichen Stand lieferte.[47] Selbst und gerade Geistliche relativierten die Priorität des Priesterberufes, mahnten zur Gewissensprüfung und warnten "unverständige Eltern", die "ihre Söhne zum Theologiestudium nötigen" und die Mittel für ein anderes Fachstudium verweigern würden.[48]

Daneben wurde der Beruf des Gelehrten, des Wissenschaftlers gegenüber dem Geistlichen aufgewertet. Diesen Wandel repräsentiert Hertlings ebenso berühmter wie manchem anstößiger Satz von 1896, daß ein "einziger Gelehrter", der erfolgreich in die Forschung eingreife und sich als treuer Sohn der Kirche bewähre, "ganze Bände Apologetik" aufwiege.[49] Die Tragweite dieses Satzes lag darüber hinaus in der positiven Schätzung des Wissenschaftsprinzips der kritischen Forschung, das bislang als eine Gefahr für den Glauben gegolten hatte. Hertling, aber auch andere bauten damit mentale Vorbehalte gegen die höheren Schulen und Universitäten ab, deren "unchristlichen Geist" man früher lautstark und unisono beklagt hatte. Nur mit Ausnahme der Jahre 1897, 1899 und 1904 forderte der (jährliche) Katholikentag zwischen 1896 und 1913 in Resolutionen regelmäßig zum akademischen Studium auf. Dieses müsse, betonte der prominente und meinungsbildende Theologieprofessor Joseph Mausbach 1910 eine "Standes-oder Ehrensache" für die "Söhne der besser gestellten Familien" sein.[50]

Jene Resolutionen der Katholikentage wiesen immer auch auf die hohe Bedeutung der "realistischen" neben der humanistischen Bildung hin. Damit verband sich die Aufwertung von wirtschaftlich-industriellen Berufen gegenüber dem bisher am höchsten geachteten Laienberuf, dem Gelehrten. Kaufleute und Unternehmer erfuhren auf den Katholikentagen in Ehrenämtern und als Redner eine gesteigerte Anerkennung. Unternehmer hielten Reden als Unternehmer, nicht – wie früher – als Repräsentanten anderer Funktionen im katholischen Milieu und modifizierten das Unternehmerbild. Sie rechtfertigten den industriellen Strukturwandel hin zum Großbetrieb und korrigierten damit stillschweigend die alte, noch 1895 von dem populären Zentrumspolitiker Adolf Gröber artikulierte Vorstellung, daß die "christliche Gesellschaft" eigentlich eine solche "ohne Kapitalisten, Großfabrikanten und Großhändler" sei.[51] Der Reichtum galt nun als sittlich indifferent, während es auf die Art seiner Verwendung ankomme. Daher wurde auch der ökonomische Erfolg als wirtschaftliches Ziel in der Vordergrund geschoben, ja sogar zum Gebrauch der Ellenbogen und zum Konkurrenzverhalten ermuntert, wenn auch moralisch gezügelt als "edle Dreistigkeit".[52]

Außer dem Unternehmer stießen erst jetzt auch andere moderne Berufskreise auf Interesse. Trotz einer eher realistischen Sicht auf die soziale Lage der Angestellten in den industriellen Großbetrieben und im Handel feierte man in den jesuitischen "Stimmen aus Maria-Laach" den "neuen Mittelstand" ähnlich erleichtert wie in protestantischen bürgerlichen Kreisen als Bremse im Proletarisierungsprozeß.[53] Die Distanz zwischen Industrie und katholischer Kultur ebenso wie den Versuch sie zu überwinden, bezeugen in diesem Zusammenhang ferner eine Reihe von Artikeln in Carl Muths Zeitschrift "Hochland". Dieses seit 1903 erscheinende repräsentative Organ für die Erneuerung der ästhetischen und intellektuellen Kultur im Katholizismus publizierte bemerkenswert nüchterne Beiträge zur modernen Technik, über das Ruhrrevier oder über die Psychologie und das Weltbild des Ingenieurs oder Physikers, wie man sie in anderen katholischen Zeitschriften nicht findet.[54]

Der wohl deutlichste Einbruch in das traditionelle katholische Verständnis des "ständischen" Berufs erfolgte mit der "Frauenfrage". Die Erwerbstätigkeit der jungen, unverheirateten Arbeiterinnen konnte als vorübergehende Tätigkeit noch relativ leicht in die religiöse und naturrechtliche "Bestimmung" der Ehefrau und Mutter integriert und im Postulat der Ausbildung der "Fabrikmädchen" zur Hausfrau harmonisiert werden. Die lebenslange, qualifizierte Berufstätigkeit der Frauen außerhalb des dafür traditionell legitimen geistlichen Standes in Orden und Kongregationen aber war damit nicht mehr zu vereinbaren. Das war eine Herausforderung bekanntlich nicht nur für Katholiken, aber doch eine besondere. Selbst die Kompromißfigur der "geistigen Mütterlichkeit" förderte die Idee der individuellen "Persönlichkeit".[55] Und um nicht erneut in Rückstand zu geraten, galt es "um der katholischen Lebensinteressen" willen, die unvermeidliche Entwicklung zum Frauenstudium entschlossen zu unterstützen, wie 1909 der damals junge Theologieprofessor Michael Faulhaber sagte, selbst um den Preis der Relativierung der konventionellen Moral: "Da muß man die persönliche Sympathie oder Antipathie gegen studierende Frauen in den Hintergrund stellen".[56]

Alle diese Umwertungen waren eingebettet in eine umfassende Rhetorik der allseitigen Ermunterung zur individuellen Initiative und Selbsthilfe im Wirtschaftsleben, die die Zuversicht begründen sollte, daß Katholizismus und Fortschritt nicht nur vereinbar, sondern im Sinne eines nicht-zerstörerischen Fortschritts aufeinander angewiesen seien.[57] Diese Ermunterung blieb nicht bloße Rhetorik. Seit 1898 unterstützte der überregionale Albertus-Magnus-Verein Studenten – ausdrücklich und ausschließlich – der nichttheologischen Fächer mit Stipendien, und seit 1907 fungierte in gleicher Weise der Hildegardis-Verein für Studentinnen. Das persönliche und unsystematische, vorwiegend auf den klerikalen Nachwuchs zielende Studienmäzenatentum der Geistlichen sollte damit erweitert werden.[58] Diese stellten jedoch auch die kräftigsten Förderer des Albertus-Magnus-Vereins, der bis 1912 immerhin 2000 Studenten förderte, und zwar -nach einzelnen Rechenschaftsberichten zu urteilen – vorwiegend Studenten nicht-bürgerlicher Herkunft und in "humanistischen" Studienfächern der philosophischen Fakultät.[59] Die "realistische" Bildung errang hingegen in Gestalt der staats- und sozialpolitischen Unterweisung in den Standesvereinen ein weit höheres Gewicht gegenüber der früher stark überwiegenden "Standesbildung" auf religiöser Grundlage. Die Führung des Volksvereins förderte dabei auch die beruflich spezialisierte Standesbildung, indem sie etwa die Organisation spezifischer Vereine für Techniker, Beamte oder Ladengehilfinnen anregte.[60]

Wie in anderen Bereichen stellte auch im Wandel der katholischen Berufsethik der 1890 gegründete, aber erst nach 1900 massenwirksame "Volksverein für das katholische Deutschland" eine Art Stoßtrupp dar. Seine geistlichen Führer unterschieden wie Carl Muth zwischen der katholischen Religion und den in ihr im 19. Jahrhundert historisch gewachsenen "Erziehungsmethoden", die den "Geist der Initiative" hemmten und damit die Bildung von "Charakteren, wie sie das moderne Leben heischt".[61] "Auf der ganzen Linie", forderte Anton Heinen 1910, gelte es, die "Stimmung (zu überwinden), als ob die Katholiken kulturell minderwertig seien".[62] Ohne Vorbehalte und in Absetzung von der gerade um 1900 'modern' werdenden Agrarromantik akzeptierten sie den industriellen Strukturwandel und forderten entsprechende Konsequenzen für die gesamte Erziehungsmethode auf religiös-sittlichem und kulturellem Gebiet. Die Normen und Motive der "ländlichen Kultur", die sie im Katholizismus wirksam sahen, müßten überwunden werden. Die Jugend müsse Verständnis gewinnen für die "neuzeitliche Technik und Betriebsweise" und insbesondere dafür, daß diese Wirtschaftsweise dem einzelnen "nicht mehr eine gesicherte Nahrung bietet". Es komme vielmehr darauf an, "sich selbst zu behaupten in freier Betätigung, unter eigener Verantwortlichkeit, mitten im freien Wettbewerb".[63] Selbstverständlich war damit auch allen Reserven gegen die soziale Mobilität der Boden entzogen.

In dieser Argumentation wurde die Berufserziehung grundlegend auf das selbständige Individuum bezogen, nicht mehr primär auf einen Dienst innerhalb einer vorgegebenen statischen Ordnung. Mit der Kritik an der "weit verbreiteten Wertung der Berufsarbeit bloß als Mittel zum Erwerb" rückten Normen in den Vordergrund, die gleichzeitig die "ständische" katholische Berufsethik im Kern veränderten. Die bloße instrumentelle Auffassung müsse "bekämpft" und ersetzt werden durch die Auffassung, "daß die Berufsarbeit die beste Erziehung zur vollen Entwicklung der Persönlichkeit ist, der wichtigste Lebensinhalt, der Wurzelboden edlen Standesbewußtseins und der Standesehre, echter Lebensfreude".[64] Die Rhetorik des Ständischen, die sich auf die modernen Berufsorganisationen bezog, sollte nicht über die Zentralität der Person in dieser Norm hinwegtäuschen. Die individualistische Rhetorik war auch kein Ausrutscher. Gerade auch in der religiösen Erziehung forderten die führenden Köpfe des Volksvereins den Abschied von einem Katholizismus, der "in den Herzen ... eine Art von Zwang ist" und gelebt werde "unter dem Druck von Erziehung und Gewohnheit".[65] An seiner Stelle forderten sie die "Verinnerlichung des religiösen Lebens", das religiös selbständige Individuum in Analogie zum selbstverantwortlichen Handeln in Wirtschaft und Gesellschaft.[66]

Den Weg von der "ständischen" zur personzentrierten und insofern verbürgerlichten katholischen Berufsethik gingen freilich nicht alle, in voller Klarheit vermutlich nur wenige mit. Abschließend ist daher auf die Grenzen dieser Entwicklung hinzuweisen. Sie stieß auf das Schwergewicht der Tradition und dem offenen Widerstand der Integralisten.

3. Schluß

Schwer zu beurteilen ist, ob und wie weit die geschilderten Umwertungen in der Schätzung bestimmter Berufe die Motive und Absichten der Berufswahl von Katholiken spezifisch veränderten. Auch wenn man eine gewisse Wirkung der Anspornrhetorik unterstellen darf,[67] ist zunächst festzustellen, daß der Wandel in der beruflichen Schichtung der katholischen Bevölkerung bis zum Ersten Weltkrieg – Rückgang der Selbständigen, Zunahme gelernter Arbeiter und Angestellter, Drang in den Staatsdienst – eingebettet war in allgemeine, konfessionsübergreifende wirtschaftliche und soziale Prozesse.[68] Die Bildungspräferenzen katholischer Studenten sprechen gegen einen Motivwandel bei der Berufswahl. Die Zahl höherer Schüler und Studenten nahm seit den 1890er Jahren zwar bedeutend und im Vergleich mit den Protestanten sogar überdurchschnittlich stark zu; insofern bewirkten die Ermunterungsappelle einen klaren Abbau des "Bildungsdefizits".[69] Aber die katholischen Schüler strömten weit überwiegend auf das humanistische Gymnasium[70] und wählten die traditionellen Studienfächer: Theologie, deren relativer Anteil nur infolge der Änderung der absoluten Größenordnungen sank; dann Rechtswissenschaft und Medizin. Zunehmend und seit der Jahrhundertwende am häufigsten jedoch studierten Katholiken in der philosophischen Fakultät, wobei sie die humanistischen Fächer, das heißt alte Sprachen, Philosophie und Geschichte bevorzugten.[71] Diese Optionen gründeten teils in biographischen Konstellationen – dem Fachwechsel der "von Haus aus zum Studium der Theologie bestimmten" Studenten[72] –, teils in der traditionell hohen Wertschätzung dieser Fächer; sie resultierten aber wohl ebenso aus dem Sicherheitsstreben der sozialen Aufsteiger, die in den höheren Schuldienst drängten. Die "realistische" Bildung, das Studium der Naturwissenschaften und Technik blieb weiterhin eher selten unter Katholiken.

Klarer als ein Motivwandel in der Berufswahl ist der kulturelle Widerstand gegen den normativen Wandel zu erkennen. Nach 1900 wurden – in Analogie und im Zusammenhang mit dem Streit über die Katholizität der Christlichen Gewerkschaften und der Zentrumspartei – die Vorbehalte gegen die innerkatholische Inferioritätsdebatte stärker. Einen konsistenten Ausdruck fanden sie 1902 auf dem Katholikentag in einer Rede des Rechtsanwalts Ernst Feigenwinter aus Basel zum Thema "Der Katholik und das moderne Erwerbsleben".[73] Feigenwinter enthielt sich aller Aufforderungen, die "Rückständigkeit" zu überwinden, erinnerte vielmehr an das alte Gebot "ora et labora", das kirchliche Wucherverbot sowie die Zehn Gebote und erneuerte mit ihnen die alte Industrie- und Kapitalismuskritik. Die Abschaffung katholischer Feiertage, der "Raubbau" an der Arbeitskraft, "Börsenspiel" und Syndikate, Monopolgewinne und die "abscheulichste aller abscheulichen Lehren der modernen Volkswirtschaft", den Neomalthusianismus mit der Empfehlung der Geburtenbeschränkung, prangerte er als "Sünde" an, so daß er als Vorzug empfand, was andere als Mangel beklagten. Unter "stürmischem Beifall" rief er aus: "Und wenn man unser spottet und uns entgegenhält, man sehe im großen Erwerbsleben keinen Katholiken, so sage ich: Gottlob, daß es so ist". Es sei kein "Zufall", d.h. Ergebnis historischer und politischer Umstände, sondern in der katholischen Moral begründet, wenn bei Katholiken eine "größere Zufriedenheit und Lebensfreudigkeit beim kleineren und mittleren Besitz herrscht als anderswo", wenn Katholiken eine "besondere Liebe" der Landwirtschaft entgegenbrächten. In klarer Frontstellung gegen die Veränderung der traditionellen Normen schloß Feigenwinter: "Aber deswegen haben wir keine Ursache, uns zu beunruhigen, und noch viel weniger haben wir Ursache, unsere moralischen codices deswegen zu revidieren!".

In dieser Rede verwandelte sich die Inferiorität zur moralischen Superiorität, erneuerte sich eine historisch spezifische katholische Identität, die in der Auseinandersetzung mit der bürgerlichen Gesellschaft gewachsen war. Das Festhalten dieser Tradition verstand sich als "wahrer", integraler Katholizismus. Aber was war der Inhalt der moralischen Superiorität? Auffälligerweise erlebte unter diesem Schlagwort die konfessionelle "Moralstatistik" eine Renaissance, die das Problem der christlichen Lebensführung verengte vor allem auf Ehe und Familie bzw. die Ehescheidung und Geburtenhäufigkeit.[74] Vom "christlichen Beruf" war kaum mehr die Rede, es sei denn als Klage und Anklage gegen die Christlichen Gewerkschaften und den Volksverein, gegen die Verbürgerlichung der katholischen Berufsethik. Aber was machte z.B. einen "christlichen" Ingenieur aus? Das blieb eine quälende Frage auch für diejenigen, die den normativen Wandel vorantrieben,[75] sofern sie nicht – wie die bürgerlichen Nationalkatholiken – zur Ausgliederung der Religion aus Wirtschaft und Gesellschaft bereit waren. Die "wahre Parität", proklamierte die "Deutsche Wacht" 1913, sei dann erreicht, wenn nach der Konfessionszugehörigkeit nicht mehr gefragt werde. "Dem Tüchtigsten die freie Bahn! das ist die Forderung, die unsere Zeit, die unsere Nation stellt".[76] Verstummen, Klagen, Zweifel und Unterwerfung: In diesen Haltungen säkularisierte sich die katholische Berufsethik in "stahlhartem Gehäuse" der bürgerlichen Gesellschaft.

Anmerkungen

1 Münchner Neueste Nachrichten vom 10.04.1896 (Nr. 167). Spätere katholische Bezugnahmen: Verhandlungen der 54. Generalversammlung der Katholiken Deutschlands in Würzburg 1907, hg. vom Lokalkomitee, Würzburg 1907, 386 (A. Gröber); die Protokolle der Katholikentage sind jeweils unter diesem Titel erschienen. Im folgenden werden sie abgekürzt zit. mit "Generalversammlung" = GV, Jahr. GV 1912, 280 (Mayer); Hans Rost, Die wirtschaftliche und kulturelle Lage der deutschen Katholiken, Köln ²1911, 189; ders., Die Kulturkraft des Katholizismus, Paderborn ³1923, 369f.

2 Vgl. Georg v. Hertling, Rede vor der Generalversammlung der Görres-Gesellschaft 1896, abgedr. in: Ernst Heinen, Staatliche Macht und Katholizismus in Deutschland, 2 Bde, Paderborn 1969/79, hier Bd. 2, 269-74. Der Ausdruck "Bildungsdefizit" fiel in dieser Rede noch nicht, war aber 1896 schon geläufig; vgl. Anonym (d.i. G.v.Hertling), Das Bildungsdefizit der Katholiken in Bayern, in: Historisch-Politische Blätter für das katholische Deutschland 117 (1896), 676-92.

3 So Carl Bachem auf dem Katholikentag 1896 (GV 1896, 189). Götz Briefs, der herausragende katholische Sozialwissenschaftler der 1920er Jahre schrieb 1925: "Kein Außenstehender ahnt, wie empfindlich der deutsche Katholizismus auf diesen Vorwurf (der Inferiorität, J.M.) reagierte! Man vergleiche das breite populäre apologetische Schrifttum: es ist voll von dem Versuch des Nachweises, daß höchste Wirtschaftsblüte und Katholizismus wohl vereinbar sind". Zit. nach G. Briefs, Ausgewählte Schriften, hg. von H.B. Streithofen u. R.v.Voss, 2 Bde, Berlin 1980, Bd. 1, 98.

4 Vgl. im Überblick: Martin Baumeister, Parität und katholische Inferiorität. Untersuchungen zur Stellung des Katholizismus im Deutschen Kaiserreich, Paderborn 1987. Allgemein vgl. Wilfried Loth, Katholiken im Kaiserreich. Der politische Katholizismus in der Krise des wilhelminischen Deutschlands, Düsseldorf 1984; Thomas Nipperdey, Deutsche Geschichte 1866-1918. Bd. I: Arbeitswelt und Bürgergeist, München 1990, 428ff.

5 Max Weber, Die protestantische Ethik und der Geist des Kapitalismus, in: ders., Gesammelte Aufsätze zur Religionssoziologie, Bd. 1, Tübingen ⁹1988, 23.

6 Joseph Mausbach, Die Kirche und die moderne Kultur, in: Gerhard Esser u. Joseph Mausbach (Hrsg.), Religion, Christentum, Kirche. Eine Apologetik für wissenschaftlich Gebildete, 3 Bde, Kempten ²1913, hier Bd. 3, 165-391, 217. Vgl. ferner ders., Die katholische Moral und ihre Gegner. Grundsätzliche und zeitgeschichtliche Betrachtungen, Köln ⁴1913 (¹1901). Protestantische Schriften, mit denen sich Mausbach auseinandersetzt: Wilhelm Hermann, Römische und evangelische Sittlichkeit, Marburg 1900; Karl Sell, Katholizismus und Protestantismus in Geschichte, Religion, Politik, Kultur, Leipzig 1908. Eine knappe Zusammenfassung der populären apologetischen Argumente in: Josef Burg, Kontrovers-Lexikon. Die konfessionellen Streitfragen zwischen Katholiken und Protestanten, Essen 1904, 523-27, 734-52.

7 Vgl. (ohne Anspruch auf Vollständigkeit): N. Paulus, Die Wertung der weltlichen Berufe im Mittelalter, in: Historisches Jahrbuch 32 (1911), 725-55 und die unten Anm. 38 angegebene Literatur.

8 Albert Ehrhard, Der Katholizismus und das zwanzigste Jahrhundert im Lichte der kirchlichen Entwicklung der Neuzeit, Stuttgart ²1902, 364.

9 So der Theologieprofessor Mumbauer auf dem Katholikentag 1909 (GV 1909, 391).

10 Vgl. Mulert, Konfessionsstatistik, in: Die Religion in Geschichte und Gegenwart, hg. von F.M. Schiele u. L. Zscharnack, 5 Bde, Tübingen 1909-1913, hier Bd. 3, Sp. 1630ff.

11 Vgl. dazu besonders Weber, Protestantische Ethik, 58, Anm., in Auseinandersetzung mit der katholischen industria-Lehre.

12 Vgl. dazu die Ansätze bei Baumeister, Parität, 63ff., 95ff.

13 Konsultiert wurden: Konrad Martin, Lehrbuch der katholischen Moral, Mainz ⁴1859; Albert Stöckl, Das Christentum und die großen Fragen der Gegenwart auf dem Gebiete des geistigen, sittlichen und socialen

Lebens, 3 Bde, Mainz 1879-1880; Johann E. Pruner, Katholische Moraltheologie, Freiburg 1875, ²1883, 2 Bde, ³1902/03; Anton Koch, Lehrbuch der Moraltheologie, Freiburg 1905; Victor Cathrein S.J., Moralphilosophie, 2 Bde, Freiburg 1890/91; W. Wilmers, Lehrbuch der Religion. Ein Handbuch zu Deharbe's katholischem Katechismus, 4 Bde, Münster ⁴1894/95; H.J. Wetzer u. B. Welte (Hrsg.), Kirchenlexikon oder Enzyklopädie der katholischen Theologie und ihrer Hilfswissenschaften, 12 Bde, Freiburg 1847-1856, 2. Auflage Freiburg 1882-1903; Staatslexikoon der Görres-Gesellschaft (=StL) 1. Aufl. hg. von A. Bruder, Freiburg 1889-1897; 2. Aufl., hg. von J. Bachem, Freiburg 1901-04; 3. und 4. Aufl., hg. von J. Bachem, Freiburg 1911/12; 5. Aufl., hg. von H. Sacher, Freiburg 1926-32. Von den Zeitschriften wurden u.a. ausgewertet: Stimmen aus Maria-Laach (=StML); Präsides-Korrespondenz. Neue Folge der Kölner Korrespondenz, hg. von August Pieper (= PK); Hochland. Monatsschrift für alle Gebiete des Wissens, der Literatur und Kunst, hg. von Karl Muth.

14 Zur Struktur der Katholikentage vgl. Mooser, Volk, Arbeiter und Bürger in der katholischen Öffentlichkeit des Kaiserreichs. Zur Sozial- und Funktionsgeschichte der deutschen Katholikentage 1871-1913, in: Hans-Jürgen Puhle (Hrsg.), Bürger in der Gesellschaft der Neuzeit. Wirtschaft-Politik-Kultur, Göttingen 1991. Die folgenden überlegungen bilden einen Teil des größeren Projekts "Bürgertum, Katholizismus und Arbeiterschaft 1870-1914" im Rahmen des Sonderforschungsbereichs "Sozialgeschichte des neuzeitlichen Bürgertums" an der Universität Bielefeld.

15 Vgl. Werner Conze, Beruf, in: Geschichtliche Grundbegriffe. Historisches Lexikon zur politisch-sozialen Sprache in Deutschland, hg. von Otto Brunner, Werner Conze, Reinhart Koselleck, Bd. 1, Stuttgart 1972, 490-507, bes. 500ff.

16 Franz Hitze, Kapital und Arbeit und die Reorganisation der Gesellschaft, Paderborn 1880, 393; das wird zustimmend zitiert bei Heinrich Pesch S.J., Lehrbuch der Nationalökonomie, 5 Bde, Freiburg (¹1905-23) ²1924-26, hier Bd. 2, 660.

17 Gegen diese protestantische Wahrnehmung in der einflußreichen Schrift von Gerhard Uhlhorn, Katholizismus und Protestantismus vor der socialen Frage, Göttingen 1887, richtete sich Heinrich Pesch S.J., Die sociale Befähigung der Kirche, Berlin 1891, ²1899, ³1911. Zur Korrektur jenes Vorurteils vgl. Ernst Troeltsch, Die Soziallehren der christlichen Kirchen und Gruppen, Tübingen ³1923, 311ff.

18 GV 1895, 336; vgl. Cathrein, Moralphilosophie, Bd. 2, 88f.

19 Cathrein, Moralphilosopie, Bd. 2, 62.

20 Pohle, Berufsfreiheit, in: StL (3./4. Aufl.), Bd. 1, Sp. 802. Bis 1900 waren mit dieser Bestimmung noch starke Ablehnungen der Frauenbewegung verbunden.

21 Vgl. Joseph Mausbach, Katholische Moraltheologie, 3 Bde, Münster ⁹1959/61, hier Bd. 3, 77. Pruners Position bildete schon eine Ausnahme. Er konzedierte nur die Freiheit der Wahl zwischen dem geistlichen oder weltlichen Beruf; "kommt nur die Wahl einer der verschiedenen weltlichen Berufsarten in Frage, so bedürfen die Kinder der Zustimmung ihrer Eltern". Pruner, Moraltheologie, ²1883, 353f.; ebd., 3. Aufl. 1903, Bd. 1, 342.

22 Vgl. Pesch, Lehrbuch, Bd. 2, 689; Adolf Bruder, Arbeit, in: StL (3./4. Aufl.), Bd. 1, Sp. 272.

23 GV 1889, 34, 178.

24 Willmers, Lehrbuch der Religion, Bd. 3, 271ff.

25 Cathrein, Moralphilosophie, Bd. 2, 62f.

26 Vgl. Anton I. Kleffner u. Wilhelm Woker, Der Bonifatius-Verein. Seine Geschichte, seine Arbeit und sein Arbeitsfeld. Festschrift zum fünfzigjährigen Jubiläum des Vereins, Paderborn 1899, 2 Teile, hier Teil 1, 69f.

27 Oswald v. Nell-Breuning S.J., Beruf, in: StL 5. Aufl., Bd. 1. Sp. 816.

28 Bruder, Gesellschaft, in: StL (1. Aufl.), Bd. 2, Sp. 1231; gleichlautend ders., in: StL (2. Aufl.), Bd. 2, Sp. 843. Bruder gehörte zum Kreis um Karl Freiherr v. Vogelsang; er war der federführende Hrsg. der ersten Auflage des Staatslexikons und Autor einer Reihe von Artikeln in dessen erster und zweiter Auflage.

29 Vgl. die Rede des Zentrumsführers Ernst M. Lieber auf dem Katholikentag 1900 (GV 1900, 300). Juristen stellten die herausragende Berufsgruppe in der katholischen Laienöffentlichkeit, z.B. als Redner auf den Katholikentagen oder im Zentrum, dar. In eigenartigem Kontrast dazu steht, daß der 1877 gegründete katholische Juristenverein bis zu seiner Auflösung (Übernahme als rechtswissenschaftliche Sektion in die Görres-Gesellschaft) ein Mauerblümchen blieb. Vgl. A. Hollerbach u. G. Laudahn, Der katholische Juristenverein, in: Civitas 14 (1976), 24-37; August H. Leugers-Scherzberg, Felix Porsch 1853-1930. Politik für Katholische Interessen in Kaiserreich und Republik, Mainz 1990, 38ff. Dieser Verein unter dem Vorsitz von Felix Porsch, dem Theologen und Juristen angehörten, war vor allem auf kirchenrechtlichem Gebiet tätig, strebte aber auch eine "Restauration der Rechtswissenschaft" an. Möglicherweise war diese Stoßrichtung den meisten katholischen Juristen zu fundamentalalistisch-konservativ. Nicht zuletzt rechtfertigte er seine Existenz auch mit der Absicht, das Sprichwort, daß "Juristen schlechte Christen sind", unwahr zu machen (GV 1885, 220ff.).

30 Victor Cathrein S.J., Sociale Frage, in: Wetzer und Welte's Kirchenlexikon, 2. Aufl., Bd. 11 (1899), Sp. 456.

31 So der Kaufmann und Stadtverordnete Carl Heckhausen/Barmen (GV 1912, 319); ähnlich der Fabrikbesitzer Clemens Lagemann/Aachen mit Bezug auf die mangelnden Voraussetzungen zum akademischen Studium (ebd., 317). Auffälligerweise blieb der 1877 gegründete Verband katholischer kaufmännischer Vereine ein "Stiefkind" der katholischen Standesvereine, wie ein Mitglied derselben 1908 klagte (GV 1908, 361).

32 Kämpfe, Auswanderung, in: StL (2. Aufl.), Bd. 1, Sp. 529.

33 Vgl. zuletzt Christoph Weber, Der deutsche Katholizismus und die Herausforderung des protestantischen Bildungsanspruchs, in: Bildungsbürgertum im 19. Jahrhundert. Teil II: Bildungsgüter und Bildungswissen, hg. von Reinhart Koselleck, Stuttgart 1990, 139-67.

34 GV 1887, 114f. In voller Übereinstimmung mit dieser Wertung schrieb im November 1919 der Vater von Joseph Goebbels an seinen Sohn, der damals träumte, Schriftsteller und Journalist zu werden: "Willst Du vielleicht einen Beruf ergreifen, in den kein Katholik paßt?" Vgl. Ralph G. Reuth, Goebbels, München 1990, 44f.

35 Symptomatisch dafür ist, daß zwischen 1871 und 1913 von 13 Katholikentagsreden über die Presse neun Redner Geistliche mit politischen und journalistischen Funktionen waren, nur zwei von ihnen Laien-Fachleute im engeren Sinne, nämlich J. Bachem und L. Lensing.

36 Ich stütze mich auf die Katholikentagsreden über Aufgaben und Probleme der Unternehmer in den Jahren 1885, 1887, 1889, 1894, 1896, 1898 und 1900. Sie wurden gehalten von den Fabrikanten Matthias Wiese und August Vogeno sowie dem Bergassessor Carl Hilt. Die Zitate nach: Georg v. Hertling, Aufsätze und Reden socialpolitischen Inhalts, Freiburg 1884, 89f. Vgl. Oswald v. Nell-Breuning, Das Unternehmerbild in der katholischen Soziallehre, in: ders., Soziale Sicherheit? Zu Grundfragen der Sozialordnung aus christlicher Verantwortung, Freiburg 1979, 252-64. Zur Erfahrung der Gründerzeit vgl. etwa Kettelers Ausbruch auf dem Katholikentag 1875: Die Liberalen prangerte er als das "gebildete Gründertum, die gebildeten Aktienschwindler, das gebildete Börsenräubertum" an, die sich hochmütig über das "sog. ungebildete christliche Volk" erheben würden (GV 1875, 58, 64f.).

37 Vgl. z.B. Georg Ratzinger, Die Volkswirtschaft in ihren sittlichen Grundlagen, Freiburg ^{2}1895, 434; A. Neher, Die wirtschaftliche und soziale Lage der Katholiken im westlichen Deutschland, 3 Teile, Rottweil 1927/31, hier Teil 1, 22. Vgl. Manfred Ohlsen, Der Eisenbahnkönig Bethel Henry Strousberg. Eine preußische Gründerkarriere, Berlin/DDR ^{2}1987.

38 Vgl. z.B. Franz Walter, Volkswirtschaft und soziale Bewegung, in: Jahrbuch der Zeit- und Kulturgeschichte, 1 (1907), hg. von Franz Schnürer, Freiburg 1908, 96-108; Pesch, Christliche Berufsidee und "kapitalistischer Geist", in: StML 75 (1908), 523-31; Carl Muth, Vom Ursprung des kapitalistischen Geistes, in: Hochland 9 (1911/12), Bd. 2, 119-26; Mausbach, Kirche und moderne Kultur, 199f.; Pesch, Kapitalismus, in: StML 86 (1914), 273-86.

39 Vgl. Hannes Siegrist (Hrsg.), Bürgerliche Berufe. Zur Sozialgeschichte der freien und akademischen Berufe im internationalen Vergleich, Göttingen 1988; Nipperdey, Deutsche Geschichte 1866-1918, 387.

40 Pesch, Lehrbuch, Bd. 2, 651f.

41 Diese Vorstellung stand an der Wiege der katholischen Arbeitervereine; vgl. Paul Siebertz, Karl Fürst zu Löwenstein. Ein Bild seines Lebens und Wirkens, Kempten 1924, 210ff. Daß die berufsständische Utopie verblaßte, ist eine andere Frage. Sie blieb jedoch in der (seitens der Forschung wenig beachteten) innerkatholischen Kritik an der Entwicklung des Vereinskatholizismus erhalten. Paradigmatisch dafür: F. Norikus, Katholisches Vereinswesen. Ein Beitrag zum fünfzigjährigen Jubiläum der katholischen Vereine, München 1898, bes. 31. Vgl. auch Mooser, Arbeiter, Bürger und Priester in den konfessionellen Arbeitervereinen im deutschen Kaiserreich, 1880-1914, in: Jürgen Kocka (Hrsg.), Arbeiter und Bürger im 19. Jahrhundert. Varianten ihres Verhältnisses im europäischen Vergleich, München 1986, 79-105; ders., Das katholische Vereinswesen in der Diözese Paderborn um 1900. Vereinstypen, Organisationsumfang und innere Verfassung, in: Westfälische Zeitschrift 141 (1991).

42 GV 1888, 217; vgl. die ähnliche Bemerkung von Felix Porsch 1884 (GV 1884, 116f., und ebd., 58). 1887 hatte der Katholikentag noch einen, von dem "Bergmann" Nikolaus Loew gestellten Antrag auf Bildung eines Stipendienfonds für Arbeitersöhne abgelehnt. Denn für Theologiestudenten sei schon gesorgt "und im übrigen es nicht opportun erscheint, die ohnedies bestehende Überproduktion akademisch gebildeter Leute noch zu fördern" (GV 1887, LVII, 218f.).

43 So das Resumee in der populären apologetischen Schrift von L. v. Hammerstein S.J., Winfried oder Das sociale Wirken der Kirche, Trier 1889, 181.

44 Vgl. die Windthorst-Reden: GV 1887, 226f.; GV 1888, 94ff.; GV 1890, 148ff.; C. Bachem auf dem Katholikentag 1901 (GV 1901, 156).

45 Vgl. Loth, Katholiken, 38ff.

46 GV 1900, 228f.

47 Typisch für diese Vorstellung ist eine Rede über die "christliche Familie" von Nikolaus Racke auf dem Katholikentag 1883 (GV 1883, 161ff.).

48 Vgl. GV 1900, 228f.; GV 1903, 393 (Zitat); GV 1904, 479f.; GV 1909, 521.

49 Zit. nach Heinen, Staatliche Macht, Bd. 2, 273. Der schärfste Kritiker dieser Aufwertung des Gelehrten war der in der damaligen katholischen Öffentlichkeit vielbeachtete Dominikaner Albert Maria Weiß; vgl. ders., Lebens- und Gewissensfragen der Gegenwart, 2 Bde, Freiburg 1911.

50 GV 1910, 409.

51 GV 1895, 156; vgl. oben Anm. 36.

52 Vgl. besonders GV 1896, 198, 350; GV 1898, 260 (Zitat).

53 Heinrich Koch S.J., Ein neuer Mittelstand, in: StML 74 (1908), 241-55. Koch lehnte sich an Gustav Schmoller an; vgl. ders., Was verstehen wir unter dem Mittelstande? Hat er im 19. Jahrhundert zu- oder abgenommen?, in: Die Verhandlungen des achten Evangelisch-sozialen Kongresses, Göttingen 1897, 153ff. Dieser Kongreß der protestantisch-bürgerlichen Sozialreformer reagierte auf Schmollers Entdeckung des "neuen Mittelstandes" aufatmend-enthusiastisch.

54 Dazu zählen insbesondere eine Reihe von Aufsätzen des 1882 geborenen, in Essen tätigen Ingenieurs Georg Siemens. Vgl. u.a.: Zur Entwicklung der elektrotechnischen Industrie in Deutschland, in: Hochland 5 (1907/08), Bd. 1, 79-87; ders., Zur Naturgeschichte des Automobils, in: ebd. 6 (1909) Bd. 2, 454-63; ders., Das Ruhrkohlenrevier, in: ebd. 7 (1910), Bd. 2, 198-205, 339-46; ders., Zur Psychologie des Ingenieurs, in: ebd., 4 (1907), Bd. 2, 323-28; vgl. ferner F. Dessauer, Vom Weltbild des Physikers, in: ebd. 10 (1913), Bd. 2, 385-401.

55 Vgl. Anonym, Neue Frauenberufe im Lichte der alten Ethik, in: Hochland 3 (1906), Bd. 2, 107-10, d.i. eine Besprechung von Joseph Mausbach, Die Stellung der Frau im Menschheitsleben, Mönchen-Gladbach 1906.

56 Michael Faulhaber, Diskussionsbeitrag in einer nichtöffentlichen Sitzung des Katholikentags 1909 (GV 1909, 326). Vgl. allgemein: Alfred Kall, Katholische Frauenbewegung in Deutschland. Eine Untersuchung zur Gründung katholischer Frauenvereine im 19. Jahrhundert, Paderborn 1983; Helmut Hafner, Frauenemanzipation und Katholizismus im deutschen Kaiserreich, Diss. Saarbrücken 1983.

57　Intellektuell wegweisend für diese Argumentation: Hermann Schell, Der Katholicismus als Princip des Fortschritts, Würzburg 1897, ⁷1899; Ehrhard, Katholizismus.

58　Hinweise auf diese Vereine enthalten die Verhandlungen der Katholikentage. Zum geistlichen Studienmäzenantentum vgl. am Beispiel des jungen Heidegger: Hugo Ott, Martin Heidegger. Unterwegs zu seiner Biographie, Frankfurt/M. 1988, 49ff.

59　GV 1912, 270; H.A. Krose S.J. (Hrsg.), Kirchliches Handbuch für das katholische Deutschland 4 (1912/13), Freiburg 1913, 380f. In Preußen wurden im Jahre 1905 insgesamt 356 Studenten gefördert, davon 267 Philologen (Kirchliches Jahrbuch 34, 1907, hg. von J. Schneider, Gütersloh 1907, 350). In der Diözese Paderborn erhielten zwischen 1903 und 1911 insgesamt 99 Studenten ein Stipendium; von diesen kamen 31 aus Arbeiter-, 19 aus Bauernfamilien (Das Neue Jahrhundert. Wochenschrift für religiöse Kultur 4, 1912, 467). Ein Stipendiat des Albertus-Magnus-Vereins war auch Joseph Goebbels (Reuth, Goebbels, 29ff.).

60　Vgl. Horstwalter Heitzer, Der Volksverein für das katholische Deutschland im Kaiserreich 1890-1918, Mainz 1979, bes. 228ff.; die wesentliche Quelle, die jene Veränderung in der "Standesbildung" der Vereine, erkennen läßt, ist die von den Führern des Volksvereins herausgegebene "Präsideskorrespondenz".

61　Carl Muth, Kulturmüdigkeit und Kulturbegeisterung, in: Hochland 5 (1908), Bd. 2, 348-53, hier 252 (d.i. Besprechung von H. Rost, Die Katholiken im Kultur- und Wirtschaftsleben der Gegenwart, Köln 1908).

62　Anton Heinen, Leitgedanken für unsere apologetische Arbeit, in: PK 1910, 144-58, hier 157.

63　Anonym, Welche Lehren ziehen wir bei der Volkserziehung aus der wirtschaftlichen Umschichtung der deutschen Bevölkerung?, in: PK 1912, 469-71, hier 470; vgl. G. Heßdoerffer, Zur Berufswahl unserer Söhne, in: ebd., 85-98; O. Müller, Zur Berufswahl unserer Töchter, in: ebd., 98-109.

64　Anonym, Von welchen wirtschaftlichen und psychologischen Voraussetzungen gehen wir aus bei der Mitwirkung zur Berufswahl? in: PK 1912, 471-74, hier 474.

65　Heinen, Leitgedanken, 157.

66　August Pieper, Verinnerlichung des religiösen Lebens, in: PK 1912, 418-20.

67　Das bezeugt Erwin Iserloh (geb. 1915). Sein Vater, ein Volksschullehrer verlangte überdurchschnittliche Schulleistungen mit dem Vorhalt: "Müssen die Protestanten denn immer die Tüchtigeren sein?" Vgl. Erwin Iserloh, Lebenserinnerungen, in: Römische Quartalschrift für christliche Altertumskunde und Kirchengeschichte 82 (1987), 15-44, hier 15f.

68　Grundlegende Quellen dafür bieten die konfessionell aufgegliederten Berufszählungen von 1895 und 1907; sie wurden einseitig schon ausgewertet von Rost, Wirtschaftliche und kulturelle Lage der Katholiken; Neher, Die wirtschaftliche und soziale Lage der Katholiken; vgl. Baumeister, Parität, 95ff.

69　Vgl. Hartmut Titze u.a., Das Hochschulstudium in Preußen und Deutschland 1820-1944 (Datenhandbuch zur deutschen Bildungsgeschichte I/1), Göttingen 1987, 226f., 278f.; zum Gesamtkomplex vgl. zuletzt Michael Klöcker, Katholizismus und Bildungsbürgertum. Hinweise zur Erforschung vernachlässigter Bereiche der deutschen Bildungsgeschichte im 19. Jahrhundert, in: Bildungsbürgertum im 19. Jahrhundert, Teil II, hg. von Koselleck, 117-38, bes. 132ff.

70　Dieses empfahlen auch die Bischöfe (zuletzt noch 1956), weil für die nicht-humanistischen Abiturienten wegen der fehlenden alten Sprachen der Übergang ins Theologiestudium kompliziert war. Vgl. Eduard Hegel, Das Erzbistum Köln zwischen der Restauration des 19. Jahrhunderts und der Restauration des 20. Jahrhunderts, 1815-1962 (Geschichte des Erzbistums Köln V), Köln 1987, 201. Zum Schweigen der deutschen Bischofskonferenz gegenüber Hertlings Kassandraruf 1896 vgl. Baumeister, Parität, 60.

71　Daten zur konfessionsspezifischen Verteilung der Studenten auf Studienfächer in: Preußische Statistik Bd. 102 (1910), 14, 16; ebd., Bd. 204 (1908), 128; ebd., Bd. 236 (1913), 122, 30f. (Tabellenteil); Ludwig Cron, Glaubens-Bekenntnis und höheres Studium. Aus den Akten der Universitäten Heidelberg und Freiburg und der Technischen Hochschule Karlsruhe 1869-1893, Heidelberg 1900, 84ff.

72　Dies wird betont in: Glossen zur Paritätsfrage, in: Deutsche Wacht. Wochenschrift der Deutschen Vereinigung 6 (1913), 249-58, hier 255 (Die "Deutsche Wacht" war das Organ der betont 'national', gegen das 'demokratische' Zentrum opponierenden bürgerlichen Katholiken). Die Zahl solcher Studienwechsler war nicht unbeträchtlich. An preußischen Universitäten waren 1899/1900 insgesamt 208 ehemalige katholische Theologiestudenten in anderen Fakultäten (136 davon in der Phil. Fak.) immatrikuliert; andererseits betrug die Zahl katholischer Theologiestudenten 889. Im Studienjahr 1911/12 lauteten die entsprechenden Ziffern: 939 Theologiestudenten gegenüber 215 Wechslern (170 davon in der Phil. Fak.). Vgl. Preußische Statistik, Bd. 204 (1908), 137; ebd., Bd. 236 (1913), 127.

73 GV 1902, 320ff. (alle folgenden Zitate entstammen dieser Rede). Ausländische Redner auf Katholikentagen waren nicht selten (15 % aller Redner zwischen 1871 und 1913). Sie kamen insbesondere aus Österreich, Holland und der Schweiz. Das brachte die übernationale ultramontane Gemeinsamkeit, aber auch die historisch verwurzelte Einheit der katholischen Regionen Mitteleuropas zum Ausdruck.

74 Vgl. dazu insbesondere Rost, Kulturkraft. Die Renaissance der Moralstatistik setzte schon vor 1914 ein; vgl. z.B. Burg, Kontroverslexikon, 256. Allg. vgl. F. Tönnies, Moralstatistik, in: Handwörterbuch der Staatswissenschaften, 4. Aufl., Bd. 6, Jena 1925, 637-45.

75 Vgl. Mausbach, Katholische Moral, 402ff.; ebd., 257, das Eingeständnis, daß eine "allseitige theologische Durcharbeitung der Natur des 'Berufes' (fehlt)". Bezeichnend für die oberflächliche Harmonisierung ist die Rede eines der Gründer der Vereinigung katholischer Techniker auf einer Versammlung dieses 1909 gebildeten Verbandes während des Katholikentages 1911: "Religion und Technik sind keine Gegensätze; im Gegenteil. Der Techniker, der oft als Stütze großer Betriebe zur Unpersönlichkeit verdammt ist, hat mehr als mancher andere etwas notwendig, was in ihm lebt und die Last der Arbeit vergessen läßt. Das ist unser Glaube, der uns den Weg zeigt zu der großen katholischen Gemeinschaft und die uns, wenn wir bedrückt oder verzagt sind, hinausführt in lichtere Sphären" (GV 1911. 547).

76 Glossen zur Paritätsfrage, 256.

Lucia Scherzberg

Die katholische Frauenbewegung im Kaiserreich

Die katholische Frauenbewegung hat bisher sowohl in der herkömmlichen historischen und theologischen Wissenschaft als auch in der feministischen Forschung kaum Beachtung gefunden. Neigt erstere immer noch dazu, die Frauenbewegung als historisches Phänomen zu übersehen, klammert letztere allzu häufig deren konfessionellen, insbesondere den katholischen Teil aus.[1] Weder die Frauengeschichte noch die Feministische Theologie haben sich bisher dieses Themas angenommen, wohingegen es in beiden Bereichen eine Auseinandersetzung mit der evangelischen Frauenbewegung gibt.[2] Die Literatur über die katholische Frauenbewegung ist dementsprechend recht spärlich bzw. lückenhaft.[3] Die mangelnde Erforschung der katholischen Frauenbewegung erscheint umso bedauerlicher, als diese für verschiedene Disziplinen eine gewichtige Bedeutung gewinnen könnte. Für die Katholizismusforschung wäre dies ein längst fälliger Schritt, die weitgehende Nichtbeachtung von Frauen und der Frauenfrage aufzuheben. Es sollte eigentlich selbstverständlich sein, daß die katholische Frauenbewegung sowohl für sich genommen als Teil des Katholizismus als auch in ihrem Verhältnis zu anderen Teilen des Katholizismus[4] ein Thema der Katholizismusforschung darstellt. Die Erforschung der katholischen Frauenbewegung leistet darüber hinaus ebenfalls einen Beitrag zur Geschichte der bürgerlichen Gesellschaft. Denn die soziale Ungleichheit von Männern und Frauen stellt ein fundamentales Organisationsprinzip moderner bürgerlicher Gesellschaften dar[5], so daß Studien zur Geschichte des Geschlechterverhältnisses sowohl zur Frauengeschichte als auch zur "allgemeinen" Geschichte der bürgerlichen Gesellschaft beitragen. Für die Frauengeschichte kann die katholische Frauenbewegung in zweierlei Hinsicht wichtig sein. Ihre Erforschung wäre eine Vervollständigung der Geschichte der Frauenbewegung und würde die Frauengeschichte auf ihre eigenen blinden Flecke aufmerksam machen. Zum zweiten ist innerhalb der Frauengeschichte wie in der sozialwissenschaftlichen Frauenforschung eine Entwicklung von der Opferperspektive hin zu einem differenzierten Bild von Frauen als historischen Opfern und als Handelnden festzustellen.[6] Die Geschichte der katholischen Frauenbewegung kann zu einer weiteren Differenzierung dieses Bildes beitragen.[7] Als kirchlich-konfessioneller Teil der Frauenbewegung ist die katholische Frauenbewegung natürlich auch für die Feministische Theologie von Interesse, insbesondere im Blick darauf, wie ihre Existenz und ihr Emanzipationsinteresse theologisch begründet wird.[8] Für die feministische Wissenschafts- und Erkenntnistheorie kann die Beschäftigung mit der Auffassung der Geschlechterdifferenz in der Ersten Frauenbewegung allgemein für die zur Zeit recht heftig geführte Debatte um Gleichheits- und Differenzkonzepte neue Anregungen bringen. Der folgende Beitrag nun will einen ersten Überblick über die Gestalt, den Charakter und einige Kernprobleme der katholischen Frauenbewegung geben und zur weiteren Forschung anregen. Er konzentriert sich auf den 1903 gegründeten Katholischen Frauenbund (KFB) und stützt sich neben der Sekundärliteratur auf ausgewählte, leichter zugängliche Quellen.[9] Der erste Teil befaßt sich mit grundlegenden Problemen wie der Beziehung der katholischen Frauenbewegung zur bürgerlichen Frauenbewegung, ihrer Einstellung zum Frauenstimmrecht, ihrer Haltung im Ersten Weltkrieg und besonders mit ihrem Verhältnis zu Religion und Kirche. Der zweite Teil behandelt Legitimations- und Abgrenzungsprobleme der katholischen Frauenbewegung; der dritte stellt die Frage, wie modern bzw. wie antimodern die katholische Frauenbewegung eigentlich war.

1. Kernprobleme

1.1. Die katholische Frauenbewegung und die bürgerliche Frauenbewegung

Mit der bürgerlichen Frauenbewegung verband die katholische Frauenbewegung neben ihrer bürgerlichen Klientel und der prinzipiellen Anerkennung der bestehenden Gesellschaftsordnung vor allem die Annahme einer unterschiedlichen Natur der Geschlechter und das Konzept der geistigen Mütterlichkeit.[10] Unabhängig von tatsächlich gegebener physischer Mutterschaft äußern sich nach dieser Vorstellung das Wesen und die Aufgabe der Frau in der Mütterlichkeit. Daher sollten sich auch die Berufstätigkeit von Frauen oder ihre außerhäusliche ehrenamtliche Arbeit an diesem Prinzip orientieren. Als frauengemäß galten die sozialen und caritativen Berufe und Tätigkeiten, aber auch die Berufe der Erzieherin, der Lehrerin, der Juristin und der Ärztin.[11] Trotz dieser klischeehaft wirkenden Beschreibung der weiblichen Natur wohnte dem Prinzip der geistigen Mütterlichkeit ein gesellschaftskritisches Moment inne, denn es setzte die weibliche Emotionalität, Wärme und Ganzheit bewußt gegen die zerstörerischen Wirkungen der Industrialisierung und gegen die männlichen Prinzipien der Konkurrenz, des Eigennutzes und der Bürokratisierung. Es enthielt darüberhinaus sogar eine Kritik an den herrschenden Geschlechtsrollenstereotypen, denn es legte die Frau nicht auf Haus und Familie fest, sondern öffnete ihr den Zugang zu einer öffentlichen Wirksamkeit.[12] Nicht zuletzt zeichnete sich das Konzept der geistigen Mütterlichkeit durch ein messianisches Element aus, denn die geistige Mütterlichkeit bestimmte die Kulturaufgabe und die Mission der Frauen, an der Erneuerung der Gesellschaft mitzuwirken, d.h. diese im Geiste der Mütterlichkeit zu verwandeln.

"Dieses Suchen nach den ausgleichenden, warmes Leben spendenden Kräften ist die Aufgabe der Frauenbewegung; in diesem Sinne ist Frauenbewegung ein heiliger Dienst."[13]

Die Professionalisierung der Sozialarbeit war eine direkte Konsequenz, denn hier konnte die gesellschaftliche Emanzipation und berufliche Tätigkeit der Frauen unmittelbar als Verwirklichung ihrer kulturellen Mission betrachtet werden.[14]

1.2. Die Haltung der katholischen Frauenbewegung zum Frauenstimmrecht

In der Stimmrechtsfrage nahm die katholische Frauenbewegung, nicht anders als die gemäßigte bürgerliche Frauenbewegung, eine zurückhaltende Haltung ein. Lange hielt es die katholische Frauenbewegung von der geschichtlichen Entwicklung her nicht für opportun, allzu vehement das Frauenstimmrecht durchsetzen zu wollen[15]; man konnte allerdings auch Stimmen hören, wie die Elisabeth Gnauck-Kühnes, die darauf hinwiesen, daß es keinen vernunftgemäßen Grund für den Ausschluß der Frauen von diesem Recht gäbe.[16] Die katholische Frauenbewegung nahm allerdings gegenüber politischen Fragen keine indifferente oder neutrale Haltung ein. In den Vorkriegsjahrgängen der Christlichen Frau werden immer wieder politische Themen erörtert, jedoch mit der Einschränkung auf die Frauenfrage sowie die klassischen Domänen der Frauen, wie Bildungspolitik, Sozial-, Familien- und Gesundheitspolitik. Fragen der Außen-, der Wirtschafts- oder gar der Militärpolitik finden kaum oder gar keine Beachtung. Auf die endgültige Einführung des Frauenwahlrechts waren die katholischen Frauen jedoch nicht unvorbereitet; ja mit jener vollzog sich tatsächlich der Eintritt der katholischen Frauen in die Politik. Die zögernde, scheinbar neutrale Haltung wich nun einer sichtbaren parteipolitischen Ausrichtung. Politische Bildung und Schulung von Frauen sollten dem Ziel dienen, die Frauen dem Zentrum zuzuführen. Helene Weber schrieb rückblickend 1928:

"Da brach am Ende des Weltkrieges die Flamme der großen miverantwortlichen Teilnahme der Frau am Staate hervor. Deutschland stand am Scheidewege. Entweder siegten zerstörende revolutionäre Kräfte, oder die Aufbauenden sammelten sich entschlossen zu einer großen politischen Tat. Am Ende des Weltkrieges wurde der deutschen Frau als deutsches Schicksalsvermächtnis das Stimmrecht gegeben. Es war für die katholischen Frauen selbstverständlich, daß sie die Mitverantwortung am Staatsaufbau zielbewußt und freudig leisten wollten."[17]

Darüber, wie die Realisierung dieser Mitverantwortung aussehen sollte, wird kein Zweifel gelassen:

"Alle Beratungen steuerten schließlich einem ganz bestimmten Ziele zu, die katholischen Frauen dem Zentrum zuzuführen als derjenigen Partei, welche die Forderungen des katholischen Volksteils bisher am wirksamsten vertreten hat und voraussichtlich auch die Forderungen der katholischen Frauenbewegung in ihrem Programm berücksichtigen würde."[18]

In der Tat brachte das neueingeführte Frauenwahlrecht hauptsächlich dem Zentrum Gewinne. Der Anteil der Wählerinnen lag beim Zentrum deutlich über dem Anteil der Wähler, während z.B. die Sozialdemokraten und die Kommunisten wesentlich mehr Stimmen von Männern als von Frauen erhielten. In katholischen Gebieten war zudem eine größere Differenz zwi schen dem Votum von Frauen und Männern festzustellen als in protestantischen.[19] Die weiblichen Abgeordneten des Zentrums stammten überwiegend aus dem KFB und dem katholischen Lehrerinnenverein.

1.3. Die Haltung der katholischen Frauenbewegung im Ersten Weltkrieg

Im Ersten Weltkrieg wurde die katholische Frauenbewegung, ähnlich wie die allgemeine bürgerliche Frauenbewegung, von einer unvorstellbaren Nationalisierung und Identifizierung mit dem Kaiserreich ergriffen.[20] Von den Schrecken des Krieges glaubte man, daß sie sich in Segnungen für das deutsche Volk verwandeln würden. Der Krieg wurde als reinigender Sturm gegen die sittliche Laxheit und als Quelle einer religiösen Erneuerung des deutschen Volkes betrachtet – ja, er galt als Teil des göttlichen Planes für die Welt.

"Der Krieg als seelisches Ereignis stellt also eine Etappe menschlicher Entwicklung dar, wie sie – ausgenommen die Erlösungstat unseres göttlichen Heilandes und die Gründung seiner Weltkirche, der einzigartigen Heilsanstalt für die Menschheit – umfassender und bedeutungsvoller in der gesamten Weltgeschichte nicht gefunden wird. Und an den Segnungen, die das gewaltige militärische Ringen der Gegenwart gerade über unser Volk gebracht hat, lernen wir erkennen, daß der Krieg in Wahrheit ein Faktor im Weltenplane Gottes, das urewige Erziehungsmittel göttlicher Weisheit gegenüber menschlicher Unzulänglichkeit ist."[21]

Getreu dem Konzept der geistigen Mütterlichkeit sollten die Frauen sich vor allem innerlich von den Auswirkungen des Krieges betreffen lassen und als dadurch gereifte Persönlichkeiten in die Öffentlichkeit hinein wirken.

"Segnungen des Krieges, die aus den Schrecken des Krieges erwachsen! An beiden haben teil sowohl die Männer als auch die Frauen. Aber während jene mitten in den Schrecken des Krieges stehen, wenigstens in den äußerlichen, haben diese in erster Linie die Aufgabe, die Segnungen des Krieges in offenen Herzen zu empfangen, in ihrer Fülle die eigene Persönlichkeit reifen zu lassen und das, was der Einzelseele an Kraft und Läuterung wurde, in die Volksseele hinauszuströmen."[22]

So wie die Männer für die Veränderung der Grenzen des Reiches kämpften, sollte die Aufgabe der Frauen die geistig-seelische und kulturelle Erneuerung des Volkes sein. Insbesondere oblag ihnen die Pflege des mit Kriegsbeginn neu erwachten Interesses an der Religion, das sich in Kirchenbesuch und Sakramentenempfang eindrücklich manifestierte. Auch die Förderung der Vaterlandsliebe, die eng mit der Religiosität verbunden wurde, sollte zu den vornehmsten Aufgaben der Frauen gehören.

"Segnungen des Krieges! Und wieder werden die Frauen in die Front gerufen, um diese Segnungen erst recht für den Frieden auszunutzen. Ebenso wie die neuerwachte Religiosität, sollen sie die Flamme der Vaterlandsliebe pflegen. Sie müssen der kommenden Jugend die Herrlichkeiten der Volkserhebung von 1914 übermitteln und die Einzelheiten des Krieges, den wir, wenngleich aus der Ferne, so glühend und bedingungslos miterleben. Sie müssen ihnen den heiligen Stolz auf deutsche Art und deutsches Wesen einprägen, damit unser alter Volksfehler, das Fremde für besser zu halten als das Heimische, in den zukünftigen Geschlechtern allmählich erlösche."[23]

Die katholische Frauenbewegung beschränkte sich allerdings nicht darauf, diese Dinge nur theoretisch zu erörtern, sondern verknüpfte die Theorie mit recht praktischen Forderungen und Ratschlägen. So plädierte sie z.B. für einen Boykott der französischen Frauenmode, in der sie gleichermaßen die Verkörperung des sittlichen Verfalls und der Bedrohung der deutschen Volkswirtschaft sah.

"Die heutige Frauenmode trägt den Stempel jenes Paris, das den Mittelpunkt der überreifen gallischen Kultur bildet, einer Fäulniskultur, und sie wurde geschaffen von Faktoren, die dem verfeinerten Laster dienen. ... Eine deutsche Frauenmode wird es verhindern, daß ein Teil unseres deutschen Volksvermögens über die Grenze strömt, sie wird auch das einheimische Fabrikat gegenüber dem ausländischen wieder zu Ehren bringen."[24]

Ebenfalls mahnte Hedwig Dransfeld die deutschen Hausfrauen zu einer "volkswirtschaftlichen" Haushaltsführung, die den Familienegoismus dem Gemeinwohl hintanstellte. Gemeint war, Hamsterkäufe zu unterlassen und nicht Lebensmittel auf Kosten anderer zu horten. Der gesamte Haushalt sollte so organisiert werden, daß trotz der Lebensmittelknappheit und der horrenden Teuerung der Durchhaltewillen des deutschen Volkes nicht geschwächt würde.

"Die geistig hochstehende Hausfrau wird sich in die veränderte Lage freilich rasch hineinfinden können, denn sie hat eben schon im Frieden gelernt, volkswirtschaftlich zu denken und den Familienegoismus zugunsten des Allgemeinwohls einzudämmen. Aber die breite Masse unserer Hausfrauen muß in sorgfältiger Erziehungs- und Aufklärungsarbeit von einem Gebiet in das andere hinübergeleitet werden: aus der rein privatwirtschaftlichen Interessiertheit in die von vaterländischen Prinzipien durchtränkte volkswirtschaftliche Denkweise. Es heißt für sie nicht mehr: Hauptsache ist das Wohl deiner Familie und die möglichst bequeme Weiterführung ihrer alten Lebensweise, sondern: Hauptsache ist unser eisernes Durchhalten, sowohl im militärischen als auch vor allem im Wirtschaftskriege."[25]

In ihrer Haltung zum Krieg unterschied sich die katholische Frauenbewegung nicht von der allgemeinen bürgerlichen Frauenbewegung.[26] Bis auf wenige isolierte pazifistisch gesonnene Frauen nahm die bürgerliche Frauenbewegung an der allgemeinen Nationalisierung und Militarisierung teil und fühlte sich verantwortlich, ihren Teil zur Kriegsführung beizutragen. Der Bund Deutscher Frauenvereine initiierte einen Nationalen Frauendienst (NFD), der als sozialer

Kriegsdienst verstanden wurde und dessen "generalstabsmäßig geplante und organisierte Wohlfahrtsarbeit ... ein Novum in der Geschichte militärischer Konflikte"[27] darstellte. Innerhalb des NFD, dem auch die konfessionellen Frauenbewegungen angehörten, schienen alle konfessionellen, internationalen oder feministischen Interessen aufgehoben – ja, die bürgerliche Frauenbewegung setzte ihren ganzen Stolz darein, nicht mehr für Sonder- , sprich: Frauen-Interessen zu kämpfen, sondern einer größeren Einheit zu dienen und in ihr aufzugehen.

1.4. Das "Katholische" an der katholischen Frauenbewegung

Nach den erörterten Gemeinsamkeiten mit der überkonfessionellen bürgerlichen Frauenbewegung bleibt zu fragen, worin die Besonderheit einer katholisch-konfessionellen Frauenbewegung eigentlich lag. Was war das "Katholische" an der katholischen Frauenbewegung?

Das "Katholische", die katholische Weltanschauung und die Religion überhaupt gelten als Grundpfeiler der katholischen Frauenbewegung. Es liegt daher nahe, das, was mit katholischer Weltanschauung gemeint ist, näher zu bestimmen. Dann allerdings fällt auf, daß der KFB zwar an vielen Stellen die katholische Weltanschauung ins Feld führt, aber nie erläutert, was dies genau bedeutet und worin das Trennende zur allgemeinen Frauenbewegung nun tatsächlich liegt. Viele moralische Aussagen, die mit der katholischen Weltanschauung begründet werden, z.B. die Kritik an der Neuen Ethik der radikalen Frauenbewegung, spiegeln in der Hauptsache die bürgerliche Moral wider und bedürften nicht notwendig einer weiteren religiösen oder theologischen Legitimierung.[28] Die katholische Weltanschauung scheint also weniger mit bestimmten Glaubens<u>inhalten</u> verbunden zu sein als vielmehr mit der Anerkennung der Autorität der katholischen Kirche, der Loyalität zu ihr und mit einer mehr oder weniger klar umrissenen sozialen Identität. Das würde bedeuten, daß die katholische Frauenbewegung der in religiösen und konfessionellen Fragen indifferenten bürgerlichen Frauenbewegung nicht einen theologisch reflektierten christlichen Glauben als vielmehr eine kirchlich/konfessionelle Identität entgegenhält, die im Konfliktfall – nach eigenen Aussagen – schwerer wiegt als die Verbundenheit mit der Frauenbewegung als ganzer.

Demgegenüber finden sich in der "Christlichen Frau" auch eine Reihe von Artikeln (von Frauen und Männern), die als Teil einer theologischen Legitimationsstrategie verstanden werden können, weil sie den grundsätzlichen Wert der Frau und ihre besonderen Aufgaben in der modernen Welt biblisch und theologisch begründen.[29] Das Kernargument lautet, daß durch Jesus Christus die Frauen ebenso wie die Männer erlöst und in ihre wahre Würde eingesetzt seien. Das Christentum steht nach diesem Verständnis der prinzipiellen Gleichheit von Frauen und Männern also nicht nur nicht entgegen, sondern behauptet sie, zumindest auf der Ebene der Heilsordnung, ausdrücklich. Eine deutliche Einschränkung bedeutet hier allerdings die theologisch nicht haltbare, nichtsdestoweniger aber verbreitete Anschauung von der doppelten Erlösung der Frau, d.h. die Frau ist sowohl aufgrund ihrer Menschlichkeit als auch aufgrund der historischen Schuld

Evas der Erlösung bedürftig. Die Konsequenz heißt, daß die Frauen ihre Freiheit in besonderem Maße Jesus Christus und der Kirche zu verdanken haben.

"Christus und der Kirche verdanken die Frauen die magna charta ihrer Freiheit, ihnen sind sie darum auch zu nie erlöschendem, ewigem Dank verpflichtet. ... Eine Lösung der Frauenfrage ohne Berücksichtigung des Christentums und seiner Grundsätze müßte für das Frauengeschlecht selbst verhängnisvoll werden; nur auf dem Boden des Christentums wird ihm Glück, Wohlfahrt und Heil erblühen."[30]

Daneben findet sich ein weiterer Interpretationsstrang, der ein emanzipatorisches Interesse verrät. Besondere Beachtung erfahren die Rolle der Frauen am Grabe Jesu, die Jüngerinnen Jesu und ihr Verhalten, der nicht-patriarchale Umgang Jesu mit den Frauen und die Stellung der Frauen in den frühchristlichen Gemeinden.[31] Auch die Beteiligung von Frauen an der Abfassung neutestamentlicher Schriften wird in diesem Rahmen erörtert. Ebenso gibt es Ansätze zu einer alternativen Marieninterpretation, die das Lukas-Evangelium und darin das Magnificat in den Mittelpunkt rückt und das Bild einer starken gläubigen Maria zeichnet.[32]

Neben diesen Ansätzen einer emanzipatorischen Interpretation biblischer Traditionen finden sich, wie in der Frage der Erlösung, allerdings auch gegenläufige Tendenzen, so z.B. die Betonung der Eva-Maria-Typologie[33] oder eines Marienbildes, das Dienst und Selbstaufopferung in den Mittelpunkt stellt.[34] Zu fragen bleibt, ob der christliche Glaube tatsächlich die Emanzipationsbestrebungen von Frauen begründen bzw. als Emanzipationshelfer dienen kann oder ob er nicht eher religiöse und theologische Legitimationen für eine bereits aus anderen Quellen geschöpfte Überzeugung liefert, sie sozusagen "tauft". Wäre letzteres der Fall, böte sich Frauen, die bereits von den Ideen der Frauenbewegung beeinflußt worden sind, die Chance, ihre religiöse und kirchliche Identität damit zu vermitteln. Für diese Möglichkeit spricht, daß – wie noch zu zeigen sein wird – ein wichtiges Motiv für die Gründung des KFB gerade die Vereinbarkeit von Frauenbewegung und katholischer Weltanschauung gewesen ist. Es bestand also nicht nur von seiten der Amtskirche das Interesse, die katholischen Frauen "bei der Stange zu halten", sondern viele katholische Frauen schienen selbst das Bedürfnis zu haben, ihr Interesse an Emanzipation mit ihrem Glauben und ihrer Zugehörigkeit zur katholischen Kirche vereinbaren zu können. Hedwig Dransfeld – sicherlich eine der kühnsten Denkerinnen in der katholischen Frauenbewegung – versucht, dieses Problem dadurch zu lösen, daß sie die Idee der Gleichberechtigung als Ausdruck des göttlichen Willens, als Ausprägung des göttlichen Ordnungsplanes begreift.

"Die Idee der <u>sittlichen</u> Gleichberechtigung der Menschen ist so alt wie das Christentum, aber sie hat sich im profanen Leben nicht immer scharf und deutlich genug ausgeprägt, sie ist nicht immer ein Bestandteil des Volksgewissens gewesen. In einer schweren Geburtsstunde vor noch nicht langer Zeit nahm sie endgültig Fleisch und Blut an, kristallisierte sie sich zu der festumrissenen Forderung der <u>sozialen</u> Gleichberechtigung. Um dieser den ersten Triumph zu bereiten, mußte ein ganzes Volk seine Hände in Blut tauchen, die Schuld des Königsmordes auf seine Schultern nehmen und die Brandfackel in seine eigenen Hütten werfen. Da, in den Stürmen der

Französischen Revolution, wurden im Prinzip, nicht tatsächlich, auch die Frauen mündig gesprochen. Nun sind die wahren Menschheitsideen leicht geflügelt, sie erheben sich über die Materie und eilen dem schwerfälligen Gang der Geschichte voraus, weil sie eben im letzten Grunde Ausprägungen des göttlichen Ordnungsplanes sind. Und so hat auch die Idee der persönlichen Freiheit und erweiterten Rechtssphäre der Frauen noch mehrere Jahrzehnte gebraucht, um die Massen zu ergreifen und in einer gemeinsamen Bewegung nach Verwirklichung zu ringen."35

Diese Beurteilung der Französischen Revolution und der Menschenrechte muß im Rahmen der katholischen Kirche der damaligen Zeit geradezu als revolutionär gelten. Zwar erscheint es so, als würden die Menschenrechte als sekundäre dem christlichen Glauben als primärem zugeordnet. Doch gerade weil dies nicht der lehramtlichen Position entsprach, zeigt es, daß die katholische Frauenbewegung, hier zumindest in ihrer Repräsentantin Hedwig Dransfeld, offen für Ideen und Strömungen war, die nicht unmittelbar der katholischen Kirche oder dem Katholizismus entstammten, und versuchte, diese mit dem christlichen Glauben und der sog. katholischen Weltanschauung zu verbinden.

2. Legitimations- und Abgrenzungsprobleme

Die katholische Frauenbewegung mußte sich in verschiedener Hinsicht und nach verschiedenen Seiten hin abgrenzen und legitimieren: Warum sollte es eine Frauenorganisation, warum eine allgemeine für alle katholischen Frauen und warum überhaupt eine katholische Frauenbewegung geben?

2.1. Eine Frauenorganisation

Die Existenz einer Frauenorganisation wurde zum einen mit der Notwendigkeit, die Interessen von Frauen selbstorganisiert zu vertreten, begründet, zum andern mit der Existenz einer weiblichen Natur, die von der männlichen unterschieden sei.36 Von einer Frauenbewegung im eigentlichen Sinne kann erst dann gesprochen werden, wenn Frauen die Vertretung ihrer Interessen selbst in die Hand nehmen und ihre Vereinigungen nicht unter männlicher Leitung und Kontrolle stehen. Dies kann, zumindest mit Einschränkung, vom Katholischen Frauenbund gesagt werden.37 Der KFB wurde immer von einer Frau geleitet; der Geistliche Beirat, der im ersten Entwurf der Statuten nicht einmal vorgesehen war, wurde vom KFB selbst gewählt, nicht vom Bischof bestimmt, und verfügte lediglich über eine beratende Stimme.38 Andererseits sind Männer an der Entstehung des KFB nicht unbeteiligt gewesen. So übten der Zentrumspolitiker und Vorsitzende des Volksvereins für das katholische Deutschland, Carl Trimborn, der Gründer und Präsident des Caritasverbandes, Lorenz Werthmann, und Prälat Paul Müller-Simonis großen Einfluß auf die Gründung des Bundes aus. Ebenso war dem KFB von Anfang an sehr an der Billigung und Unterstützung durch den deutschen Episkopat gelegen. Neben der Selbstorganisation spielte die Annahme der besonderen weiblichen Natur eine wichtige Rolle. Diese Eigenart der Frau müsse gepflegt werden und verlange häufig ein anderes Vorgehen, so daß Frauenbildung und -erziehung Frauensache sei. Hedwig Dransfeld schreibt:

"Das ist ja der springende Punkt der Frauenbewegung, der den Männerorganisationen auf diesem Gebiete dauernd und grundsätzlich eine Nebenrolle zuweist, der ihnen jede eigentliche Führung unmöglich macht: daß Frauentum nur am Frauentum wächst und sich bildet."[39]

Daß die katholische Frauenbewegung eine Frauenorganisation war, wurde also auch mit einem – modern gesprochen – expliziten Differenzdenken begründet.

2.2. Eine allgemeine Organisation für alle katholischen Frauen

Der KFB verstand sich selbst als eine allgemeine Organisation und Interessenvertretung für alle katholischen Frauen; er lehnte es ab, ein sog. Damenverein zu sein. Ein Großteil seiner Mitglieder stammte jedoch aus bürgerlichen Kreisen, und die Tätigkeit des Bundes war stark davon geprägt. Ein Motiv, die Einheitlichkeit der katholischen Frauenbewegung zu betonen, lag in der Angst, daß sich im katholischen Mikrokosmos die Spaltung in eine bürgerliche und eine katholische Frauenbewegung wiederholen und daß die sozialdemokratischen Ideen für die katholischen Arbeiterinnen an Anziehungskraft gewinnen könnten.[40] Stattdessen vertrat der KFB die Idee eines ideellen sozialen Ausgleichs zwischen den Ständen, d.h. eine menschliche Versöhnung ohne einen wirklichen politischen und rechtlichen Ausgleich. Diese Bewegung verlief zudem von oben nach unten: Erst galt es für die Bewegung, unter den bürgerlichen katholischen Frauen Fuß zu fassen, und dann die Idee des sozialen Ausgleichs in die unteren Schichten zu tragen und innerhalb des Bundes sozusagen vorgreifend zu verwirklichen. Folgendes Beispiel zeigt die Möglichkeiten und die Grenzen dieser vorgreifenden Verwirklichung:

"Der Katholische Frauenbund darf sich ruhig das Zeugnis geben, daß er in der Ausrottung des Kastengeistes und seiner gesellschaftlichen Übertriebenheiten viel getan hat. Fast automatisch verringert er das soziale Distanzgefühl. Eine bekannte Dame erzählte einmal folgende hübsche Episode: daß ihre alten treuen Dienstmädchen rechts und links an ihrer Seite schreiten, wenn sie zur Versammlung des Frauenbundes gehen, während sie sich sonst grundsätzlich zurückhalten, selbst wenn sie gemeinsam das Haus verlassen. Das ist ein kleines, aber doch klares Zeichen, daß Dienstmädchen und Hausherrin sich in diesem Falle als Gleichberechtigte fühlen."[41]

A. Zurlinden-Liedhegener kommt in ihrer Untersuchung zu dem Ergebnis, daß das Interesse am Erhalt der gesellschaftlichen Ordnung und dem Zurückdrängen des sozialdemokratischen Einflusses verhindert habe, daß der KFB wirklich ein Interessenverband aller katholischen Frauen wurde. Die bestehende soziale Ungleichheit sollte zwar gemildert, aber nicht völlig beseitigt werden. Die Idee des ideellen sozialen Ausgleichs zwischen den Ständen gehe nicht von einer tatsächlichen Gleichheit aller Frauen aus. So erweise sich – wie Zurlinden-Liedhegener vor allem an der sog. Dienstbotenfrage herausarbeitet – die Klassenzugehörigkeit letztlich als stärker als die Konfessionszugehörigkeit, d.h. letztere konnte nicht die Basis für die Überwindung der Klassengegensätze unter den Frauen bilden.[42] Hierzu bleibt zu fragen, ob die Annahme der sozialen Gleichheit aller Frauen tatsächlich die entscheidende Bedingung dafür darstellt, die Interessen aller Frauen innerhalb des Verbandes zu vertreten. Da diese Annahme ohnehin der katholischen Lehre von der Unterschiedenheit der Stände zuwidergelaufen wäre, konnte die Konfessionszugehörigkeit gar nicht zur Überwindung der Klassengegensätze beitragen. Sicher allerdings hat gerade diese Lehre dazu beigetragen, daß die katholische Frauenbewegung tatsächlich nicht die Frauen aller gesellschaftlichen Schichten integrieren konnte. Gesellungs- und Organisationsform sowie die Vorstellung des ideellen sozialen Ausgleichs, der von oben nach unten erfolgen sollte, bewirkten, daß hauptsächlich bürgerliche Frauen ihre Interessen innerhalb der katholischen Frauenbewegung artikulieren konnten.

2.3. Eine katholische Frauenorganisation

Die katholische Frauenbewegung betont häufig, daß sie sich als Teil der allgemeinen Frauenbewegung fühle, daß es etliche gemeinsame Überzeugungen gebe und daß in vielen Fragen die Solidarität unter Frauen und der gemeinsame Kampf angemessen und wirkungsvoll seien.[43] Was die katholische Frauenbewegung jedoch an der überkonfessionellen bürgerlichen Frauenbewegung vehement kritisiert, ist deren indifferente Einstellung zur Religion. Religion gilt dieser als Privatsache, die Kirche nicht als Autorität, sondern als Hindernis für die Verwirklichung von Frauenrechten. Hier entsteht für katholische Frauen das Problem, das Engagement für die Interessen der Frauen mit der als positiv empfundenen Loyalität zur Kirche und mit der katholischen Weltanschauung, wie sie es nennen, zu vereinbaren. Zur Zeit der Gründung des KFB schrieb Pauline Herber, die Vorsitzende des Katholischen Lehrerinnenverbandes:

"In den Herzen der vortrefflichsten unter den katholischen Frauen lebt seit langem der Wunsch, daß eine Einrichtung geschaffen werde, die es ihnen ermögliche, in edel-selbstbewußtem katholischen Geiste die gesunden Fortschritte der Zeit im Einklange mit dem heiligen Glauben sich selbst und andern nutzbar zu machen."[44]

Das Katholische oder das Christliche gibt einer katholischen Frauenorganisation letztlich ihre Existenzberechtigung und wiegt im Konfliktfall stärker als die Solidarität unter Frauen. Dies rechtfertigt sich dadurch, daß alle irdischen und materiellen Fragen am Maßstab des Ewigen gemessen werden müßten. Hedwig Dransfeld schreibt rückblickend:

"Die katholische Weltanschauung bildete für uns die zwingende Ursache, das Prinzip der Geschlechtssolidarität zu durchbrechen und so in die allgemeine Bewegung eine Bresche zu legen. Hätten für uns nicht die höchsten geistig-sittlichen Güter in Frage gestanden, so wäre es zum wenigsten eine Unklugheit gewesen, uns von dem machtvollen und in praktischer Beziehung durch Jahrzehnte bewährten Gros der Frauenbewegung abzusondern. Die katholische Weltanschauung gibt der Eigenbewegung der katholischen Frauen ihre Grundlage und ihre Berechtigung; sie legt ihnen die Pflicht auf, den inneren Reichtum ihrer Religion für die allgemeine Bewegung auszumünzen; und sie schlingt zugleich ein einigendes Band um all jene, die aus den gleichen Beweggründen heraus für die Frauenwelt um die gleichen hohen Ziele ringen."[45]

Zurlinden-Liedhegener weist darauf hin, daß für die Gründung des Bundes kirchlich-konfessionelle Interessen von großer Bedeutung gewesen sind. Sie zitiert ein im Protokollbuch über die Geschichte des Verbandes abgeheftetes Blatt, das die Aufschrift "Streng vertraulich" trägt und in dem die Besorgnis darüber geäußert wird, daß katholische Frauen sich der interkonfessionellen Frauenbewegung zuwenden und so dem katholischen Einfluß entzogen werden könnten.[46] Andererseits schienen die Gründerinnen des KFB aber kein Interesse an einem engen Konfessionalismus zu haben, da die bereits erwähnte erste Fassung der Satzung des KFB von 1903 nicht von der katholischen, sondern von der christlichen Weltanschauung sprach. Die zweite Fassung von 1904, verabschiedet auf der ersten Generalversammlung, ersetzt erst "christlich" durch "katholisch".[47]

2.4. Abgrenzungen zur sozialdemokratischen und zur radikalen Frauenbewegung

Abgegrenzt hat sich die katholische Frauenbewegung ebenfalls von der sozialdemokratischen Frauenbewegung und vom radikalen Flügel der bürgerlichen Frauenbewegung, der seine größte Wirksamkeit im ersten Jahrzehnt des 20. Jahrhunderts entfaltete.

Von ersterer trennte sie sowohl der politische als auch der ideologische Standpunkt. Die prinzipielle Anerkennung der gesellschaftlichen Ordnung unbeschadet ihrer Reformbedürftigkeit stand gegen das Ziel der revolutionären Veränderung der Gesellschaft, die Betonung der natürlichen Differenz der Geschlechter gegen ein radikales Gleichheitsdenken. Die katholische Frauenbewegung warf der sozialdemokratischen zudem vor, daß sie im eigentlichen Sinne keine Frauenbewegung, sondern vielmehr eine Klassenbewegung sei, die ihre Verbündeten unter den Männern der eigenen Klasse und Partei und nicht unter den bürgerlichen Frauen suchte.[48] Die radikale Frauenbewegung war der einzige Ort innerhalb der Frauenbewegung, an dem das Thema Sexualität nicht tabuisiert, d.h. entweder verschwiegen oder quasi-wissenschaftlich rationalisiert wurde[49] Allein in ihrem Rahmen war es möglich, Themen wie die sexuellen Bedürfnisse von Frauen oder weibliche Sinnlichkeit überhaupt anzusprechen. Diese Themen der radikalen Frauenbewegung, die sog. Neue Ethik, die Beurteilung der Prostitution und die Haltung zum Frauenstimmrecht (später auch zum Pazifismus) erschienen der katholischen Frauenbewegung unsittlich bzw. unangemessen.[50] Die Radikalen vertraten gegenüber der Prostitution die sog. abolitionistische Position, d.h. die Doppelmoral wurde angeklagt, die den Prostituierten mit Strafverfolgung drohte, deren männliche Kundschaft aber ungeschoren ließ. Die Neue Ethik bestand in einer liberalen Einstellung zur Sexualität von Frauen und betonte das sexuelle Selbstbestimmungsrecht von Frauen. Gefordert wurden die freie Liebe, die Erleichterung der Ehescheidung, die Streichung des § 218 und die rechtliche Gleichstellung nicht-ehelicher Kinder. Alle diese Forderungen waren geeignet, nicht nur die katholischen, sondern auch die Frauen des sog. gemäßigten Flügels der bürgerlichen Frauenbewegung abzuschrecken.

Diese Abgrenzungen zur sozialdemokratischen und zur radikalen Frauenbewegung wurden von den katholischen Frauen zwar aus religiösen Motiven heraus begründet; doch unterschied sich ihre Ablehnung und Abgrenzung nicht von der der übrigen bürgerlichen Frauenbewegung.[51] Der Bund Deutscher Frauenvereine schloß die sozialistischen Frauenorganisationen bewußt aus; die Vereinigungen der radikalen Frauenbewegung waren zum Teil Mitglied, doch wurde beispielsweise dem von Helene Stöcker gegründeten Bund für Mutterschutz, der die Prinzipien der Neuen Ethik vertrat, die Aufnahme verweigert.

3. "Modernität" und "Antimodernität" in der katholischen Frauenbewegung

Die katholische Frauenbewegung liefert gutes Anschauungsmaterial für den Katholizismus im Umbruch zur Moderne, weil sie auf eigenartige, scheinbar oder tatsächlich widersprüchliche Weise moderne und antimoderne Elemente in sich vereinigt. Ein sorgfältiges und differenziertes Vorgehen ist deshalb geboten, das weder von zuviel Pessimismus noch von zuviel Hoffnung hinsichtlich eines positiven feministischen Ertrags getragen ist. Das Nebeneinander von modernen und antimodernen Elementen in der katholischen Frauenbewegung zeigt sich z.B. in der allgemeinen Einschätzung der Frauenfrage und der Notwendigkeit der Frauenbewegung, in der Beurteilung der Inferiorität katholischer Frauen, in der Forderung nach wissenschaftlicher Bildung für Frauen und in der Einstellung zu Körper und Sexualität.

3.1. Die Einschätzung der Frauenfrage

Die Frauenbewegung wird als eine Reaktion auf die veränderte gesellschaftliche Situation und auf die sozialen Probleme, die diese für die Frauen mit sich brachte, verstanden. Beruf und Erwerbstätigkeit waren für die meisten Frauen zumindest in bestimmten Phasen ihres Lebens unumgänglich geworden; also stellte sich die Frage nach einer angemessenen Bildung und Ausbildung; zudem verlangte die prekäre Lage der Industriearbeiterinnen nach sozialen und rechtlichen Lösungen. Auch die katholischen Frauen kamen, wie die Redaktion der "Christlichen Frau" in den Leitgedanken zum 9. Jahrgang der Zeitschrift 1910 rückblickend schreibt, zu folgender Erkenntnis: "Die Maximen der guten alten Zeit waren auf diese neuen Verhältnisse schlechterdings nicht mehr anzuwenden."[52] Die Frauenbewegung als Ganze galt also als notwendige Entwicklung und allen ihren Strömungen wird das gemeinsame Ziel zugeschrieben, die Ursachen sozialer Mißstände zu beseitigen und eine Befreiung der Frau in wirtschaftlicher, geistiger und sittlicher Hinsicht zu erwirken.[53] Die Organisierung der Bewegung wird als entscheidend für die Schlagkraft der Interessenvertretung, die Effektivität der Arbeit und die Dauerhaftigkeit der Bewegung überhaupt betrachtet.[54]

Andererseits hält die katholische Frauenbewegung trotz aller realen Veränderungen der Frauenrolle an dem Idealbild der Familienmutter fest. Sie pflegt die Vorstellung von einer Natur der Frauen, die auf Haus und Familie gerichtet ist und deren Erfüllung durch die veränderten Lebensbedingungen nicht gefährdet werden darf bzw. deren Erfüllung ermöglicht werden muß. Die Lösung der Frauenfrage erhofft sie sich folglich nicht so sehr von einer sozialen und rechtlichen Gleichstellung der Frauen, sondern von der Erneuerung der Familie und der Anerkennung der spezifischen Kulturleistungen der Frauen.[55]

3.2. Die Inferiorität katholischer Frauen

Die behauptete Inferiorität katholischer Frauen und der Vorwurf, daß die katholische Frauenbewegung hinter dem allgemeinen Frauenaufbruch hinterherhinke, wird in der "Christlichen Frau" einerseits abgestritten, andererseits zugegeben, aber positiv umgewertet. Die katholische Frau verstehe, so wird erklärt, das, was sie an Gutem leiste, weniger als ihre Leistung aus eigener Kraft, sondern vielmehr als Ergebnis einer Kraftübertragung von oben. Sie sei mehr auf das Innere als auf veräußerlichte Selbstdarstellung gerichtet und lehne jeden Persönlichkeitskult ab. Ihr Grundprinzip, das sie in den Augen der modernen Welt inferior erscheinen lasse, heiße folgendermaßen: Nicht das Christentum werde an der modernen Kultur gemessen, sondern die moderne Kultur an den christlichen Grundsätzen, die auf den göttlichen Heiland selbst zurückgingen. In diesem Sinne wird also die vermeintliche Inferiorität der katholischen Frauen umgedeutet in deren eigentliche Stärke.[56]

Daß die katholische Frauenbewegung nicht über so viele eindrucksvolle Führerinnenpersönlichkeiten verfüge, wie die überkonfessionelle Frauenbewegung, wird damit begründet, daß ein Großteil der dazu geeigneten Frauen und Mädchen ihr von den Orden entzogen würden. Die Arbeit der Frauenkongregationen aber gebe ein beredtes Zeugnis gegen die Behauptung der Inferiorität katholischer Frauen.[57]

Andererseits aber will sich die katholische Frauenbewegung mit dafür einsetzen, den Rückstand der Katholikinnen und Katholiken auf wirtschaftlichem und wissenschaftlichem Gebiet zu beseitigen. Hier versteht sich der KFB explizit als Vetreter eines modernen Katholizismus:

"Auch die katholischen Frauen müssen geschlossen und begeistert teilnehmen, wenn es heißt, unsern Volksteil aus der Niederung wirtschaftlicher und wissenschaftlicher Zurückgebliebenheit auf die höchsten Kulturhöhen emporzuführen. Träger aller Bestrebungen, die für sie vorzugsweise in Betracht kommen, ist der Katholische Frauenbund; und wer sich dieser Organisation mit klarem Verständnis und willigem Herzen anschließt, dem ist nicht umsonst das Pauluswort erklungen, ... : Brüder, es ist die Stunde da, allüberall vom Schlafe aufzustehen. Die Nacht ist vorüber, der Tag ist angebrochen" (Röm. 13).[58]

In einer Besprechung des Buches "Die Katholiken im Kultur- und Wirtschaftsleben der Gegenwart" in der Christlichen Frau wird nicht ohne Stolz bemerkt, daß in diesem die neue katholische Zeitschriftenliteratur und darunter auch die Christliche Frau als auf der Höhe der Zeit stehend beurteilt wird.[59]

3.3. Die Forderung nach höherer Bildung für Frauen

Die Reform der Mädchenbildung, das Recht auf Studium und akademischen Abschluß haben immer zu den Forderungen der katholischen Frauenbewegung gehört. Besondere Aufmerksamkeit finden in der "Christlichen Frau" das wissenschaftliche Studium von Frauen und die dazugehörige gymnasiale Bildung von Mädchen.[60] Die Neuordnung des Mädchenschulwesens in Preußen wird ausführlich dokumentiert und kommentiert.[61] Der Jahrgang 4 (1905/6) der "Christlichen Frau" enthält im Vergleich zu anderen Jahrgängen auffallend viele Artikel zur Bildungsfrage – es liegt nahe, hier einen Zusammenhang mit der Diskussion und Verabschiedung des preußischen Volksschulunterhaltungsgesetzes anzunehmen.[62] Die katholische Frauenbewegung sprach sich selbstverständlich für die Konfessionsschule aus, weniger allerdings aus einem konfessionellen, als aus einem christlichen Interesse heraus. Die Simultanschule nämlich wurde als der erste Schritt zur Entchristlichung der Schule angesehen. Besonders schwer wog für die Frauen allerdings auch, daß das Volksschulunterhaltungsgesetz ihnen das Recht nahm, in den Schuldeputationen und Schulvorständen vertreten zu sein, – ein Recht, das vorher zumindest formell bestand und auf das die Frauenbewegung große Hoffnungen gesetzt hatte.

Die Zeitschrift "Die Christliche Frau" selbst hat sich die wissenschaftliche und ästhetische Bildung der Frauen zum Ziel gesetzt. Dies hat ihr wiederholt den Vorwurf eingetragen, daß sie z.B. in den Frauenbiographien Frauen darstelle, deren Lebenswandel nicht moralisch einwandfrei sei, also nicht als Vorbild für christliche Frauen dienen könne, oder daß sie literarische Leistungen von a-kirchlichen und atheistischen Dichtern würdige.[63]

Trotz aller Hochschätzung wissenschaftlicher Bildung sieht die katholische Frauenbewegung in der gelehrten Frau jedoch nicht ihren Idealtypus, sondern vielmehr in der

"... Familienmutter, die, geschmückt mit allen Gaben edler Weiblichkeit, aber auch versehen mit dem gesamten intellektuellen Rüstzeug hochstehender Geister, dem Gatten eine ebenbürtige Gefährtin, den Kindern, auch den erwachsenen, eine weise Leiterin und Beraterin ist, die endlich gelernt hat, auch über ihre vier Wände hinauszusehen und freie Kräfte in den Dienst der Allgemeinheit zu stellen."[64]

3.4. Die Einstellung zu Körper und Sexualität

Auch hier versteht sich die katholische Frauenbewegung als aufgeschlossen gegenüber den modernen Entwicklungen, weist aber vermeintliche Übertreibungen zurück.[65] Die Reform der Kinder- und Frauenkleidung hin zu größerer Zweckmäßigkeit und Bewegungsfreiheit wird begrüßt, vermeintlich schamlose Frauen- und auch Kinderkleidung aber scharf abgelehnt. Körperliche Betätigung, Wandern und Sport von Frauen und Mädchen werden ebenfalls für sinnvoll gehalten, weil sie die Frauen dazu befähigen, die vielfältigen Ansprüche des modernen Lebens an sie besser zu bewältigen. Freizügige Kleidung oder gar Männerkleidung im Sport, gemeinsames Wandern oder Schwimmen von Jungen und Mädchen werden dagegen abgelehnt.

Die sexuelle Aufklärung wird grundsätzlich für sinnvoll gehalten, darf aber nur in der Familie stattfinden, niemals in der Öffentlichkeit und nicht gemeinsam für Jungen und Mädchen.

Das Thema Sexualität wird in der "Christlichen Frau" selten angesprochen. Frauen, ebenso wie Männern, sexuelle Bedürfnisse zuzugestehen und das Selbstbestimmungsrecht in allen sexuellen Fragen zu behaupten – diese Vorstellungen bleiben der katholischen Frauenbewegung (wie der übrigen nicht-radikalen bürgerlichen) fremd, wie die wenigen Auseinandersetzungen mit der Neuen Ethik zeigen.[66] Grundsatz der katholischen Frauenbewegung ist dagegen, die Männer auf dieselben strengen moralischen Grundsätze zu verpflichten, sie sozusagen auf das weibliche moralische Niveau hinaufzuziehen. Die Ehe in Frage zu stellen, die Ehescheidung zu erleichtern, die freie Liebe zu propagieren und die nicht-eheliche Mutterschaft gesellschaftlich aufzuwerten, gelten der katholischen Frauenbewegung als Schritte zu einer extremen Individualisierung und der Konzentration auf das persönliche Glück, und das bedeutet für sie, zu einer fortschreitenden Entchristlichung der Gesellschaft.

3.5. Folgerungen

Das Schillern der katholischen Frauenbewegung zwischen "modernen" und "antimodernen" Einstellungen und Verhaltensweisen steht im Zusammenhang mit der Spannung zwischen der notwendigen, teilweise sicher auch bejahten, Anpassung an die veränderten gesellschaftlichen Verhältnisse und der Angst vor dem schwindenden Einfluß der christlichen Religion und der Kirchen auf die moderne Gesellschaft. Wo die Anpassung gelingt, erscheint die katholische Frauenbewegung "modern", wo die Angst vor der Entchristlichung überwiegt, sind ihre Ideale und Handlungsweisen "antimodern". Eine effektiv organisierte Frauenbewegung erscheint ihr notwendig, auch die Überwindung der traditionellen katholischen Inferiorität, ebenso eine Reform der Bildung für Mädchen und Frauen, wie auch eine Reform der Sexualmoral. Aber: eine Frauenbewegung ohne religiöse und kirchliche Bindung, der Personenkult und die starke Individualisierung, die konfessionsübergreifende Schule und die Inhalte der Neuen Ethik sind abzulehnen, weil sie den Einfluß von Religion und Kirche abschwächen oder gänzlich unwirksam machen.

Anmerkungen

1 Vgl. z.B. Überblicksdarstellungen wie Ute Frevert, Frauen-Geschichte. Zwischen Bürgerlicher Verbesserung und Neuer Weiblichkeit, Frankfurt/M 1986; Barbara Greven-Aschoff, Die bürgerliche Frauenbewegung in Deutschland 1894-1933, Göttingen 1981 (Kritische Studien zur Geschichtswissenschaft 46); Cordula Koepcke, Frauenbewegung zwischen den Jahren 1800 und 2000, Heroldsberg 1979 oder Forschungsüberblicke wie Jutta Dalhoff/Uschi Frey/Ingrid Schöll (Hg.), Frauenmacht in der Geschichte. Beiträge des Historikerinnentreffens 1985 zur Frauengeschichtsforschung, Düsseldorf 1986.

2 Vgl. Jochen-Cristoph Kaiser, Frauen in der Kirche, hg. v. Annette Kuhn, Düsseldorf 1985; Doris Kaufmann, Frauen zwischen Aufbruch und Reaktion. Protestantische Frauenbewegung in der ersten Hälfte des 20. Jahrhunderts, München 1988; dies., Die Begründung und Politik einer evangelischen Frauenbewegung in der Weimarer Republik, in: Dalhoff/Frey/Schöll, Frauenmacht 380-389; dies., Die Ehre des Vaterlandes und die Ehre der Frauen oder der Kampf an der äußeren und inneren Front. Der Deutsch-Evangelische Frauenbund im Übergang vom Kaiserreich zur Weimarer Republik, in: EvTh 46 (1986), 277-292; Elisabeth Moltmann-Wendel, Christentum und Frauenbewegung in Deutschland, in: dies. (Hg.); Frauenbefreiung. Biblische und theologische Argumente, 4. veränd. Aufl. München 1986, 13-77; Petra Schmitz, Zum Verhältnis von Protestantismus und Frauenemanzipation im 20. Jahrhundert. Über die Möglichkeiten emanzipatorischer Frauenarbeit in der Evangelischen Kirche heute, Staatsarbeit im Fach Christliche Gesellschaftswissenschaften an der Ev.-Theol. Fakultät Münster 1987; dies., Evangelische Frauen zwischen Kirche und Frauenbewegung – ein Stück vergessene Geschichte, in: Schlangenbrut o.J. (1988), H. 22, 18-23. Zur jüdischen Frauenbewegung vgl. Marion A. Kaplan, Die jüdische Frauenbewegung in Deutschland. Organisation und Ziele des Jüdischen Frauenbundes 1904-1938, Hamburg 1981.

3 Die katholische Frauenbewegung erwähnen in aller Kürze Überblicksdarstellungen wie Herrad Schenk, Die feministische Herausforderung. 150 Jahre Frauenbewegung in Deutschland, München [4]1988, 53-57; Maria Pauls, Die deutschen Frauenorganisationen. Eine Übersicht über den Bestand, die Ursprünge und die kulturellen Aufgaben, Diss. Aachen 1966, 127-134 sowie Lexikonartikel wie Daniela Weiland, Art. Konfessionelle Frauenbewegung, in: dies., Geschichte der Frauenemanzipation in Deutschland und Österreich. Biographien – Programme – Organisationen, Düsseldorf 1983, 145-147 (Hermes Handlexikon) oder Art. Frauenbewegung, in: Anneliese Lissner/Rita Süssmuth/Karin Walter (Hg.), Frauenlexikon, Freiburg 1988. Ausführlicher widmen sich ihr: Hilde Lion, Zur Soziologie der Frauenbewegung. Die sozialistische und die katholische Frauenbewegung, Berlin 1926 – eine Auseinandersetzung mit dem Katholischen in der katholischen Frauenbewegung; Monika Pankoke-Schenk, Katholizismus und Frauenfrage, in: Anton Rauscher (Hg.), Der soziale und politische Katholizismus. Entwicklungslinien in Deutschland 1803-1963, Bd. 2, München-Wien 1982, 278-311 – eine Darstellung, die heikle Themen, wie die Rolle der katholischen Frauenbewegung im Ersten Weltkrieg oder die Arbeiterinnenfrage nicht berührt bzw. eher apologetisch darbietet; Alfred Kall, Katholische Frauenbewegung in Deutschland. Eine Untersuchung zur Gründung katholischer Frauenvereine im 19. Jahrhundert, Paderborn 1983 – die einzige Monographie zum Thema, die aber im Jahr 1903, dem Gründungsjahr des Katholischen Frauenbundes endet. Elisabeth Pregardier/Anne Mohr, Politik als Aufgabe. Engagement christlicher Frauen in der Weimarer Republik, Annweiler/Essen 1990 enthält einige Artikel über die und Dokumente der katholischen Frauenbewegung im Kaiserreich, insbesondere zu ihrem Verhältnis zur Zentrumspartei. Helmut Hafner, Frauenemanzipation und Katholizismus im zweiten deutschen Kaiserreich, Diss.: Saarbrücken 1983 analysiert neun Reden zur Frauenfrage, die auf den Katholikentagen von 1887 bis 1912 gehalten wurden. Die Hauptquellen dokumentieren also die Haltung katholischer Männer zur Frauenfrage (hier ist eines der interessantesten Ergebnisse, daß die katholische Frauenbewegung hauptsächlich von Klerikern, nicht von Laien, unterstützt wurde); die Interpretation der Reden enthält allerdings auch aus unmittelbarer Quelle stammende Informationen über die katholische Frauenbewegung. Biographische Artikel, bes. über Hedwig Dransfeld, geben einige Informationen über die katholische Frauenbewegung, vgl. Helene Weber, Hedwig Dransfeld, in: Gerta Krabbel (Hg.), Selig sind des Friedens Wächter. Katholische deutsche Frauen aus den letzten hundert Jahren, Münster 1949, 28-44; Walter Ferber, Hedwig Dransfeld (1871-1925), in: Rudolf Morsey (Hg.), Zeitgeschichte in Lebensbildern. Aus dem deutschen Katholizismus des 20. Jahrhunderts, Mainz 1973, 129-136; Günter Baadte, Elisabeth Gnauck-Kühne

(1850-1917), in: Jürgen Aretz/Rudolf Morsey/Anton Rauscher (Hg.), Zeitgeschichte in Lebensbildern, Bd. 3, 106-122. Doris Kaufmann, Vom Vaterland zum Mutterland. Frauen im katholischen Milieu der Weimarer Republik, in: Karin Hausen (Hg.), Frauen suchen ihre Geschichte. Historische Studien zum 19. und 20. Jahrhundert, München 1982, 250-275 befaßt sich mit der Weimarer Republik; Monika Pankoke-Schenk, Moderne Not als institutionelle Herausforderung kirchlicher Sozialarbeit. Sozialwissenschaftliche Aspekte caritativen Engagements dargestellt am Beispiel des "Sozialdienstes katholischer Frauen", Diss. Bochum 1975 konzentriert sich auf den Sozialdienst katholischer Frauen. Zur katholischen Frauenbewegung in der Schweiz existieren einige Studien: vgl. Christa Mutter, Frauenbild und politisches Bewußtsein im Schweizerischen Katholischen Frauenbund. Der Weg des SKF zwischen Kirche und Frauenbewegung, Lic. diss. Fribourg 1987; dies., "Die Hl. Religion ist das tragende Fundament der katholischen Frauenbewegung." Zur Entwicklung des Schweizerischen Katholischen Frauenbunds, in: Auf den Spuren weiblicher Vergangenheit. (2) Beiträge der 4. Schweizerischen Historikerinnentagung, Zürich 1988, 183-198, beide zit. n. Urs Altermatt, Katholizismus und Moderne. Zur Sozial- und Mentalitätsgeschichte der Schweizer Katholiken im 19. und 20. Jahrhundert, Zürich 1989, vgl. dort die Seiten 203-216. Eine wertvolle Studie ist Astrid Zurlinden-Liedhegener, Möglichkeiten und Grenzen der katholischen Frauenbewegung. Das Frauenbild der katholischen Frauenbewegung im Spiegel der Zeitschrift "Die Christliche Frau" (1902-1918), Dipl. arb. an der Kath.-Theol. Fakultät Münster 1989 (zugänglich über die Bibliothek Feministische Theologie an der Kath.-Theol. Fakultät). An einer Dissertation zum Thema arbeitet z.Zt. Gisela Breuer im Fach Soziologie an der TU Berlin.

4   z.B. zur Zentrumspartei, zu anderen Vereinen.

5   Vgl. Ute Frevert, Bewegung und Disziplin in der Frauengeschichte. Ein Forschungsbericht, in: Geschichte und Gesellschaft 14 (1988), 240-262, hier 262.

6   Vgl. Frevert, Bewegung 258; Studienschwerpunkt "Frauenforschung" am Institut für Sozialpädagogik der TU Berlin (Hg.), Mittäterschaft und Entdeckungslust, Berlin 1989, bes. 52-86.

7   Hier wäre besonders die Rolle der katholischen Frauenbewegung im Ersten Weltkrieg zu beachten.

8   Dies ist auch deshalb spannend, weil ähnliche Argumentationen und Legitimationen in bestimmten Richtungen der Feministischen Theologie selbst festzustellen sind.

9   z.B. die vom Caritasverband herausgegebene Zeitschrift "Die Christliche Frau. Zeitschrift für höhere weibliche Bildung und christliche Frauentätigkeit in Familie und Gesellschaft. Zugleich Organ für die Katholische Frauenbewegung" oder den vom KFB herausgegebenen "Katholischen Frauenkalender".

10 Vgl. z.B. Marie Martin, Die Frauenschule, in: Die Christliche Frau 5 (1906/7), 241-245; Else Hasse, Häusliches und soziales Dienen, in: Die Christliche Frau 7 (1908/9), 19-26; Clara Molsberger, Eine von zu vielen, in: Die Christliche Frau 8 (1909/10), 320-323; W. Liese, Die Frau in der Gemeinde, in: Die Christliche Frau 9 (1910/11), 390-394; Die Kinderhortbewegung, in: a.a.O. 395-398; Agnes Neuhaus, Die Frau im Gemeindeamt, in: Katholischer Frauenkalender für das Jahr 1913, hg. i. Auftr. d. Zentralvorstandes des Kathol. Frauenbundes, Paderborn 1912, 218-235 vgl. darüberhinaus Dietlinde Peters, Mütterlichkeit im Kaiserreich. Die bürgerliche Frauenbewegung und der soziale Beruf der Frau, Bielefeld 1984, bes. 43-84; Maria Pauls, Die deutschen Frauenorganisationen, 50-58; Doris Kaufmann, Vom Vaterland 250-275; Zurlinden-Liedhegener, Möglichkeiten, 17-36.

11 Vgl. z.B. Th. Wilhem, Die christliche Ärztin, in: Die Christliche Frau 5 (1906/7), 142-145; Baur, Die Mitarbeit der Frau im schulärztlichen Dienst, in: Die Christliche Frau 9 (1910/11), 150-152; W. Timmermann/Auguste Siquet, Die Juristin, in: Die Christliche Frau 6 (1907/8), 426-430; W. Ende, Die Apothekerin, in: Die Christliche Frau 2 (1903/4), 27-29.

12 Vgl. Monika Pankoke-Schenk, Moderne Not, 71-109; dies., Katholizismus, 289-292.

13 Martin, Frauenschule, 242.

14 Vgl. Christoph Sachsse, Mütterlichkeit als Beruf. Sozialarbeit, Sozialreform und Frauenbewegung 1871-1929, Frankfurt/M 1986.

15 Vgl. "Es ist eine Regel rein menschlicher Klugheit, und es sollte auch die Regel der gesunden, d.h. der gemäßigten Frauenbewegung werden: nicht kostbare Kräfte zu verzetteln in Forderungen, die das Tempo der Entwicklung fieberhaft beschleunigen wollen und deshalb – da der Gang der Geschichte nicht von künstli-

cher Einwirkung, sondern von natürlichen Bedingungen und Voraussetzungen abhängt – den Stempel der realpolitischen Unmöglichkeit an der Stirn tragen." Das Frauenstimmrecht im Deutschen Reichstag, in: Die Christliche Frau 12 (1913/14), 211-213, hier: 213; vgl. auch Hedwig Dransfeld, Der gegenwärtige Stand der Frauenstimmrechtsfrage, in: Die Christliche Frau 4 (1905/6), 405-411.

16 "Die Männer erhielten das allgemeine, direkte und geheime Wahlrecht auf Grund ihrer mit der Geburt erworbenen natürlichen Menschenrechte. Es ist kein logischer Grund zu finden, die Frauen von diesem Wahlrecht auszuschließen, da auch sie zweifelsohne geboren sind, es sei denn, daß man ihnen abspreche, als Menschen geboren zu sein. Das will man nicht. So steht man inkonsequent da, das heißt man gibt schweigend zu, daß nicht Vernunft oder Gerechtigkeit, sondern Willkür diese Ordnung geschaffen hat." Elisabeth Gnauck-Kühne, Christin und Staatsbürgerin, in: Die Christliche Frau 7 (1908/9), 4-8, hier 6f.; vgl. auch Hafner, Frauenemanzipation, 205-208.

17 Helene Weber, Die katholische Volksgemeinschaft und der Katholische Deutsche Frauenbund, in: 25 Jahre Katholischer Frauenbund, hg. vom Katholischen Frauenbund, Köln 1928, 120-125, hier 123; vgl. auch Pankoke-Schenk, Katholizismus, 295-298; Lion, Zur Soziologie, 129-132, bes. 132.

18 zit. nach Prégardier/Mohr, Politik, 116; vgl. auch Lion, Zur Soziologie, 131; Pankoke-Schenk, Katholizismus, 296; Ferber, Hedwig Dransfeld, 134. Als Quelle ist überall nur Hedwig Dransfelds Artikel "Der Eintritt der katholischen Frauen in die Politik" im November/Dezemberheft der "Christlichen Frau" 1918 ohne Seitenzahlen angegeben. Prégardier/Mohr dokumentieren den vollständigen Artikel, a.a.O., 103-117. Zum Thema vgl. auch Hafner, Frauenemanzipation, 328f.

19 Vgl. Johannes Schauff, Das Wahlverhalten der deutschen Katholiken im Kaiserreich und in der Weimarer Republik. Untersuchungen aus dem Jahr 1928, hg. u. eingel. v. Rudolf Morsey, Mainz 1975, 64-68, 100-102, 202-214. Z.B. stammten nach Teilergebnissen aus 18 Wahlkreisen von 100 abgegebenen Stimmen für das Zentrum 10,0 von Männern und 14,4 von Frauen, für die Sozialdemokraten 25,4 von Männern und 19,2 von Frauen, für die Kommunisten 2,4 von Männern und 1,4 von Frauen, vgl. ebd., 67.

20 Vgl. Zurlinden-Liedhegener, Möglichkeiten, 101-106; Hedwig Dransfeld, Der Krieg und die Frauen, in: Die Christliche Frau 12 (1913/14), 343-347; dies., Internationale Frauenbeziehungen, in: Die Christliche Frau 13 (1915), 139-143; Hedwig Dransfeld, Akademikerin und Frauenbewegung, in: Katholischer Frauenkalender 5 (1915), 220-229; D.W., Die Hausfrauen und der Krieg, in: a.a.O., 236-238.

21 Dransfeld, Akademikerin, 221.

22 Dransfeld, Krieg, 343.

23 Ebd., 345.

24 Ebd., 346.

25 Dransfeld, Hausfrauen, 237f. Gerade bürgerliche Frauen aber tätigten bereits in den ersten Kriegstagen wahre Hamsterkäufe und nutzten jeden freien Platz in der Wohnung zur Vorratshaltung, vgl. Frevert, Frauen-Geschichte, 147f.

26 Vgl. Frevert, Frauen-Geschichte, 146-159.

27 Ebd., 157.

28 Vgl. Hedwig Dransfeld, Schattenseiten der modernen Frauenbewegung, in: Die Christliche Frau 3 (1904/5), 369-374; dies., Die katholischen Frauen und die Mutterschutzbewegung, in: Katholischer Frauenkalender 1 (1911), 189-199.

29 Vgl. zum folgenden Absatz Zurlinden-Liedhegener, Möglichkeiten 43-54; Annette Jüngst, Die "Christliche Frau", in: Die Christliche Frau 1 (1902/3), 3; Johannes E. Belser, Die Frauen in den neutestamentlichen Schriften I-II, in: Die Christliche Frau 8 (1909/10), 1-9, 37-43, bes. 8 u. 42; Josef Mausbach, Mariä Verkündigung – ein Evangelium der Frau, in: Die Christliche Frau 3 (1904/5), 213-217; Hafner, Frauenemanzipation, 370f.

30 Belser, Frauen, 42.43.

31 Vgl. Belser, Frauen, 7f., 37, 39ff.

32 Vgl. Zurlinden-Liedhegener, Möglichkeiten, 61-64; Hedwig Dransfeld, Das biblische Marienbild und die Katholikin der Gegenwart, in: Die Christliche Frau 14 (1916), 174-179, 209-213, 261-268; In der Geburtsgeschichte des Lukasevangeliums spielt Maria eine viel stärkere und aktivere Rolle als im Matthäusevangelium, das nur Josef als den Handelnden kennt.

33 Vgl. Else Hasse, Opfer und Leben, in: Die Christliche Frau 15 (1917), 53-60; Mausbach, Mariä Verkündigung. Die Eva-Maria-Typologie, die vor allem bei den Kirchenvätern eine große Rolle spielt, hat ihr Vorbild in der paulinischen Adam-Christus-Typologie (Röm 5,19, vgl. 5,12-21: Wie durch den Ungehorsam des einen Menschen die vielen zu Sündern wurden, so werden auch durch den Gehorsam des einen die vielen zu Gerechten gemacht werden.) Die Eva-Maria-Typologie stellt der sündigen Eva die reine, gehorsame Maria gegenüber. Die Wirkungsgeschichte dieser Typologie ist für die Frauen insofern verhängnisvoll geworden, als alle Frauen wegen der Unerreichbarkeit des Marienideals Eva zugeordnet, d.h. mit der Sünde identifiziert werden.

34 Vgl. z.B. Elisabeth Gnauck-Kühne, Siehe, ich bin des Herren Magd, in: Die Christliche Frau 7 (1908/9), 81-82.

35 Hedwig Dransfeld, Entwicklung und gegenwärtiger Stand der deutschen Frauenbewegung I, in: Die Christliche Frau 5 (1906/7), 77-81, hier 78.

36 Vgl. Hedwig Dransfeld, Probleme der katholischen Frauenbewegung II, in: Die Christliche Frau 11 (1912/13), 362-385, bes. 363, 369-372, 374f., 378, vgl. auch die Zusammenfassung 384-385.

37 im Unterschied zu vielen anderen katholischen Vereinigungen für Frauen und Mädchen. In dieser Hinsicht ist der Titel von Kall, Katholische Frauenbewegung, irreführend.

38 Die erste Fassung der Satzung des KFB von 1903 sah den Geistlichen Beirat nicht vor; erst die zweite, auf der 1. Generalversammlung des Bundes verabschiedete Fassung vom 7. November 1904 sah einen solchen als Mitglied des Vorstandes vor; vgl. Kall, Katholische Frauenbewegung, 298f., auch Lion, Zur Soziologie, 123-125.

39 Ebd., 374f.

40 Vgl. Hedwig Dransfeld, Probleme der katholischen Frauenbewegung I, in: Die Christliche Frau 11 (1912/13), 325-332, bes. 328-331.

41 Dransfeld, Probleme II, 367.

42 Vgl. Zurlinden-Liedhegener, Möglichkeiten 107-121, über die dort angegebenen Quellen hinaus Wilhelm Liese, Die Dienstbotenfrage I u. II, in: Die Christliche Frau 4 (1905/6), 342-346, 389-393, bes. 393; Else Hasse, Soziale Gesinnung und Dienstbotenfrage, in: Die Christliche Frau 7 (1908/9), 54-59; Die Lösung der Dienstbotenfrage, in: Die Christliche Frau 8 (1909/10), 365-367.

43 auch zum folgenden Dransfeld, Probleme I, 325-328; Drei bedeutsame Tagungen, in: Die Christliche Frau 9 (1910/11), 65-68, hier 67 (Bericht über die 4. Generalversammlung des KFB); Kall, Katholische Frauenbewegung, 284-285; Lion, Zur Soziologie, 127-129; Zurlinden-Liedhegener, Möglichkeiten, 8-13.

44 Pauline Herber, Zusammenschluß katholischer Frauen betreffs der Frauenbewegung unserer Zeit, in: Die Christliche Frau 2 (1903/4), 113-119, hier: 114

45 Dransfeld, Probleme I, 327.

46 Vgl. Zurlinden-Liedhegener, Möglichkeiten, 12f.

47 Vgl. oben Anm 26. Diese Auseinandersetzung um "christlich" oder "katholisch" verweist auch darauf, daß die katholische Frauenbewegung dem Gewerkschaftsstreit nicht neutral gegenüber stand. Innerhalb des Bundes war die Frage umstritten; die Mehrheit allerdings vertrat die sog. "Köln-Mönchengladbacher" Richtung und befürwortete interkonfessionelle Gewerkschaften. Vgl. Kall, Katholische Frauenbewegung, 298f, 299-306.

48 Vgl. Dransfeld, Probleme I, 330; II, 379f; H. Mankowski, Die Frau und der Sozialismus, in: Die Christliche Frau 4 (1905/6), 28-29; Hedwig Dransfeld, Entwicklung und gegenwärtiger Stand der deutschen Frauenbewegung III, in: Die Christliche Frau 5 (1906/7), 161-168, hier 161f.

49	Vgl. Peters, Mütterlichkeit, 48-51, 65-70; vgl. auch Heide Soltau, Erotik und Altruismus – Emanzipationsvorstellungen der Radikalen Helene Stöcker, in: Dalhoff/ Frey/Schöll, Frauenmacht, 65-82.
50	Vgl. Dransfeld, Schattenseiten; dies., Entwicklung und gegenwärtiger Stand der deutschen Frauenbewegung II, in: Die Christliche Frau 5 (1906/7), 121-126, hier 125f; II, 167; dies., Die katholischen Frauen; dies., Ellen Key – eine Erlöserin?, in: Die Christliche Frau 3 (1904/5), 271-277.
51	Vgl. Peters, Mütterlichkeit, 65-70; vgl. auch Paula Müller, Die Neue Ethik und ihre Gefahr (1908), sowie Helene Lange, Feministische Gedankenanarchie, beide in: Marielouise Janssen-Jurreit (Hg.), Frauen und Sexualmoral, Frankfurt/M 1986, 121-128 bzw. 147-155.
52	Einige Leitgedanken zum neunten Jahrgang der Christlichen Frau, in: Die Christliche Frau 9 (1910/11), 2-6, hier 2.
53	Vgl. Dransfeld, Probleme II, 371.
54	Vgl. Pankoke-Schenk, Katholizismus, 281-284; Lion, Zur Soziologie, 117-123.
55	Vgl. oben 1.1.
56	Vgl. Die Inferiorität der katholischen Frauen, in: Die Christliche Frau 6 (1907/8), 299-301, hier 299.
57	Vgl. ebd., 300.
58	"Die Katholiken im Kultur- und Wirtschaftsleben der Gegenwart", in: Die Christliche Frau 6 (1907/8), 332-334, hier 333.
59	Vgl. ebd., 333.
60	Vgl. z.B. Pauline Herber, Über unser Frauenstudium, in: Die Christliche Frau 4 (1905/6), 1-6; Hoeber, Gegenwärtiger Stand des Frauenstudiums an den deutschen Hochschulen, in: ebd., 184-187.
61	Vgl. Pauline Herber, Zur Reform der höheren Mädchenschule, in: Die Christliche Frau 4 (1905/6), 216-218; Die Reform der höheren Mädchenbildung in Preußen, in: Die Christliche Frau 5 (1906/7), 294-297; Pauline Herber, Mädchenschulreform in Preußen, in: Die Christliche Frau 6 (1907/8), 404-406; Hedwig Dransfeld, Zur Kritik der preußischen Mädchenschulreform I-IV, in: Die Christliche Frau 7 (1908/9), 42-43, 93-95, 135-140, 172-175; C. Märzfeld, Zum Kampfe um die Studiensanstalt und das höhere Lehrerinnenseminar in Preußen, in: Die Christliche Frau 8 (1909/10), 135-138; Johanna Gillet-Wagner, Die Reform der höheren Mädchenbildung mit besonderer Berücksichtigung der preußischen Reform, in: Katholischer Frauenkalender 1 (1911), 199-216.
62	Vgl. dazu auch A.W. Berg, Das preußische Volksschulunterhaltungsgesetz, in: Die Christliche Frau 4 (1905/6), 167-171; Elise Stoffels, Zwei Streitpunkte im Kampfe um die Schule, in: Die Christliche Frau 4 (1905/6), 365-371
63	Vgl. Einige Leitgedanken zum neunten Jahrgang der Christlichen Frau, in: Die Christliche Frau 9 (1910/11), 2-6, bes. 3f.; Margareta Hiemenz, Karoline Schelling I-II, in: Die Christliche Frau 8 (1909/10), 368-375, 411-422; dies., Dorothea von Schlegel. Eine literarische Studie, in: Die Christliche Frau 7 (1908/9), 405-418
64	Einige Leitgedanken, 4f.
65	Vgl. E. Nieland, Die Reform der Frauenkleidung I-II, in: Die Christliche Frau 7 (1908/9), 83-87, 123-130; Hedwig Dransfeld, Die Teilnahme des Katholischen Frauenbundes an der Bekämpfung gefährlicher und unsittlicher Bestrebungen I-III, in: Die Christliche Frau 12 (1913/14), 109-114, 145-150, 181-188
66	s.o. Anm. 38

NORBERT SCHLOSSMACHER

Der Antiultramontanismus im Wilhelminischen Deutschland.
Ein Versuch

1. Antiultramontanismus oder Antikatholizismus

"So wenig ich Ihren Bruch mit der katholischen Religion billige, so recht haben Sie in Ihrem Vorgehen gegen den Ultramontanismus. An ihm krankt die Religion; er ist für religiöse Innerlichkeit wie für Kultur und Fortschritt der größte Feind"[1], schrieb Herman Schell, ordentlicher Professor für Apologetik an der katholisch-theologischen Fakultät der Universität Würzburg am 12. Mai 1898, also noch vor der Indizierung seiner umstrittenen Werke[2], dem in Berlin lebenden, 1895 zum Protestantismus übergetretenen Ex-Jesuiten und Schriftsteller Graf Paul von Hoensbroech[3]. In seiner im Herbst 1897 veröffentlichten, bereits nach zehn Wochen vergriffenen und dann im Frühjahr 1898 in zweiter Auflage erschienen Schrift: "Der Ultramontanismus"[4] gibt Hoensbroech, der nach eigenem Bekunden sein 'nachjesuitisches' Leben ganz dem Kampf gegen den Ultramontanismus verschrieben hatte,[5] eine Definition dieses Begriffs, die, mit Blick auf das Erscheinungsjahr, Schell bekannt gewesen sein wird: "Ultramontanismus ist: ein weltlich-politisches System, das unter dem Deckmantel von Religion und unter Verquickung mit Religion weltlich-politische, irdisch-materielle Herrschafts- und Machtbestrebungen verfolgt: ein System, das dem geistlichen Haupte der katholischen Religion, dem Papste, die Stellung eines weltlich-politischen Großkönigs über Fürsten und Völker zuspricht."[6] Zehn Jahre später erweitert Hoensbroech seine Definition und bezeichnet den Ultramontanismus über das bislang Formulierte hinaus als "ein System, das, weil es Geistesfreiheit, Lehr- und Lernfreiheit grundsätzlich leugnet, der gedeihlichen Entwicklung von Kunst, Wissenschaft, Literatur und überhaupt der freien Tätigkeitsentfaltung des menschlichen Geistes sich hemmend entgegenstellt; ein System, das, obwohl es die Bezeichnung 'Religion' sich aufgeprägt hat, in tiefem Gegensatz zu wirklicher Religion steht; ein System also, das politisch, sozial und kulturell zu den schädlichen Systemen gerechnet werden muß."[7] Hoensbroech bedauert, daß der überaus problematische Begriff "Ultramontanismus" aufgrund der bestehenden Unwissenheit zum Schimpfwort entartet sei. "Ultramontan" und "katholisch" seien bedauerlicherweise zu Synonymen geworden, was allein dem Ultramontanismus zu Gute gekommen sei: "So kam es, daß alle Kämpfe, die im Laufe der Jahrhunderte gegen den Ultramontanismus geführt wurden, als gegen die katholische Kirche gerichtet erschienen."[8] Hoensbroech verwies in diesem Zusammenhang mehrfach auf den Kulturkampf, den er als den schwerwiegensten, vielleicht sogar einzigen wirklichen innenpolitischen Fehler des von ihm so hoch angesehenen "Reichsgründers" Bismarck ansah. Er monierte, daß dieser Kampf von Regierungs- bzw. Staatsseite gegen den Ultramontanismus hätte geführt werden sollen; durch die Unkenntnis der Verantwortlichen wäre es aber zu einem Kampf gegen die katholische Kirche gekommen und hätte "man vielfach die katholische *Religion* getroffen: das Predigen, das Messelesen, die Spendung der Sakramente, selbst der Sterbesakramente, den freien *religiösen* Verkehr der *Gläubigen* mit ihren *Seelen*hirten. *Solche* Maßregeln mußten, wie auch thatsächlich geschehen ist, den Widerstand des katholischen Volkes wach rufen, sie mußten dahin führen, den Widerstand politisch organisirt werden zu lassen: die Entstehung und rasche Entwickelung des Centrums, mit Allem was daraus entstanden ist, war die natürliche Folge."[9]

Überhaupt steht die Zentrumspartei als die Verkörperung des Ultramontanismus im politisch-parlamentarischen Raum im Mittelpunkt der Kritik. Das Zentrum gilt Hoensbroech als "ein Fremdkörper im national-politischen und kulturellen Leben",[10] gefährlicher noch als der Partikularismus, die Polenfrage und die Sozialdemokratie.

Immer wieder betont Hoensbroech in seinen Schriften, daß er nicht die katholische Religion bekämpfe; er hält den Katholizismus zwar "für unevangelisch und für eine Abirrung vom echten Christenthum"[11], doch bezeichnet er ihn gleichzeitig als eine durchaus "berechtigte Form des Christentums"[12].

Diese von Hoensbroech so pointiert vorgetragene Unterscheidung zwischen einer "berechtigten" und einer 'verwerflichen' Form des Katholizismus, wenn man so will zwischen einem 'guten' und einem 'schlechten' Katholizismus, findet sich auch bei zahlreichen anderen antiultramontanen Autoren. Als Beispiel sei hier der von Hoensbroech wiederholt als "Kronzeuge" für die Existenz eines nicht-ultramontanen Katholizismus herangezogene Freiburger Kirchenhistoriker Franz Xaver Kraus[13] genannt, der zwischen "religiösem" bzw. "liberalem" Katholizismus einerseits und "politischem" Katholizismus andererseits, den er wiederum mit dem Ultramontanismus gleichsetzte[14], unterschied und der definierte: "1. Ultramontan ist, wer den Begriff der Kirche über den der Religion setzt; 2. ultramontan ist, wer den Papst mit der Kirche verwechselt; 3. ultramontan ist, wer da glaubt, das Reich Gottes sei von dieser Welt und es sei, wie das der mittelalterliche Kurialismus behauptet hat, in der Schlüsselgewalt Petri auch weltliche Jurisdiktion über Fürsten und Völker eingeschlossen; 4. ultramontan ist, wer da meint, religiöse Überzeugung könne durch materielle Gewalt erzwungen oder dürfte durch solche gebrochen werden; 5. ultramontan ist, wer immer sich bereit findet, ein klares Gebot des eigenen Gewissens dem Anspruche einer fremden Autorität zu opfern."[15]

Ähnlich äußerte sich, nicht zuletzt unter Berufung auf Kraus, der Altkatholik Leopold Karl Goetz : "Der Ultramontanismus ist also nicht identisch mit dem Katholizismus ..." und weiter: "So können wir den Ultramontanismus charakterisieren als einen in seiner Art großartigen Versuch, die Kultur der bürgerlichen Gesellschaft nach den Idealen des romanischen Klerikalismus um einige hundert Jahre zurückzuschrauben, die moderne Laienwelt in eine neue Art internationalen Kirchenstaates zu verwandeln. Er ist also keine religiöse Bewegung, sondern eine politisch-kulturelle ..."[16]

Der problematische und bis heute umstrittene Begriff "Ultramontanismus" war aufgekommen in den innerkirchlichen Auseinandersetzungen des 18. Jahrhunderts als Bezeichnung für eine von mehreren Richtungen innerhalb des Katholizismus und meinte vor allem die "Verbindung von Kurialismus und Konservativismus"[17] im Gegensatz zu weniger zentralistischen, der Aufklärung nahe stehenden Strömungen, wie beispielsweise dem Episkopalismus oder dem Febronianismus.[18] Durch den "Sieg des Ultramontanismus"[19], spätestens seit der Verkündigung des Unfehlbarkeitsdogmas im Jahre 1870, wurde diese Richtung endgültig zur (fast) alles beherrschenden Kraft im Katholizismus. Zwangsläufig kam es zu einer Identifizierung der Begriffe Ultramontanismus und Katholizismus sowohl seitens der Ultramontanen, die alles Nicht-Ultramontane endgültig nicht mehr als wirklich katholisch gelten ließen, als auch seitens der Masse der Nicht-Katholiken[20]: Die ursprünglich neutrale Parteibezeichnung "Ultramontanismus" wurde zu einem Schlagwort, das dann in Zeiten konfessioneller Hetze und Streitigkeiten als Schimpfwort benutzt und verstanden wurde.

Eine Minderheit zwar, darunter Katholiken wie Nicht-Katholiken, wußte jedoch weiterhin zu differenzieren. Unter ihnen bestand Einmütigkeit in der Beurteilung des Ultramontanismus als eine – abzulehnende und zu bekämpfende – Richtung innerhalb des Katholizismus. Die Spanne reichte dabei, wie gezeigt, von prominenten katholischen Theologen bis hin zur "bete noir des deutschen Katholizismus"[21] und schloß darüber hinaus zahlreiche weitere Autoren mit ein: Reinhold Baumstark[22], mit Einschränkungen Albert Ehrhard[23], Josef Schnitzer[24] und Martin Spahn[25] seien hier noch von katholischer, Arthur Boethlingk[26], Josef Leute[27] und Karl Sell[28] auf protestantischer Seite, stellvertretend für ungezählte und zum Teil auch unbekannte andere Autoren genannt.[29]

Diese offensichtliche Einmütigkeit mag überraschen. Gewiß waren nicht alle, die prinzipiell Hoensbroechs Kampf gegen den Ultramontanismus befürworteten oder gar unterstützten mit dessen in seinen späteren Jahren immer offensichtlicher werdenden Fanatismus und vielen seiner überaus extremen Ansichten einverstanden.[30] Ein Grundkonsens dahingehend, daß der Ultramontanismus als eine unzeitgemäße, da veraltete, und der kulturellen und politischen Entwicklung Deutschlands hinderliche, ja gefährliche Richtung innerhalb des Katholizismus abzulehnen und zu bekämpfen sei, bestand jedoch und zwar nicht nur unter den bereits Genannten.

So betrachteten sich nicht nur diese Einzelpersönlichkeiten, deren Reihe sich mühelos ergänzen ließe, als Antiultramontane sondern auch zahlreiche, Gruppierungen und Vereine, die in unterschiedlicher und zeitlich wechselnder Intensität miteinander in Verbindung standen oder sogar zusammenarbeiteten, hatten sich dem Kampf gegen den Ultramontanismus verschrieben. Diese Tatsache ist aus verschiedenen sehr naheliegenden Gründen, deren Erörterung den Rahmen dieses Beitrags sprengen würde, bislang allenfalls beiläufig zur Kenntnis genommen worden. Es handelt sich um Vereinigungen, die von ihrer Größe her sicherlich nicht zu den "pressure groups" des Wilhelminischen Deutschland zu zählen sind, die jedoch, bei all ihrer Unterschiedlichkeit, eine nicht zu unterschätzende Rolle im kulturpolitischen Milieu des späten Kaiserreiches spielten und die die konfessionelle Problematik, deren Bedeutung für die allgemein-politische Situation jener Jahre heute kaum noch jemand unterschätzt, durchaus verstärkten. Hinzu kommen zahlreiche Zeitungen, Zeitschriften und Flugschriften, die von diesen Vereinen oder ähnlich denkenden Herausgebern als Meinungsbildner veröffentlicht wurden und die zu der schier unüberschaubaren Presselandschaft des frühen 20. Jahrhunderts gehörten.[31] Die wichtigsten der mir in diesem Zusammenhang bislang begegneten, allesamt kaum oder gar nicht erforschten Vereinigungen und Organe will ich im Folgenden kurz skizzieren. Es soll gezeigt werden, daß diese Vereine und Zeitschriften über alle bestehenden Unterschiede hinweg in einem ständigen Austausch standen, daß demnach von einer ausgesprochen facettenreichen antiultramontanen, dabei nicht generell anti-katholischen Bewegung gesprochen werden kann.

Zweifellos gehört all dies in den unmittelbaren Kontext der allgemeinen konfessionellen Spannungen, der "latenten Kulturkampfstimmung" im Wilhelminischen Deutschland, doch handelt es sich hier um mehr als nur um eine Variante des "virulenten und mächtigen Antikatholizismus"[32] jener Jahre und auch nicht in erster Linie darum, "daß auch nach Beendigung des Kulturkampfs die konfessionelle Polemik weiterhin ein integrierter Bestandteil des politischen Tagesgeschehens"[33] war. Eine solche generelle Ablehung des Katholizismus hätte den vorhin kurz skizzierten, wenigstens partiell vorhandenen Konsens der Antiultramontanen über die Konfessionsgrenzen hinweg nicht möglich gemacht. Um es noch einmal zu wiederholen, es geht hier vielmehr, bei allen vorhandenen Unterschieden, um einen vergleichsweise breiten Konsens in der Ablehnung und Bekämpfung einer, zugegebenermaßen dominierenden Richtung innerhalb des Katholizismus, eben dem Ultramontanismus.

2. Der "Antiultramontane Reichsverband"

Der "Antiultramontane Reichsverband" entstand im Jahre 1906 durch den Zusammenschluß der "Antiultramontanen Vereine Badens" und der "Antiultramontanen Wahlvereinigung" mit Sitz in Berlin.[34] Von der Tätigkeit der badischen Antiultramontanen ist bislang lediglich eine Reihe von Vortragsveranstaltungen aus den Jahren 1904 bis 1906 in Karlsruhe bekannt geworden. Redner waren jeweils der schon erwähnte Karlsruher Historiker Arthur Boethlingk sowie ein Professor Hermann Fischer, die über Fragen des kirchlichen Einflusses auf Schule und Hochschule sowie über die politische Rolle der Zentrumspartei referierten. – Die besonders heftige antikatholische Agitation des badischen Landesverbandes des "Evangelischen Bundes", an dessen Spitze jahrelang der Karlsruher Gymnasialprofessor Albrecht Thoma stand, gehört ja nur am Rande in diesen Zusammenhang.[35]

Der Berliner Verein entstand Ende 1902. In einem vertraulichen Rundschreiben an einen nicht näher bezeichneten Personenkreis wird als Aufgabe der zu bildenden Vereinigung bestimmt, "den Ultramontanismus bei den Wahlen ohne Rücksicht auf politische Parteiungen zu bekämpfen ... Unser Losungswort bei den Wahlen und namentlich bei den Stichwahlen wird sein müssen: Wider das Centrum und seine ultramontane Politik!"[36] Unterzeichner dieses Aufrufs vom 1. Januar 1903 war der Herausgeber der vom Evangelischen Bund ausgehenden "Deutschevangelischen Korrespondenz", Kurt Schindowski.

Der 1886 im Zusammenhang mit dem als Triumph des Katholizismus gedeuteten Ende des Kulturkampfes entstandene "Evangelische Bund zur Wahrung der deutsch-protestantischen Interessen" zählte am Ende des Kaiserreiches mehr als eine halbe Million Mitglieder. Wohlorganisiert in regionale und lokale Verbände und Zweigvereine, ausgestattet mit einem überaus rührigen Verlag, der eine ganze Fülle von Zeitungen, Zeitschriften und Flugblättern in hohen Auflagen herausgab[37], war der von katholischer Seite als "Evangelischer Hund" beschimpfte Verein der wohl erbittertste Gegner des Katholizismus in den konfessionellen Auseinandersetzungen jener Epoche. Dieser generelle Antikatholizismus unterschied den Evangelischen Bund denn auch von den übrigen hier skizzierten Vereinigungen.[38]

Auch Graf Paul von Hoensbroech gehörte dem Bund an. Nach offenbar schweren inneren Kämpfen hatte er im November 1895, wenige Monate nach seinem Übertritt zum Protestantismus, eine Einladung des Evangelischen Bundes angenommen, im Januar des folgenden Jahres in Bremen einen Vortrag zu halten. Sein Auftritt bei den agressivsten Widersachern des Katholizismus setzte seinem eh schon als skandalös empfundenen Werdegang die Krone auf. "Alea jacta est!" schrieb Hoensbroech dem Herausgeber der Preußischen Jahrbücher, Hans Delbrück, mit dem ihn zu diesem Zeitpunkt noch ein freundschaftliches Verhältnis verband.[39] Schon wenige Jahre später avancierte Hoensbroech zum Vorstandsmitglied des Evangelischen Bundes, ohne mit Vorwürfen gegen die seiner Meinung nach falsche Taktik des Bundes im Kampf gegen den Ultramontanismus zu geizen. Vor allem bemängelte Hoensbroech die vom Bund betriebene "Konfessionalisierung des öffentlichen Lebens", worin dieser selbst dem Ultramontanismus in nichts nachstehe. Er forderte deshalb die Mitglieder des Bundes auf: "Scheidet zwischen Katholizismus und Ultramontanismus, laßt ersteren, bekämpft nur letzteren und zwar nicht konfessionell, sondern nur politisch und kulturell."[40] Hoensbroech forderte wiederholt den Bund auf, sein "konfessionelles Gewand" abzulegen und in die "politische Arena" hinabzusteigen, um von dort die Zentrumspartei, die er ja als die eigentliche Verkörperung des Ultramontanismus in Deutschland betrachtete, wirksam zu bekämpfen.

Ganz offenbar war es also die Weigerung des Evangelischen Bundes, dieser Forderung nachzugeben, die im Vorfeld der Reichstagswahlen von 1903 zur Bildung der "Antiultramontanen Wahlvereinigung" führte. Überliefert ist ein großformatiges Flugblatt vom Februar 1903, das zum Beitritt in die Vereinigung aufruft. Konkrete politische Ziele werden nur dahingehend formuliert, daß der Ultramontanismus "als der eigentliche und gefährliche Feind unseres Volkes" bekämpft werden müsse. Der Einfluß des Zentrums in Politik und Kultur wird in dramatischen Tönen geschildert und es ergeht der Ruf an alle, "unbeschadet ihrer sonstigen parteipolitischen Stellung oder religiösen Überzeugung ..., nach Vermögen im öffentlichen Leben, insbesondere auch schon bei den bevorstehenden Reichstagswahlen, in Verbindung mit uns in antiultramontanem Sinne wirksam zu sein." Wenige Tage später, am 1. März 1903, erschien das gleiche Flugblatt, nunmehr unterzeichnet von mehreren Hundert "Antiultramontanen", mit

Angaben des Berufs sowie des politischen Standpunktes. Es heißt dort: "Insgesamt liefen in den ersten 6 Tagen nach der ersten Ausgabe unseres Aufrufes von ca. 5000 Personen aller Parteien, Konfessionen und Berufsarten Zustimmungserklärungen ein; es folgten Erklärungen ganzer Körperschaften, politischer Vereine, Lehrerverbände, Arbeiterorganisationen, evangel. und altkathol. Kirchengemeinden u.s.w.". Unter den Berufen überwog das sogenannte Bildungsbürgertum, vornehmlich protestantischer Provenienz: (Gymnasial-)Lehrer, Verwaltungsbeamte, (evang.) Geistliche, Rechtsanwälte und Ärzte bei weitem. Das politische Spektrum der Unterzeichner erstreckte sich vor allem auf Nationalliberale und Freikonservative, seltener Linksliberale; häufig findet sich der Vermerk "alldeutsch". In einem weiteren Rundschreiben vom Oktober 1903 heißt es: "Die bisherigen Erfolge unserer Antiultramontanen Wahlvereinigung geben uns Veranlassung, die bei den Reichstagswahlen aufgenommene Werbearbeit auch auf die Landtagswahlen auszudehnen und zugleich unserer Vereinigung eine dauernde Form durch Festlegung von Satzungen zu geben." Ein siebenköpfiger Arbeitsausschuß hatte sich gebildet mit Graf Paul von Hoensbroech, v. Knorr, Admiral z.D., Freiherr v. Münchhausen, Konsul z.D., Dr. Poensgen, Heinrich Rippler, seit März 1896 Herausgeber und Chefredakteur der "Täglichen Rundschau"[41], dem schon genannten Kurt Schindowski und Prof. W. Schmidt. Als Zweck des Vereins wird in den Satzungen "der Kampf gegen den Ultramontanismus bei den Wahlen ohne Rücksicht auf politische Parteiungen" postuliert (§1). Geplant war, in jedem Reichstagswahlkreis eine "Ortsgruppe" mit einem "Obmann" an der Spitze zu bilden, wobei gegebenenfalls "der geschäftsführende Ausschuß" einen "Vertrauensmann" bestimmen konnte (§9). "Gauverbände" sollten als Zwischeninstanz die Organisation der "Antiultramontanen Wahlvereinigung" vervollständigen (§10).[42]

Die Arbeit der "Antiultramontanen Wahlvereinigung" in den folgenden Jahren ist aufgrund fehlender Quellen nicht rekonstruierbar. Noch vor der am 13.12.1906 erfolgten Auflösung des Reichstags schlossen sich die beiden Vereinigungen unter der Parole "Wider den Ultramontanismus!" zum "Antiultramontanen Reichsverband" mit Sitz in Berlin zusammen.[43] "Vorstand" und "Vertrauensmänner", ein knapp hundertköpfiges Gremium, dem u. a. der komplette Vorstand der bisherigen "Antiultramontanen Wahlvereinigung" angehörte, gaben zu diesem Anlaß ein Flugblatt heraus, das die Ziele des Verbandes im einzelnen darlegte.[44] Als "Zweck" wird "die Bekämpfung des Ultramontanismus durch Verbreitung von Aufklärung über ihn und durch Stellungnahme gegen ihn bei politischen und kommunalen Wahlen" angegeben. Betont wird, daß der Verband keine neue Partei sein will sondern sich als "das *antiultramontane Ferment* ... in *allen* Parteien und in *allen* Konfessionen" versteht, und daß man "im Ultramontanismus *nicht* einen religiösen Gegner sondern ein in Religion sich hüllendes und die Religion mißbrauchendes weltlich-politisches Machtsystem [sieht], das unsere staatlich-nationale Selbständigkeit und Kultur auf das allerschwerste bedroht; ein System, das, wie kein zweites, religiöse, bürgerliche, politische, wirtschaftliche und wissenschaftliche Freiheit unterbindet ..." Deutlich wird hier die Handschrift Hoensbroechs, der unzweifelhaft als "Chefideologe", vielleicht auch als Motor des Vereins anzusehen ist. Mit Blick auf die aktuelle politische Situation heißt es: "Die antiultramontane Bewegung, die schon weite Kreise zieht, muß in den nächsten entscheidenden Wochen zur Flutwelle werden. Jeder, dem staatliche Selbständigkeit und nationale Kultur wertvolle Güter bedeuten, trete dem "Antiultramontanen Reichsverband" bei und wähle antiultramontan. Millionen in Deutschland denken antiultramontan, sie alle müssen durch den Beitritt zum "Antiultramontanen Reichsverband" dies Denken umsetzen in Tat."

Die eigentliche Gründung erfolgte dann am 26. Mai 1907 in Eisenach.[45] Die 1910 und 1911 überarbeitete Satzung entsprach in ihrer Zielsetzung weitestgehend dem im Dezember 1906 herausgegebenen Flugblatt.[46] Konkretisiert wurde vor allem der Katalog der Forderungen: "1. Unabhängigkeit des Staates von der Kirche. 2. Freiheit aller nichtkirchlichen Angelegenheiten von kirchlicher Autorität. 3. Durchführung der verfassungsmäßigen Grundsätze über Geistes- und Gewissensfreiheit. 4. Anerkennung der Schule als staatliche und nationale Einrichtung. 5. Allseitige Förderung des konfessionellen Friedens." Hervorgehoben wurde erneut der nationale Charakter sowie die konfessionelle wie parteipolitische Neutralität des Verbandes.

Durch Eingaben an die Parlamente, insbesondere aber durch Vorträge, Wanderversammlungen und die Herausgabe von Flugschriften bemühte sich der Verband, seinen Aufgaben und Zielen zu entsprechen. Vor allem der unermüdliche Graf Paul von Hoensbroech und mit ihm die Geschäftsführer des AUR, Eduard Horn und ab 1910 der frühere Kapuziner Lorenz Wahl, gingen immer wieder auf Reisen, um für die Ausbreitung des Verbandes und seiner Ziele zu werben. Mitgliederzahlen sind nicht überliefert, doch hatten sich bis 1910 zahlreiche Landesverbände und Ortsgruppen in Baden, Bayern – vor allem in der Pfalz -, Preußen und Sachsen gebildet, weitere waren im Entstehen.[47] Insgesamt 17 Flugschriften gab der offenbar sehr rührige Verband bis 1917 in zum Teil sehr hohen Auflagen heraus. Thematische Schwerpunkte der Broschüren bildeten Auseinandersetzungen mit der Politik des Zentrums sowie die Schulfrage. – Bezeichnenderweise erschien ein Teil der Hefte im "Neuen Frankfurter Verlag" der weiter unten behandelten Zeitschrift "Das freie Wort". – Unter den nicht immer genannten Autoren befand sich mit Josef Schnitzer auch ein – allerdings suspendierter – katholischer Theologe, der zudem am 21.11.1910 vor der Berliner Ortsgruppe einen Vortrag hielt.[48] Ob Schnitzer auch Mitglied des Verbandes war ist nicht bekannt. Prominentestes Mitglied von katholischer Seite war jedenfalls der frühere Zentrumsabgeordnete Franz Graf von Matuschka, der sogar einen Vorstandsposten bekleidete.[49] Trotz unserer Unkenntnis über Zahl und Zusammensetzung der Mitglieder[50] muß davon ausgegangen werden, daß der allergrößte Teil liberale "Kulturprotestanten" waren, um diesen vielstrapazierten Begriff zu benutzen. Auffällig ist die große Zahl der Offiziere, insbesondere der Marine, denen man immer wieder im Umfeld des Verbandes begegnet.

Aufschlußreich für die nicht zuletzt aufgrund der disparaten Quellenlage – die Vereinsregistratur scheint nicht überliefert – nur sehr unzureichend erforschbare Arbeitsweise des Antiultramontanen Reichsverbandes ist der uns indirekt überlieferte Bericht über das Vereinsjahr 1910/11.[51] Neben den weiterhin im Vordergrund der Arbeit stehenden Publikationen und Vortragsveranstaltungen ist hier die Rede von einem "Wahlfonds", der bei den Reichstagsnachwahlen in Düsseldorf, (Köln-)Mühlheim-Wipperfürth[52] und Immenstadt-Lindau "wertvolle

Dienste" geleistet habe, "besonders durch Verteilung von Flugblättern und durch Plakate bis ins kleinste Dorf." Die Ermittlung von Einzelheiten über diese Agitationsarbeit muß entsprechenden Lokalstudien vorbehalten bleiben. Ein Pressearchiv mit "vorläufig 800 Mappen", gegliedert nach: "1. Der Ultramontanismus in seinem Wesen und seinen Grundsätzen. 2. Der Ultramontanismus in seinen Organisationen und deren Tätigkeit. 3. Die Nichtultramontanen in ihrem Verhältnis zum Ultramontanismus." war zur Erleichterung und Intensivierung der agitatorischen Arbeit angelegt worden.

Erwähnt sei noch, daß der Verband zu Beginn des Ersten Weltkriegs – in Anlehnung an ein Kaiserwort mit der Begründung: "Nicht Konfessionen sind mehr vorhanden, nur das Deutschtum regiert die Stunde ..."[53] – seine Tätigkeit zunächst einstellte, sich dann aber 1916 im Zusammenhang mit der "Kriegszieldiskussion" als "Deutscher Reichsverband für staatliche und kulturelle Unabhängigkeit" ganz im Stile der Hoensbroechschen Forderungen wieder auf sich aufmerksam machte.[54] Mit einer Broschüre "Kampf dem Ultramontanismus und dem Zentrum" trat der Verband unter seinem alten Namen 1920 dann wieder in Erscheinung, ohne auch nur annähernd seine personelle wie agitatorische Stärke der Vorkriegszeit zu erreichen. Seit November wurden "Antiultramontane Blätter zur Lehr und Wehr" als Fortführung der "früheren Zeitschrift 'Der getreue Eckard'"[55], offenbar in unregelmäßiger Form, herausgegeben. Auch hier spielte Graf Paul von Hoensbroech als Spiritus rector wie als Autor weiterhin eine wichtige Rolle. Der letzte Hinweis auf den Antiultramontanen Reichsverband stammt dann aus dem Jahre 1928. Einem Bericht des "Reichskommissars für die Überwachung der öffentlichen Ordnung ... im Reichsinnenministerium" zufolge gehörte der Verband unter Leitung eines Studienrates Dr. Riegelmann zu den rechtskonservativen Gruppierungen, die sich zum "Völkischen Kampfblock (Völkisch-nationaler Block)" zusammengeschlossen hatten.[56]

Eine ausführlichere Darstellung seiner Geschichte muß an dieser Stelle unterbleiben. Entscheidend für unsere Fragestellung ist weniger die organisatorische als vielmehr die programmatische Ausrichtung des Verbandes. Eingehender soll daher an dieser Stelle die Schrift: "Was ist Ultramontanismus? und Was will der Antiultramontane Reichsverband?" analysiert werden.[57] Gleich zu Beginn wird die immer wieder betonte und als ganz wesentlich begriffene Unterscheidung zwischen Katholizismus und Ultramontanismus vorgenommen. "Katholisch nennen wir einen, der in kirchlich-religiösen Dingen der kirchlichen Autorität in Rom, dem Papste, untergeordnet ist. Katholizismus nennen wir das System religiöser, kirchlicher Lehren und Gebräuche der Kirche, die den Papst als ihr Oberhaupt anerkennt. ... Ultramontan nennen wir den, der in nicht-religiösen, nicht-kirchlichen Dingen sich von Rom abhängig erklärt; der in weltlich-politischen, kulturellen, wissenschaftlichen, sozialen und rein wirtschaftlichen Fragen die Autorität Roms anerkennt. Unter Ultramontanismus verstehen wir demnach jene Ansicht und Handlungsweise, nach welcher der Papst auch in allen nicht-religiösen Fragen die oberste Entscheidung hat." Als Verkörperung des Ultramontanismus auf politischem Gebiet in Deutschland gilt das Zentrum: Es sei trotz aller anderslautenden Beteuerungen eine rein konfessionelle Partei: die Wähler sind katholisch, die Abgeordneten sind katholisch und die vermeintliche Gefahr für den

Bestand des Katholizismus in Deutschland, die beständig geschürte Furcht vor einem neuen Kulturkampf "muß als Köder für die Masse hinhalten"[58]. Auch die Organisation der Partei ist konfessionell; ihre Gliederung entspricht vielfach der organisatorischen Struktur der Kirche. Katholische Geistliche spielen auf allen Ebenen der Partei bis in die Parlamente hinein eine ganz zentrale Rolle. Die katholischen Vereine, in erster Linie der Volksverein für das katholische Deutschland, sind unmittelbar für das Zentrum tätig. Die von der Zentrumspartei in die Parlamente eingebrachten Themen sind meist konfessioneller Natur. Daß diese Partei dem unmittelbaren Einfluß des Papstes, also einer ausländischen Macht, unterworfen ist und damit außerhalb der Verfassung steht, gilt als sicher. Als Beweis dient die Debatte um das Septennat im Jahre 1887.[59] "Noch größer als der direkte Einfluß Roms auf das Zentrum ist der *indirekte durch Bischöfe und Klerus* ... Das Zentrum ist daher wie eine konfessionelle so auch eine ultramontane Partei, die als außer der Verfassung stehend bekämpft werden muß." Auch im kulturellen Bereich übt der Ultramontanismus einen schädlichen Einfluß aus. Sein Bemühen, die Schule unter seine Aufsicht zu stellen, und die Negation der Lehr- und Lernfreiheit an den Hochschulen verhindern die weitere kulturelle Entwicklung in Deutschland. Mit Blick auf den "Gewerkschaftsstreit"[60], also der Frage, ob sich der katholische Arbeiter ausschließlich in katholischen oder auch in interkonfessionellen Gruppierungen organisieren dürfe und solle, wird die Intoleranz des Ultramontanismus aufgezeigt. "Ultramontanes Prinzip ist nicht: friedliches Zusammenleben der verschiedenen Konfessionen, sondern *Trennung*."

Für den Antiultramontanen Reichsverband steht damit fest: Der Ultramontanismus "ist anational. Er ist kulturfeindlich. Er schafft Unfrieden ... Haben wir daher nicht das Recht, von einer ultramontanen Gefahr zu reden, und die Pflicht, den Ultramontanismus zu bekämpfen ... durch Aufklärung in Versammlungen, Vorträge, durch Flugschriften, Berichte an die Presse – auf schriftlichem und mündlichem Wege." Vor allem richtet sich der Blick auf "viele Tausende" nicht-ultramontane Katholiken und solche, die sich "aus gutem Glauben" dem Zentrum angeschlossen haben, sich jedoch "bezüglich der staatsgefährlichen Ziele des Ultramontanismus im Unklaren" befinden."

3. Der "Akademische Bismarck-Bund" und sein Organ "Der getreue Eckard"

Dem Antiultramontanen Reichsverband sehr nahestehend war der "Akademische Bismarck-Bund", der sich insbesondere an Studenten wandte[61] und an zahlreichen deutschen Hochschulen vertreten war. Den Satzungen zufolge handelte es sich um "eine freie, interkonfessionelle Vereinigung zur Förderung bez. Weckung eines wahrhaft deutschen Nationalgefühls."(§1) "Dies Ziel sucht er zu erreichen durch systematische Aufklärung seiner Mitglieder über das Wesen des Ultramontanismus durch das monatlich erscheinende Bundesorgan, durch Vortrags- und Diskussionsabende, durch Flugblätter und Flugschriften."(§2) Studenten und "alte Akademiker" deutscher Hochschulen konnten Mitglieder werden; "Nichtakademiker werden durch ihren Beitritt Freunde des Akademischen Bismarck-Bundes", besaßen aber kein Stimmrecht.(§§3 u.4) Die Leitung des Bundes oblag einem Ausschuß, in den jede Hochschule, an der eine Ortsgruppe bestand, ein Mitglied entsandte. Aus diesem Ausschuß wurde jährlich das Bundespräsidium gewählt.(§§6 u.7) Für die laufende Arbeit richtete man eine Geschäftsstelle mit einem Geschäftsführer ein.(§8)[62] Bei dem erwähnten "Bundesorgan" handelt es sich um die seit Januar 1907 erscheinende Monatsschrift "Der Getreue Eckard. Antiultramontane Blätter zur Lehr und Wehr," die uns in Ermangelung ehemaliger Vereinsregistraturen oder entsprechender umfangreicher behördlicher Dossiers als wichtigste Quelle für die Geschichte des Bundes dienen muß.[63] Herausgeber war zunächst Ewald Uhlig, seit Mai 1909 Dr. Walter Biereye.[64]

Die bewußt universitäre Ausrichtung des ABB macht deutlich, daß es den im einzelnen nicht bekannten Initiatoren darum ging, Aufklärungsarbeit vor allem unter Studenten über den vermeintlich schädlichen Einfluß des Ultramontanismus auf die Entwicklung der Kultur und der Politik in Deutschland zu leisten. Entsprechend gestalteten sich auch die ersten Jahrgänge der Vereinsschrift weniger als Meinungsbildner denn als Material- und Quellensammlung: Aktuelle päpstliche oder bischöfliche Stellungnahmen wurden ohne längere Kommentare abgedruckt. Gleiches gilt für einschlägige Artikel aus den verschiedensten Zeitungen und Zeitschriften, vor allem aus dem weiter unten besprochenen reformkatholischen Blatt "Das Zwanzigste Jahrhundert"; hier waren vor allem die Entwicklung im katholischen nicht-ultramontanen Lager insbesondere vor dem Hintergrund der von Papst Pius X. am 8.9.1907 erlassenen "Modernismus-Enzyklika", so beispielsweise Berichte über die "Fälle" Ehrhard, Schnitzer, Wahrmund[65], sowie andere, weniger bekannte "Skandale" von Interesse. Aber auch Meldungen von Katholikentagen und Zentrumsversammlungen sowie Auszüge aus Schriften ultramontaner Autoren, insbesondere von Jesuiten, kamen zum Abdruck, getreu der immer wieder aufgestellten Devise Hoensbroechs, daß ein erfolgreicher Kampf gegen den Ultramontanismus nur auf der Basis eines umfangreichen Studiums und genauer Kenntnis des Ultramontanismus geführt werden könne.[66]

Nur selten wich man in den beiden ersten Jahrgänge des Blattes von der gewohnten Praxis ab; meist handelte es sich um Berichte über Vorträge vor Ortsgruppen des Bundes, wie im Februar 1907 in Marburg, als das Thema "Religion, Nationalität und Ultramontanismus" auf der Tagesordnung stand und der Redner mit der Feststellung schloß: "Von Rom aus muß alles bestimmt werden, ... das ist die Forderung des Ultramontanismus. Darum müssen wir den Kampf aufnehmen."[67]

Schon bald geriet die Zeitschrift in eine – offenbar wirtschaftliche – Krise. Am 1.November 1908 wird ein Spendenaufruf wiederholt, der mit einer Art Drohung endet: "Ist der Erfolg der gleiche wie der des letzten Aufrufs, so stellt mit der Dezember-Nummer der Eckard sein Erscheinen ein ... Noch aber glauben wir, daß der Ernst der Lage und die Wichtigkeit jedes antiultramontanen Organs bei unseren Lesern Opferfreudigkeit genug zu wecken vermag, die Krisis zu überwinden."[68] Offenbar konnten die angesprochenen Probleme nicht sofort gelöst werden: Das Blatt erschien in den ersten vier Monaten des Jahres 1909 nicht. Im Mai trat es dann in neuem Gewand, unter neuer Herausgeberschaft – Dr. Biereye – und mit einem anderen Anspruch wieder vor sein Publikum: "Denn so richtig, so allein Erfolg versprechend die Ansicht ist, daß der *Ultramontanismus überwunden werden kann durch eine objektive Darstellung seines Wesens auf Grund seiner Grundlagen und Früchte,* so wenig ist im Allgemeinen unser Publikum gewillt, sich immer wieder nur durch Quellenmaterial und nüchterne Zusammenstellungen hindurchzuarbeiten und sich ein eigenes begründetes Urteil zu bilden. Diese Tatsache zwang den Eckard zu einer Erweiterung seines Programms."[69]

Tatsächlich tritt in der Folgezeit die Zahl der Ab- und Nachdrucke hinter die der redaktionellen Beiträge zurück. Mit Interesse und entsprechenden Kommentaren werden Themen wie die seinerzeit von Georg von Hertling letztendlich ausgelöste Diskussion um das katholische Bildungsdefizit und die damit zusammenhängende "Inferioritätsdebatte"[70] oder der nicht minder viele Schlagzielen liefernde "Gewerkschaftsstreit" aufgegriffen. Beliebt waren Berichte über konfessionelle Übergriffe und Entgleisungen jedweder Art, von in der "Christenlehre" ohrfeigenden Kaplänen bis hin zu dem von der Ludwigshafener Ortsgruppe des Antiultramontanen Reichsverbandes gemeldeten und auf eine dortige Katholikenversammlung zurückgehenden Aufruf zum Boykott "der nicht-katholischen bezw. nicht-ultramontanen Geschäftsleute."[71] Immer wieder gingen Zuschriften bei der Redaktion ein mit Berichten über von Katholiken verschuldete "konfessionelle Zwischenfälle" oder "politische Skandale", wie zum Beispiel anläßlich der Reichstags-Ersatzwahl im pfälzischen Wahlkreis Neustadt-Landau-Dürckheim-Edenkoben im Juli 1909, als das Zentrum bei der Stichwahl sich indirekt für die Wahl des sozialdemokratischen Kandidaten aussprach.[72]

Kein anderer als Graf Hoensbroech, der immer wieder im Getreuen Eckart ein Forum für seine Arbeit fand,[73] zieht im März 1910 Bilanz, wenn er schreibt: "Der Akademische Bismarckbund hat festen Fuß gefaßt. Auf verschiedenen Hochschulen bestehen Ortsgruppen mit zahlreichen Mitgliedern." Die Tatsache, daß die ultramontane Presse begonnen habe, den Akademischen Bismarck-Bund zu bekämpfen, wertet Hoensbroech als Beweis dafür, daß die Vereinigung sich auf dem richtigen Weg befinde und von der gegnerischen Seite als ernstzunehmende Gefahr betrachtet werde. Hoensbroech betont zum wiederholten Mal den Unterschied zwischen Katholizismus und Ultramontanismus und die Notwendigkeit, Kenntnisse hierüber gerade auch unter katholischen Studenten zu verbreiten.[74] Auch an anderer Stelle werden die katholischen Studenten und ihre Vereinigungen – "Denn es handelt sich hier nicht um 'Kerntruppen' für den religiösen Katholizismus, sondern um *Kerntruppen für den Ultramontanismus*"[75] – als wichtiges Ziel der Propaganda- und der Aufklärungsarbeit genannt.

Weiterhin werden häufig Vorträge vor Ortsgruppen des Bundes abgedruckt. In Berlin beispielsweise lautete das Thema: "Die historischen Grundlagen des heutigen Ultramontanismus in Deutschland", wobei der Ultramontanismus als "die Summe aller derjenigen Eigenschaften und Ansprüche der katholischen Kirche, welche in den modernen Nationalstaat nicht hineinpassen," bezeichnet wird.[76] Von Interesse ist in diesem Zusammenhang auch das Referat: "Katholizismus und Ultramontanismus", das der evangelische Theologe Arthur Titius am 28. November 1913 vor der Göttinger Ortsgruppe hielt.[77] Titius, der sich durchaus nicht in Allem mit Hoensbroech einig weiß, übernimmt dessen Ultramontanismus-Definition und versucht die Frage zu beantworten, ob zwischen Ultramontanismus und Katholizismus zu unterscheiden ist oder ob es sich um zwei Namen für die gleiche Sache handelt. Für die Zeit vor der Dogmatisierung der Unfehlbarkeit läge es auf der Hand, daß der Ultramontanismus lediglich eine Richtung innerhalb des Katholizismus gebildet habe. Anschließend, insbesondere auch durch die Bildung der Zentrumspartei, hätte der Eindruck entstehen müssen, als könne es einen nicht-ultramontanen Katholizismus nicht mehr geben. Mit dem Hinweis auf die Tasache, daß der Katholizismus "doch eben tatsächlich nicht nur Politik, sondern ... *in erster Linie doch wohl immer noch Religion*" ist, kommt Titius zu dem Schluß: "Es kann also für den Einzelnen zweifellos auch wurzelechten und tiefgehenden religiösen Katholizismus geben ohne Ultramontanismus." Sein abschließender, eher versöhnlicher Appell lautet: "*Das Entscheidende ist dies: daß wir die Religion als solche und daß wir auch die Kirche der Katholiken, soweit unsere Ueberzeugung es duldet, ehren, wenn nicht um unseretwillen, so doch um der anderen willen, um solcher willen, denen sie aus Gewissensüberzeugung eine heilige Sache ist.*"

Immer wieder wird der nationale Charakter des Bundes und seiner Zeitschrift hervorgehoben, für den der Name ja schon als Programm steht.[78] Gegen den Vorwurf, sich in religiöse Fragen einzumischen und den konfessionellen Frieden zu stören, wehrt sich das Blatt vehement: "Der Akademische Bismarck-Bund steht auf dem Boden des Nationalstaates, nicht auf dem irgend einer Konfession. Es liegt ihm auch fern, sich in interne Fragen der katholischen Religion als solcher einzulassen. Er stellt sich aber auf den Grundsatz, daß über staatliche und weltliche Angelegenheitender Staat allein zu entscheiden hat und nicht die Kirche und läßt sich nicht das Recht nehmen, auch seinerseits in diesen Fragen die akademische Jugend auf der Seite des nationalen Staates zu sammeln und zu organisieren und in dieser Hinsicht Aufklärung zu treiben über den Ultramontanismus."[79]

Bemerkenswert ist die offensichtliche Verbindung zu anderen antiultramontanen Bewegungen. Dies gilt natürlich in erster Linie für den Antiultramontanen Reichsverband, dem der Getreue Eckart immer wieder eine Plattform zur Selbstdarstellung und zur Agitation bietet und dem sich der Bismarck-Bund seit etwa 1910 organisatorisch angeschlossen hatte.[80] Aber auch die Tatsache, daß die Arbeit der weiter unten zu behandelnden reformkatholischen "Krausgesellschaft" gelegentlich im redaktionellen Teil des Getreuen Eckart lobend erwähnt wird[81] oder daß wichtige Vertreter des "Reformkatholizismus" als Redner im Bismarck-Bund auftraten[82], beweist die partielle Zusammenarbeit aller "Antiultramontanen" sogar über konfessionelle Grenzen hinweg. Auch die vom Altkatholiken-Verein "Ich dien" in München herausgegebene Zeitschrift "Der romfreie Katholik" verspricht dem Bismarck-Bund "vollauf die Unterstützung alt-katholischer Akademiker."[83]

Nur kurz erwähnt werden soll die Münchener Ortsgruppe, die sich im Januar 1908 unter dem Namen "Akademische Vereinigung zum Studium des Ultramontanismus" gebildet hatte. Sie stellt insofern einen Sonderfall dar, als sie sich bewußt "außerhalb des Rahmens der Universität konstituiert" hatte, "um auch ältere Aktive in ihre Reihen aufnehmen zu können."[84] Die Motive zur Bildung der Vereinigung lagen nach eigenem Bekunden darin, daß die zu einem Kampf um Schlagworte – "hie ultramontan, hie antiultramontan" – degenerierte Auseinandersetzung dem dahinterstehenden wichtigen Anliegen nicht mehr gerecht wurde. Es ist ein Kampf geworden, "der nicht mehr vor der ehrlichen Überzeugung Anderer stehen bleibt und nichts mehr von den wertvollen Elementen katholischen Empfindungs- und Geisteslebens kennt ... Durch Erwerbung von Kenntnissen, insbesondere durch gründliches Studium der Quellen des Ultramontanismus" solle "eine unabhängige Meinung über diesen Wissensstoff und das weite Gebiet katholischer Weltanschauung" gewonnen umd Neutralität in jeder Hinsicht gewährleistet werden; "wir wollen jeder Richtung, insbesondere aber auch Katholiken selbst, bei uns zum Worte verhelfen." Die Notwendigkeit des antiultramontanen Kampfes wird in keiner Weise bestritten, allerdings "soll ein Teil von Gehässigkeit dem politischen Kampf und dem Streit der Konfessionen genommen werden." Der erste Vortrag – wobei insgesamt "wenig große Vorträge und desto mehr interne seminaristische Arbeit" im Vordergrund stehen soll – wird die "Psychologie der Klerikerseminare" behandeln. "Entstehung und Wesen des Jesuitismus" soll dann im weiteren einen thematischen Mittelpunkt bilden.[85] Überaus positiv bewerten die liberalen "Münchener Neueste Nachrichten" die Vereinsgründung: "Von kulturkämpferischer Betätigung wird sich die neue Vereinigung streng fern halten; sie hat den einzigen Zweck, ihren Mitgliedern und Freunden Gelegenheit zu geben, den Ultramontanismus zu studieren. So wird beabsichtigt neben Vorträgen besondere Lehrkurse über einzelne Probleme des Ultramontanismus zu veranstalten."[86] Schon bald scheint es zu einem Konflikt mit der Führung des Bundes gekommen zu sein; bereits im Mai 1908 erklärt die "Akademische Vereinigung ..." ihren Austritt aus dem ABB und bestand – allerdings nur bis zum folgenden Jahr – als unabhängiger Verein unter Mitwirkung von Josef Schnitzer weiter.[87]

4. Der "Giordano Bruno-Bund"

Mit dem "Giordano Bruno-Bund" – der Namensgeber, ein früherer Dominikaner, war bekanntlich im Jahre 1600 auf Veranlassung der Inquisition öffentlich auf dem Campo de' Fiori in Rom bezeichnenderweise wegen seiner im Widerspruch zur kirchlichen Lehre stehenden, teilweise monistischen Philosophie verbrannt worden[88] – soll in gebotener Kürze auch ein mit dem "Monismus" in Verbindung stehender Verein erwähnt werden, da bei ihm, im Gegensatz zu anderen monistischen Bewegungen, speziell antiultramontane Zielsetzungen festzumachen sind.[89] Der Bund war anläßlich des 300. Todestages Giordano Brunos in Berlin gegründet worden.[90] Die, wie es in den Satzungen heißt, "Kampfgenossenschaft gegen Dunkelmänner und Knechtung" mit "Giordano Bruno als Feldzeichen"[91] bezeichnete zwar "den Ausbau einer monistischen Weltanschauung" als ihre oberste Aufgabe, doch folgt in der Hierachie der Ziele schon bald "die Stellungnahme zu den Kämpfen geistiger Freiheit in der Zeit", wobei in erster Linie "die Schulfragen, mit ihnen die Jesuitenfrage und die Tätigkeit des Ultramontanismus überhaupt

Gegenstand seiner [des Bruno-Bundes; Anm. d. Verf.] geschärften Aufmerksamkeit und seiner negativen, seiner protestierenden Tätigkeit sein" sollten· Eine Verkoppelung dieser Themen gelang Graf Paul von Hoensbroech mit einer in der Reihe der "Flugschriften des Giordano Bruno-Bundes" erschienen Broschüre über das Schulprogramm des Ultramontanismus. Hoensbroech spricht hierin ein "kategorisches Nein" gegen die vom Ultramontanismus erhobenen Ansprüche auf die Schule. "Die Schule ist, ihrer Geschichte und ihrem Begriffe nach wesentlich eine weltliche, nicht religiöse Veranstaltung ... Die Schule unter ultramontanem Schulprogramm wäre ein Herd religiösen Fanatismus, konfessioneller Fehden, schlimmster Intoleranz und ausgesprochener Bildungsfeindlichkeit.[92] ... Die Menschheit aber braucht Schulen, die ein fortschrittliches, ein freiheitlich gerichtetes, ein religiös duldsames Geschlecht hervorbringen."[93]

5. "Das freie Wort"

Ein weiteres Podium antiultramontaner Propaganda bildete die Zeitschrift "Das freie Wort. Frankfurter Halbmonatsschrift für Fortschritt auf allen Gebieten des geistigen Lebens," die offenbar dem im Jahre 1900 gegründeten "Goethe-Bund ... zur Abwehr von Angriffen auf die freie Entwicklung des geistigen Lebens insbes. v. Wissenschaft, Kunst und Literatur" nahestand oder sogar von ihm initiiert worden war.[94] Die erste Ausgabe des von Carl Saenger[95] begründeten und von Max Henning[96] fortgeführten Blattes erschien am 5. April 1901.[97] Seit 1907 gab es zudem ein "Beiblatt" mit dem Titel "Der Dissident. Zentralorgan für die Interessen aller Dissidenten", das den engen Zusammenhang des Blattes mit dem Freidenkertum unterstreicht. Auf der thematisch sehr breit angelegten, das gesamte kulturelle und politische Spektrum abdeckenden Palette des Blattes – "An allen Bestrebungen, die Menschheit vorwärts zu bringen, soll unsere Zeitschrift tüchtig mitarbeiten."[98] – nahm der Antiultramontanismus einen sehr breiten Raum ein.[99] Bekannte wie unbekannte, nicht selten auch anonyme Autoren berichteten über Geschehnisse und Entwicklungen im Katholizismus.[100] Neben dem schon erwähnten und unermüdlich schreibenden Arthur Boethlingk, dem ebenfalls sehr rührigen Josef Leute, Reformkatholiken wie Hugo Koch,[101] war es Graf Paul von Hoensbroech, der immer wieder für "Das freie Wort" zur Feder griff.[102] Von Interesse sind in diesem Zusammenhang seine Ansprachen vor den jährlich, meist in Eisenach stattfindenden "Vertretertagen" des AUR, die jeweils unter der Überschrift "Die innerpolitische Lage und der Ultramontanismus" standen und in denen Hoensbroech vor allem den in seinen Augen zu geringen antiultramontanen Kampfeswillen auf Seiten der liberalen Politiker anprangert. Während er noch anläßlich der Versammlung des Jahres 1908 trotz aller Kritik die Vereinigung von Konservativen und Liberalen im "Bülow-Block"[103] als "einen hervorragend staatsmännischen und kulturpolitisch fruchtbaren" Versuch werten und die damit verbundene "Entmachtung" des Zentrums feiern konnte, stand beim folgenden Vertretertag im Juni 1909 das Scheitern des "Blocks" unmittelbar bevor. Hoensbroech schlug daher der Versammlung folgende Resolution zur Annahme vor: "Der 3. Vertretertag des antiultramontanen Reichsverbandes erblickt in der Wiedereinsetzung des Zentrums in die parlamentarische Machtstellung eine schwere Schädigung des nationalen Gedankens, die umso verderblicher ist, als sie einsetzt bei einer so eminent nationalen Sache wie die Reichsfinanzreform. Mit allem Nachdrucke muß die politisch wie kulturell gleich wichtige Wahrheit hervorgehoben werden, daß das Zentrum als Partei und als Verkörperung des internationalen Ultramontanismus, unbeschadet der nationalen Gesinnung vieler seiner Anhänger, keine nationalen Ziele verfolgt und daß somit diese Partei nicht berufen sein kann, in nationalen Fragen den Ausschlag zu geben. Der 3. Vertretertag des A.U.R. fordert Regierung und Parteien, insbesondere die konservative Partei, auf, an der Gegnerschaft wider das Zentrum festzuhalten."[104]

Auch der katholische Antiultramontanismus hatte von Beginn an seinen festen Platz im Programm der Zeitschrift. So berichtet ein anonymer "verus" ausführlich von jenem weitere Impulse auslösenden Treffen reformkatholischer Kreise im Oktober 1902 im Münchener Lokal "Isarlust",[105] und auch noch die Generalversammlung der "Krausgesellschaft" im Jahre 1911 ist den Herausgebern einen zustimmenden Kommentar wert. Auffallend auch die große Zahl der – regelmäßig positiv – rezensierten antiultramontanen Schriften im Besprechungsteil des Blattes; der Bogen reicht hier von Leopold Karl Goetz über Graf Paul von Hoensbroech bis hin zu reformkatholischen Autoren wie Otto Sickenberger.[106]

6. Die "Krausgesellschaft" und ihr Organ: "Freie deutsche Blätter"/"Das zwanzigste Jahrhundert"/"Das Neue Jahrhundert"

Die Bedeutung von Franz Xaver Kraus für die Sache des fortschrittlichen Katholizismus[107] in Deutschland auch über seinen Tod hinaus zeigt die 1904 in München gegründete und nach ihm benannte "Krausgesellschaft. Verein für religiösen und kulturellen Fortschritt im Katholizismus". Der eigentlichen Vereinsgründung voraufgegangen war eine Versammlung der "Freunde des XX.Jahrhunderts". (Reform-)katholischen, vornehmlich bayerischen Intellektuellen gelang mit diesem Treffen am 20.10.1902 in dem Münchener Lokal "Isarlust" "ein erster Schritt zur Kontaktaufnahme und Organisation unter den deutschen Reformkatholiken."[108] Die Einladung zu diesem Treffen war ergangen von den beiden Herausgebern der Zeitschrift "Das zwanzigste Jahrhundert", Dr. Franz Klasen[109] und Dr. Johannes Bumüller[110] mit dem Ziel, "unsere wissenschaftliche, politische und wirtschaftliche Stellung, sowie jene zur religiösen Bewegung innerhalb des Katholizismus genau" festzulegen.[111] Hauptredner der Versammlung war Herman Schell, der eingangs betonte, daß weder der Zölibat, noch die "Sittenlehre" der Kirche oder die "Autorität" in Frage gestellt würden. Im Mittelpunkt seines Referates stand die damals so virulente Frage der "Inferiorität" der katholischen Wissenschaft; Schell führte aus, daß es nicht notwendig sein dürfe, "dass ein Forschungsresultat erst von einem Jesuiten approbirt ist, ehe die Autorität wagt, dasselbe gutzuheißen."[112] Ein weiteres zentrales Thema bildete die Frage des (partei-) politischen Standpunktes; Neutralität wurde als Grundsatz der Zeitschrift bestätigt, wobei Einigkeit darin bestand, daß eine völlige "Trennung der Politik von der religiös-wissenschaftlichen Aufgabe des 'Zwanzigsten Jahrhunderts' schon deshalb ... unmöglich [sei], weil ja die Ultramontanen aus der Religion ein politisches Kapital machen."[113] – Die Tatsache, daß Herman Schell, Josef Schnitzer und andere Geistliche recht bald wieder aus dem gerade gegründeten "Komitee der Freunde des 20. Jahrhunderts" austraten, geschah allein zum Schutz vor etwaigen Disziplinierungen seitens ihrer Vorgesetzten.[114] – Zu der deutlich werdenden Distanz gegenüber dem Zentrum nahm die Zeitschrift später noch einmal ganz dezidert Stellung: "Unser Unterschied zu den Ultramontanen besteht in dieser Beziehung aber darin, dass wir Religion und Politik nicht verquicken, dass wir für politische Machtgelüste und Selbstsucht die Religion nicht als Deckmantel benützen, dass wir Kirche und Vaterland als zwei nebeneinander bestehende Faktoren ansehen, deren beider Gedeihen auf ihrem Gebiet wir fördern, nicht aber eine Dienerstellung des einen bei dem andern."[115]

Die weitere Entwicklung des "Komitees", die eigentliche Gründung und die weitere Tätigkeit der Krausgesellschaft sind bislang, wie so vieles auf diesem Gebiet, unerforscht.[116] Erst ab dem Jahre 1909 läßt sich mit Hilfe des Vereinsnachlasses und des "Neuen Jahrhunderts", in das man das schon erwähnte "Zwanzigste Jahrhundert" umbenannt und gleichzeitig enger an die Gesellschaft angebunden hatte, der Werdegang der Krausgesellschaft bis in den Ersten Weltkrieg hinein detailliert nachzeichnen.[117] So heißt es in der von der Jahreshauptversammlung der Gesellschaft im November 1910 überarbeiteten Satzung, daß man bezwecke, "den religiösen und kulturellen Fortschritt in allen Volksschichten zu fördern." Erreicht werden sollte dieses Ziel "durch interne Vorträge und Diskussionen", "durch öffentliche Vorträge und Veranstaltungen" sowie "durch Publikationen"(§2). Unterschieden wurde zwischen ordentlichen Mitgliedern, die katholisch sein mußten und außerordentlichen Mitgliedern, für die die Zugehörigkeit zu "einem christlichen Bekenntnis" Voraussetzung war.[118]

Der eigentliche kirchenpolitische Standpunkt der Krausgesellschaft tritt überdeutlich zu Tage in zwei schweren ideologischen Auseinandersetzungen, die den Verein in den Jahren 1910/11 zutiefst erschütterten und ihn an den Rand des Scheiterns bringen sollten. Zunächst ging es um den sog. Antimodernisteneid[119], speziell um die Haltung der Gesellschaft zu den eidleistenden bzw. den eidverweigernden Geistlichen. Nach langer Diskussion wurde schließlich mit knapper Mehrheit beschlossen, mit Hilfe eines Spendenaufrufs einen Unterstützungsfonds für solche Priester zu bilden, die den Eid verweigert und entsprechende disziplinarische Maßnahmen zu erwarten hatten. Gleichzeitig sollte eine Mitgliedschaft in der Krausgesellschaft für Geistliche, die den Antimodernisteneid geleistet hatten, nicht möglich sein. Wenn auch mit Mühe, hatte sich in dieser Frage der radikalere gegenüber dem moderateren "Flügel" durchgesetzt; offenbar ging man davon aus, daß ein großer Teil der Geistlichen den Eid verweigern würde und sich die innerkatholische Oppositionsbewegung, mit der Krausgesellschaft als Kristallisationspunkt", mächtig vergrößern würde. Tatsächlich gingen zahlreiche Spenden und etwa ein Dutzend Unterstützungsanträge ein, über die jeweils in den protokollierten Ausschußsitzungen entschieden wurde. Offenbar war von der die schärfere Gangart bevorzugenden Gruppe zudem ein engeres "Zusammengehen mit den Altkatholiken" ins Auge gefaßt worden.[120] Dies und eine persönliche Attacke auf den Vorsitzenden Josef Schnitzer ließen diesen übrigens noch in der entsprechenden Vorstandssitzung sein gerade erst angetretenes Amt wieder niederlegen.[121]

Hauptkontrahenten der zweiten, noch weitere Kreise ziehenden Kontroverse waren der damalige zweite Vorsitzende der Gesellschaft, Landgerichtsrat Ziegler aus Kempten/Allgäu einerseits, und der Schriftleiter des "Neuen Jahrhunderts" Dr. Philipp Funk[122], der gleichzeitig den Posten des stellvertretenden Schriftführers und Bibliothekars der Krausgesellschaft innehatte, sowie der dem erweiterten Vorstand angehörende Noch-Geistliche Konstantin Wieland[123] andererseits. In der Ausschußsitzung der Krausgesellschaft am 13. Mai 1911 werden die schon seit geraumer Zeit latent vorhandenen Querelen ausgetragen: Die radikalere Gruppe um Ziegler sprach sich eindeutig gegen die "Stellung des Papsttums in der aktuellen Form" aus und bestand darauf, die Krausgesellschaft zu einer Organisation zu machen, "die die Macht hat, der römischen Macht gegenüber zu treten... Nur die Macht imponiert dem Ultramontanismus." Auch der Rolle des Klerus gegenüber zeigte man sich eher zurückhaltend, wenngleich seine Autorität grundsätzlich anerkannt wurde: "Was habe der Ultramontanismus aus dem Stande der Geistlichen gemacht! Eine herrschsüchtige Kaste." Funk widersprach dem Gedanken, die Krausgesellschaft zu einer überkonfessionellen, gesamt-antiultramontanen Vereinigung zu machen. Er forderte weiterhin "die Schaffung eines nicht-ultramontanen Katholizismus", die "eine kulturelle Tat für uns Deutsche sein würde ... Die Krausgesellschaft sollte in erster Linie unter Katholiken zu wirken suchen, sie sei eine Vereinigung von Katholiken, denen an der Kirche noch etwas liegt. Es solle eine Reform im Katholizismus werden. Kraus habe nur gegen den Ultramontanismus gekämpft, nicht gegen den Papst. Es handle sich nicht darum, alle Kämpfer gegen den Ultramontanismus zu sammeln, die hätten sehr verschiedene Ziele. Man müsse sagen, daß die Gesellschaft eine Sammlung von Katholiken sei, die mit dem Kirchenregiment unzufrieden sind ... Es darf nicht eine Fusion aller Bekenntnisse unser Zweck sein, sondern eine Reform innerhalb des Katholizismus." Wieland führte diese Gedanken weiter und forderte die konsequente Anerkennung der Dogmen, auch der Infallibilität, sonst verliere man den Boden unter den Füßen. Auch sollte die "Krausgesellschaft" "nicht eine akademische Gesellschaft sein, wir wollen eine agitatorische Tätigkeit entfalten. Wir wollen das katholische Volk befreien."[124]

Ziegler forderte daraufhin in einem Schreiben an den erweiterten Vereinsvorstand in aller Deutlichkeit die Teilung der Krausgesellschaft in zwei unabhängige Gruppierungen.[125] Während ursprünglich der "Laienmodernismus" das tragende Element der Gesellschaft gewesen sei, habe nunmehr "die zahmere Richtung des Reform-Katholizismus" die Oberhand gewonnen. Zwischen beiden bestünden jedoch unüberbrückbare Gegensätze, so daß ein Auseinandergehen dieser beiden in der Krausgesellschaft vertretenen Richtungen notwendig sei. In erster Linie scheinen es zwei strittige Fragen gewesen zu sein, aufgrund derer diese Kontroverse entstand: Zum einen ging es um das Verhältnis des fortschrittlichen Katholizismus gegenüber Rom, insbesondere um die Haltung zur göttlichen Stiftung des Papsttums und zum Unfehlbarkeitsdogma, zum anderen stand das Verhältnis der Laien gegenüber den Theologen und damit verbunden der Charakter der

Gesellschaft zur Debatte. Während die radikalere Gruppe um Ziegler einen schroffen Konfrontationskurs gegen Rom steuerte bzw. "die Verteidigung der Freiheit der Wissenschaft und des Gewissens in vollkommener Unabhängigkeit von Rom" durchführen wollte, das Laienelement favorisierte, sich speziell an "die gebildeten Kreise" wenden und sich auch stärker für Nicht-Katholiken öffnen wollte[126], bestand der andere Kreis um Funk und Wieland, der sich schließlich auch zu behaupten wußte, den "unterlegenen" Flügel bald wieder integrieren und sogar den im Streit ausgeschiedenen Josef Schnitzer erneut zur Mitarbeit bewegen konnte,[127] auf der vollständigen Akzeptanz der dogmatischen Lehre der Kirche und hatte als Zielgruppe ein breites katholisches Publikum vor Augen und damit die Schaffung einer vielköpfigen kritisch-katholischen, dabei antiultramontanen Bewegung.[128]

Dieses Bekenntnis zur Kirche führte jedoch keineswegs zu Berührungsängsten mit anderen antiultramontanen Gruppierungen. Wiederholt wurde eine Zusammenarbeit mit Gruppen wie dem Akademischen Bismarck-Bund oder dem Antiultramontanen Reichsverband befürwortet.[129] Auch die Vortragstätigkeit der führenden Mitglieder der Krausgesellschaft führte diese sowohl in den AUR als auch in altkatholische Kirchengemeinden oder zum "Weltkongreß für Freies Christentum" nach Berlin.[130] Ein Blick auf einzelne Mitglieder der Krausgesellschaft, deren Gesamtzahl übrigens nicht zu ermitteln war und wahrscheinlich nicht allzu hoch gewesen sein wird, zeigt außerdem das breite Spektrum derer, die sich von ihr vertreten fühlten. Neben Walter Goetz[131] und Georg Kerschensteiner[132] hatten sich erfolgreich um Aufnahme in die Krausgesellschaft beworben der Herausgeber der "Täglichen Rundschau" Heinrich Rippler sowie der langjährige Geschäftsführer des Antiultramontanen Reichsverbandes Lorenz Wahl.[133]

Einig waren sich die beiden "Parteien" innerhalb der Krausgesellschaft, wie ja bekanntlich alle Antiultramontanen, in ihrer Beurteilung der Zentrumspartei. Drei unter vielen möglichen Beispielen für die Haltung der Krausgesellschaft seien hier erwähnt: Zunächst der Versuch, "beim Straßburger Katholikentag 1905 gegen die Agitation der katholischen Geistlichkeit für die Centrumspartei einen Antrag einzubringen, der allerdings das bei dem Centrumscharakter der Katholikentage selbstverständliche Schicksal runder Ablehnung seitens des Vorstandes des Katholikentags erfuhr,[134] dann der offene Brief von 1906 an die deutschen Bischöfe, in dem die Gesellschaft sich vehement gegen die Teilnahme von Seelsorgern am Wahlkampf wendet[135], und schließlich der Aufruf der Gesellschaft zur Reichstagswahl 1912, in der es u. a. heißt: "... die traurigste und häßlichste Erscheinung dieser Zeit ist die, daß die Partei des Zentrums den katholischen Glauben und die Fahne des Kreuzes, das Zeichen Christi in den Wahlkampf trägt." Im Mittelpunkt der Kritik steht die Vereinnahmung der Gesamtheit der Katholiken durch das Zentrum. Der Aufruf schließt mit den Worten: "... die Vergiftung unseres politischen Lebens durch den Mißbrauch der Religion muß beseitigt werden! Die Religion selbst muß von politischen Bestrebungen rein gehalten werden! ... pflegen wir die Religion, aber nicht durch Demagogie und Wahlhetze, sondern durch ihre eigenen Werke, die der Frömmigkeit und der Nächstenliebe und der Veredelung des Geistes."[136] Zahllose weitere Belege für die ablehnende Haltung der "Krausgesellschaft" gegen diese Partei ließen sich beibringen; so auch die nachträglich von der

"Krausgesellschaft" "approbierte" Schrift ihres Mitglieds Konstantin Wieland: "Ist das Zentrum eine christliche Partei?", die der Autor mit dem Fazit schließt: "Vom Zentrum sich loszusagen ist für den Katholiken die nationalste und zugleich christlichste Tat!"[137]

Agitatorisch hielt die "Krausgesellschaft" auch nach dem "Sieg" des gemäßigteren Flügels an ihrer gewohnten Strategie fest.[138] Regelmäßige Vortragsveranstaltungen sowohl für den internen Kreis der Mitglieder als auch öffentliche, an ein breiteres Publikum gerichtete Referate wurden organisiert. Meist waren es die "bewährten" Kräfte aus den eigenen Reihen, Schnitzer, Funk, Koch und Sickenberger, die zu aktuellen Themen der innerkatholischen Debatte das Wort ergriffen. Hinzu kamen die "Schriften der Krausgesellschaft", deren Gesamtzahl noch nicht erfaßt werden konnte, vor allem aber das wöchentlich erscheinende Organ des fortschrittlichen Katholizismus.

Unter dem Titel "Freie-Deutsche Blätter. Wochenschrift für Politik, Wissenschaft und Kunst" erschien die Zeitschrift erstmals am 2. März 1901.[139] Verantwortlich für Verlag und Inhalt war, wie erwähnt, zunächst Johannes Bumüller aus Augsburg. Im April 1902 trat Franz Klasen mit in die Redaktion ein; gleichzeitig änderte das Blatt wegen "des von verschiedenen Seiten aggressiv aufgefassten und missgedeuteten Titels seinen Namen in 'Das zwanzigste Jahrhundert'", wie es in einer Ankündigung hieß. "Wir werden unser Ziel, die Aussöhnung mit dem Katholizismus und den berechtigten Anschauungen der modernen Kultur, *in fester aber massvoller Weise* verfolgen und uns durch keine Angriffe beirren lassen. Mögen uns alle Katholiken, welche den Bedürfnissen der Neuzeit Verständnis entgegenbringen, unterstützen!"[140] Nach Klasens frühem Tod im November 1902 führte Bumüller die Zeitschrift noch ein Jahr, ehe er im Oktober 1903 "mit Rücksicht auf seine Gesundheit" zurücktrat; sein Nachfolger wurde Karl-Josef Möndel. Nach einem kurzen Zwischenspiel in den Jahren 1908 und 1909, als Thaddäus Engert die Leitung übernommen und "eine scharf kritische Tendenz"[141] in das Blatt brachte, übernahm dann im Jahre 1910 Philipp Funk die Redaktion der Zeitschrift, die sich seit 1909 "Das Neue Jahrhundert. Organ der deutschen Modernisten" nannte. Die Zusammenarbeit zwischen der "Krausgesellschaft" und der Zeitschrift scheint vor allem in den Monaten vor der Übernahme der Redaktion durch Philipp Funk nicht immer unproblematisch gewesen zu sein, doch sollte sich das Verhältnis rasch bessern. Die Schriftleitung durch Philipp Funk und die Tatsache, daß sein Verständnis von fortschrittlichem Katholizismus seit den oben beschriebenen Auseinandersetzungen eindeutig von der Mehrheit der Mitglieder der "Krausgesellschaft" geteilt wurde, waren hierfür der Garant. Im Wesentlichen hatte es auch keine Veränderungen im Programm des Blattes gegeben: nach wie vor standen im Vordergrund: "Verinnerlichung im Katholizismus", "Bekämpfung des politischen Ultramontanismus", "Anpassung der Religion an die Zeitbedürfnisse", wie in entsprechenden Inseraten für die Zeitschrift zu lesen war.[142]

7. Fazit

Es gab im Wilhelminischen Deutschland einen sich vom Begriff des "Ultramontanismus" her definierenden Antiultramontanismus, der nicht, wie immer wieder behauptet, identisch war mit dem in der Tat vorhandenen, mächtigen Antikatholizismus, sondern der sich lediglich mit einem Teil oder besser gesagt mit einer Richtung innerhalb des Katholizismus auseinandersetzte. Im Mittelpunkt der Kritik stand dabei ein im Papst sich verkörpernder strenger Zentralismus, damit in Zusammenhang stehende Erscheinungen wie Index und Zensur, eine aufgrund dogmatischer Vorgaben nicht gegebene Voraussetzungslosigkeit von Forschung und Wissenschaft, vor allem aber die Zentrumspartei als Manifestation der politischen Ansprüche des Ultramontanismus. Den Antiultramontanen, deren politische Heimat der Liberalismus in seinen zahlreichen Ausprägungen war und die allesamt eine deutliche Affinität zu nationalen Ideen besaßen, galt das Zentrum und der Katholizismus, wie er sich in seiner ultramontanen Mehrheit zeigte, als rückständig und anachronistisch, als hemmend und gefährlich für die kulturelle und politische Entwicklung des Reiches.

Dieser Antiultramontanismus fand seinen Ausdruck in einer Fülle von Publikationen sowie in zahlreichen Vereinen, von denen lediglich eine kleine Auswahl vorgestellt werden konnte[143]; die Palette reicht dabei von freireligiös-monistischen über vornehmlich protestantische bis hin zu reformkatholischen bzw. modernistischen Publikationen und Gruppierungen. Bemerkenswert ist vor allem die teilweise enge personelle und auch organisatorische Verbindung zwischen diesen so unterschiedlichen Vereinigungen gerade auch über die ansonsten so starren konfessionellen Grenzen hinweg[144].

Auffallen muß auch die große Zahl (ehemaliger) Priester und Konvertiten in den Reihen der antiultramontanen Vereine. Gewiß mögen persönliche Enttäuschungen und Unzulänglichkeiten, gescheiterte Karrieren und andere individuelle Probleme oder gar Katastrophen den einzelnen in seiner Entscheidung beeinflußt haben. Die immer wieder bemühte "Zölibatsmüdigkeit" und das schon sprichwörtliche "Querulantentum" genügen meiner Meinung nach jedoch ebensowenig als Erklärungsmuster für diese gewiß nicht leichtfertig getroffenen Änderungen in der Lebensplanung wie die "Tradition des Suchens nach Charakterfehlern als Ursache für mangelnde Orthodoxie"[145]. Erst eingehende und noch ausstehende Studien der in großer Zahl vorhandenen autobiographischen Zeugnisse werden die Frage nach Ursache und Wirkung, also die Frage, ob eine Lebenskrise zum Umdenken oder ein Umdenken in eine Lebenskrise geführt haben, beantworten können.

Während also ein Konsens in der Einschätzung und in der konsequenterweise daraus folgenden Bekämpfung des Ultramontanismus bestand, lassen sich bezüglich der Motivation der einzelnen Gruppierungen und der sie tragenden Persönlichkeiten durchaus Unterschiede festmachen. Während beispielsweise der von "Außen" kommende Antiultramontane Reichsverband den Ultramontanismus und das Zentrum ausschließlich als kulturellen und politischen Gegner, gefährlicher noch als die Sozialdemokratie bekämpfte und den Katholizismus als tolerierbares

Übel betrachtete, ging es der in einer bis heute reichenden Tradition eines kritisch-liberalen Katholizismus stehenden Krausgesellschaft um die Zurückdrängung des vorherrschenden Ultramontanismus und damit um eine Reform des Katholizismus von "Innen"; es war der Versuch, den Katholizismus im "modernen" Deutschland des beginnenden 20. Jahrhunderts "gesellschaftsfähig" zu machen. Gleichzeitig wurde der Anspruch des Zentrums, mehr als nur einen Teil des deutschen Katholizismus parlamentarisch zu vertreten, zurückgewiesen.

Der vorliegende Versuch über den Antiultramontanismus, der dieses Phänomen keineswegs erschöpfend behandelt, ist damit gleichzeitig ein Beitrag zur politischen Kultur in Deutschland vor dem Ersten Weltkrieg. Der Antiultramontanismus, katholischer wie nicht-katholischer Prägung, war nicht zuletzt *der* außerparlamentarische Gegner der Zentrumspartei, wobei der meist als innerkirchliches Problem aufgefaßte Modernismus eine nicht unwesentliche Rolle spielte: "Obschon es das Wesen des Modernismus verkümmern hieße, wenn man ihn einseitig als Antiultramontanismus bestimmen wollte, so ist doch nicht zu verkennen, daß ihm allerdings eine starke antiultramontane Seite eignet, die sich aus den Zeitverhältnissen, aus denen er geboren ward, unschwer erklärt."[146]

Anmerkungen

1 Zitiert nach: Ernst Commer, Hermann Schell und der Fortschrittliche Katholizismus. Ein Wort zur Orientierung für gläubige Katholiken, Wien 1908, 415 (Anhang Nr. 1); Commer seinerseits bezieht sich auf die "Tägliche Rundschau" vom 21.8.1907.

2 Die Indizierung erfolgte im Dezember 1898, wurde aber erst zwei Monate später veröffentlicht und betraf in erster Linie das Werk "Der Katholicismus als Princip des Fortschritts", Würzburg 1897, das schon vom Titel her provozieren mußte. Zu Hermann Schell (1850-1906), der seit 1884 in Würzburg lehrte, und zu seinen Reformschriften vgl. zuletzt im Zusammenhang mit der Edition der "Hermann-Schell-Artikel" von Franz Xaver Kraus: Christoph Weber, Liberaler Katholizismus. Biographische und kirchenpolitische Essays von Franz Xaver Kraus (=Bibliothek des Deutschen Historischen Instituts in Rom, Bd. 57), Tübingen 1983, passim; dort auch die wichtige ältere Literatur: Ebd., insbes. 67 Anm. 194 u. 74 Anm. 215.

3 Graf Paul von Hoensbroech (1852-1923) entstammte einer alten niederrheinischen, streng katholischen Familie (Schloß Haag bei Geldern). 1878, nach seiner Schulzeit im Jesuiten-Internat in Feldkirch/Vorarlberg und dem Jura-Studium in Bonn, Würzburg und Göttingen, wurde Hoensbroech Jesuit. Nach 14 Jahren, in denen er gerade auch in publizistischer Hinsicht ganz im Sinne des Ordens gearbeitet hatte, verließ er "in Nacht und Nebel" die "Gesellschaft Jesu". 1895 konvertierte er zum Protestantismus und heiratete. Als seine Lebensaufgabe betrachtete er fortan den publizistischen Kampf gegen den Ultramontanismus; als Redakteur und Herausgeber sowie als Verfasser von mehr als 50, zum Teil mehrfach aufgelegter Monographien und ungezählter Zeitungs- und Zeitschriftenbeiträge wurde er zu der von katholischer Seite vielleicht meist-gehaßten und -verachteten Persönlichkeit im Wilhelminischen Deutschland. Über diese in vieler Hinsicht überaus schillernde Figur liegt bislang, abgesehen von einigen sehr knappen Lexika-Artikeln, nur eine etwas ausführlichere, allerdings äußerst einseitige ("Hoensbroech ist Führer, ähnlich wie Paulus und Luther ...", 34) Darstellung vor: M. Schüli, Aus der Jesuitenkirche zum Neuprotestantismus. Graf Paul Hoensbroechs Leben und Wirken, Zürich 1928. Hinzu kommen kürzere biographische Abrisse, u. a.: Ernst Willems, Paul Reichsgraf von und zu Hoensbroech. Exjesuit, Schriftsteller und Journalist – Sohn der Stadt Geldern, in: Geldrischer Heimatkalender 1990, hrsg. v. Historischen Verein für Geldern und Umgegend, 191-203. Verfasser hofft, demnächst eine umfangreiche Studie über Hoensbroech und sein Umfeld vorlegen zu können.

4 Graf Paul von Hoensbroech, Der Ultramontanismus. Sein Wesen und seine Bekämpfung. Ein kirchenpolitisches Handbuch. Berlin (Verlag von Hermann Walther) 1898, 471 S.

5 Vgl. u. a.: Graf Paul von Hoensbroech, In eigener Sache und Anderes, Berlin (Verlag von Hermann Walther) 1899, 6: "Dies Wissen [um den Ultramontanismus; Anm. d. Verf.] werde ich bis zum letzten Athemzug in den Dienst der großen antiultramontanen Sache stellen, deren Sieg ein Sieg des Christenthums und der Kultur ist."

6 Hoensbroech, Ultramontanismus (wie Anm. 4), 11.

7 Graf Paul von Hoensbroech, Rom und das Zentrum, zugleich eine Darstellung der politischen Machtansprüche der letzten drei Päpste: Pius IX., Leos XIII., Pius X. und der Anerkennung dieser Ansprüche durch das Zentrum. Leipzig (Druck und Verlag von Breitkopf & Härtel) 1907, 3.

8 Hoensbroech, Ultramontanismus (wie Anm. 4), 5.

9 Graf Paul von Hoensbroech, Ultramontanismus in Deutschland. Vortrag gehalten auf der 9. Generalversammlung des Evang. Bundes zu Darmstadt. Leipzig (Verlag der Buchhandlung des Evang. Bundes) ^{4}1896, 8.

10 So der Untertitel seiner Schrift: Das Zentrum, Leipzig (Breitkopf & Härtel) 1914, die "vor allem Abgeordneten, Versammlungsrednern und Schriftleitern von Zeitungen unanfechtbares Beweismaterial für den undeutschen und kulturfeindlichen Charakter der Zentrumspartei" bieten soll. Ebd., 3.

11 Hoensbroech, Ultramontanismus (wie Anm. 4), 32.

12   Hoensbroech, Ultramontanismus in Deutschland (wie Anm. 9), 6. Vgl. auch seine mehrfach (zuletzt 1935!), sogar in "Volksausgaben" aufgelegte autobiographische Schrift: 14 Jahre Jesuit. Persönliches und Grundsätzliches. 2 Teilbde, Leipzig (Breitkopf & Härtel) 1909/10, hier in einer Ausgabe von 1912, Bd. 1, 130: "Ich schlage den Katholiken kein Überbordwerfen von Rom, Papst und Kirche vor. Damit würden sie aufhören Katholiken zu sein. Und warum soll es unter den unzähligen Richtungen im Christentume nicht auch die katholische geben? Zum mindesten ihr *geschichtliches* Daseinsrecht hat sie seit anderthalb Jahrtausenden bewiesen. Nein, mögen die Katholiken Papst und Kirche behalten, aber *religiösen* Papst und *religiöse* Kirche."

13   Franz Xaver Kraus (1840-1901), 1872 Prof. für christliche Kunstgeschichte in Straßburg, seit 1878 in Freiburg. Vgl. zu diesem vielleicht profiliertesten Ultramontanismus-Kritiker seiner Zeit auf katholischer Seite und damit einem "der wenigen Traditionsvermittler, welche die Generation der Döllinger und Montalembert mit der Epoche des Reformkatholizismus in der Zeit nach 1900 innerlich verbanden", zuletzt ausführlich: Christoph Weber, Kirchengeschichte, Zensur und Selbstzensur (=Kölner Veröffentlichungen zur Religionsgeschichte, Bd. 4, hrsg. v. Michael Klöcker und Udo Tworuschka), Köln/Wien 1984, 47-56 und passim., hier 49, sowie insbesondere: Ders., Katholizismus (wie Anm. 2), passim. Ebd., VIII Anm. 3 auch die ältere Literatur.

14   Vgl. hierzu: Weber, Katholizismus (wie Anm. 2), 413. An anderer Stelle schrieb Kraus: "Ich kann trotzdem nimmer zugeben, daß, was man heutzutage im allgemeinen annimmt, sich Katholizismus und Ultramontanismus identifiziert haben." Ebd., 51.

15   Zitiert nach: Josef Schnitzer, Der katholische Modernismus (=Klassiker der Religionen, Bd. 3, hrsg. v. Gustav Pfannmüller), Berlin 1912, 40. Diese Charakterisierung des Ultramontanismus hatte Kraus im zweiten seiner berühmten "Spectator-Briefe" in der "Wissenschaftlichen Beilage" der Münchener "Allgemeinen Zeitung" vorgenommen. Vgl. zu dieser Artikel-Serie, die in 48 Fortsetzungen zwischen 1895 und 1899 erschien: Weber, Katholizismus (wie Anm. 2), 21ff. u. passim.

16   Leopold Karl Goetz, Der Ultramontanismus als Weltanschauung auf Grund des Syllabus quellenmäßig dargestellt, Bonn 1905, 44 bzw. 46. Das umfang- und quellenreiche Buch, das der Autor "der nationalliberalen Fraktion des preußischen Abgeordnetenhauses" widmete, basiert auf einer zwischen November 1904 und Januar 1905 erschienenen Artikel-Serie in der "Kölnischen Zeitung". L. K. Goetz (1868-1931) war zunächst altkatholischer Pfarrer in Passau und erhielt 1902, nachdem mit Joseph Langen der letzte aus der ersten Generation der altkatholischen Bonner Theologen gestorben war, eine außerplanmäßige Professur an der Philosophischen Fakultät der Universität Bonn mit dem Auftrag, "die philosophischen Disziplinen mit besonderer Rücksicht auf das Bedürfnis der altkatholischen Studierenden in Vorlesungen und Übungen zu vertreten." Tatsächlich handelte es sich um eine konfessionelle Geschichtsprofessur für Altkatholiken, die auf Anregung des damaligen altkatholischen Bischofs in Bonn, Dr. Theodor Weber, zustande gekommen war. Vgl. Horst Jablonowski, Leopold Karl Goetz, in: Bonner Gelehrte. Beiträge zur Geschichte der Wissenschaften in Bonn (Geschichtswissenschaften), Bonn 1968, 293-298, hier 293. Vgl. auch seine beiden anderen Werke zum Thema: Klerikalismus und Laizismus. Das Laienelement im Ultramontanismus (Neuer Frankfurter Verlag!) 1906, sowie: Das Centrum, eine konfessionelle Partei. Ein Beitrag zu seiner Geschichte, Bonn 1906.

17   Die bislang beste Untersuchung dieses Phänomens: Otto Weiss, Der Ultramontanismus. Grundlagen-Vorgeschichte-Struktur, in: Zeitschrift für bayerische Landesgeschichte 41 (1978) Heft 2/3, 821-877, hier 826; dort auch weitere Literaturhinweise. Vgl. ferner den Beitrag Christoph Webers über den Ultramontanismus in diesem Band.

18   Vgl. hierzu: Heribert Raab, Zur Geschichte und Bedeutung des Schlagwortes "ultramontan" im 18. und frühen 19. Jahrhundert, in: Historisches Jahrbuch 81 (1962), 159-173.

19   Diese häufig wiederholte – zuletzt von Thomas Nipperdey, Religion im Umbruch. Deutschland 1870-1918, München 1988, 9 – Charakterisierung des Höhepunktes der innerkatholischen Kontroverse im 19. Jahrhundert geht meines Wissens zurück auf Roger Aubert und seinen gleichnamigen Beitrag im Handbuch der Kirchengeschichte, Bd. VI/2, hrsg. v. Hubert Jedin, Freiburg 1971, 761-791.

19   Vgl. auf protestantischer Seite u. a. den eigentlicher Begründer des Evangelischen Bundes, Willibald Beyschlag (1823-1900), der eine Unterscheidung zwischen Ultramontanismus und Katholizismus strikt ablehnte (vgl. Hoensbroech, Ultramontanismus (wie Anm. 4), 56ff) oder den Hallenser Missionswissenschaftler und

Mitbegründer des Evangelischen Bundes, Gustav Warneck (1834-1910), der Ultramontanismus und Katholizismus gleichsetzt und sie als "Mutter des Unglaubens" bezeichnet (Ders., Der evangelische Bund und seine Gegner, Gütersloh 1889, 29). Von katholisch-theologischer Seite heißt es entsprechend: "'Ultramontanismus' ist also nichts anderes, als wahr und echt katholisch gesinnt sein und dementsprechend auch zu handeln." (Carl Eberle, Der "Ultramontanismus" in seinem wahren Sinne dargestellt, Feldkirch 1904); von katholisch-politischer Seite sei beispielhaft der Zentrumsabgeordnete und führende Integralist Hermann Roeren (1844-1920) zitiert: "Unsere Gegner sollen doch offen und ehrlich sagen, was sie unter ultramontan verstehen; sie sollten ehrlich sagen: Alles das, was uns an euerem Katholizismus nicht gefällt ist ultramontan. Und wenn ihr alles das, was uns an euerem Katholizismus nicht gefällt, ablegt, dann ist das, was von euerem Katholizismus noch übrig bleibt, wahrer Katholizismus! ... Für einen solchen Katholizismus bedanken wir uns. Unsere katholische Kirche kennt keinen Unterschied zwischen Katholizismus, unsere Kirche kennt nur einen Katholizismus." (Oeffentliche Versammlung [der] Centrumspartei im Nibelungensaale des Rosengarten in Mannheim am 10. Juli 1904, Mannheim (Druck und Verlag von Jean Gremm) [1904], 23).

21 So bei Christoph Weber, Der "Fall Spahn" (1901). Ein Beitrag zur Wissenschafts- und Kulturdiskussion im ausgehenden 19. Jahrhundert, Rom 1980, 7.

22 Reinhold Baumstark (1831-1900), Jurist im badischen Staatsdienst, 1869 Übertritt zum Katholizismus, Landtagsabgeordneter, legte 1882 sein Mandat nieder, nachdem sich die katholische Volkspartei Badens endgültig dem Programm des Zentrums angeschlossen hatte (vgl. hierzu Karl Bachem, Vorgeschichte, Geschichte und Politik der deutschen Zentrumspartei, 9 Bde, Köln 1928/32, hier: Bd. IV, 390ff.). Neben seiner Schrift: Plus ultra! Schicksale eines deutschen Katholiken, Freiburg 1885, ist in diesem Zusammenhang vor allem seine Abschiedsrede im Badischen Landtag am 1. März 1882 von Bedeutung: Für Baumstark ist der Ultramontanismus "unhistorisch", "unwissenschaftlich", "unchristlich" und "unpatriotisch". Er will an die Stelle des Ultramontanismus "die in weiten Kreisen bestehende und herrschende Anschauung des religiösen Katholizismus oder ... des liberalen Katholizismus" setzen. Zitiert nach: Goetz, Ultramontanismus (wie Anm. 16), 20-25.

23 Albert Ehrhard (1862-1940), Professor der Kirchengeschichte in Straßburg, Würzburg, Wien, Freiburg, erneut Straßburg und Bonn. Ehrhard war in seiner Kennzeichnung des Ultramontanismus eher zurückhaltend. Laut Weber, Kirchengeschichte (wie Anm. 13), 121, zählte Ehrhard "keineswegs zum liberalen Katholizismus, sondern war im eigentlichen Sinne vollkommen orthodox." Ehrhard sprach entsprechend auch nur von einem "extremen Ultramontanismus" und meinte damit einen überzogenen römischen Zentralismus sowie eine "Wiederherstellung der spezifisch mittelalterlichen Machtstellung des Papsttums", die er lieber als "Ultrasäkularismus" bezeichnen wollte, "da die Anhänger derselben ihre Ideale nicht jenseits der Berge, sondern jenseits der letzten Jahrhunderte suchen". (A. Ehrhard, Der Katholizismus und das 20. Jahrhundert im Lichte der kirchlichen Entwicklung der Neuzeit, Stuttgart/Wien, 1901, 246f.) Wegen einer – später indizierten – Stellungnahme zur päpstlichen Verurteilung des Modernismus wurde ihm 1908 die Prälatenwürde entzogen. Vgl. zum "Fall Ehrhard": Norbert Trippen, Albert Ehrhard – ein "Reformkatholik"?, in: Römische Quartalsschrift 71 (1976), 199-230, sowie ders., Theologie und Lehramt im Konflikt. Die kirchlichen Maßnahmen gegen den Modernismus im Jahre 1907 und ihre Auswirkungen in Deutschland, Freiburg 1977, insbesondere 125-144. Die im Gegensatz zu den wirklichen Reformkatholiken weitaus moderatere Haltung Ehrhards geht auch aus seiner nicht veröffentlichten, nunmehr edierten Kritik an dem eingangs erwähnten Werk Schells hervor; vgl. Klaus Ganzer, Albert Ehrhard und Hermann Schell – Gemeinsamkeit und Widerspruch. Eine Stellungnahme Ehrhards zu Schells Denkschrift "Der Katholizismus als Prinzip des Fortschritts" aus dem Jahre 1897, in: Würzburger Diözesangeschichtsblätter 45 (1983), 165-218.

24 Der 1908 suspendierte Münchener Dogmenhistoriker Josef Schnitzer (1859-1939), 1893 Prof. in Dillingen, 1902 Dogmenhistoriker in München, 1913 nach langwierigen Verhandlungen Honorarprofessor an der dortigen Philosophischen Fakultät, war der vielleicht einzige wirkliche "Modernist" in Deutschland. Er skizzierte den Ultramontanismus als "das Produkt römischer Herrschsucht und priesterlicher Machtgelüste; ihn mit dem Katholizismus zusammenzuwerfen, heißt diesem die größte Schmach und das schwerste Unrecht antun, das sich denken läßt." (Josef Schnitzer, Katholizismus und Modernismus. Vortrag gehalten zu Bernkastel am 10. November 1911. München (Verlag der Krausgesellschaft) 1912, 18f.) Vgl. zum "Fall Schnitzer": Trippen, Theologie (wie Anm. 23) sowie die überaus informative Edition: Ders., Aus dem Tagebuch eines deutschen Modernisten. Aufzeichnungen des Münchener Dogmenhistorikers Joseph Schnitzer aus den Jahren 1901-1913. Herausgegeben, eingeleitet und erläutert von Norbert Trippen unter Mitarbeit von Alois Schnit-

zer, in: Aufbruch ins 20.Jahrhundert. Zum Streit um Reformkatholizismus und Modernismus, hrsg. v. Georg Schwaiger (=Studien zur Theologie und Geistesgeschichte des Neunzehnten Jahrhunderts, Bd. 23), Göttingen 1976, 139-222.

25 Martin Spahn (1875-1945), Sohn des Zentrumspolitikers Peter Spahn, Historiker, 1898 Habilitation in Berlin und Privatdozent in Bonn, 1901 Professor in Straßburg, 1920 Köln; Reichstagsabgeordneter 1910-1912 (Zentrum), 1924-1933 (DNVP), anschließend Übertritt in die NSDAP. Spahn hatte im Jahre 1898 an Graf Paul von Hoensbroech geschrieben: "Es wird Sie in Erstaunen versetzen, daß ich Ihnen in Ihrem Vorgehen in vieler Beziehung hin meine Anerkennung und Sympathie ausspreche. Das Ultramontane im Katholicismus ist ein Übel, das die katholische Religion und die katholische Wissenschaft belastet." Zitiert nach Weber, Spahn (wie Anm. 21), 10; dort auch die weiteren Umstände, Hintergründe und Konsequenzen dieses Schreibens. Auffallend ist die zeitliche wie inhaltliche Übereinstimmung mit dem eingangs zitierten Schell-Brief an Hoensbroech. Vgl. hierzu auch: Gabriele Clemens, Martin Spahn und der Rechtskatholizismus in der Weimarer Republik (=Veröffentlichungen der Kommission für Zeitgeschichte Reihe B, Bd. 37, hrsg.v.Konrad Repgen), Mainz 1983, insbesondere 19-38: "Der Kampf gegen den Ultramontanismus".

26 Arthur Boethlingk (1849-1929), Historiker, 1873 Habilitation in Berlin, 1879 außerordentlicher Professor in Jena, 1886 Professor an der TH Karlsruhe, war einer der schärfsten Antiultramontanen in Baden. Vgl. sein Werk: Römisch oder Deutsch? Kampfblätter von A. Boethlingk, Frankfurt (Neuer Frankfurter Verlag) [1902/03], das eine Zusammenstellung seiner wichtigsten, meist kleineren Einzelveröffentlichungen bietet. Boethlingk war zudem ständiger Mitarbeiter der im gleichen Verlag erscheinenden Zeitschrift "Das freie Wort", in der er vornehmlich über (kirchen-)politische Angelegenheiten in Baden in scharfer Form berichtete. Zu dieser Zeitschrift: vgl. weiter unten.

27 Josef Leute (*1873), Priester der Diözese Eichstätt, nach seiner Konversion evangelischer Geistlicher, u. a. in München, engagiert im "Evangelischen Bund", vor allem aber in der "Gesellschaft zur Ausbreitung des Evangeliums"; auch er betonte die Notwendigkeit, "zwischen Katholizismus und Ultramontanismus eine Grenzlinie zu ziehen" und definierte: "... der Ultramontanismus ist diejenige Seite des Katholizismus, die für unsere Kultur eine Gefahr bedeutet: die Geltendmachung des Anspruchs, die ganze Welt unter das römische Joch zu beugen." (J. Leute, Der Ultramontanismus in Theorie und Praxis, Berlin [1911], 268f.)

28 Karl Sell (1845-1914), 1890 Professor für Evangelische Kirchengeschichte in Bonn, meinte mit Blick auf die divergierenden Richtungen innerhalb des Katholizismus: "Der Kulturkampf innerhalb der katholischen Kirche ist ausgebrochen." (K. Sell, Katholizismus und Protestantismus, Leipzig 1908, 286). Ähnlich auch in anderen Werken des Autors.

29 Vgl. z. B. auch: Gustav Anrich, Der moderne Ultramontanismus in seiner Entstehung und Entwicklung (=Religionsgeschichtliche Volksbücher IV.Reihe Heft 10, hrsg.v.Friedrich Michael Schiele, Tübingen 1909, oder: Carl Mirbt, Der Ultramontanismus im neunzehnten Jahrhundert (=Flugschriften des Evangelischen Bundes 204), Leipzig 1902, das mit der Frage endet: "Dürfen wir hoffen, daß ein kräftiger Aufschwung nationalen Empfindens unter den deutschen Katholiken ihm [dem Ultramontanismus; Anm. d.Verf.] den Boden entziehen wird?" (Ebd., 18.). Wichtig in diesem Zusammenhang schließlich das überaus materialreiche, nur selten erwähnte und anonym – "Der Herausgeber ist ist ein im Kampf gegen den Ultramontanismus bewährter Politiker."(Vorwort, III) – erschienene Werk: Antiultramontanes Handbuch, in Verbindung mit Fachgelehrten herausgegeben von einem deutschen Politiker, Berlin (Säemann-Verlag) 1913; auch hier wird in aller Deutlichkeit zwischen einem ultramontanen und einem nicht-ultramontanen Katholizismus in Deutschland unterschieden. Ebd., 466f.

30 Man denke nur an die für uns heute ungeheuerlich anmutenden Forderungen während der Diskussion um die Kriegsziele 1917/18, insbesondere gegenüber Belgien, wie sie von Hoensbroech beispielsweise in seiner Schrift: Papst, Wilson, Reichstagsmehrheit und deutsches Volk, Berlin (Verlag Karl Curtius) 1917, propagiert wurden.

31 Zur deutschen Zeitschriften"kultur" jener Jahre vgl.: Rüdiger vom Bruch, Weltpolitik als Kulturmission. Auswärtige Kulturpolitik und Bildungsbürgertum in Deutschland am Vorabend des Ersten Weltkriegs. (=Quellen und Forschungen aus dem Gebiet der Geschichte NF Heft 4, hrsg. im Auftrag der Görres-Gesellschaft v. Laetitia Boehm u. a.) Paderborn 1982, insbes. 47-57 mit weiterer Literatur. Einen sehr gelungenen Überblick über die nicht hoch genug einzuschätzende Rolle der Presse bietet neuerdings Thomas Nipperdey, Deutsche Geschichte 1866-1918, Bd. I, München 1990, 797-811.

32 Ders., Religion (wie Anm. 19), 156.

33 August-Hermann Leugers, Latente Kulturkampfstimmung im Wilhelminischen Kaiserreich. Konfessionelle Polemik als konfessions- und innenpolitisches Kampfmittel, in: Die Verschränkung von Innen-, Konfessions- und Kolonialpolitik im Deutschen Reich vor 1914, hrsg. v. Johannes Horstmann (=Veröffentlichungen der Katholischen Akademie Schwerte [Akademie-Vorträge 29], hrsg. v. Gerhard Krems), Schwerte 1987, 13-37, hier 15. Auch Winfried Becker, Kulturkampf als Vorwand: Die Kolonialwahlen von 1907 und das Problem der Parlamentarisierung des Reiches, in: Historisches Jahrbuch 106 (1986), 59-84, schildert eingehend diese hitzige Atmosphäre.

34 Vgl. hierzu Herbert Gottwald, Antiultramontaner Reichsverband, in: Lexikon zur Parteiengeschichte. Die bürgerlichen und kleinbürgerlichen Verbände in Deutschland (1789-1945), 4 Bde, hrsg.v.Dieter Fricke u. a., Leipzig 1983/86, hier Bd. 1, 89-93. Es handelt sich um die einzige zusammenhängende Darstellung dieser Vereinigung.

35 Vgl. weiter unten sowie die – allerdings sehr apologetische – Biographie: Emilie Pospisil, Albrecht Thoma. Ein Lebensbild, Bühl 1922. Zum gespannten konfessionellen Klima in Baden vgl. auch: Rüstzeug im Kampf gegen den Ultramontanismus. Zeugnisse und Erfahrungen aus der jüngsten Vergangenheit vornehmlich aus der badischen Klosterbewegung gesammelt und dargestellt von einem kritischen Beobachter. Mit einem Vorwort von Prof. Dr. Karl Brunner, Karlsruhe 1907.

36 Ein Exemplar dieses Blattes befindet sich im Archiv des Konfessionskundlichen Institus des Evangelischen Bundes in Bensheim, Faszikel S 500.9.106o.

37 Herbert Gottwald, Evangelischer Bund zur Wahrung der deutsch-protestantischen Interessen, in: Lexikon zur Parteiengeschichte (wie Anm. 34), 580-587, hier 581, gibt einen Überblick über die zahlreichen Publikationsorgane des Evangelischen Bundes.

38 Vgl. hierzu auch Anm. 20. Die in jüngster Zeit von evangelischer Seite erschienenen Publikationen über den Evangelischen Bund stehen trotz erkennbarer Bemühungen teilweise immer noch unter dem Eindruck konfessioneller Gegensätze: Walter Fleischmann-Bisten/Heiner Grote, Protestanten auf dem Wege. Geschichte des Evangelischen Bundes (=Bensheimer Hefte 65, hrsg. vom Evangelischen Bund), Göttingen 1986, und insbesondere: Evangelisch und Ökumenisch. Beiträge zum 100jährigen Bestehen des Evangelischen Bundes. Hrsg. v. Gottfried Maron, Göttingen 1988. Eine neutrale Analyse des – mit veränderter Zielsetzung – bis heute bestehenden Bundes ist ein Desiderat.

39 Hoensbroech an Delbrück 25.11.1895 (Nachlaß Delbrück, Deutsche Staatsbibliothek Berlin). In den "Preußischen Jahrbüchern" war Hoensbroech nach seinem Verlassen der Gesellschaft Jesu erstmals an die Öffentlichkeit getreten: Graf Paul von Hoensbroech, Mein Austritt aus dem Jesuitenorden, in: Preußische Jahrbücher 72, Heft 2 (Mai 1893), 300-327. Auch später publizierte Hoensbroech noch mehrfach in dieser Zeitschrift. Die aus dieser Zusammenarbeit herrührende Freundschaft zur Familie Delbrück begann nach 1898 sowohl aus privaten als auch aus "ideologischen" Gründen abzuflauen. Vgl. die Schreiben Hoensbroechs im Nachlaß Delbrück.

40 Graf Paul von Hoensbroech, Der Evangelische Bund und die Politik, Leipzig (Druck und Verlag von Breitkopf & Härtel) 1910, 5 bzw. 23. Schon anläßlich der Generalversammlungen des Bundes 1904 in Dresden und 1905 in Hamburg, dann vor allem 1906 in einem Artikel "Der Evangelische Bund. Eine Kritik" in der von ihm herausgegebenen Zeitschrift: "Deutschland. Monatsschrift für die gesamte Kultur", Jg.V, 629-669 hatte Hoensbroech den Bund in ähnlicher Weise attackiert: "Auch nicht den kleinsten Steg – Weg wäre schon ein zu großes Wort – hat er [der Evangelische Bund; Anm. d. Verf.] zu katholischen Kreisen gefunden, nicht das kleinste Brückchen inneren Verstehens von hüben nach drüben geschlagen; nichts von Aufklärung ist durch ihn in katholische Kreise getragen worden, wohl aber hat in den 20 Jahren seines Wirkens die Verschärfung des konfessionellen Gegensatzes erheblich zugenommen". (Ebd., 634) Der sich hieran entzündete Streit innerhalb des Bundes – als Hinweis auf die Heftigkeit dieser Kontroverse mag die Tatsache dienen, daß der erwähnte Artikel aus der Zeitschrift "Deutschland" von zwei Verlagen als Monographie herausgebracht wurde – ist wie so vieles in diesem Zusammenhang unerforscht. Bei Fleischmann-Bisten/Groten, Protestanten (wie Anm. 38), 29 heißt es lapidar, daß Hoensbroech "dem Evangelischen Bund mehr Kummer als Freude" bereitet habe! Umfangreiches Material zu dieser Auseinandersetzung innerhalb des

"Evangelischen Bundes" findet sich übrigens im Archiv des Konfessionskundlichen Instituts des Evangelischen Bundes in Bensheim.

41 Vgl. zu dieser 1881 als Organ "für ein bewußtes Deutschtum" gegründeten Zeitung: Lotte Adam, Geschichte der "Täglichen Rundschau", Diss. Berlin 1936. Unter Rippler (1866-1934) nahm die Zeitung, in deren Redaktion auch Hoensbroech im Jahre 1898 für einige Monate tätig war, einen scharf antiultramontanen Zug an, ohne damit "Feindseligkeiten gegen die katholische Religion" verbinden zu wollen: "In religiöser Beziehung bleibt nach wie vor weitgehende Duldung oberster Grundsatz," so die Maxime des Blattes. Auch die "Behauptungen über die engen Beziehungen des Blattes zum "Evangelischen Bund" werden als unwahr hingestellt. Das entspricht auch den Tatsachen." (Ebd., 40). Rippler, in zahlreichen nationalen Verbänden der Kaiserzeit engagiert (vgl. Lexikon zur Parteiengeschichte (wie Anm. 34), passim), war ebenfalls Konvertit und formte die "Tägliche Rundschau" später zum parteioffiziösen Blatt der DVP.

42 Die Flugblätter und ein Exemplar der Satzung: Wie Anm. 36.

43 Vgl. Was ist Ultramontanismus? und Was will der Antiultramontane Reichsverband? (= Flugschrift 7 des AUR) Berlin [1910], 3. Über "Bülows Bruch mit dem Zentrum" im Dezember 1906 und die Hintergründe vgl. zuletzt: Wilfried Loth, Katholiken im Kaiserreich. Der politische Katholizismus in der Krise des wilhelminischen Deutschland. (=Beiträge zur Geschichte des Parlamentarismus und der politischen Parteien, Bd. 75), Düsseldorf 1984, 113-120.

44 Ein Exemplar dieses Flugblattes im Bestand S 5oo.9.106o des Archivs des Evangelischen Bundes (wie Anm. 36).

45 Grußworte von der Gründungsversammlung an Reichskanzler Bülow und Kaiser Wilhelm II. sowie deren zustimmende, dabei aber eher zurückhaltende Reaktion in: Zentrales Staatsarchiv (ZSA) Potsdam, Reichskanzlei 1412: "Akten betreffend Antiultramontaner Reichsverband (1907)".

46 Siehe Anm. 42; ein Exemplar der Satzung von 1907 in: ZSA Potsdam, Reichskanzlei 1412; ein Exemplar der Satzung von 1910/11 im Privatbesitz des Verfassers.

47 Vgl.: Was ist Ultramontanismus? (wie Anm. 43), 4.

48 Der Titel der Broschüre lautet: Borromäus-Enzyklika und Modernismus (=Flugschriften des AUR 10) Frankfurt 1911. Der Vortrag befaßte sich mit dem gleichen Thema; vgl. hierzu Trippen, Tagebuch (wie Anm. 24), 180 sowie ders., Theologie (wie Anm. 23), 366. Zu den politischen Problemen, die die am 29.5.1910 erlassene Enzyklika "Editae saepe" in Deutschland hervorrief, vgl. Gisbert Knopp, Die "Borromäusenzyklika" Pius' X. als Ursache einer kirchenpolitischen Auseinandersetzung in Preußen, in: Aufbruch ins 20. Jahrhundert (wie Anm. 24), 56-89.

49 Dr. phil. Franz Graf von Matuschka (1859-1943), Reichstagsabgeordneter 1890-1893 (Oppeln), hatte 1893 im Zusammenhang mit der Militärvorlage, wegen der es zu einem Konflikt innerhalb des Zentrums gekommen war, sein Mandat niedergelegt, im Oktober 1925 Übertritt zum Protestantismus. Vgl. neben: Bachem, Vorgeschichte (wie Anm. 22), Bd. V, 289, neuerdings ausführlich: August Hermann Leugers-Scherzberg, Felix Porsch (1853-1930). Politik für katholische Interessen in Kaiserreich und Republik (=Veröffentlichungen der Kommission für Zeitgeschichte Reihe B Bd. 54, hrsg. v. Konrad Repgen), Mainz 1990, 60-71, insbesondere 70.

50 Hoensbroech, Zentrum (wie Anm. 10), 182 spricht von "Tausenden von Mitgliedern".

51 Es handelt sich um einen Zeitungsartikel im Archiv des Evangelischen Bundes (wie Anm. 36), Faszikel S 20.25.40. Handschriftlich vermerkt war: "Neues Jahr[undert]"; es handelt sich demnach offenbar um einen Bericht aus der gleichnamigen, weiter unten behandelten reformkatholischen Zeitschrift.

52 In der Zeitschrift "Der Getreue Eckard" (GE), dem Organ des "Akademischen Bismarck-Bundes" (vgl. weiter unten) findet sich ein Inserat mit einem Spendenaufruf für den Wahlfonds anläßlich der Ersatzwahl in Mülheim-Wipperfürth: GE Jg.III, Februar 1910, 161.

53 Zitiert nach: Gottwald, Antiultramontaner Reichsverband (wie Anm. 34), 91. Vgl. hierzu auch den von Leugers, Porsch (wie Anm. 49), 193f., erwähnten Briefwechsel zwischen dem Zentrumspolitiker Felix Porsch und dem Vorsitzenden des AUR, Admiral von Knorr, in dieser Angelegenheit.

54 Vgl. Anm. 30.

55 Einige Ausgaben der "Antiultramontane(n) Blätter zur Lehr und Wehr" befinden sich im Besitz des Verfassers; es war nicht zu ermitteln, wie lange diese Zeitschrift erschien, zumal sie in deutschen Bibliotheken nicht nachzuweisen war.

56 Bundesarchiv Koblenz R 134, 38, Bericht vom 14.4.1928. Zu diesem Block wurden noch gezählt: Deutschvölkische Freiheitsbewegung, Deutsche Reformationspartei, die Deutsch-Konservativen der Wahlkreise Berlin und Potsdam, Völkische Bauernschaft, Deutsche Ehrenlegion, Gesellschaft deutsche Freiheit, Deutscher Herold, Hundertschaft der alten Völkischen. Vgl. zu einigen dieser Gruppierungen: Lexikon zur Parteiengeschichte (wie Anm. 34), passim.

57 Siehe Anm. 43; hieraus auch die folgenden Zitate.

58 Vgl. zum Streit um den konfessionellen Charakter des Zentrums zuletzt: Margaret Lavinia Anderson, Windthorsts Erben: Konfessionalität und Interkonfessionalismus im politischen Katholizismus 1890-1918, in: Christliche Demokratie in Europa, hrsg. v. Winfried Becker und Rudolf Morsey, Köln 1988, 69-90, die zu dem Ergebnis kommt, daß aufgrund des starken konfessionellen Gegensatzes die seinerzeit immer wieder geforderte Öffnung der Partei für Nicht-Katholiken illusorisch gewesen sei; zur tatsächlich kulturkampfähnlichen Stimmung, insbesondere im Zusammenhang mit den Reichstagswahlen von 1907, vgl. Anm. 33.

59 Vgl. hierzu zuletzt: Norbert Schloßmacher, Erzbischof Philippus Krementz und die Septennatskatholiken, in: Annalen des Historischen Vereins für den Niederrhein 189 (1986), 127-154.

60 Vgl. zu dieser die eigentliche Gewerkschaftsfrage weit überschreitenden Auseinandersetzung zuletzt ausführlich: Loth, Katholiken (wie Anm. 43), insbes. 232-277.

61 Bislang können Ortsgruppen an den Universitäten Berlin, Freiburg, Göttingen, Halle, Marburg und München nachgewiesen werden.

62 Zitiert nach dem Exemplar der Satzung im Staatsarchiv München, Bestand Polizeidirektion München 1825 ("Akademische Vereinigung zum Studium des Ultramontanismus (Ortsgruppe des Bismarckbundes 1908-1914").

63 Die ersten neun Ausgaben des GE, von Januar bis einschließlich September 1907, trugen den Untertitel: Deutsch-nationale Blätter zur Lehr und Wehr. Der Hinweis: Organ des Akademischen Bismarck-Bundes erschien ebenfalls erst seit der Oktober-Ausgabe des Jahres 1907. Diese Zeitschrift ist in deutschen Bibliotheken nicht mehr vollständig nachgewiesen. Der erste Jahrgang befindet sich in der Universitätsbibliothek Würzburg, die folgenden Jahrgänge (mit Lücken) bis zum August 1914 – die Zeitschrift erschien danach kriegsbedingt bis zum November 1920 (vgl. Anm. 55) nicht mehr – in der Universitätsbibliothek Freiburg.

64 Über beide Personen konnte nichts näheres in Erfahrung gebracht werden, doch scheint Biereye zum Lehrkörper der Kadetten-Anstalt in Berlin-Großlichterfelde gehört zu haben.

65 Vgl. zur Enzyklika "Pascendi dominici gregis" und den damit verbundenen Auswirkungen auf Deutschland, speziell zu den Fällen Ehrhard und Schnitzer: Trippen, Theologie (wie Anm. 23). Ludwig Wahrmund, Professor für Kirchenrecht in Innsbruck, wandte sich in scharfer Form vor allem gegen den Antimodernismus Pius X., woraufhin der Wiener Nuntius die Entlassung Wahrmunds forderte, was diesen wiederum "zum Helden der gesamten aufgebrachten liberalen Öffentlichkeit" werden ließ. Vgl. Handbuch der Kirchengeschichte, Bd. VI,2, (wie Anm. 19), 58 mit Literaturhinweisen; vgl. ebd. auch 481f.

66 Vgl. u. a. Graf Paul von Hoensbroech, Presse und Ultramontanismus, Berlin (Verlag von C. U. Schwetschke und Sohn) 1905. In dieser Schrift gibt Hoensbroech gleichsam genaue Anweisungen, wie die Presse den Kampf gegen den Ultramontanismus unterstützen könne; eine seine Hauptforderungen ist der ständige Abdruck offizieller kirchlicher Verlautbarungen.

67 Der Vortragende war der Bibliothekar Dr. Christlieb. Vgl. GE Jg.I, Nr.3 (März 1907), 51ff., hier 53.

68 GE Jg.II, November 1908, 169.

69 GE Jg.III, Mai 1909, 1.

70 Vgl. zu diesem Thema zuletzt: Martin Baumeister, Parität und katholische Inferiorität. Untersuchungen zur Stellung des Katholizismus im Deutschen Kaiserreich (=Politik- und Kommunikationswissenschaftliche Veröffentlichungen der Görres-Gesellschaft, Bd. 3, hrsg. v. Hans Maier, Otto B. Roegele und Manfred Spieker) Paderborn 1987, hier 50ff. Dort auch umfangreiche Literaturhinweise. Über das katholische Bildungsdefizit hat sich wiederholt Michael Klöcker geäußert; vgl. zuletzt: Katholizismus und Bildungsbürgertum. Hinweise zur Erforschung vernachlässigter Bereiche der deutschen Bildungsgeschichte im 19. Jahrhundert, in: Bildungsbürgertum im 19. Jahrhundert Teil II, Bildungsgüter und Bildungswissen, hrsg.v.Reinhard Koselleck (=Industrielle Welt. Schriftenreihe des Arbeitskreises für moderne Sozialgeschichte. Hrsg. v. Reinhard Koselleck und M. Rainer Lepsius, Bd. 41), Stuttgart 1990, 117-138.

71 GE Jg.IV, Januar 1910, 16. Vgl. hierzu auch: Antiultramontanes Handbuch (wie Anm. 29), 66ff.; dort werden zahlreiche "konfessionelle Boykotte von Protestanten bzw. Einrichtungen, Zeitungen, Geschäfte[n]" durch die "Ultramontanen" aufgezählt. Natürlich gab es auch umgekehrte Fälle, wie beispielsweie in Düsseldorf (Vgl. Norbert Schloßmacher, Düsseldorf im Bismarckreich. Politik und Wahlen – Parteien und Vereine (=Düsseldorfer Schriften zur Neueren Landesgeschichte und zur Geschichte Nordrhein-Westfalens 15), Düsseldorf 1985, 249), Duisburg, Gelnhausen oder Gütersloh (vgl. Becker, Kulturkampf (wie Anm. 33), 76). Der organisierte Boykott erschien offenbar Vielen als ein probates Mittel zur Austragung politischer bzw. konfessioneller Auseinandersetzungen.

72 GE Jg.III, September 1909, 74ff. Einsender des Beitrags war ein Dr. H. Wolf, der Vorsitzender der Ortsgruppe Ludwigshafen des AUR war. (Freundliche Auskunft des Stadtarchivs Ludwigshafen.) Zur Wahl in Neustadt-Landau vgl.: Ernst Otto Bräunche, Parteien und Reichstagswahlen in der Rheinpfalz von der Reichsgründung 1871 bis zum Ausbruch des Ersten Weltkriegs 1914. Eine regionale partei- und wahlhistorische Untersuchung im Vorfeld der Demokratie (=Veröffentlichung der Pfälzischen Gesellschaft zur Förderung der Wissenschaft in Speyer, Bd. 68), Speyer 1982, 297ff. Mit dieser Ersatzwahl in der Pfalz endete die vorübergehende Wahl-Zusammenarbeit seitens des Zentrums. Während sich noch zur Reichstagswahl 1907 "ein Paktieren mit der SPD im Interesse der Bekämpfung des Bülow-Blocks nicht mehr vermeiden" ließ, war schon 1912 aufgrund der veränderten politischen Ausgangslage "jede Begünstigung sozialdemokratischer Kandidaten durch direkte Wahlhilfe oder nur Stimmenthaltung ausgeschlossen" (Loth, Katholiken (wie Anm. 43), 127 bzw.195f. Loth spricht in diesem Zusammenhang versehentlich von Lindau, ebd., 196). Eine Liste der "Koalitionen" bzw. Wahlbündnisse zwischen dem Zentrum und der SPD bietet: Antiultramontanes Handbuch (wie Anm. 29), 602ff.

73 So durch einen Beitrag über "Feuerbestattungen" (GE Jg.VII, Mai 1913, 4-11) oder durch einen Artikel über "Die fortschreitende konfessionelle Zerklüftung" (GE Jg.VII, Juni 1913, 10-15), in dem Hoensbroech über Inserate in katholischen Zeitungen und Zeitschriften berichtet – "Mein antiultramontaner Lebenslauf zwingt mich, die führenden Zentrumsblätter zu halten, und, was schlimmer ist, sie zu lesen."(ebd., 11) -, mit denen katholische Geschäftsleute katholischen Kunden oder solchen, die ihre Mitgliedschaft in katholischen Vereinen nachweisen können, Rabatte einräumen.

74 Vgl. GE Jg.III, März 1910, 177f.

75 Flugschrift: Was ist Ultramontanismus?, hrsg. v. Akademischen Bismarck-Bund, beigeheftet dem GE Jg.VII, Mai 1913, nach 16.

76 Vgl. ebd., 179f.; der Vortrag wurde gehalten von stud. phil. W. Wintruff am 25.10.1909.

77 GE Jg.VII, Januar 1914, 149-162. Arthur Titius (1864-1936), seit 1906 ordentlicher Professor für systematische Theologie in Göttingen, seit 1921 in Berlin.

78 Der überschäumende Bismarck-Kult jener Epoche wäre gewiß eine eigene Untersuchung wert. Vgl. hierzu zuletzt: Konrad Breitenborn, Bismarck. Kult und Kitsch um den Reichsgründer, Frankfurt/Main 1990.

79 GE Jg.IV, Mai 1910, 22f.

80 In den geänderten Statuten des Antiultramontanen Reichsverbandes von 1910/11 (vgl. Anm. 46) heißt es: "Studentische Ortsgruppen führen den Namen "Akademischer Bismarckbund (Studentische Ortsgruppen des Antiultramontanen Reichsverbandes e. V.)". (§1)

81 Vgl. u. a. den Artikel zum zehnjährigen Bestehen der Gesellschaft: GE Jg.VIII, Juli 1914, 92ff.

82 So z. B. Konstantin Wieland (vgl. Anm. 123) im Freiburger Ortsverein (vgl. GE Jg.VIII, April 1914, 23) oder das Vorstandsmitglied der "Krausgesellschaft" Philipp Funk (vgl. Anm. 122), der offenbar mehrfach als Redner vor dem Bismarck-Bund aufgetreten ist (vgl. GE Jg.VII, November 1913, 114).

83 Ebd., Jg.I,1, 7. Die erste Ausgabe dieser Zeitschrift erschien am 5.9.1912. Das Problem des Altkatholizismus ist viel zu komplex, als daß es in diesem Zusammenhang behandelt werden könnte. Daß es im Altkatholizismus, allein von seiner Entstehungsgeschichte her, Affinitäten zum Antiultramontanismus gegeben hat, ist unzweifelhaft.

84 Münchener Neueste Nachrichten vom 17.1.1908.

85 Die Zitate stammen aus einem am 12.5.1908 von der Münchener Polizeidirektion genehmigten – offenbar ersten – Flugblatt, das die Motive der Gründung darlegt und zu einem ersten Vortragsabend einlädt: Staatsarchiv München, Bestand Polizeidirektion München 1825.

86 Wie Anm. 90.

87 Entsprechende Berichte, Niederschriften und Zeitungsartikel in der genannten Akte (wie Anm. 82).

88 Bekanntlich war es 1889 anläßlich der Enthüllung des Giordano-Bruno-Denkmals in Rom zu "antipäpstlichen Ausschreitungen" gekommen. Vgl. Trippen, Theologie (wie Anm. 23), 7.

89 Ganz außer acht gelassen werden an dieser Stelle die zahlreichen übrigen freidenkerischen und damit auch antikirchlichen Bestrebungen und Bewegungen, deren wichtigste zweifellos der 1906 in Jena gegründete, von Ernst Haeckel beeinflußte "Deutsche Monistenbund" war. 1912 zählte er mehr als 6000 Mitglieder in nahezu 50 Ortsvereinen. Vgl. Dieter Fricke, Deutscher Monistenbund, in: Lexikon zur Parteiengeschichte, Bd. 2 (wie Anm. 34), 190-196. Dort auch weitere Hinweise und Literatur.

90 Über die Gründungsgeschichte sowie das Programm informiert aus zeitgenössischer sowie aus betroffener Sicht: Wolfgang Kirchbach, Aufgaben und Ziele des Giordano Bruno-Bundes (=Flugschriften des Giordano Bruno-Bundes, Bd. 6) Schmargendorf b. Berlin 1905. Der Verlag "Renaissance" im Besitz eines Otto Lehmann, in dem die Flugschriften erschienen, war gleichzeitig die Geschäftsstelle.

91 Auszüge aus den Statuten: Ebd., 21f; dort auch die weiteren Zitate.

92 Vgl. zum Topos der katholischen bzw. ultramontanen "Bildungsfeindlichkeit" zuletzt: Baumeister, Parität (wie Anm. 70).

93 Graf Paul von Hoensbroech, Das Schulprogramm des Ultramontanismus (=Flugschriften des Giordano Bruno-Bundes 4/5), Schmargendorf b. Berlin 1904, 30f. Der Schrift liegt einer von mehreren Vorträgen zugrunde, die Hoensbroech vor dem Bruno-Bund gehalten hat. Vgl. Kirchbach, Aufgaben und Ziele (wie Anm. 90), 14. Auch in einem anderen Zusammenhang trat Hoensbroech zugunsten des Monismus in Erscheinung: vgl. Ultramontane Weltanschauung und moderne Lebenskunde, Orthodoxie und Monismus. Die Anschauungen des Jesuitenpaters Erich Wasmann und die in Berlin gegen ihn gehaltenen Reden. Herausgegeben von Prof. Dr. L. Plate, Jena 1907; eine der Reden stammte von Hoensbroech (102-112), eine weitere von einem anderen Vorstandsmitglied des Antiultramontanen Reichsverbandes, David Paul von Hansemann (18581920), Professor für pathologische Anatomie in Berlin.

94 Zitiert nach: H. Fahsel, Freidenker, in: Staatslexikon ... der Görres-Gesellschaft, Bd. II, Freiburg 51927, 199-205, hier 202. Auch Bachem, Vorgeschichte, Bd. VI (wie Anm. 22), 65f. berichtet über den in München entstandenen Verein, dem sich "der Kulturliberalismus und das Premièrenpublikum Berlins ... begeistert" angeschlossen hätten. Hintergrund dieser Vereinsgründung war die Diskussion um die "Lex Heinze", ein vor allem vom Zentrum propagierter Gesetzentwurf zur Verschärfung der strafrechtlichen Bestimmungen bei "unsittlichen" Schriften, Ausstellungen oder Darbietungen.

95 Carl Saenger (1660-1901), Publizist, Prediger der deutschkatholischen Gemeinde in Frankfurt/Main, seit 1899 Mitglied des Preußischen Landtags für den Wahlkreis Frankfurt (Hospitant der Freisinnigen Volkspartei).

96 Max Henning (1861-1929/30?), Orientalist und Publizist. Von ihm stammt u. a. ein 1914 erschienenes "Handbuch der freigeistigen Bewegung Deutschlands, Österreichs und der Schweiz".

97 Ein Zusammenhang mit der gleichnamigen, zwischen 1892 und 1895 in Kassel erschienenen und von liberal-protestantischer Seite herausgegebenen Zeitschrift scheint nicht bestanden zu haben, obwohl auch dieses Blatt nicht gerade freundlich mit dem Katholizismus, insbesondere seiner politischen Vertretung umging.

98 "Das freie Wort" (FW) Jg.I, 4.

99 Allerdings wollte man dem Begriff des "Klerikalismus" den Vorzug geben gegenüber dem ursprünglich "rein geographischen" Begriff des "Ultramontanismus", ohne dabei inhaltlich zu differenzieren (Vgl. FW Jg.III, 235ff). Daß der Antiultramontanismus gleichsam Teil des Redaktionsprogramms war wird deutlich in einem Leitartikel anläßlich des Katholikentags in Mannheim 1902, in dem es heißt: "Unseren Kampf gegen den Klerikalismus können wir jederzeit vor uns selbst verantworten, ... Dabei beseelt uns ausschließlich der heiße Wunsch, *den echten Fortschritt der Menschheit* zu fördern."(Ebd., Jg.II, 354). In einem Artikel zum zehnjährigen Bestehen der Zeitschrift heißt es gar: Die "*Demaskierung Roms* ist unser größter Triumph, und Millionen wären heute bereit, jeden antiklerikalen Aufsatz in unserer Zeitschrift zu unterschreiben – höchstens würden sie finden, daß wir die römische Viper viel zu sacht angefaßt haben ..." (FW Jg.X, 932f.)

100 Hier ist vor allem der nahezu in Vergessenheit geratene, aus der Diözese Paderborn stammende Priester Heinrich Volbert Sauerland (1839-1910) zu nennen (vgl. Weber, Kirchengeschichte (wie Anm. 13), 138 Anm. 322), aus dessen Beiträgen im Freien Wort posthum eine Auswahl unter dem Titel "Der rote Kaplan" herausgegeben wurde.

101 Hugo Koch (1869-1940), Priesterweihe 1892, 1904 Professor für Kirchengeschichte und Kirchenrecht in Braunsberg, seit 1910 Mitglied der "Krausgesellschaft", Heirat 1912. Vgl. Trippen, Tagebuch (wie Anm. 24), 204 Anm. 63; dort weitere Literaturhinweise. U. a. kam es zwischen ihm und Hoensbroech im Freien Wort zu einer publizistischen Auseinandersetzung um den Gewerkschaftsstreit; während Koch die sog. Kölner-Richtung "aufs lebhafteste" begrüßte und darin einen Punkt zu erkennen glaubte, "wo sich der wüste Knäuel des Ultramontanismus langsam abzuwickeln beginnt" (FW Jg.XII, 12), konnte Hoensbroech diesen Optimismus nicht teilen, "da die freiheitliche Gebahrung der Kölnerin leerer Schein ist." (Ebd., 65). Koch hielt im Februar 1913 übrigens auch einen Vortrag vor der "Alt-Katholischen Jungmannschaft" in München. (Vgl. Der romfreie Katholik Jg.II,9, 64).

102 Im Jg. V (1905/06), 974-980 hält ein "R." eine regelrechte Laudatio auf den "unermüdlichen Kämpfer" Hoensbroech, die mit den Worten endet: "Innigsten Dank jedem, der wie Hoensbroech sein Leben daransetzt, um seinem Volke die Augen zu öffnen!"

103 Vgl. hierzu immer noch: Theodor Eschenburg, Das Kaiserreich am Scheideweg. Bassermann, Bülow und der Block. Nach unveröffentlichten Papieren aus dem Nachlaß Ernst Bassermanns, Berlin 1929.

104 Vgl. u. a. den Abdruck seiner Reden 1908 und 1909: FW Jg.VIII, 422-431 sowie Jg.IX, 263-268, hier 267.

105 Der Bericht ist überschrieben: "Deutscher Reformkatholizismus" (Jg.II, 513-519). Vgl. zum Treffen in der "Isarlust" weiter unten. Dieser "verus", der selbst dem Reformkatholizismus nahe gestanden haben muß, publizierte auch später voller Optimismus zu diesem Thema, so im Frühjahr 1903: "Einzelne Reformer kann man vielleicht zu Tode hetzen oder zum Schweigen bringen, *die Reformidee hingegen, d. h. den Geist des Fortschritts niemals* ..."(Ebd., 717).

106 Otto Sickenberger (*1867), Priesterweihe 1890, seit 1900 Gymnasialprofessor für Philosophie in Passau, Heirat 1910. Vgl. Trippen, Theologie (wie Anm. 23), 38 Anm. 65; dort weitere Literaturhinweise.

107 Vgl. zu den Problemen der Nomenklatur dessen, was ihm heutigen Sprachgebrauch wahrscheinlich "Linkskatholizismus" hieße und für das seinerzeit die Begriffe "liberaler Katholizismus", "Reformkatholizismus" oder gar "Modernismus" verwandt wurden: Thomas Michael Loome, Liberal Catholicism – Reform Catholicism – Modernism. A Contribution to a New Orientation in modernist Research (=Tübinger Theologische Studien, Bd. 14), Mainz 1979. Er erbringt den Nachweis, daß alle diese Namen das gleiche meinen, synonym benutzt wurden und verstanden werden müssen. Vgl. auch die in diesem Sinne gehaltene ausführliche Rezension von Manfred Weitlauff, "Modernismus" als Forschungsproblem, in: Zeitschrift für Kirchengeschichte 93 (1982), 312-344. Das publizistische Organ dieser Richtung des deutschen Katholizismus, "Das zwanzigste Jahrhundert" (XX.Jh.) wehrte sich sich verschiedentlich gegen eine starre Typologisierung und favorisierte zur Kenntlichmachung des eigenen Standpunktes die Bezeichnung: "fortschrittlicher Katholizismus". Vgl. Jg. 1903, Nr.13, 28.3.1903, 145f.

108 Trippen, Theologie (wie Anm. 23), 39; dort auch die ältere Literatur.

109 Dr. Franz Klasen (1852-1902), Priesterweihe 1877, Seelsorgetätigkeit in München, seit 1897 Chefredakteur des Zentrumsblattes "Bayerischer Kurier", wegen seiner Kritik am Zentrum schied er 1902 aus der Redaktion aus. Vgl. die Nachrufe in: XX.Jh. Jg.1902 Nr.48 (29.11.1902) 565-568 und ebd., Nr.49 (6.12.1902) 577ff. sowie Trippen, Tagebuch (wie Anm. 24), 204 Anm. 61; dort auch weitere Literaturangaben.

110 Wahrscheinlich handelt es sich um Dr. Johannes Bumüller (*1873), Priesterweihe 1896, 1898 Präfekt an der Studienanstalt St.Stephan in Augsburg, 1902 studienhalber beurlaubt, 1906 Pfarrer in Aufhausen. Vgl. Trippen, Tagebuch (wie Anm. 24), 204f. Anm. 64.

111 XX.Jh. Jg.1902, Nr.40, 4.10.1902, 469.

112 So in einem ausführlichen Bericht über die Versammlung: ebd., Jg.1902, Nr.43, 25.10.1902, 505-509, hier: 507.

113 Ebd., 508.

114 Vgl. hierzu: Trippen, Theologie (wie Anm. 23), 281. Ein entsprechender Beitrag findet sich im: XX.Jh. Jg.1903 Nr.2, 24.1.1903, wo von "der systematischen Minierarbeit der Gegner" die Rede ist, die angebliche "Krise innerhalb der sog. fortschrittlichen Bewegung im Katholizismus" bestritten wird und zugesichert wird, "dass in Zukunft geistliche Autoren, *um nicht fortwährenden Chikanen ausgesetzt zu sein*, in der Regel nur noch unter Chiffre in unserer Zeitschrift schreiben werden." Vorausgegangen war diesem Artikel eine Rede des Rottenburger Bischofs Paul Wilhelm von Keppler an die Dekane seines Bistums (1.12.1902), in der er die in Ansätzen reformerische Schrift Albert Ehrhards (vgl. Anm. 23), die Versammlung in der "Isarlust" sowie den fortschrittlichen Katholizismus insgesamt scharf verurteilt hatte. Vgl. hierzu ausführlich: August Hagen, Der Reformkatholizismus in der Diözese Rottenburg (1902-1920), Stuttgart 1962, 26-42.

115 Ebd., Jg.1902, Nr.44, 1.11.1902, 523. Man beachte die dem Vokabular Hoensbroechs durchaus entsprechenden Formulierungen! Im gleichen Artikel heißt es: "Auch der Brief eines die höchsten kirchlichen Würden bekleidenden preussischen Bischofes liegt uns vor, darin unser Angriff auf das bayerische Zentrum fast noch übertroffen wird."(522) Hierbei muß es sich um den seit 1887 amtierenden und in seiner politischen Rolle durchaus umstrittenen Breslauer Fürstbischof Georg Kardinal Kopp (1837-1914) handeln. Vgl. zuletzt: Hans-Georg Aschoff, Kirchenfürst im Kaiserreich. Georg Kardinal Kopp, Hildesheim 1987.

116 Vgl. die wenigen eher abschätzigen Zeilen: Handbuch der Kirchengeschichte, Bd. VI/2 (wie Anm. 19), 441 und Trippen, Theologie (wie Anm. 23), 39f. u.186.

117 Das soll an dieser Stelle jedoch nicht geschehen; es würde den hier vorgegebenen Rahmen sprengen. Wichtigste Quelle für die Darstellung der Geschichte der "Krausgesellschaft" ist neben der schon wiederholt genannten Zeitschrift "Das zwanzigste Jahrhundert"/"Das Neue Jahrhundert" der Nachlaß Gesellschaft in der Münchener Staatsbibliothek, der offenbar die wesentlichen Teile der Vereinsregistratur ab etwa 1909 – insbesondere zwei Protokollbücher mit Aufzeichnungen über die Ausschußsitzungen und Mitgliederversammlungen – enthält und der pikanterweise im Jahre 1940 von Friedrich Heiler der Bibliothek übergeben wurde.

118 Ein Exemplar der Satzung vom 5.11.1910 in: NL Krausgesellschaft I, 1 Nr.2.

119 Mit seinem Motu proprio "Sacrorum antistitum" vom 1.9.1910 verlangte Papst Pius X. von allen in der Lehre oder der Seelsorge tätigen Geistlichen die Ablegung eines Glaubensbekenntnisses in Eidesform, das vor allem die angeblichen Lehren der Modernisten verwarf. Die deutschen Theologiedozenten wurden später von der Verpflichtung zur Eidesleistung ausgenommen. Eine eingehende Untersuchung der Auswirkung des Antimodernisteneides, vor allem bezüglich der – insgesamt gewiß geringen – Zahl der Eidweigerer und deren Schicksal steht noch aus. Dem Antiultramontanen Handbuch (wie Anm. 20), 416, zufolge verweigerten 25 Geistliche, darunter 15 süddeutsche, sowie ca. 20 Priesteramtskandidaten den Eid.

120 So berichtet die Zeitschrift Der romfreie Katholik, Jg.II,5 37f., daß von altkatholischer Seite Mittel zur Unterstützung von eidverweigernden Priestern zur Verfügung gestellt worden sei und daß die Idee zu der dann von der Krausgesellschaft getragenen Spendenaktion bei einer Versammlung von Altkatholiken in Kempten geboren worden sei.

121 Vgl. die ausführliche Darlegung der Diskussion im Protokollbuch der Krausgesellschaft NL Krausgesellschaft I, 2, F.34-50 (Ausschußsitzung vom 18.12.1910). Josef Schnitzer, der zur eher irenischen Minderheit im Verein gehörte, prophezeite – zu Recht – , daß der allergrößte Teil der Geistlichen, wenn auch mit inneren Vorbehalten, den Eid leisten würde. Schnitzer hatte erst im Monat zuvor auf langes Drängen hin den Vorsitz übernommen (vgl. ebd., F.15-30); unmittelbarer Anlaß für sein Ausscheiden war der während der Diskussion erhobene Vorwurf der Gegenseite, daß er, Schnitzer, "der Tod der Gesellschaft" sei. Vgl. auch Schnitzers entsprechenden Tagebuch-Eintrag in: Trippen, Tagebuch (wie Anm. 24), 180.

122 Philipp Funk (1884-1937), Priesteramtskandidat der Diözese Rottenburg, in Folge seiner reformkatholischen Neigungen Konflikt mit Bischof Keppler und Austritt aus dem Seminar, Promotion (Geschichte), Redakteur des "Neuen Jahrhunderts", Professor für Geschichte in Braunsberg, seit 1929 in Freiburg. Vgl. die bislang ausführlichste biographische Skizze: Johannes Spörl, Philipp Funk zum Gedächtnis, in: Historisches Jahrbuch 57 (1937), 1-15.

123 Konstantin Wieland (*1877), Priesterweihe 1906, Kaplan in Neu-Ulm, 1909 Stadtkaplaneibenefiziumsvikar in Lauingen (vgl. Trippen, Tagebuch (wie Anm. 24), 215 Anm. 209) gehörte wie sein Bruder Franz – (*1872), 1894 Priesterweihe, 1910 Subregens des Priesterseminars in Dillingen (vgl. ebd., 215f. Anm. 210) – zu den Geistlichen, die sich weigerten, den sog. Antimodernisteneid zu leisten. Vgl. dazu die Schrift: Konstantin Wieland, Eine deutsche Abrechnung mit Rom. Protest gegen den päpstlichen Modernisteneid. München ^{4}1911. Ein Blick auf seine zahlreichen späteren Veröffentlichungen – bis zuletzt 1937 im Verlag Ludendorff! – läßt übrigens vermuten, daß Wieland sich im Laufe der Zeit immer weiter von der Kirche entfernte.

124 Wie Anm. 121, F.99ff.

125 Dieses gedruckte Schreiben vom 22.Mai 1911 in: NL Krausgesellschaft III, 9, Nr.4. Aus diesem Schreiben stammen auch die folgenden Zitate.

126 Vgl. auch ein in diesem Sinne gehaltenes privates Schreiben des Vorstandsmitglieds A. Tremel, eines Münchener Architekten, an Philipp Funk vom 11.4.1911, in dem dieser sich als zum Kreis um Ziegler zugehörig zu erkennen gibt: NL Krausgesellschaft IV, 10.

127 Zuvor hatte man Schnitzers umstrittenen Vortrag vom 10.11.1911 in Bernkastel-Kues über "Katholizismus und Modernismus" als Broschüre im "Verlag der Krausgesellschaft" (München 1912) erscheinen lassen. Vgl. auch Schnitzers Tagebuchaufzeichnung über seine Erlebnisse an der Mosel: Trippen, Tagebuch (wie Anm. 24), 181f., sowie zu den Ereignissen im Zusammenhang mit diesem Vortrag: Trippen, Theologie (wie Anm. 23), 366ff.

128 Auf den ersten Blick scheint dieser Richtungsstreit innerhalb der "Krausgesellschaft" das von Loome, Liberal Catholicism (vgl. Anm. 107), erarbeitete Ergebnis in Frage zu stellen; Modernismus erscheint hier als die radikalere, Reformkatholizismus als die moderatere Form des "fortschrittlichen Katholizismus", wobei die Frage des unbedingten Verbleibs in der Kirche die Trennlinie bildete. Insgesamt handelte es sich bei dieser Auseinandersetzung jedoch um einen viel zu peripheren und zudem sehr kurzzeitigen Konflikt, als daß hieraus voreilige Schlüsse gezogen werden sollten.

129 Vgl. u. a. die Protokolle der Ausschußsitzungen vom 26.1.1911 u. 18.2.1911 in: NL Krausgesellschaft I, 2, F.64 u. 74. Der Aufnahmeantrag eines Ortsvereins des Evangelischen Bundes wurde dagegen bezeichnenderweise abgelehnt. Vgl. Protokoll der Ausschußsitzung vom 13.3.1912, in: NL Krausgesellschaft I, Nr.3.

130 Gemeint ist Philipp Funk, der im März 1911 vor der altkatholischen Gemeinde in Essen und im August 1910 vor dem 5. Weltkongreß für Freies Christentum und religiösen Fortschritt sprach. Vgl. das Schreiben von Pfarrer Rachel an Funk, in: NL Krausgesellschaft IV, 4 und die gedruckten Kongreßprotokolle: Fünfter Weltkongress für Freies Christentum und religiösen Fortschritt, 2 Bde, hrsg. von Max Fischer und Friedrich M. Schiele, Berlin 1910/11. Der Vortrag Funks, der eine für ihn ungewohnte Schärfe besaß: Ebd., Bd. II, 510-515: "Die Ziele und gegenwärtige Lage des deutschen Modernismus". Vgl. hierzu die sehr heftige, dabei materialreiche "Abrechnung" mit dem Modernismus: Anton Gisler, Der Modernismus, Einsiedeln 1912, 643f. u. passim. Vgl. allgemein zu diesen Kongressen: Peter Meinhold, Ökumenische Kirchenkunde, Stuttgart 1962, 605.

131 Walter Goetz (1867-1959), Historiker, 1905 Professor in Tübingen, 1913 Straßburg, 1915 Leipzig, besaß vor allem über Josef Schnitzer, der 1909 bei ihm zum Dr. phil. promoviert wurde – Thema des Rigorosums war u. a. "die Entstehung des Ultramontanismus" (vgl. Trippen, Tagebuch (wie Anm. 24), 175f.) – und Philipp Funk engste Beziehungen zum Modernismus: vgl. Weber, Kirchengeschichte (wie Anm. 13), 85 Anm. 180.

132 Georg Kerschensteiner (1854-1932), 1895-1919 Stadtschulrat in München – "Pestalozzi des 20. Jahrhunderts" -, 1912-1918 Mitglied des Reichstags (Freisinnige Volkspartei).

133 Rippler war 1913 aufgenommen worden, der frühere Kapuziner Wahl wurde bereits seit 1911 als ordentliches Mtglied geführt.

134 Goetz, Centrum (wie Anm. 16), 154.

135 Vgl. Antiultramontanes Handbuch (wie Anm. 20), 285.

136 Das Neue Jahrhundert Nr.53, 1911, zitiert nach: Antiultramontanes Handbuch (wie Anm. 29), 293f.

137 Augsburg (Verlag der Krausgesellschaft) 1912, 32. Dieses Büchlein wurde nach seinem Erscheinen in der Ausschußsitzung vom 5.8.1911 nachträglich als Positionspapier der "Krausgesellschaft" anerkannt. Vgl. das Sitzungsprotokoll in: NL Krausgesellschaft I, 2. Im gleichen Tenor war auch der Vortrag Wielands vor der Ortsgruppe Ludwigshafen des AUR gehalten, der als Broschüre mit dem Titel: "Deutsch oder Welsch" (o.O. u. o.J., wahrscheinlich ebenfalls 1911/12) erschien.

138 Die Protokollbücher des Vorstands sind gefüllt mit Anregungen, die Organisation und damit die Qualität der Agitation der "Krausgesellschaft" zu verbessern bzw. zu intensivieren. Zwar wurde 1911 eine Geschäftsstelle eingerichtet und mit dem langjährigen Vorsitzenden Otto Sickenberger besetzt, doch war es offenbar aufgrund der schwachen personellen Decke des Vereins unmöglich, strukturelle Verbesserungen, wie Bildung von Ortsvereinen, Intensivierung der Publikationen und des Kontaktes zur Tagespresse, Editionen bzw. Neuauflagen der Schriften von Sailer und Wessenberg u. a. m. , auf Dauer durchzusetzen. Vgl. zu diesen Vorschlägen das Protokoll der Sitzung vom 5.8.1911 in: NL Krausgesellschaft I, 2 und 3.

139 Eine ausführliche Darstellung dieser für die Geschichte des deutschen Katholizismus so wichtigen Zeitschrift kann und soll an dieser Stelle nicht geleistet werden, zumal Dr. Jörg Haustein aus Kiel eine umfangreichere Studie zur Stellung dieser Zeitschrift innerhalb des Reformkatholizismus vorbereitet. Vgl. bislang am ausführlichsten: Loome, Liberal Catholicism (wie Anm. 107), 232f.

140 Vgl. die entsprechende Ankündigung der Redaktion: "Freie Deutsche Blätter" Jg.II, Nr.13 (29.3.1902) 160.

141 Trippen, Theologie (wie Anm. 23), 40. Dr. Thaddäus Engert (1875-1945), Priesterweihe 1899, 1903 Benefiziat in Ochsenfurt, 1908 wegen einer häretischen Schrift exkommuniziert, 1910 Übertritt zur evangelischen Kirche und Heirat, seit 1911 als evangelischer Geistlicher in Thüringen tätig. Vgl. Trippen, Tagebuch (wie Anm. 24), 212 Anm. 155; dort auch weitere Literaturangaben.

142 U. a. auf dem Rückendeckel der Schrift: Schnitzer, Katholizismus (wie Anm. 24). Wünschenswert in diesem Zusammenhang ist auch eine Untersuchung des zweiten reformkatholischen Blattes in Deutschland, der von Dr. Joseph Müller (*1855) herausgegebenen "Renaissance. Zeitschrift für Kulturgeschichte, Religion und Belletristik", die von 1900 bis 1907 erschien, und des gleichnamigen 1904 von Müller gegründeten Vereins. Müller hatte sich in seinem später zensurierten Buch Der Reformkatholizismus. Für die Gebildeten aller Stände, Zürich 1899 ausführlich zum Thema geäußert. Er gerierte sich dabei weniger antiultramontan, ohne mit Vorwürfen gegen den politischen Katholizismus bzw. das Zentrum zu geizen, beschäftigte sich dafür eher mit theologisch-wissenschaftlichen und allgemein-kulturellen Fragen. In einem programmatischen Artikel beispielsweise geißelte er "die Veröldung unserer katholischen Publizistik seit 1870" und wandte sich gegen den "Geistesdruck dieser eisernen Fessel, die sich um unsere Köpfe spannte und jeden hoffnungsvollen Aufschwung im Keim erstickte, und nichts anderm ist die Inferiorität der Katholiken, soweit sie besteht, zuzuschreiben." Und er sah Viele, die "aus dieser geistigen Saharawüste wahrhaft lechzen nach einem über die Schablone hinausgehenden Geistestrank, nach etwas die unheimliche Kluft zwischen Modernität und Seminartheologie Ueberbrückendem." (Renaissance Jg.2 (1901), 382ff.

143 Antiultramontane Tendenzen ließen sich beispielsweise auch in vielen Zeitungen und Zeitschriften, wie der von Graf Paul von Hoensbroech unter Mitarbeit zahlreicher prominenter Autoren zwischen 1902 und 1907 herausgegebenen "Deutschland. Monatsschrift für die gesamte Kultur", und in Organisationen wie dem

"Alldeutschen Verband" oder dem "Deutschen Flottenverein" nachweisen; in dem an Vereinen so reichen Wilhelminischen Deutschland bestanden zudem Gruppierungen wie der "Deutsche Bund für weltliche Schule und Moralunterricht"(FW Jg.X, 1910, 645) oder der "Reichsverband gegen den römischen Beichtstuhl" (Becker, Kulturkampf (wie Anm. 33), 76), die sich vor allem dem Kampf gegen den Ultramontanismus verschrieben hatten und über die ebensowenig gearbeitet worden ist wie über zahllose andere Vereinigungen dieser Art. Ebenfalls in diesen Zusammenhang gehört die in der Tradition der "Nationalkatholiken" stehende, 1907/08 gegründete "Deutsche Vereinigung". Ihre Mitglieder "erstrebten gegen die Zentrumspolitik und den ultramontanen politischen Katholizismus einen 'religiösen Katholizismus'", forderten die "Entfernung der Geistlichen aus den Parteivorständen" und eine "Entkonfessionalisierung" des Zentrums. (Horst Gründer, Rechtskatholizismus im Kaiserreich und in der Weimarer Republik unter besonderer Berücksichtigung der Rheinlande und Westfalens, in: Westfälische Zeitschrift 134 (1984), 107-155, hier 136). Ohne der Deutschen Vereinigung, deren führende Mitglieder über zum Teil enge Beziehungen zu kirchlichen Kreisen verfügten, den Stempel des Antiultramontanismus aufdrücken zu wollen, lassen sich Übereinstimmungen mit entsprechenden Gruppierungen in den politischen Zielen nicht verleugnen. Der im "Antiultramontanen Handbuch" durchaus positiv bewerteten Vereinigung wird allerdings zum Vorwurf gemacht, daß sie "ohne scharfe Unterscheidung von Katholizismus und Ultramontanismus" auf Dauer ihre Ziele jedoch nicht werde erreichen können. (Ebd., (wie Anm. 29), 101) Vgl. zur insgesamt noch unzureichend erforschten Deutschen Vereinigung auch den entsprechenden Artikel von Herbert Gottwald, in: Lexikon zur Parteiengeschichte II (wie Anm. 34), 404-412.

144 Michael Klöcker erweiterte unlängst den mittlerweile schon etwas abgenutzten Begriff des "Kulturprotestantismus" zum "Kulturchristentum" und nannte als seine wesentlichen Merkmale: "allmähliche Ablösung vom traditionellen Dogma, Anknüpfungen an das klassische deutsche Bildungsdenken, größere Offenheit für Modernisierungen." (Katholizismus (wie Anm. 70), 120 Anm. 8.)

145 Weber, Liberaler Katholizismus (wie Anm. 2), X Anm. 9.

146 Schnitzer, Modernismus (wie Anm. 15), 12.

KARL J. RIVINIUS

Integralismus und Reformkatholizismus.
Die Kontroverse um Herman Schell.

Am 10. Juli 1914 bemerkte Georg Graf von Hertling, bayerischer Ministerpräsident, in einem Schreiben an König Ludwig III.: "Seit geraumer Zeit ist in vielen Ländern innerhalb des Katholizismus eine Richtung tätig, die sich als 'Integralismus' bezeichnet. Speziell in Deutschland ist der Integralismus unter teilweise mißbräuchlicher Ausnützung der auf Erneuerung des kirchlichen Lebens ausgehenden Bestrebungen Pius' X. bemüht, die Katholiken wegen ihres angeblich die Reinheit des Glaubens gefährdenden Zusammenwirkens mit Nichtkatholiken auf verschiedenen Gebieten des öffentlichen Lebens beim Heiligen Stuhl zu verdächtigen und den Papst zu Maßnahmen sowohl gegen interkonfessionelle wirtschaftliche als auch politische Organisationen der deutschen Katholiken zu veranlassen. Aus diesem Treiben, das durch den an der Kurie üblichen, von den Gepflogenheiten anderer Regierungen abweichenden Geschäftsgang begünstigt wird, sind sowohl den deutschen Katholiken als auch dem Frieden unter den Konfessionen sowie der gemeinsamen Zusammenarbeit aller positiven Elemente gegen den Umsturz wiederholt Mißlichkeiten erwachsen. Sowohl die christlichen Gewerkschaften, auf deren Existenz auch die Reichsleitung mit Recht ein großes Gewicht legt, wie das Zentrum sehen sich in steigendem Umfange Maßnahmen der Kurie ausgesetzt, die nichts anders als Störungen des konfessionellen Friedens und Erschwerungen der auf die Zurückdämmung der Sozialdemokratie unter der Arbeiterschaft gerichteten politischen Arbeit der Zentrumsfraktion bewirken können. Da die Leitung der Geschäfte politischer Natur an der Kurie nicht in einer Hand liegt und der derzeitige Staatssekretär Merry del Val nicht die Persönlichkeit ist, um durchzusetzen, daß in allen politischen Fragen seine Ansicht eingeholt werde, ist der Hintertreppenpolitik, deren sich die Vertreter des Integralismus mit Vorliebe bedienen, Tür und Tor geöffnet."[1]

Mit diesen Ausführungen berührte Hertling einen Tatbestand aus der jüngeren Kirchengeschichte, mit dem sich nicht nur der deutsche Katholizismus, sondern auch der anderer Länder über ein Jahrzehnt konfrontiert sahen. Gemeint sind die Querelen um den sogenannten Modernismus beziehungsweise Reformkatholizismus, die nach der Jahrhundertwende ihren Höhepunkt erreichten; ihr Konfliktpotential war weit in der Vergangenheit angesiedelt. Zwei extreme Positionen befanden sich im schroffen Gegensatz zueinander; von ihren je unterschiedlichen Voraussetzungen und Zielvorstellungen waren sie nicht in Einklang zu bringen.[2]

Die konzeptionellen Meinungsverschiedenheiten traten vornehmlich zutage bei den kontroversen Diskussionen um das richtige Verständnis des genuin Christlichen und seines Stellenwerts in der Welt wie auch der Theologie als Wissenschaft, insbesondere der historischen und biblischen Theologie, über das Verhältnis zwischen Glaube und Geschichte, über den Charakter der Zentrumspartei, im Literaturstreit und bei Erörterung der Frage, ob es vom katholischen Glaubens- und Kirchenverständnis her zulässig sei, daß Protestanten und Katholiken sich gemeinsam in Gewerkschaften organisierten, um so ihre berechtigten Anliegen den Arbeitgebern gegenüber wirksamer zu Gehör zu bringen und leichter durchsetzen zu können. Vorrangiges Ziel der sogenannten deutschen Reformkatholiken, die gegen die ihrer Meinung nach unwürdige Bevormundung durch das kirchliche Lehramt sich wehrten, war es, die Ghetto- und Wagenburgmentalität zu überwinden. Ihrer fortschrittlichen, realistischen Einstellung gemäß und ihrer Sensibilität für den vielschichtigen wie grundlegenden Transformationsprozeß innerhalb der Gesellschaft suchten sie die offene Begegnung und vorurteilsfreie Auseinandersetzung mit den geistigen, politischen und sozialen Zeitströmungen; darüber hinaus erstrebten sie die Aussöhnung der Kirche und Theologie mit der modernen Wissenschaft und Kultur. Gegen diese "liberale" Geisteshaltung opponierten die konservativen, der kirchlichen Tradition und Vergangenheit streng verpflichteten Katholiken, die sogenannten Integralisten. Ihre Mentalität und ihr Verhalten waren geprägt von rigoroser unduldsamer Ablehnung der Moderne, vom Kampf gegen das Gedankengift der Aufklärung und von einer geradezu traumatischen Angst vor dem Liberalismus, der eigentlichen modernistischen Häresie.

Der peinliche, das kirchliche Leben stark belastende Bruderzwist wurde zwangsläufig vor aller Öffentlichkeit ausgetragen. Areligiöse und kirchenfeindliche Gruppierungen registrierten ihn mit unverhohlener Schadenfreude, ja sie gebrauchten ihn als willkommene Argumentationshilfe gegen Kirche und Christentum.

Am Beispiel der signifikanten und konfliktträchtigen Affäre um ein Grabdenkmal für den im Alter von erst 56 Jahren plötzlich verstorbenen Würzburger Theologen Herman Schell, der zu den profiliertesten Vertretern des sogenannten deutschen Reformkatholizismus zählte, wird die hier angesprochene Problematik im Folgenden näher dargestellt.

1. Zur Vorgeschichte des Konflikts

1.1. Reformanliegen Herman Schells

Der am 28. Februar 1850 in Freiburg i. Br. Geborene[3] studierte nach dem Abitur in seiner Vaterstadt und Würzburg Philosophie, Theologie, Kunstgeschichte und Religionswissenschaft. In Würzburg fertigte er unter Franz Brentanos Leitung seine philosophische Doktorarbeit an mit dem Thema "Die Einheit des Seelenlebens aus den Prinzipien der aristotelischen Philosophie" und promovierte 1872 damit bei Jacob Sengler in Freiburg. Bereits in dieser Erstlingsschrift betonte er die zentrale Bedeutung des Persönlichkeitsbegriffs für die philosophisch-theologische Problematik der modernen Zeit, vor allem gegenüber dem Monismus, der die Persönlichkeit Gottes und des Menschen geringschätzte. Nach der Priesterweihe im August 1873 wirkte er zunächst mehrere Jahre als Kaplan und Pfarrverweser. Von 1879 bis 1881 schloß sich ein Weiterstudium in Rom an.[4] Danach übte er bis 1884 in mehreren Landgemeinden eine pastorale Tätigkeit aus. Während dieser Zeit entstand seine theologische Dissertation über "Das Wirken des Dreieinigen Gottes", womit er 1883 in Tübingen bei Johannes Evangelist von Kuhn promovierte. In dieser Doktorarbeit zeigte Schell, "daß sich nur mit dem Begriff der Persönlichkeit Gottes, des Einen und Dreipersönlichen, eine vernünftige Weltanschauung gewinnen läßt, während das unendliche, unpersönliche Sein des Monismus Verzicht auf Welterklärung bedeutet".[5] Im November des folgenden Jahres wurde er zum außerordentlichen Professor für Apologetik ernannt sowie zu Vorlesungen in Christlicher Kunstgeschichte und Archäologie verpflichtet. Am 29. Februar 1888 erfolgte die Ernennung zum ordentlichen Professor für Apologetik und Christliche Archäologie. Aufgrund einer geänderten Zuordnung der Studienfächer verpflichtete man Schell sechs Jahre später, neben Apologetik die Fächer Christliche Kunstgeschichte und Vergleichende Religionswissenschaft zu vertreten; der von ihm erstrebte dogmatische Lehrstuhl blieb ihm versagt.

Seine akademische Laufbahn begann Schell zu einer Zeit, als der Kulturkampf beigelegt war, als Kirche und Katholizismus sich nicht mehr in der Defensive dem Staat und seinen Institutionen gegenüber und im Konflikt mit ihnen befanden. Die sogenannten Reformkatholiken erkannten klar das Gebot der Stunde, das hieß, den neuen Fragestellungen und modernen Herausforderungen in sämtlichen Bereichen des politischen, geistigen, sozio-ökonomischen und soziokulturellen Lebens sich zu stellen und darauf eine aus dem christlichen Selbstverständnis und am Geist des Evangeliums orientierte sachgemäße Antwort zu geben. Aber die Mehrzahl der deutschen Katholiken verharrte in selbstgenügsamer Bescheidenheit; sie lehnte folglich alle von katholischer Seite unternommenen Modernisierungs- und Reformbestrebungen als unzulässige Anpassung an den Zeitgeist und als Verrat am überkommenen Glauben entschieden ab.

Anläßlich der Generalversammlung der Görres-Gesellschaft am 29. September 1896 zu Konstanz hielt ihr Präsident Hertling einen Vortrag "Über die Ursachen des Zurückbleibens der deutschen Katholiken auf dem Gebiete der Wissenschaft",[6] in dem er anhand von statistischen Unterlagen auf das "katholische Bildungsdefizit" hinwies. Die vielbeachtete, programmatische Rede entfachte eine lebhafte und kontroverse Diskussion, die viele Jahre andauerte. Vom Wunsch der Kölner Generalversammlung der deutschen Katholiken 1894 gedrängt, überdies von Hertlings Ausführungen und Gedankengängen angeregt wie auch über den kurz zuvor aufgedeckten äußerst peinlichen Taxil-Schwindel,[7] in den selbst höchste kuriale Kreise involviert waren, sehr entrüstet, konzipierte Schell – damals Rektor der Würzburger Universität – die Studie "Der Katholicismus als Princip des Fortschritts".[8] Darin schlugen sich seine Beurteilung der Sachlage und Reformideen nieder. Schell litt unter der Entfremdung von Kirche und Welt, dem Auseinanderklaffen von Glaube und Wissenschaft, unter der Inferiorität und Verachtung des Katholizismus, insbesondere von seiten der Gebildeten, die das Christentum als ein museales Relikt betrachteten. Er war nicht bereit, sich mit der Bildungsmisere und Rückständigkeit der Katholiken auf dem Gebiet der Wissenschaft und Kultur abzufinden. Mit seiner Schrift wollte er dazu beitragen, daß die Katholiken die Notwendigkeit einsahen, alles ins Werk zu setzen, um maßgeblichen Anteil an der kreativen Gestaltung der Zeit und Einfluß auf die Welt zu gewinnen, so daß sie sich nicht selbst oder den Kräften des Unglaubens überlassen bleibt.

Fortschritt und Reform sind in Schells Verständnis keine antichristlichen und unkirchlichen Programme, sondern spezifisch christliche Kategorien. Deshalb bemühte er sich um den Nachweis, daß recht verstandene Katholizität als allumfassendes Christentum unter Wahrung nationaler Eigenheiten den geistigen Fortschritt und die fundamentalen Wahrheiten fördere. Echter Konservativismus als Festhalten an den unveränderlichen Wesenswahrheiten sei offen für das Erfassen neuer Einsichten. Echter Liberalismus bedeute bei allem Respekt vor den unveränderlichen essentiellen Wahrheiten die ständige Bereitschaft, das Wissen zu erweitern und entsprechend zeitgemäß zu formulieren. "Der wahre Konservativismus liegt also nicht so sehr im Erhalten, als im Aufbauen: darum war Jesus konservativ im erhabensten Sinn – trotz, ja gerade wegen des von ihm bewirkten ungeheuren Fortschritts. Allein die bequemste und müheloseste Art, sein Interesse für das Bauen zu bekunden, ist das Erhalten und die Abwehr jeglicher Änderung. Da diese Neigung naturgemäß auch den höchsten Gütern und Endzwecken des menschlichen Geisteslebens zugute kommt, so wird der Konservativismus als der geborne Freund von Religion und Kirche, Staat und Ordnung betrachtet. Er kann aber auch ihr schlechtester, weil unfähigster und beschränktester Freund, und dadurch ihr gefährlichster Gegner werden – ohne es zu wissen und zu wollen –, weil er dem Aufbau des Vollkommeneren hinderlich im Wege steht!"[9]

Schell erörterte auch Mittel zur Abhilfe. So sollten beispielsweise die katholischen Gelehrten auf sämtlichen Wissensgebieten vorzeigbare Leistungen erbringen, die die Vorurteile ihnen gegenüber als gegenstandslos entlarvten. Sie dürften sich jedoch nicht auf bloße Schulmeinungen fixieren und diese einseitig und polemisch verabsolutieren.

Das Echo auf Schells erste Reformschrift fiel sehr unterschiedlich aus: auf seiten der aufgeschlossenen wissenschaftlichen Richtung begeisterte Zustimmung, auf seiten der ultramontan und intransigent eingestellten Kreise wegen der zu modernistischen Thesen und Vorschläge zur Lösung der Zeitprobleme vernichtende Kritik und erbitterter Widerstand. Schon der Buchtitel mußte als Provokation empfunden werden. Schell wohlgesonnene Personen, die seine Bemühungen grundsätzlich billigten, bescheinigten ihm, wie etwa der Freiburger Kirchenhistoriker Franz Xaver Kraus, eine zu große Portion Naivität. Denn angesichts der konkreten innerkirchlichen Machtverhältnisse und Interessengegensätze mußte er mit seinen Ideen und Anliegen scheitern. Ein zeitgenössischer Anhänger des umstrittenen Würzburger Theologen kleidete diese Einschätzung der Lage in folgende Worte:"Es war Schell gegangen wie dem Anwalt, der seinen Klienten mit heißer Liebe weiß waschen will; da fällt ihm der Klient selber in den Arm, weist seinen Liebesdienst zurück und versichert dem Gerichtshof, er sei wirklich und wahrhaftig schwarz, ganz schwarz."[10]

Schells Grundanliegen führten zwangsläufig zu zwei Positionen, die den integralistischen Katholiken in gleicher Weise zuwider waren: "Wissenschaftlich zum Prinzip der freien Forschung und politisch zu irgendeiner Art wenn auch noch so gemäßigtem Liberalismus".[11] Bereits in seiner vielbeachteten Inaugurationsrede als Rektor über "Theologie und Universität" während der Einweihungsfeier der neuen Würzburger Universität am 28. Oktober 1896 hatte er "dem Ideal der voraussetzungslosen Wissenschaft und der unbeschränkten akademischen Freiheit des Forschens und Lehrens", selbst im Bereich der Theologie, mutig das Wort geredet. Selbst die Theologie, führte er darin aus, kenne nur die Gebundenheit an die T a t s a c h e n und nur " e i n Kriterium des Tatsächlichen: daß sich die Sache eben mit der Vernunft und den Grundgesetzen aller Erfahrung sowie allen Denkens in Übereinstimmung befinde. Auch die Theologie kennt nur e i n e Schranke für die wissenschaftliche Freiheit, nämlich die W a h r h e i t, die man bereits als solche erkannt hat, und sie erkennt fernerhin als Wahrheit nur das an, was sich in der Tatsächlichkeit nachweisen läßt, und im tiefsten und höchsten Sinne nur das, was sich zum h i n r e i c h e n d e n Erklärungsgrund der Wirklichkeit und zur Überwindung aller Unvollkommenheiten und klaffenden Widersprüche eignet."[12]

Der Streit um seine Thesen und Reformvorschläge zog sich über viele Jahre hin, zumal Schell selbst die öffentlichen Kontroversen weiter vorantrieb. Bezüglich der "Voraussetzungslosigkeit" im theologischen Wissenschaftsbetrieb hielten seine Opponenten ihm entgegen: "Die katholische Kirche hat Voraussetzungen, nämlich die ihr vom unfehlbaren Lehramt eingehändigten Dogmen. Die Wissenschaft muß dieselben mit ihrem ganzen Apparate ihrer Gelehrsamkeit beweisen, erklären und vertiefen, aber sie kann nicht an dieselben herantreten, um erst in dem Sinne sie zu untersuchen, daß sie auch bereit ist, sie zu negieren, falls sie ihr als nicht stichhaltig erscheinen sollten."[13] Der Verfasser dieser Stellungnahme beendete seinen Exkurs mit dem Hinweis, daß die protestantische Theologie "das Prinzip der freien Forschung" besitze, nicht jedoch die katholische Theologie.

In der bald erschienenen zweiten Auflage seiner Schrift "Der Katholicismus als Princip des Fortschritts" setzte sich der Würzburger Theologe in einem an seine Kritiker gerichteten Nachwort "Zur Abwehr" mit den diversen Vorwürfen scharf und polemisch auseinander. Wegen der daraufhin erfolgten schroffen Reaktionen[14] schwächte er in einer weiteren Auflage seiner Denkschrift manches im Nachwort ab und ergänzte anderes. Wie er seinem früheren Bischof und Protektor, der ihn auch von München aus mit seinem Wohlwollen weiter unterstützte, gegenüber bemerkte, leitete ihn beim Konzipieren dieser Schrift allein die Absicht, "einer bedenklichen Geistesrichtung aus Liebe zur katholischen Kirche" sich wirksam entgegenstemmen zu wollen. Zudem sei nach der peinlichen Erfahrung mit Taxil's Satanismus doch einige Bereitwilligkeit zu erwarten. "Voriges Jahr wäre der Versuch durch den Hinweis auf Rom und die Losung gegen die Loge erdrückt worden beziehungsweise verhängnisvoll geworden. Auch hohe weltliche Instanzen forderten dringend, es solle doch endlich eine Stimme dieser Richtung öffentlich zur Aussprache sich ermannen: sonst müsse man an die Identität von Katholizismus und Jesuitismus glauben und bei der Imparität samt Mißtrauen endgültig verharren."[15]

In seiner Rede beim Stiftungsfest der Universität zu Würzburg desselben Jahres[16] kam Schell erneut auf sein kritisches Verständnis von der Theologie und ihre fundamentale Bedeutung für das Ringen um die Wahrheit zu sprechen. Durch die heftigen Diskussionen, infame

Unterstellungen und eine unerfreuliche Diffamierungskampagne veranlaßt, ließ er im folgenden Jahr seine zweite sogenannte Reformschrift "Die neue Zeit und der alte Glaube"[17] erscheinen. Sie diente der Verteidigung wie auch der Präzisierung seiner programmatischen Ansichten, die noch eingehender expliziert und historisch vertieft wurden.

Wegen der erwähnten Festansprachen und der beiden Reformschriften regten sich innerhalb der Kirche helle Empörung und Widerspruch. Man warf Schell Preisgabe katholischer Prinzipien und Überzeugungen vor zugunsten einer Anpassung an zeitgemäße Modeströmungen. Dezidierte Gegner betrieben in Rom seine Verurteilung, die auch nicht lange auf sich warten ließ. Durch Dekret der Index-Kongregation vom 15. Dezember 1898 wurden nicht nur seine beiden Reformschriften, sondern auch die bereits erschienenen und bislang unbeanstandet gebliebenen Bände seiner Hauptwerke, die "Katholische Dogmatik" und die Apologetik "Die göttliche Wahrheit des Christenthums", ins Verzeichnis der verbotenen Bücher aufgenommen. Dem Urteil von Franz Xaver Kraus zufolge bedeutete dieses pauschale Verdikt für den "angesehensten, beliebtesten und edelsten Lehrer" an der Würzburger Theologischen Fakultät die totale Vernichtung des Schriftstellers, zugleich sollte Schell dadurch "in seiner ganzen Lehrtätigkeit für immer umgebracht und vor aller Welt als ein räudiges Schaf hingestellt ..., sein Werk als Lehrer der theologischen Jugend, seine Aktion in der Kirche" zerstört werden.[18]

1.2. Reaktionen auf die Indizierung

Schon seit einiger Zeit kursierten in der Öffentlichkeit Gerüchte, denenzufolge Schriften Schells auf den Index gesetzt worden seien. Sie schienen sich zunächst aber nicht zu bestätigen. Einflußreiche Freunde Schells, wie beispielsweise Erzbischof Stein von München, so mutmaßten beziehungsweise hofften seine Anhänger, hätten das Verhängnis in letzter Minute noch abwenden können. Da "bei der geringen Widerstandskraft, die jetzt der Papst in seinem hohen Alter leistet" – etwa den Jesuiten gegenüber, die die Zeit für gekommen hielten, "wie gegen den Amerikanismus, so gegen die verwandte Richtung in Deutschland vorzugehen"[19] -, gleichwohl das Schlimmste befürchtet werden mußte, richtete ein theologischer Wissenschaftler aus Bayern – allem Anschein nach ein Würzburger Kollege Schells, und zwar der Kirchenhistoriker Sebastian Merkle – noch am 11. Februar 1899 ein Schreiben an einen römischen Prälaten – vermutlich de Montel –, worin er auf die fatalen Konsequenzen hinwies, die ein Einschreiten gegen Schell nach sich ziehen würde. Deshalb bat er den kirchlichen Würdenträger, "jede sich bietende Gelegenheit" zu benutzen, "um vor einem folgenschweren Schritt zu warnen".[20]

Da dieses Schriftstück eine aufschlußreiche Beurteilung der damaligen kirchenpolitischen Situation enthält sowie ein treffliches Bild von der Wertschätzung der Person Schells zeichnet und zugleich ein gewisses Prognostikum für die Reaktionen auf das baldige Bekanntwerden der

Indizierung von Schriften des in gewissen Kreisen hoch geschätzten Würzburger Theologen darstellt, sei ein längerer Passus daraus zitiert.

Nach den einleitenden Bemerkungen fuhr der Schreiber fort: "Als die erste Auflage von Schells Schrift 'Der Katholizismus als Prinzip des Fortschritts' erschienen war, erfuhr ich – damals in Rom – aus Berlin, daß die preußische Regierung erklärt habe: Falls die von Schell vertretenen Grundsätze sich als kirchlicherseits gebilligt erweisen würden, könne sie den Katholiken die höheren Beamtenstellen in weiterem Umfang eröffnen. Die bisherige Duldung von Schells Wirken hat nach fast allgemeiner Anschauung wesentlich zur Herstellung einer freundlicheren Haltung den Katholiken gegenüber beigetragen. Ein bedauerlicher Rückschlag müßte aber eintreten, wenn nun Schell von der kirchlichen Autorität gemaßregelt würde. Für uns Gelehrte ist noch wichtiger folgender Umstand. Allgemein schleudert man der katholischen Wissenschaft den Vorwurf entgegen, sie sei nicht ernst zu nehmen, weil kein katholischer Gelehrter eine selbständige Ansicht haben oder vortragen dürfe. Es gäbe einen Lärm, jenem von 1870 vergleichbar, wenn für jene Behauptung aufs neue ein so leidiger Grund geliefert würde. Hierauf kam besonders auch Baron von Hertling und Professor Grauert in München zu sprechen.

Bei dem hohen Ansehen Schells und der grandiosen Begeisterung der akademischen Jugend für ihn würde ein solcher Schritt auch auf katholischer Seite den peinlichsten Eindruck machen und viele, viele der Kirche entfremden. Die Tausende, welche in Österreich auf dem Sprunge stehen, die Kirche zu verlassen, erhalten dadurch einen direkten Anstoß, dies nun wirklich zu tun. Schell hat bisher alle Liebeswerbungen seitens der Altkatholiken wie der französischen Sezessionisten mit kühler Reserve abgewiesen. Aber wie würden diese Richtungen ihn bestürmen, wie würden seine Gesinnungsgenossen im Episkopate Amerikas sich verhalten, wenn er von Rom gemaßregelt würde; die Gefahr der Nichtunterwerfung wäre sehr groß, und damit die des Abfalls vieler ... Welches Aufsehen, wenn ein bisher so energischer Vorkämpfer des Katholizismus in die Reihen von dessen Gegnern gedrängt würde!

Für die Würzburger theologische Fakultät wäre es ein furchtbarer Schlag. Da gerade Schell wohl der angesehenste Theologe in den Kreisen der ganzen Universität ist, so würde mit dessen Maßregelung ein furchtbarer Haß gegen diese Fakultät entstehen und dieser eine neue Leidenszeit wie vor 28 Jahren eröffnen, wir wären wieder die Geächteten an der Universität, ein Einschreiten gegen Schell für die Kirche auch in anderen deutschen Landen der härteste Schlag. Noch sind die vom Altkatholizismus geschlagenen Wunden nicht völlig geheilt; sie würden aufs neue aufgerissen und fast unheilbar.

Die ganze Mache ist um so beklagenswerter, als man in den Lehren Schells vorher nichts so Arges gefunden, bis er dem Amerikanismus das Wort redete und an den Jesuiten Kritik übte. Noch heute ist die Majorität der Theologen überzeugt, daß er nicht gegen das kirchliche Dogma anstoße, vielmehr einen zeitgemäß fortgebildeten Thomismus im Sinne Leos XIII. vertrete, weshalb auch die meisten Dominikaner sehr hohe Stücke auf ihn halten."

Am 24. Februar 1899 wurde dann doch das Dekret der Indexkongregation veröffentlicht. Seine Publikation hatte auch der erwähnte Prälat nicht mehr verhindern können. Schells Gegner innerhalb wie außerhalb der Kirche triumphierten aus je unterschiedlichen Gründen. Gespannt wartete man auf seine Reaktion. In der liberalen und antikirchlichen Presse wurde die feste Überzeugung propagiert, daß er nicht bereit sei, das "sacrificium intellectus" zu bringen und unter das Kreuz zu kriechen.

Vor überfülltem Auditorium nahm der gemaßregelte Theologe am 27. Februar 1899 zur Indizierung seiner Werke Stellung. Er erklärte, er habe sein Leben lang für die Wahrheit gestritten und werde es auch weiterhin tun. Irren sei menschlich, aber niemals würden die Katholiken die Superiorität oder Parität erringen, wenn sie sich der Forschung verschlössen. Für die Wahrheit seiner Forschungsergebnisse könne er sich zwar nicht verbürgen, wohl aber für die Wahrhaftigkeit seines Forschens.[21]

Es fiel Schell schwer, dem römischen Urteilsspruch sich zu beugen, zu sehr litt er unter dem Konflikt "zwischen der Erfüllung der Pflicht disziplinärer Kirchlichkeit und der Pflicht gegen die erkannte Wahrheit; einer Pflicht, die unter der Bürde wider den hl. Geist verpflichtet und ohne unfehlbare Autorität wohl nicht in anderer beziehungsweise kirchlich-höherer Form betätigt werden kann".[22] Nach hartem Ringen und "mit schmerzlicher Selbstüberwindung" vollzog er am 1. März 1899 vor seinem zuständigen Bischof Ferdinand von Schlör den kirchlichen Gehorsamsakt "durch Abgabe einer schriftlichen Submissionserklärung ..., die als vollgenügend anerkannt und angenommen wurde".[23] Er wußte sehr wohl, daß seine Gehorsamserklärung – sie war ohne Widerruf oder Preisgabe einer wissenschaftlichen Erkenntnis erfolgt – als zweideutig oder gar als Charakterschwäche und Überzeugungsverrat hingestellt werde. Trotz seiner Unterwerfung befürchtete er, daß man in Rom und anderenorts alles versuchen werde, ihn "aus dem theologischen Wirken beziehungsweise aus der Kirche" hinauszudrängen. Auf diese Weise hoffe man, "alte, aber nicht mehr ausreichende Formen der kirchlichen Wissenschaftspflege etc. ungestört fortzuerhalten". Durch die rücksichtslose Bevormundung der theologischen Wissenschaft und das Unterdrücken der freien wissenschaftlichen Regsamkeit werde jedoch dem Ansehen der katholischen Kirche in Deutschland großer Schaden zugefügt.[24]

Angesichts dieser beklagenswerten Gegebenheiten, der betrüblichen Zukunftsaussichten für seine eigene Person im Hinblick auf das theologische Forschen und Lehren wie auch wegen des Vertrauensverlusts und der gegen ihn fortgesetzten Wühlereien trug Schell sich ernsthaft mit dem Gedanken, seine Lehrtätigkeit in der Theologischen Fakultät aufgeben und auf das Gebiet der spekulativen Philosophie und der Vergleichenden Religionswissenschaft auszuweichen. Eng befreundete Weggefährten, Kollegen und Förderer des kirchlichen Image beschworen ihn indes, auf seinem Platz auszuharren und im Interesse des Katholizismus sich weiter für die von ihm vertretene Sache einzusetzen.

Auf dieses Ansinnen angeschrieben,[25] antwortete ihm zum Beispiel der Münchener Ordinarius für Geschichtswissenschaft, Hermann Grauert, er solle wie bisher in den ihm anvertrauten Disziplinen als mutiger Forscher und ein sowohl der Kirche als auch ihrem Oberhaupt loyal ergebener Priester treu und hingebungsvoll weiter arbeiten.[26] "Einfach in alten, ausgetretenen Gleisen fortzuwandeln, wenn bessere, neue Wege dem höchsten Ziele, der Erkenntnis der Wahrheit, uns leichter und sicherer zuführen, kann der Menschheit nicht frommen. Ebenso wenig aber werden wir bewährte, alte Traditionen und Methoden, wenn sie noch gute Dienste leisten können, leichtfertig aufgeben wollen. Die Welt steht nicht still, und Sache der führenden Geister, vornehmlich auch der Theologen, ist es, den notwendigen Ausgleich, die harmonische Verbindung zwischen guten, alten Ideen und solchen der neuen Zeit fördern zu helfen. Dabei können wir zu Zeiten wohl fehl greifen; vor Irrtum ist keiner unter uns geschützt, und Festhalten früher gebildeter eigener Ansichten nicht an sich Pflicht und Aufgabe des Gelehrten. Auch Sie, hochverehrter Herr Kollege, sind sicher bereit und finden nichts Entwürdigendes darin, diesen oder jenen Satz zu modifizieren, sofern sich eine solche Modifikation bei erneuter schärferer Prüfung als notwendig erweist. Darf ich nun weiterhin einen Rat erteilen, so würde derselbe dahin gehen, daß von Ihrer Seite nichts geschieht, um die Preßpolemik in Ihrer Sache fortzusetzen."

Dank der Anerkennung des Indexdekrets durfte Schell seine vielfältige Forschungs-, Lehr- und Seelsorgetätigkeit wie bisher fortsetzen. Allzu rasch bestätigte sich allerdings seine Vermutung, daß man weiter gegen ihn hetzen und intrigieren werde. Die üblen Machenschaften und das unwürdige Kesseltreiben gegen seine Person und sein Werk nahmen an Umfang und Intensität sogar zu. Es waren vornehmlich Verfechter eines extremen Molinismus, etwa der Innsbrucker Jesuit Johann Baptist Stufler, aber auch andere Mitglieder des Jesuitenordens wie Josef Müller und Christian Pesch sowie Gegner jeglichen Liberalismus, beispielsweise Schells spezieller Antagonist, der Würzburger Dompfarrer Karl Braun, der den Liberalismus für "den Inbegriff aller zerstörenden und verderblichen Bestrebungen" hielt. Immer wieder stellte man Schells loyale Kirchlichkeit und Orthodoxie in Zweifel, bis hin zum ungeheuren Vorwurf, er indoktriniere arglistig und gezielt den Klerus, um ihn gegenüber den kirchlichen Autoritäten rebellisch zu machen.[27]

Die infame Agitations- und Diffamierungskampagne strebte 1904/05 einem neuen Höhepunkt zu.[28] Dem zuständigen und Schell sehr wohlgesonnenen Bischof Schlör wurde im Spätjahr 1905 von Rom aus bedeutet, daß durch dessen Lehrtätigkeit an der Universität das Glaubensgut ernstlich bedroht sei. Daraufhin mußte sich der so Inkriminierte erneut einem Glaubensexamen unterziehen. Dabei erkannte er wie schon am 24. Januar des voraufgegangenen Jahres "die kirchliche Lehre als selbstverständlich für sich absolut verbindlich an", zugleich bestritt er dem Oberhirten grundsätzlich das Recht, solche Lehrzuchtverfahren durchzuführen.[29]

Scheinbar ungebrochen setzte Schell seine Lehrtätigkeit und reiche literarische Arbeit fort; dazu kamen zahlreiche Vorträge in vielen größeren Städten Deutschlands, in denen der gefeierte Redner zu theologischen und kulturellen Tagesfragen Stellung bezog. Aber das Herz des seit August 1902 an Angina pectoris und Arteriosklerose Leidenden war den physischen und vor allem psychischen Belastungen, den fortdauernden geheimen und offenen Anfeindungen wie den seine Kräfte verzehrenden Kontroversen nicht mehr gewachsen. Dann doch unerwartet erlag er erst 56jährig am Abend des 31. Mai 1906 einem Herzschlag.

2. Der Streit um das Grabdenkmal für Herman Schell

2.1. Gedächtnisreden und Nachrufe

Der Tod Schells fand in der breiten Öffentlichkeit, in Zeitungen und Zeitschriften ein außergewöhnlich starkes Echo. Ein beredtes Zeugnis für seinen Einfluß und hohen Bekanntheitsgrad im Klerus und in allen Gesellschaftsschichten war der imposante eineinhalb Stunden dauernde Leichenzug am Pfingstfest, den 3. Juni 1906, zum Friedhof, mit dem man dem Verstorbenen die letzte Ehre erwies. In zahlreichen Ansprachen, Gedenkreden, Nachrufen und Beileidsbezeugungen wurde seines Werks, seiner rastlosen Tätigkeit, seiner eindrucksvollen Leistungen und Verdienste gedacht, außerdem würdigte man ihn als Mann der Wahrheit, der Güte und Liebe.[30] "So wie er stand kein Theologe der Gegenwart mitten in den religiösen geistigen Bewegungen unserer Zeit. Weite Kreise unseres großen Vaterlandes haben mit Bewunderung und Verehrung zu ihm aufgeblickt, haben seine seltenen Geistesgaben, seine unermüdliche Schaffensfreudigkeit, seine ideale Auffassungsweise, seine tiefgläubige kernige Gesinnung aufrichtig bewundert."[31]

An einigen Gedächtnisreden entzündete sich neuer Konflikt um Schells Person und Werk. Insbesondere zwei Nachrufe erregten bei den kirchlichen Behörden Unmut und Anstoß: zum einen die Rede des Bamberger Erzbischofs Friedrich Philipp von Abert, Reichsrat der Krone von Bayern, ein enger Freund und langjähriger Kollege Schells, bei den feierlichen Exequien am Grab, zum anderen die Ansprache von Sebastian Merkle, Professor der Kirchengeschichte, am 11. Juni 1906 beim akademischen Trauergottesdienst für den Verstorbenen in der Universitätskirche zu Würzburg. Nach des Erzbischofs fester Überzeugung war Schell "**der populärste katholische Theologe der Neuzeit**".[32] Seine Popularität resultiere aus dem Faktum, daß er sich wie kaum ein anderer katholischer Theologe "**in das Denken, Fühlen und Empfinden der Menschen seiner Zeit, der modernen Welt hineingelebt**" habe, "in dieses rastlose und ruhelose Vorwärtsdrängen der Gegenwart". In solidarischer Verbundenheit mit dem und in hoher Sensibilität für den modernen Menschen habe er sich bemüht, sein Denken und Empfinden genau kennenzulernen. "**Wenn Schell nach dieser Seite hin fehlte, dann fehlte er ... aus Liebe**: aus Liebe zu den Abseitsstehenden, den Irrenden und Suchenden, denen er auf mehr als halben Wege entgegenkommen wollte." Abert legte allergrößten Wert auf die Feststellung, daß Schell "**stets ein treuer Sohn seiner Kirche** gewesen sei. Um loyal in ihr auszuhalten, habe "er auch die **schwersten** Opfer nicht gescheut"; konsequent habe er "mit ungebrochener Begeisterung für den Glauben dieser seiner Kirche gewirkt und gearbeitet, und das vielfach in Kreisen, wohin sonst das Wort des katholischen Theologen nicht so leicht dringt".

Auch Sebastian Merkle zollte seinem verstorbenen Kollegen höchstes Lob.[33] Als den Grundzug von Schells Wesen und Wirken hob er den "Universalismus der christlichen Liebe" und den "Universalismus der evangelischen Wahrheit" hervor. Darin erblickte der Trauerredner die Berechtigung, den Verstorbenen mit dem Völkerapostel Paulus zu vergleichen. Denn durch die Überzeugung von der Universalität des Evangeliums habe er den Partikularismus seiner Landsleute überwunden. So zielten Schells Bemühungen ebenfalls darauf ab, die durch den Kulturkampf geschwächte katholische Kirche Deutschlands zu ihrer eigentlichen Bedeutung zurückzuführen. Die in seinen Reformschriften artikulierten Bedenken und Forderungen gegenüber der Kirche angesichts einer veränderten Zeit dürften nicht als Opposition gegen die kirchliche Autorität mißverstanden werden, sie seien vielmehr als Anregungen und Vorschläge zu begreifen. Er habe keineswegs beabsichtigt, "dem Katholizismus durch Konzessionen und Abstriche das Wohnrecht in der modernen Welt ... erkaufen oder erschleichen zu wollen. Ganz im Gegenteil: es galt nach seiner Überzeugung nur, die im Katholizismus ruhenden Kräfte zu wecken und reicher zu entfalten, sie nach den von der Gegenwart bevorzugten Richtungen zu betätigen, und zwischen kirchlichen Dogmen und Schulmeinungen streng zu scheiden".[34]

Orientiert am Vorbild des Apostels Paulus, habe Schell versucht, in der Auseinandersetzung mit Andersdenkenden mehr das Gemeinsame zu betonen als das Trennende. Er wollte den Außenstehenden Christentum und Kirche von ihrer attraktiven Seite nahebringen. In der Konfrontation mit seinen Gegnern inner- und außerhalb der Kirche habe er sich stets nach des Apostels Beispiel bemüht, allen alles zu werden; nach beiden Seiten hin sei er dabei ungewollt ein Märtyrer seiner Überzeugung geworden.[35] Alle Ehrabschneidungen, infamen Unterstellungen und Anfeindungen hätten ihn im Dienst am Evangelium nicht irre zu machen vermocht.[36]

Im Vatikan und in streng kirchlichen Kreisen wurde Merkles Gedächtnisrede scharf verurteilt, vor allem deshalb, weil er Schell auf eine Stufe mit dem Apostel Paulus gestellt hatte. Nach dem Wiener Dogmatikprofessor, Prälat Ernst Commer, sei die Würzburger Universitätskanzel durch jene Darlegungen profaniert worden.[37] Dagegen wandte sich Schells rastloser Verteidiger Kiefl, der die umstrittene Ansprache qualifiziert hat als "eine meisterhafte und durchaus taktvolle", die "auf das außerordentlich zahlreiche Auditorium ohne Unterschied der theologischen Parteirichtung einen überwältigenden Eindruck" gemacht habe, mit der angebrachten Bemerkung: "Um Trauerreden zum Gegenstand einer vom Zaune gebrochenen Polemik machen zu können, dazu gehört jedenfalls eine besondere Geschmacksrichtung."[38]

2.2. Das Projekt eines Grabdenkmals

Bald nach den Begräbnisfeierlichkeiten und Totenehrungen brach in der Schell-Angelegenheit zusätzlicher Streit aus, als ein im Juli 1906 mit einem Zirkular versandter Aufruf in der Öffentlichkeit bekannt wurde, der den Verstorbenen aufs höchste lobte und um eine Spende für die Errichtung eines Grabdenkmals für Schell sowie gegebenenfalls für die "Begründung einer Stiftung zur Förderung apologetischer Studien" bat.[39] In ihm wird der verstorbene Apologet näherhin charakterisiert als "ein origineller und tiefgründiger Denker, ein begeisterter und begeisternder akademischer Lehrer, ein hinreißender Redner, ein scharfsinniger und nimmermüder Verteidiger

209

des Gottesglaubens, des Christentums und des Katholizismus, ein weitblickender Geist, ein auf der Höhe der Zeit stehender Mann der Wissenschaft, ein sprachgewaltiger Schriftsteller, ein verständnisvoller Kenner des modernen Denkens und Fühlens, ein unerschrockener Bekenner der Wahrheit, ein treuer Freund der akademischen Jugend, ein für Deutschlands Größe warm fühlender Patriot, ein weitherziger und selbstloser Menschenfreund dahingegangen."[40]

Gegner des sogenannten Reformkatholizismus – bis in höchsten Vatikankreisen – reagierten allergisch beziehungsweise empört auf den Aufruf. Sie betrachteten diesen Panegyrikus und diese Hommage für den Verstorbenen – ein indizierter Theologe, der zu Lebzeiten eine Reihe irriger, zumindest bedenklicher Ansichten vertreten hatte – als respektlosen Akt, ja als bewußten Affront gegen die kirchlichen Autoritäten. In dieser Annahme sahen sie sich bestätigt durch das Faktum, daß zum Komitee, das die Denkmalfrage initiiert hatte, die Theologieprofessoren Merkle und Kiefle, beide enge Vertraute und Weggefährten Schells, gehörten. Gravierend kam hinzu, daß auf der Liste der das Projekt unterstützenden Mitglieder außer zahlreichen hochgestellten Persönlichkeiten des öffentlichen Lebens auch die Namen des Erzbischofs Abert von Bamberg und des Bischofs Henle von Passau sich fanden;[41] der frühere Würzburger Oberhirte, Erzbischof Stein von München, der Schell mit seinem Rat und Schutz stets zur Seite gestanden hatte, unterzeichnete den Aufruf zwar nicht, ließ jedoch dem Komitee einen Geldbetrag zukommen.[42]

Da namentlich die Beteiligung des exponierten Bamberger Erzbischofs für ein Schell-Grabdenkmal in kurialen und sonstigen kirchlichen Kreisen Anstoß erregte und er deshalb in der Öffentlichkeit heftig attackiert wurde, wandte sich der bayerische Kultusminister Anton Ritter von Wehner an den ihm befreundeten Abert mit der Bitte um Auskunft über seine diesbezüglichen Motive. Ritter gedachte, diese Informationen zur Entlastung des Erzbischofs dem Münchener Nuntius Carlo Caputo und dem Vatikan gegenüber zu verwerten. Im Schreiben vom 18. Juni 1907 machte Abert die erbetene Mitteilung.[44] Zur Frage des Grabdenkmals bemerkte er: In Rom nehme man offensichtlich an, daß es sich um ein Monument handle ähnlich dem für Giordano Bruno oder Vincenzo Gioberti, dezidierte Kirchengegner. Dabei gehe es hier lediglich um einen Grabstein, "den Freunde und Schüler ihrem in nicht allzu glänzenden Vermögensverhältnissen gestorbenen Freund und Lehrer pietätvoll setzen" wollen. Auch habe er es als Ehrenpflicht erachtet, der Beerdigung des Mannes beizuwohnen, der in Frieden mit der Kirche, "für die er kämpfte und arbeitete bis zum Tode!", gestorben und dessen langjähriger Kollege und Freund er gewesen sei. Im übrigen habe er doch in seiner Grabrede ausdrücklich zugegeben, daß Schell geirrt habe, aber geirrt aus Liebe. Von der Unterschrift für einen Grabstein zugunsten des Verstorbenen hätte er sich aus den genannten Gründen nicht ausschließen können. Seine Ausführungen faßte Abert in die Worte zusammen: "Mehr habe ich nicht getan. Schell hat zudem keinen vom Glauben und von der Kirche weggeführt, wohl aber Tausende für sie begeistert."

Der Streit um das Grabdenkmal begann zu eskalieren, als ein Breve Pius' X. bekannt wurde, worin dieser den Wiener Prälaten Ernst Commer dafür gelobt hatte, daß er in einem Buch Schells Häresien schlüssig widerlegt habe.[45] Eigentlicher Anlaß für das päpstliche Belobigungsschreiben war der Umstand, daß trotz der verurteilten Werke Schells zahlreiche Personen in

210

Deutschland sich weiter zu den darin enthaltenen Irrtümern bekannten. Deshalb hatte Pius X. es für notwendig erachtet, "die Bewunderer der Schell'schen Lehren noch einmal öffentlich vor der schweren Gefahr zu warnen, der sie sich aussetzen" würden.[46] Außerdem berührte das Papstschreiben auch die Denkmalfrage. Der betreffende Passus lautet: "Es ist zu unserer Kenntnis gelangt, daß es Leute gibt, die keine Bedenken tragen, seine [Schells] Lehre zu empfehlen und ihn selbst mit Lobsprüchen zu erheben, als ob er ein Hauptverteidiger des Glaubens gewesen sei, ein Mann, den man sogar mit dem Apostel Paulus vergleichen dürfe und durchaus würdig, daß seinem Gedächtnis durch Errichtung eines Denkmals die Bewunderung der Nachwelt gesichert werde."[47]

Die unmißverständliche, autoritative Stellungnahme des Papstes, der darauf insistierte, daß man seine Worte in Deutschland ernst nahm, bereitete den Verteidigern Schells erhebliche Schwierigkeiten. Um die Bedenken im Vatikan gegenüber den der Grabdenkmalfrage zugrundeliegenden Intentionen endgültig zu beseitigen, richteten die Mitglieder des Komitees am 16. Juli 1907 ein entsprechendes Schreiben an Kardinalstaatssekretär Merry del Val.[48] In ihm versicherten sie, mit dem Aufruf keine demonstrative Geste gegen den Apostolischen Stuhl beabsichtigt zu haben, vielmehr wolle man mit der Errichtung eines Grabsteins für Schell einen "Akt allgemein menschlicher Pietät" bekunden.

Trotz dieser Beteuerung und Klarstellung ließ Rom sich nicht beruhigen. Es wurde vielmehr verlangt, daß die Bischöfe Abert und Henle öffentlich erklären sollten, warum sie den Aufruf unterzeichnet hätten. Da der von verschiedenen Seiten auf die beiden Oberhirten ausgeübte Druck für sie unerträglich wurde, sahen sie keinen anderen Ausweg, als die gewünschte öffentliche Stellungnahme abzugeben.[49] In drei Punkten wandten sich die Bischöfe gegen Mißverständnisse und Verdächtigungen. Zunächst stellten sie klar, Schells theologische Irrtümer in gleicher Weise zu verwerfen, wie sie von Rom verurteilt worden seien. Zu keiner Zeit und niemandem gegenüber hätten sie diese Ansichten gebilligt. Sie attestierten dem kirchlichen Lehramt, guten Grund gehabt zu haben, "gegen verschiedene theologische Anschauungen Schells vorzugehen und sie zu verurteilen". Wenn der Aufruf für ein Grabdenkmal gleichwohl von ihnen unterschrieben worden wäre, so hätten sie es in der Überzeugung getan, daß dies ein gebotener Akt der Pietät sei für den Freund und Kollegen, der in nahezu dürftigen Verhältnissen gestorben sei. Im übrigen, betonten die Oberhirten, habe jener sich seinerzeit dem Urteilsspruch der Kirche unterworfen und sei im Frieden mit ihr aus dem Leben geschieden. Schließlich wiesen Abert und Henle entschieden sämtliche Versuche zurück, ihre Beteiligung an der Grabdenkmal-Aktion gegen die Kirche und das Verfahren gegen Schell zu mißbrauchen. Im Vatikan gab man sich mit dieser episkopalen Erklärung zufrieden.

Einen peinlichen Beigeschmack erhielt die Polemik um das Grabdenkmal und den Papstbrief an Commer, als öffentlich bekannt wurde, daß der Wiener Prälat zu Lebzeiten Schells mit diesem viele Jahre in freundschaftlichem Verkehr gestanden, ja ihm selbst nach der Zensurierung seiner Werke höchstes Lob und Anerkennung ausgesprochen hatte.[50] Mit der Zeit nahmen die Auseinandersetzungen in der Schell-Affäre immer schärfere Formen an. Dazu hatten der Er-

211

laß "Lamentabili sane exitu" vom 3. Juli 1907, der sogenannte neue Syllabus, sowie die Enzyklika "Pascendi dominici gregis" vom 8. September 1907 Pius' X., aber auch andere Vorkommnisse, etwa die Aufdeckung der Anti-Index-Bewegung und des Versuchs, eine laikale Kulturgesellschaft im Raum der Kirche zu etablieren, nicht wenig beigetragen.[51]

Ungeachtet aller Kontroversen wie auch der Interventionen und Represssionen aus Rom erfolgte am 18. Juli 1908 die feierliche Enthüllung des Grabdenkmals für Herman Schell.[52] An dieser Feier, die vom Akademischen Gesangverein unter Leitung des Komponisten Breu umrahmt wurde, nahmen hohe Repräsentanten des öffentlichen Lebens teil, so der Divisionskommandeur Generalleutnant Graf Dürkheim, Generalmajor Rittmann mit Offiziersabordnungen, viele Beamte, der Rektor der Universität Würzburg, Prof. Stöhr, zahlreiche Universitätsprofessoren, die Chargierten der katholischen Studentenkorporationen in Wichs und mit Fahnen, Deputationen der übrigen Studentenkorporationen sowie eine beachtliche Anzahl von Freunden, Weggefährten und Gesinnungsgenossen des heimgegangenen Theologen. Prof. Remigius Stölzle, Vorsitzender des Komitees, hielt die Enthüllungsrede. In ihr würdigte er nach einem kurzen Rückblick auf die Genese des Grabdenkmals die geistige Persönlichkeit Schells in trefflichen Worten. Er hob insbesondere drei Charakterzüge seines Wesens hervor: eine rastlose Tätigkeit, die Lauterkeit seiner Absichten und seine milde, versöhnliche Gesinnung.

Die Querelen um Person und Werk des Verstorbenen dauerten unvermindert fort. Erst nach Jahren ebbte der Streit ab; nicht als ob in den strittigen Punkten ein Konsens erreicht worden wäre, sondern nur deshalb, weil andere Ereignisse und Gegebenheiten gebieterisch in den Vordergrund des öffentlichen Interesses rückten. Schells Tragik, die Indizierung seiner Werke und das endlose Kesseltreiben um seine Lehre, lag in gewisser Hinsicht darin, daß er fünf Jahrzehnte zu früh gelebt hatte.[53] Insofern teilt er das Schicksal mancher unzeitgemäßer, inopportunistischer Vor- und Querdenker innerhalb der Kirche. Heute zählt man ihn zu den Vorläufern der modernen Theologie.

Anmerkungen

1 Hertling an den bayerischen König Ludwig III., München, den 10. Juli 1914, in: BayHStA, MA 99 365.

2 Aus der Überfülle an Literatur werden lediglich einige Titel angeführt, die der sachgemäßen Einordnung und Beurteilung des komplexen Phänomens dienlich sind: Karl Holl, Der Modernismus, Tübingen 1908; Johannes Kübel, Geschichte des katholischen Modernismus, Tübingen 1909; Joseph Schnitzer, Der katholische Modernismus, Berlin-Schöneberg 1912; Jean Rivière, Le Modernisme dans l'église. Etude d'histoire religieuse contemporaine, Paris 1929; Emile Poulat, Intégrisme et catholicisme intégral. Un réseau secret international antimoderniste: La "Sapinière" (1909-1921), Tournai 1969; Oskar Schroeder, Aufbruch und Mißverständnis. Zur Geschichte der reformkatholischen Bewegung, Graz 1969; Peter Neuner, "Modernismus" und kirchliches Lehramt. Bedeutung und Folgen der Modernismus-Enzyklika Pius' X., in: Stimmen der Zeit 190 (1972), 249-262; Der Modernismus. Beiträge zu seiner Erforschung, hrsg. von Erika Weinzierl, Graz-Wien-Köln 1974; Norbert Trippen, Theologie und Lehramt im Konflikt. Die kirchlichen Maßnahmen gegen den Modernismus im Jahre 1907 und ihre Auswirkungen in Deutschland, Freiburg-Basel-Wien 1977; Thomas Michael Loome, Liberal Catholicism – Reform Catholicism – Modernism. A Contribution to a New Orientation in Modernist Research (Tübinger Theologische Studien, Bd. 14), Mainz 1979; Richard Schaeffler, Der "Modernismus-Streit" als Herausforderung an das philosophisch-theologische Gespräch heute, in: Theologie und Philosophie 55 (1980), 514-534; Gabriel Daly, Transcendence and Immanence: A Study in Catholic Modernism and Integralism, Oxford 1980; ders., Dissens in der Theologie: Die Modernismuskrise, in: Concilium 18 (1982), 569-573; Manfred Weitlauff, "Modernismus" als Forschungsproblem. Ein Bericht, in: Zeitschrift für Kirchengeschichte 93 (1982), 312-344; ders., "Modernismus litterarius". Der "Katholische Literaturstreit", die Zeitschrift "Hochland" und die Enzyklika "Pascendi dominici gregis" Pius' X. vom 8. September 1907, in: Beiträge zur altbayerischen Kirchengeschichte, hrsg. vom Verein für Diözesangeschichte von München und Freising, München 1988, 97-175; Hans Kühner, Modernismus und Antimodernismus, in: Frankfurter Hefte 38 (1983), 35-45; 47-52; Hans Urs von Balthasar, Integralismus heute, in: Diakonia 19 (1988), 221-229.

3 Zu Person und Werk von Herman Schell: Franz Xaver Kiefl, Herman Schell †, in: Hochland 3/II (1906), 548-574; ders., Herman Schell (Kultur und Katholizismus, Bd. 7), Mainz-München o.J. [1907]; ders., Die Stellung der Kirche zur Theologie von Herman Schell, Paderborn 1908; Sebastian Merkle, Auf den Pfaden des Völkerapostels. Gedächtnisrede bei der akademischen Totenfeier für Hermann Schell, Mainz 1906; Ernst Commer, Hermann Schell und der fortschrittliche Katholizismus, 2., neubearb. Aufl. Wien 1908; ders., Die jüngste Phase des Schellstreites. Eine Antwort auf die Verteidigung durch Herrn Prof. Dr. Kiefl und Herrn Dr. Hennemann, Wien 1909; Karl Hennemann, Herman Schell im Lichte zeitgenössischer Urteile bei seinem Tode, Paderborn 1909 (hier auch ein vollständiges Verzeichnis der Schriften Schells); J. Kübel, Geschichte des katholischen Modernismus, 16-60; Eduard Winter, Franz Brentanos Ringen um eine neue Gottessicht. Nach dem unveröffentlichten Briefwechsel F. Brentano – H. Schell, Brünn-Wien-Leipzig 1941; Josef Hasenfuß, Herman Schell: Persönlichkeit und Werk, in: Würzburger Diözesangeschichtsblätter 14/15 (1952/53), 681-723; ders., Herman Schell als existentieller Denker und Theologe, Würzburg 1956; ders. (Hrsg.), Herman Schell. Briefe an einen jungen Theologen, München-Paderborn-Wien 1974; ders. (Hrsg.), Herman Schell als Wegbereiter zum II. Vatikanischen Konzil. Sein Briefwechsel mit Franz Brentano und Nachschriften über Friedrich Nietzsche, über christliche Kunst und über Fundamentaltheologie, Paderborn-München-Wien-Zürich 1978; Heinrich Fries, Herman Schell, in: Hochland 52 (1959/60), 505-517; Paulus Wacker, Glaube und Wissen bei Herman Schell, Paderborn 1961; ders., Theologie als ökumenischer Dialog. Herman Schell und die ökumenische Situation der Gegenwart, München-Paderborn-Wien 1965; Vincent Berning, Das Denken Herman Schells. Die philosophische Systematik seiner Theologie genetisch entfaltet, Essen 1964; O. Schroeder, Aufbruch und Mißverständnis, 370-392; Günter Bleickert, Herman Schell (1850-1906), in: Katholische Theologen Deutschlands im 19. Jahrhundert, hrsg. von Heinrich Fries, Georg Schwaiger, Bd. 3, München 1975, 300-327; ein ausführlicher Literaturüberblick: 325-337; Liberaler Katholizismus. Biographische und kirchenhistorische Essays von Franz Xaver Kraus (Bibliothek des deutschen Historischen Instituts in Rom, Bd. 57), kommentiert und hrsg. von Christoph Weber, Tübingen 1983, 67-82; Elmar Fastenrath, Die Christologie Herman Schells im Spannungsfeld des Modernismus (Fuldaer Hochschulschriften,

Nr.1), St. Ottilien 1986; Karl Hausberger, Anton von Henle und Herman Schell. Ein Briefwechsel im Vorfeld der "Modernismus"-Kontroverse, in: Papsttum und Kirchenreform. Historische Beiträge. FS für Georg Schwaiger zum 65. Geburtstag, hrsg. von M. Weitlauff, K. Hausberger, St. Ottilien 1990, 699-743.

4   Im Brief aus Rom vom 25. November 1879 teilte Schell seinem Ortsordinarius, dem Würzburger Bischof Franz Joseph von Stein, unter anderem seinen Studienplan mit und erbat sich zugleich von ihm entsprechende Korrekturen. Es heißt dann weiter: "Die zentrale Tätigkeit möchte ich einer dogmengeschichtlichen Schrift über die Oekonomia Trinitatis, ihres Heraustretens in der biblischen Offenbarung und im dogmatisch-kirchlichen Bewußtsein widmen. Was mich an diesem Thema schon lange reizt, ist die Majestät seines Gegenstandes, der lebendige Reichtum seines Inhaltes, die Fruchtbarkeit seiner religiös-praktischen Verwertung. Ein formaler Vorzug scheint mir der zu sein, daß es von der wissenschaftlichen Behandlung seither weniger beachtet geblieben ist und weil es mir Gelegenheit gibt, so eng, wie ich es wünsche, die dogmatischen Studien mit philosophischen, exegetischen und patristischen Untersuchungen zu verflechten. Andrerseits verhehle ich mir die großen Anforderungen nicht, welche dieses Thema in Rücksicht auf Intensität wie Umfang der wissenschaftlichen Arbeit an mich stellt: aber ich habe es schon lange im Herzen getragen, nach Zeit und Gelegenheit auch vorbereitet und hoffe, es mit des Dreieinigen Segen zu vollenden. Ich glaube auch, durch die Bearbeitung dieses Themas die hier gegebenen literarischen Gelegenheiten am besten ausnützen und in möglichst organischer Erweiterung meiner theologischen Kenntnisse mich am sichersten auf die Promotion zu Würzburg vorbereiten zu können" (EBA München-Freising, Kasten 38 a).

5   J. Hasenfuß, Herman Schell: Persönlichkeit und Werk, 682.

6   Abgedruckt in: Georg Freiherr von Hertling, Kleine Schriften zur Zeitgeschichte und Politik, Freiburg i.Br. 1897, 561-573.

7   In dieser Affäre ging es letztlich um das gesamte Geschichtsbild des Katholizismus im 19. Jahrhundert. Mehrere Jahre hindurch hatte der französische Schriftsteller Gabriel Jogand-Pagès mit dem Pseudonym Léo Taxil die katholische Öffentlichkeit genarrt mit erfundenen Freimaurerenthüllungen, in denen er Teufelskulte, Freimaurerpäpste, verfolgte Jungfrauen, Hostienschändungen und skandalöse sexuelle Orgien präsentierte. Die Betrügereien wurden am 19. April 1897 durch die spektakuläre Selbstenthüllung Taxils im Saal der "Société de Géographie" in Paris als Phantasieprodukte endgültig aufgedeckt. Der intransigente Katholizismus sah sich kompromittiert und vor aller Augen an der Nase herumgeführt. "Es war eine vom Standpunkt Leos XIII. aus gesehen wahrhaft tragische Entwicklung, daß gerade unter diesem der Wissenschaft und Kultur aufgeschlossen gegenüberstehenden Papste die katholische Kirche eine Lächerlichkeits-Niederlage erlitt, wie sie unter allen intransigenten Päpsten des 19. Jahrhunderts von Leo XII. bis Pius IX. nicht vorgekommen war" (Chr. Weber, Hrsg., Liberaler Katholizismus, 69). Zum Taxil-Schwindel: Karl Buchheim, Ultramontanismus und Demokratie. Der Weg der deutschen Katholiken im 19. Jahrhundert, München 1963, 470-493; Eugen Weber, Satan franc-maçon. La mystification de Léo Taxil, Paris 1964; Jean-Pierre Rioux, L'extravagant M. Taxil, in: Le Monde, Nr. 14 169 vom 17. August 1990, 2.

8   Würzburg 1897; 7. Aufl. Würzburg 1899. Zum Anlaß und zur Motivation dieser programmatischen Schrift: ebd., 1-5.

9   Ebd., 69.

10 J. Kübel, Geschichte des katholischen Modernismus, 44.

11 Chr. Weber (Hrsg.), Liberaler Katholizismus, 72.

12 H. Schell, Kleinere Schriften, hrsg. von K. Hennemann, Paderborn 1908, 179. Die Hervorhebungen befinden sich im Original. Im Brief vom 14. Dezember 1896 an Ernst Maria Lieber, des Nachfolgers von Ludwig Windthorst in der Parteiführung des Zentrums (1891), worin sich Schell bei diesem "für die freundlichen Gesinnungen, welche Sie anläßlich meines Rektoratsantritts und der dort bei feierlicher Gelegenheit gesprochenen Worte mir entgegengebracht" [haben], bedankte, bemerkte er: "Ich hatte in meiner kurzen Antrittsrede allerdings die Absicht, etwas dazu beizutragen, was an Vorurteilen auch bei gerecht Denkenwollenden der Parität hindernd gegenübersteht, nicht ohne Wirkung – auch im Norden! Unsere Leute sind auch oft wirklich gar zu unmodern und naiv. Wir haben genug Hindernisse noch immer an Mangel guten Willens, wenn auch die Vorurteile etwas gelichtet sind" (AA Wroclaw, Nachlaß Ernst Maria Lieber, Nr. 142).

13 Philipp Huppert, Der Katholicismus als Princip des Fortschritts, in: Der Katholik 77/I (1897), 497-514; hier: 507.

14 Dazu siehe: Manfred Bierganz, Hermann Cardauns (1847-1925). Politiker, Publizist und Wissenschaftler in den Spannungen des politischen und religiösen Katholizismus seiner Zeit. Phil. Diss. (Masch.) Aachen 1977, 368.

15 Schell an Erzbischof Franz Joseph von Stein, Würzburg, den 18. Mai 1897, in: EBA München-Freising, Kasten 38 a.

16 Ders., Das Problem des Geistes mit besonderer Würdigung des dreieinigen Gottesbegriffs und der biblischen Schöpfungsidee. Akademische Festrede zur Feier des 315. Stiftungstages der Kgl. Julius-Maximilians-Universität Würzburg, gehalten am 11. Mai 1897, 2. Aufl. Würzburg 1898.

17 H. Schell, Die neue Zeit und der alte Glaube. Eine culturgeschichtliche Studie, Würzburg 1898. In der liberalen Presse vor allem wurde auch diese Schrift eifrig kommentiert. So heißt es etwa: In ihr entwickle der Verfasser "im Gegensatz zu der Auffassung, welche die Rettung des Katholizismus einzig von einer hermetischen Abschließung von der Wahrheit erwartet, das Ideal eines liberalen Katholizismus, der die bewegenden Mächte der Zeit, die Errungenschaften des Forschens und Denkens in sich aufnehmen müsse. In seiner Bekämpfung des Konservatismus im Kirchenleben erkennt er dessen Vorbild in den Sadduzäern und Pharisäern des Alten Bundes ... Er ist der Ansicht, daß die Kulturentwicklung immer mehr aus dem Menschen eine geistig selbständige Persönlichkeit mache und den Kreis derer, die wirklich durch Selbstbestimmung in religiössittlicher Hinsicht sind, was sie sind, immer weiter ausdehne; er glaubt, daß die Propaganda der Kirche in erster Linie auf die gebildete Menschheit zu gehen hat" (Kölnische Zeitung, 19. Oktober 1898).

18 F.X. Kraus in einem ohne Namensnennung publizierten Artikel der "Allgemeinen Zeitung", Nr. 61 vom 2. März 1899; abgedruckt bei Chr. Weber (Hrsg.), Liberaler Katholizismus, 248-252; hier: 250f. Nach einer streng vertraulichen Mitteilung von Msgr. de Montel habe der Mainzer Bischof Paul Leopold Haffner dem Präfekten der Index-Kongregation, Kardinal Andreas Steinhuber S.J., eine förmliche Klage gegen Schell eingereicht. Dieselbe sei jedoch allgemein gehalten gewesen. "Um so gründlicher ist der Bischof Korum von Trier anläßlich der von ihm Ende vorigen Monats unternommenen Romreise vorgegangen, indem er 'eine Reihe von Maximen' des Würzburger Professors an die genannte Kongregation überbracht hat. Die Sache ist nun bei letzterer in aller Form anhängig." Der Berichterstatter schließt: "Man darf darauf gespannt sein, ob es den Jesuiten gelingen wird, diese auch von vielen Katholiken in Deutschland beifällig aufgenommenen ersten bedeutenden Regungen einer wissenschaftlichen Richtung im Rahmen des katholischen Dogmas zu ersticken" (Gustav von Below-Rutzau, Legationsrat und Geschäftsträger an der Preußischen Gesandtschaft beim Hl. Stuhl, an Chlodwig Fürst von Hohenlohe-Schillingsfürst, Rom, den 18. November 1898, in: PA, Päpstlicher Stuhl 22, Bd. 1).

19 Wolfram Freiherr von Rotenhan, preußischer Gesandter am Hl. Stuhl, im Bericht aus Rom vom 27. Februar 1899 an Fürst zu Hohenlohe-Schillingsfürst, in: ebd.

20 Briefabschrift als Anlage zum Gesandtschaftsbericht vom 27. Februar 1899; siehe voranstehende Anmerkung.

21 Berliner Lokal-Anzeiger, 28. Februar 1899.

22 Schell an Erzbischof Stein, Würzburg, den 4. März 1899, in: EBA München-Freising, Kasten 38 a.

23 Ebd. Überglücklich teilte der Bischof von Würzburg seinem Vorgänger, dem nunmehrigen Erzbischof von München-Freising, Schells schriftliche Erklärung seiner Unterwerfung unter das Urteil der Index-Kongregation umgehend mit (Schlör an Stein, Würzburg, den 1. März 1899, in: ebd.).

24 Schell an Stein (wie Anm. 22).

25 Schell an Grauert, Würzburg, den 13. März 1899, in: AGG München, Nr. 37.

26 Grauert an Schell, München, den 15. März 1899; eine von Grauert angefertigte Abschrift seines Briefs: ebd. In der ersten Aprilhälfte konferierten die Bischöfe Bayerns auch über den "Fall Schell". Sie berieten darüber, "wie am besten dem üblen Eindruck, den die Angelegenheit auf einen nicht unbeträchtlichen Teil des bayerischen Klerus gemacht habe, entgegen zu wirken sei. Gerade die geistig bedeutenderen Priester seien nämlich in nicht unbeträchtlicher Zahl geneigt, in dem rohen Eingriff der römischen Index-Kongregation in die

Lehrtätigkeit eines vorwurfsfreien deutschen Theologen eine Beeinträchtigung der akademischen Lehrfreiheit zu sehen" (Anton Graf Monts, preußischer Gesandter im Königreich Bayern an Hohenlohe-Schillingsfürst, München, den 14. April 1899, in: PA, Bayern 53, Bd. 9). Die Ergebnisse der gemeinsamen Beratungen schlugen sich nieder in einer öffentlichen Erklärung, deren vier erste Punkte sich direkt gegen Schell richteten. Hierzu beachte den diplomatischen Bericht Monts vom 18. April 1899 an Hohenlohe-Schillingsfürst: ebd. Der Wortlaut der episkopalen Erklärung, der in der Presse lebhaft kommentiert und kontrovers diskutiert wurde, in: Augsburger Postzeitung, Nr. 88 vom selben Tag; wieder abgedruckt bei: Ernst Commer, Hermann Schell und der fortschrittliche Katholizismus, 422-424.

27 Anlaß zu derartigen Verdächtigungen gaben Äußerungen Schells, wie zum Beispiel ein durch Indiskretion in die Presse gelangter Brief, in dem es hieß: "Von einem theologischen Professor verlangt der Bischof, daß der die jungen Kleriker zu blindem Gehorsam gegen alles, was von der kirchlichen Autorität kommt, anleite. Man solle die jungen (und alten) Geistlichen nicht auf den Unterschied zwischen unfehlbaren kirchlichen Entscheidungen und anderen hinweisen; sie sollen nicht selber urteilen und nicht fragen, ob es sich um eine innerlich verpflichtende Entscheidung handelt ... Wir Professoren haben einen schweren Stand ... Ein System der argusäugigen Kontrolle, Spionage und Denunziation ist gegen uns in Tätigkeit. Gegen unsere freisinnigen, wissenschaftlich strebsamen und toleranten Schüler wird das System der Drohungen und der bestmöglichen Hemmnisse betätigt. So glaubt man, die heranwachsende geistliche Generation von uns wegtreiben und einen absolut urteilslosen fügsamen Klerus zu gewinnen, der auf Kommando tätig ist und politisch die Bedingung des absoluten Bischofsregimes sicher stellt" (Neue Bayerische Landeszeitung, 11. Juni 1904; zitiert von J. Hasenfuß, Hrsg., Briefe an einen jungen Theologen, 134, Anm. 351).

28 Am 31. Dezember 1903 hatte Schell aus Würzburg dem ihm eng befreundeten Bischof von Passau – seit 1906 Bischof von Regensburg –, Anton von Henle, geschrieben: "Hier behagt es mir in allen Gebieten meiner Wirksamkeit – Lehrstuhl, Kanzel, Schriftstellerei. Nur die stete Agitation beim Hr. Bischof Schlör verleidet mir den hiesigen Beruf. Ich habe gewissenhaft in Kolleg und Wirken alles vermieden, was durch das Indexdekret bzw. dessen g e h e i m z u h a l t e n d e Begründung als anstößig oder bedenklich bedeutet wurde: insbesondere im offiziellen und überhaupt in jedem Kolleg etc. Nicht einmal Polemik und Ironie! Aber nicht e i n   Jahr Ruhe: und dabei soll ich arbeiten – und meine gefährdete Brust in Acht nehmen!"(Ediert von K. Hausberger, Anton von Henle und Herman Schell, 727).

29 Joseph Engert, der damals bei Schell seine Promotion vorbereitete, in seinen Erinnerungen an jene Jahre; Zitat: ebd., 716.

30 Darüber nähere Auskunft bei: K. Hennemann (Hrsg.), Herman Schell im Lichte zeitgenössischer Urteile bei seinem Tode, Paderborn 1909.

31 Ebd., 19.

32 Aberts Traueransprache in: ebd., 20-22. Franz Xaver Kiefl, seit dem Sommersemester 1905 Professor der Dogmatik und Christlichen Symbolik an der Theologischen Fakultät der Universität Würzburg und ein enger Freund Schells, schrieb an Bischof Henle: "Am Grabe sprach Erzbischof Abert herzlich und geschickt. Das Leichenbegräbnis war eine kolossale Trauerkundgebung. Schells Schüler waren bis aus Straßburg anwesend. Ich habe noch nie einen so innigen Schmerz um einen Toten erlebt wie hier ... Der Stern unserer Fakultät ist erloschen ... Ich halte Schell für einen Heiligen. Denn ich habe an ihm nichts als Liebe, Versöhnung, Edelsinn gesehen und bei seinen Gegnern, welche sich den Schein der Kirchlichkeit geben, das Gegenteil" (Ediert von K. Hausberger, Anton von Henle und Herman Schell, 742 f).

33 S. Merkle, Auf den Pfaden des Völkerapostels, Mainz 1906.

34 Ebd., 10.

35 Ebd., 14.

36 Ebd., 18.

37 Commer hat sich in seinem Buch "Hermann Schell und der fortschrittliche Katholizismus" sehr eingehend und äußerst kritisch mit der Trauerrede Merkles auseinandergesetzt.

38 F.X. Kiefl, Ernst Commer über Hermann Schell, in: Literarische Beilage der "Kölnischen Volkszeitung", Nr. 16 vom 18. April 1907, 117-119; hier: 119.

39 Der Aufruf bei: K. Hennemann (Hrsg.), Herman Schell im Lichte zeitgenössischer Urteile, 247f.

40 Ebd., 247.

41 Die Unterschriften: ebd., 248-250. Im Vatikan war man sehr verärgert, daß außer den beiden Bischöfen angesehene katholische Wissenschaftler Deutschlands und sonstige prominente Katholiken den Aufruf unterzeichnet hatten. Dazu siehe etwa: Frankfurter Zeitung, Nr. 189 vom 10. Juli 1907.

42 Siehe N. Trippen, Theologie und Lehramt im Konflikt, 194.

43 Wehner an Abert, München, den 11. Juni 1907; Abschrift in: BayHStA, MA 99 475.

44 Abert an Wehner, Bamberg, den 18. Juni 1907; Briefauszug in: ebd. In einer Audienz bei Pius X. hatte Nuntius Caputo den Erzbischof von Bamberg als Vertreter des "Modernismus" verdächtigt: Bericht des bayerischen Gesandten beim Hl. Stuhl, Georg Freiherrn von und zu Guttenberg, Rom, den 5. Juli 1907 an das bayerische Staatsministerium des Königlichen Hauses und des Äußern, in: ebd.

45 Eine lateinische Fassung mit einer deutschen Übersetzung des Breves in: E. Commer, Hermann Schell und der fortschrittliche Katholizismus, X-XII bzw. XII-XIV; es handelt sich um dieses Buch. Im einzelnen zur Polemik: Schell-Commer, in: Hochland 5/II (1908), 467-470; außerdem N. Trippen, Theologie und Lehramt im Konflikt, 196-219.

46 Zitat im Bericht Guttenbergs an den bayerischen Ministerpräsidenten Klemens Freiherr von Podewils-Dürniz, Rom, den 27. Juni 1907, in: BayHStA, MA 99 475.

47 Ebd.

48 Der Wortlaut des Schreibens in: Bayerischer Kurier, Nr. 211 vom 30. Juli 1907; hier auch die Antwort des Kardinalstaatssekretärs vom 25. Juli 1907 mit einer ausführlichen Kommentierung der Streitfrage.

49 Die Erklärung der beiden Bischöfe wurde in mehreren Zeitungen veröffentlicht, so etwa in der "Augsburger Postzeitung", Nr. 166 vom 26. Juli 1907, und im "Fränkischen Volksblatt", Nr. 168 vom selben Tag; sie ist wieder abgedruckt worden in: E. Commer, Hermann Schell und der fortschrittliche Katholizismus, 459f.

50 Hierzu beachte: Ernst Commers Briefe an Herman Schell von 1885-1899, hrsg. von K. Hennemann, Würzburg 1907.

51 Aufschlußreich für die durch eine lancierte Indiskretion erfolgte Aufdeckung die diplomatischen Berichte Guttenbergs nach München, Rom, den 8. und 13.Juli 1907, in: BayHStA, MA 99 475. Im einzelnen zu diesen beiden Kontroverspunkten: Adolf ten Hompel, Indexbewegung und Kulturgesellschaft. Eine historische Darstellung auf Grund der Akten herausgegeben, Bonn 1908.

52 Es handelte sich um eine Büste des Verstorbenen auf einem Sockel. Zur Enthüllungsfeier des Grabdenkmals für Schell: Kölnische Volkszeitung, Nr. 627 vom 20. Juli 1908.

53 Vgl. G. Bleickert, Herman Schell, 303.

Archive:

AA Wroclaw   Archiwum Archidiecezjalne, Wroclaw
                      (Erzdiözese Breslau):
                      Nachlaß Ernst Maria Lieber,
                      Nr. 142: Professor Schell,
                      Würzburg.

AGG München   Archiv der Görres-
                      Gesellschaft, München:
                      Nr. 37: Korrespondenz mit
                      Grauert.

BayHStA	Bayerisches Hauptstaatsarchiv, München: MA 99 365: Berichte des bayerischen Gesandten beim Päpstlichen Stuhl; MA 99 475: Erzbischof Abert und Professor Schell, der Kulturbund und der neue Syllabus (1907).
EBA München-Freising	Erzbischöfliches Archiv, München-Freising: Kasten 38 a: Franz Joseph von Stein und Herman Schell (1879-1905).
PA	Politisches Archiv des Auswärtigen Amtes, Bonn: Bayern 53: Die Kirchen- und Schulangelegenheiten Bayerns; Päpstlicher Stuhl 22: Die innerhalb der katholischen Kirche in Bezug auf Lehre und Erziehung sich geltend machenden freieren Bestrebungen.

AUGUST HERMANN LEUGERS-SCHERZBERG

Die Modernisierung des Katholizismus im Kaiserreich. Überlegungen am Beispiel von Felix Porsch

Einleitung

Die Entwicklung des deutschen Katholizismus im 19. und 20. Jahrhundert wird in jüngster Zeit zunehmend unter dem Aspekt der Modernisierung betrachtet. So haben insbesondere Thomas Nipperdey und Urs Altermatt versucht, die Modernisierung des Katholizismus seit Mitte des 19. Jahrhunderts in ihren Ursachen und Wirkungen zu beschreiben.

Thomas Nipperdey sieht den eigentlichen Auslöser für die Modernisierung in der Entwicklung des katholischen Vereinswesens. Aus einzelnen, zunächst kirchlichen, primär religiös-moralisch geprägten Vereinen seien immer größere Zusammenschlüsse entstanden. Die damit einhergehende Bürokratisierung und Professionalisierung habe den Katholizismus modernisiert.[1] Urs Altermatt hat diesen Gedanken von Nipperdey übernommen und auf die Formel gebracht:

"Obwohl die katholischen Verbände in ihren Zielsetzungen anti-modernistisch ausgerichtet waren, modernisierten sie den Katholizismus in einem unvorhersehbaren Ausmaß. [...] Zwar war das katholische Milieu als ultramontaner Schutzwall gegen die moderne Welt geschaffen worden, löste aber im Katholizismus selber unaufhaltsam voranschreitende Modernisierungsprozesse aus. Das katholische Vereinswesen wurde für den Katholizismus zum Laboratorium und Promotor einer emanzipatorischen Kirche."[2]

Gemeinsam ist diesen Erklärungsmustern, daß sie im katholischen "Antimodernismus mit modernen Mitteln" (Altermatt) eine gesellschaftliche Kraft sehen, die widerwillig in den Strudel der Modernisierung hineingezogen wurde. Dabei wird im Prozeß der Organisierung eine Eigendynamik diagnostiziert, die notwendig zu einer Modernisierung führte. Diese Art der Erklärung entspricht dem von Peter L. Berger u.a. vorgelegten Entwurf einer wissenssoziologischen Theorie der Modernisierung, wonach neben der Entwicklung der Technik vor allem der Bürokratisierungsprozeß des Staates und infolgedessen der Bürokratisierungsprozeß der gesellschaftlichen Subsysteme zur Durchsetzung eines "modernen Bewußtseins" führte.[3] Dabei bleibt aber ebenso die Genese des "modernen Bewußtseins" im Dunkeln, wie es im einzelnen nur schwer nachweisbar ist, einen kausalen Zusammenhang zwischen organisatorischem Prozeß und der Veränderung der Bewußtseinsinhalte bei den Beteiligten herzustellen.

Die von Altermatt gezogene Konsequenz, daß der "Antimodernismus mit modernen Mitteln" ... "unaufhaltsam voranschreitende Modernisierungsprozesse" auslöste, impliziert darüber hinaus eine Offenheit und Zwangsläufigkeit des Prozesses, der früher oder später zu einer vollständigen Modernisierung des Katholizismus führen müßte. Dabei wird völlig außer acht gelassen, daß der Katholizismus stets an die katholische Kirche zurückgebunden bleibt. Die katholische Kirche vermag aber in ihrem Jurisdiktionsbereich Modernisierungsprozesse, wenn sie den Rahmen des katholisch Vertretbaren überschreiten, auf recht einfache Weise zu stoppen: durch Exkommunikation, an theologischen Fakultäten durch Lehramtsentzug, in der Pastoral durch Suspension und Predigtverbot. Zudem wird bei der Herausstellung des katholischen Vereinswesens als Modernisierungsfaktor die Bedeutung des politischen Kräftefeldes innerhalb des Katholizismus nicht hinreichend gewürdigt. Nipperdey geht von der Vorgabe aus: "Weil die katholische Kirche politisch entmachtet war, wurde der Katholizismus in der modernen Form der Vereine zu einer Macht. [...] Diese Vereine und ihre Entwicklung ändern und modernisieren auf Dauer das Gefüge des Katholizismus."[4] Wenig später konzentriert er den modernisierenden Einfluß des katholischen Vereinswesens auf den Volksverein für das katholische Deutschland. Denn, so Nipperdey: "Er war ein Faktor der Emanzipation, er hat Geist und Klima des Katholizismus modernisiert".[5]

Der Versuch, gesellschaftliche Entwicklungen allein anhand von sozialen Prozessen zu erklären, birgt die Gefahr in sich, den Einfluß des Faktors Politik zu unterschätzen.[6] So wurde auch der Katholizismus nach der politischen Depotenzierung der Hierarchie keineswegs allein und primär durch die katholischen Massenorganisationen zu einer Macht. Politisch mächtig wurde der Katholizismus vielmehr seit Beginn des Kulturkampfs durch die Zentrumspartei. Sie verfügte zudem rasch über ein enges Netz von Parteizeitungen, die nicht nur jedes katholische Vereinsorgan in den Schatten stellten, sondern auch als erste eine hinreichende Autonomie von der kirchlichen Hierarchie erringen konnten. Mit Hilfe der Zentrumspresse entstand eine katholische Öffentlichkeit, in der mit Blick auf den politischen Bereich konkurrierende politische Konzepte erörtert wurden. Zunehmend kam es aber auch in der Zentrumspresse zunächst zu verhaltener, später zu offener Kritik an Repräsentanten und weltanschaulichen Richtungen innerhalb der katholischen Kirche. Damit gingen vom politischen Katholizismus eher wesentliche Impulse für die Modernisierung des gesamten Katholizismus aus als vom katholischen Vereinswesen, das erst nach der Gründung der Zentrumspartei und oft in enger Anlehnung an die Zentrumspartei ein dichtes Organisationsnetz aufbaute und zu einem nicht unwesentlichen Teil Funktionen einer Parteiorganisation erfüllte. Was insbesondere den Volksverein anbelangt, so wurde er von führenden Zentrumspolitikern aus politischen Rücksichten gegründet. Seine "modernisierende" Tätigkeit läßt sich ohne die Zentrumspartei gar nicht vorstellen. Er wäre sonst nämlich mit an Sicherheit grenzender Wahrscheinlichkeit (wie auch die christlichen Gewerkschaften) kirchlicherseits verboten worden. Daß Nipperdey dies übersieht, liegt daran, daß er in seiner Studie "Religion im Umbruch" die Zentrumspartei von vornherein explizit aus seiner Untersuchung ausblendet.[7] Damit unterläuft ihm schon in der theoretischen Anlage seiner Studie eine "fatale Unterschätzung der Politik".[8] Es genügt ein Blick auf die Entwicklung des französischen oder italienischen Katholizismus, um zu sehen, daß dort die katholische Hierarchie in noch stärkerem Maße als in Deutschland politisch entmachtet war, jedoch selbst starke katholische Basisbewegungen hier keine Chance hatten, sich gegenüber einer politisch entmachteten Hierarchie durchzusetzen und ohne Anlehnung an eine katholische Partei zu einem eigenständigen innerkatholischen Faktor zu werden.[9]

Die von Nipperdey und Altermatt entwickelten Erklärungsansätze können keine ausreichende Erklärung für die Modernisierung des Katholizismus seit der Mitte des 19. Jahrhunderts geben. Die Tatsache, daß es sich beim Katholizismus um ein – mit Blick auf die katholische Kirche – nur begrenzt eigenständiges Gebilde handelt, muß ebenso beachtet werden, wie die Bedeutung der Zentrumspartei, die als plebiszitär legitimierte Vertretung der Katholiken auch die politischen Interessen der katholischen Kirche vertrat und dadurch gegenüber der Hierarchie ein größeres Eigengewicht gewinnen konnte als das katholische Vereinswesen.

1. "Modernisierung" als Kategorie der historischen Analyse

Die gegenwärtige Konjunktur des Modernisierungsbegriffs, wie er sich in den Studien von Nipperdey und Altermatt etwa in bezug auf den Katholizismus darstellt, ist angesichts der immer wieder beschworenen Problematik des Modernisierungsbegriffs überraschend. Insbesondere Hans-Ulrich Wehler, der einen modernisierungstheoretischen Ansatz explizit zum theoretischen Fundament seiner "Gesellschaftsgeschichte" gemacht hat, wird nicht müde, auf die Schwächen modernisierungstheoretischen Arbeitens hinzuweisen.[10] Deshalb erscheint es notwendig, bevor die Frage nach der Modernisierung des Katholizismus im Kaiserreich gestellt wird, zunächst kritisch nachzufragen, was es heißt, wenn in der historischen Katholizismusforschung mit einem Modernisierungskonzept gearbeitet wird.

In der Alltagssprache kann von "Modernisierung" in zwei unterschiedlichen Bedeutungen gesprochen werden: einmal im technischen, zum anderen im ästhetischen Sinn.

Im technischen Sinn wird Modernisierung allgemein für die Übernahme von technischen Innovationen, besonders auch im Zusammenhang mit der Organisationstechnik benutzt. So werden von Zeit zu Zeit technisch modernisierte Produkte auf den Markt gebracht (in den letzten Jahren wurde etwa ausgiebig über die Einführung modernisierter Waffensysteme gestritten) oder Organisationsstrukturen in Wirtschaft und Verwaltung modernisiert, womit zumeist der Abbau von Arbeitsplätzen vornehm umschrieben wird. In jedem Fall erhebt die technische oder organisatorische Modernisierung den Anspruch, Aufgaben effektiver und damit besser als zuvor zu lösen. Modernisierung soll etwas Meßbares und damit Präzises sein. In ästhetischer Hinsicht gebraucht, bedeutet das Wort Modernisierung, etwas dem Zeitgeschmack anzupassen. So kann etwa ein Altbau modernisiert werden, das meint dann zwar auch technische Erneuerungen, aber auch die architektonische Anpassung an den Zeitgeschmack. Es kann die Einrichtung eines Café-Hauses modernisiert werden, weil die alte Einrichtung nicht mehr dem Geschmack des Publikums entsprach, oder es wird das Design eines Produkts modernisiert, um im Kampf um Marktanteile weiterhin bestehen zu können. Modernisierung in diesem Sinne ist nicht etwas präzis Bestimmbares, sowenig wie sich ein Zeitgeschmack exakt bestimmen läßt; es hat etwas mit Intuition und Gefühl zu tun. Doch die Menschen, für die modernisiert wird, wissen zumeist ganz genau, was modern ist und dem Zeitgeschmack entspricht.

Wenn in der Geschichtswissenschaft von Modernisierung gesprochen wird, so hat der Begriff wie in der Alltagssprache ein doppeltes Gesicht. Es sollen präzise Aussagen getroffen werden und doch bleibt eine Modernisierung im historisch-fachsprachlichen Sinn letztlich etwas Unbestimmtes und Unscharfes. In Anknüpfung an die sozialwissenschaftliche Theoriebildung werden damit Einzelprozesse oder der Gesamtprozeß der gesellschaftlichen Entwicklung bezeichnet. Der Begriff dient dabei "als bequeme Abkürzung für ein Bündel von miteinander verzahnten oder autonomen Evolutionsprozessen, die seit den Revolutionen am Ende des 18. Jahrhunderts besonders gut sichtbar ablaufen".[11]

Um die Funktion des Modernisierungsbegriffs in der heutigen deutschen Geschichtsschreibung zu verstehen, lohnt es sich, einen Blick auf die Entstehungsgeschichte des Modernisierungsparadigmas zu werfen. Der Begriff fußt auf den Modernisierungstheorien, die seit den fünfziger Jahren vor allem von amerikanischen Sozialwissenschaftlern entwickelt wurden, um in den sogenannten Entwicklungsländern gesamtgesellschaftliche Transformationsprozesse geplant und kontrolliert in Richtung auf das westliche Gesellschaftsmodell durchführen zu können.[12] Dabei erschien allein das Modernisierungsparadigma fähig, sowohl die verschiedenen Phänomene gesellschaftlichen Lebens begrifflich zu subsumieren und miteinander in Beziehung zu setzen als auch gleichzeitig die Dynamik gesellschaftlicher Prozesse anzuzeigen.

Die Diskussion innerhalb der Soziologie über den modernisierungstheoretischen Ansatz führte zu eine Ausdifferenzierung der Theorie und der Entstehung einer bald kaum noch zu übersehenden Vielzahl konkurrierender modernisierungstheoretischer Ansätze, so daß heute niemand mehr ernsthaft von der Existenz einer Modernisierungstheorie sprechen kann.[13]

Der Einbruch modernisierungstheoretischer Ansätze in die deutsche Geschichtswissenschaft erfolgte seit Anfang der siebziger Jahre. Herausgefordert zunächst durch den Protest junger liberaler Historiker gegen eine verknöcherte deutsche Geschichtswissenschaft seit Anfang der sechziger Jahre,[14] dann durch die Renaissance des Marxismus im wissenschaftlichen Diskurs am Ende der sechziger Jahre, hatte in der Geschichtswissenschaft eine Theoriediskussion begonnen, die immer deutlicher werden ließ, daß die deutsche Geschichtsschreibung nach wie vor in den Bahnen Rankes und Treitschkes wandelte. Auf der Suche nach sozialwissenschaftlich fundierten Theorien zur Gesellschaftsanalyse stieß man auch auf die Modernisierungstheorien und konnte zudem erstaunt feststellen, daß sie auf einer spezifisch deutschen Wissenschaftstradition fußten. Denn, sofern sie historischen Bedürfnissen genügten, waren sie an Max Webers Forschungen zur Genese des okzidentalen Gesellschaftsmodells orientiert. Die Bedeutung der sich in den siebziger Jahren rasch ausbreitenden Weber-Rezeption angesichts der marxistischen Herausforderung hat Detlev Peukert auf die treffende Formel gebracht, daß es dadurch möglich wurde, "gesellschaftliche Phänomene systematisch [...] denken [zu können], ohne Marxist sein zu müssen".[15]

Das Modernisierungsparadigma konnte letztlich die in den Theoriediskussionen der sechziger und siebziger Jahre fraglich gewordenen geschichtsphilosophischen und universalgeschichtlichen Kategorien durch ein sozialwissenschaftlich fundiertes Konzept ersetzen, das prinzipiell universalistischen Anspruch hat und damit geeignet ist, die verlorene einheitliche Grundlage der Geschichtswissenschaft zu überbrücken.

Ein Kennzeichen modernisierungtheoretischer Ansätze ist, daß sie evolutionstheoretisch sind. Sie gehen davon aus, daß es so etwas wie eine Evolution von Gesellschaften und ihren Teilbereichen gibt. Dabei nehmen sie gesellschaftliche Basisprozesse an, die die gesamtgesellschaftliche Entwicklung wesentlich bestimmen bzw. bestimmt haben. Diese Basisprozesse gilt es anhand der modernisierungstheoretischen Analyse sichtbar zu machen und in ihrer Bedeutung für den gesamtgesellschaftlichen Prozeß zu bestimmen. Evolutionstheorien bergen nun aber die Gefahr in sich, den Evolutionsprozeß grundsätzlich positiv zu werten und damit ein normatives Wertsystem zu implizieren. Zwar weist Wehler ausdrücklich darauf hin, daß "Modernisierung" nicht als wertender Begriff oder als gesellschaftliche Zielprojektion angesehen werden darf.[16] Aufgrund der alltagssprachlichen semantischen Konnotationen, die in jedem Fall positive Wertungen enthalten, läßt sich diese Gefahr aber nur schwer bannen. Natürlich erscheint eine modernisierte Gesellschaft stets besser als eine nicht modernisierte, so wie man auch für eine modernisierte Altbauwohnung mehr Miete zahlt als für eine nicht modernisierte.

Um der Gefahr vorzubeugen, daß "Modernisierung" letztlich ein schillernder, unpräziser und unscharfer Begriff bleibt, hat Hans-Ulrich Wehler im Anschluß an Ralf Bendix und Wolfgang Zapf eine Historisch-komparative Modernisierungstheorie entwickelt.[17] Demnach soll die Rekonstruktion von gesamtgesellschaftlichen Modernisierungsprozessen oder von Modernisierungsprozessen in gesellschaftlichen Teilbereichen als Hintergrundfolie im Sinne der Weberschen Idealtypenlehre dienen. Historisch-komparativ ist der theoretische Ansatz sowohl im Hinblick auf die Forderung nach vergleichender Analyse verschiedener Gesellschaften und gesellschaftlicher Teilbereiche als auch im Hinblick auf den Vergleich konkreter Gesellschaftsprozesse mit einem idealtypisierten Entwicklungsprozeß. Damit ist zumindest methodisch die Gefahr gebannt, über eine grundsätzlich positive Wertung des Modernisierungsprozesses hinaus das Modernisierungskonzept zum Angelpunkt einer soziologisch verbrämten Geschichtsphilosophie werden zu lassen, wobei "Modernisierung" quasi eine säkularisierte "heilsgeschichtliche" Dimension wird. Um darüber hinaus zu verhindern, daß "Modernisierung" im Rahmen einer modernisierungstheoretischen historischen Analyse als Wertungsbegriff mißverstanden wird, muß auch in der historischen Darstellung die Ambivalenz von Modernisierungsprozessen scharf herausgearbeitet werden.

Letztlich bleibt aber die theoretische Grundlage für die Untersuchung von gesellschaftlichen Modernisierungsprozessen – so offensichtlich es sie gegeben hat – unbefriedigend.[18] Lediglich die heuristische Funktion einer historischen Modernisierungstheorie, geschichtliche Prozesse in ihrer Totalität zu erfassen, rechtfertigt ihren Gebrauch.

2. "Katholizismus" als Gegenstand sozialwissenschaftlicher Forschung

Insofern es sich bei einer Modernisierungstheorie um eine soziologische Theorie handelt und sich eine darauf aufbauende Geschichtswissenschaft als historische Sozialwissenschaft versteht, liegt es nahe, für die Analyse des Katholizismus im Prozeß der Modernisierung einen sozialwissenschaftlich operationalisierbaren Begriff von Katholizismus zu verwenden. Wenn in neueren sozialwissenschaftlich orientierten Darstellungen zur deutschen Geschichte jedoch vom Katholizismus die Rede ist, so geschieht das zumeist im alltagssprachlichen Sinn. Der Begriff beschreibt dann wie schon in der polemischen Literatur der Jahrhundertwende all das, was gemeinhin als katholisch gilt. Unterschiede zwischen katholischer Kirche, katholischer (Laien)Bewegung, politischem Katholizismus, Sozialkatholizismus, katholischem Lehramt, katholisch-theologischer Forschung und Lehre, katholischen Kultformen, ganz zu schweigen von verschiedenen katholisch-weltanschaulichen Richtungen (katholischem Konservatismus, Liberalismus, Linkskatholizismus usw.) werden nicht gemacht. Dementsprechend steht die Beschreibung der Rolle des Katholizismus in der deutschen Geschichte des 19. und 20. Jahrhunderts zumeist ganz in der Tradition des deutschen nationalliberalen Geschichtsbilds, das im Katholizismus lediglich ein zu überwindendes Relikt der Vergangenheit erblickt hat.

Für die Katholizismusforschung ist dieses Ergebnis recht unbefriedigend. Urs Altermatts Plädoyer für eine "Sozialgeschichte des Katholizismus"[19] mag nicht nur vom Impuls geleitet sein, die Katholizismusforschung zu reformieren, sondern auch von der Erfahrung, daß die Ergebnisse einer traditionellen Katholizismusforschung in einer zunehmend sozialgeschichtlich inspirierten Forschungslandschaft kaum noch vermittelbar sind. Dies ist aber nicht etwa nur den Sozialgeschichtlern anzulasten, denn einen eindeutigen, sozialwissenschaftlich operationalisierbaren Begriff "Katholizismus" kann nicht einmal die Katholizismusforschung bereitstellen.[20]

In einem 1980 erschienen Sammelband "Zur Soziologie des Katholizismus" haben verschiedene Sozialwissenschaftler versucht, das Phänomen "Katholizismus" in den Griff zu bekommen.[21] Bei der sorgfältigen Lektüre stellt sich heraus, daß jeder Autor mit einer anderen Definition von Katholizismus arbeitet und der Katholizismus-Begriff stark von der jeweils zugrundegelegten sozialwissenschaftlichen Theorie abhängt.[22] Hinzu kommt, daß diese sozialwissenschaftlichen Analysen mit z.T. konkurrierenden Begriffen arbeiten, so neben dem Begriff des Katholizismus mit den Begriffen "Katholische Kirche", "Katholisches Milieu" und "Ultramontanismus". Eine begriffliche Scheidung wurde dabei zumeist nicht vorgenommen. Dadurch werden die Probleme bei der Analyse des Phänomens "Katholizismus" jedoch nur verschärft, und die Ergebnisse dieser sozialwissenschaftlichen Analysen lassen sich kaum noch miteinander vergleichen, geschweige denn, daß sie von Außenstehenden verarbeitet werden können.

Franz-Xaver Kaufmann hat als Definition für den Begriff "Katholizismus" vorgeschlagen, ihn "nicht für die Gesamtheit der Sozialformen der katholischen Teiltradition, sondern für eine spezifische und an bestimmte historische wie gesellschaftliche Voraussetzungen gebundene Sozialform des katholischen Christentums" zu verwenden. Dabei sei "der Katholizismus eine spezifische Antwort der katholischen Tradition auf die Herausforderung durch die neuzeitliche Gesellschaftsentwicklung".[23] Mit dieser Definition wird zum einen zwischen Katholizismus und katholischer Kirche unterschieden und zum anderen der Bezug zur neuzeitlichen Gesellschaftsentwicklung hergestellt.[24] Ferner soll der Katholizismus eine Sozialform bezeichnen und nicht bloß die katholische Abwehrideologie gegenüber der Moderne. Dies beinhaltet, daß aufgrund anderer historischer und gesellschaftlicher Voraussetzungen in unterschiedlichen Regionen und Ländern auch von unterschiedlichen Katholizismen gesprochen werden kann. Damit stellt sich die Frage, inwieweit es für das 19. Jahrhundert überhaupt sinnvoll ist, von einem deutschen Katholizismus zu sprechen oder ob eher von der Existenz relativ autonomer regionaler Katholizismen auszugehen ist. Kaufmanns Definition grenzt also zwar das Problemfeld ein, läßt aber weiterhin viele Unklarheiten bestehen. Helmut Gellers Versuch, die "sozialstrukturelle(n) Voraussetzungen für die Durchsetzung der Sozialform 'Katholizismus' in Deutschland" zu beschreiben,[25] greift zwar die Frage nach dem Entstehungszusammenhang auf, kann selbst aber keine befriedigende Antwort anbieten. Seine These, daß sich der Katholizismus als Sozialform in der ersten Hälfte des 19. Jahrhunderts in Deutschland durchgesetzt habe, ist wenig überzeugend, da er bei der Beschreibung der charakteristischen Merkmale des Katholizismus auf Beispiele aus der Zeit des Wilhelminischen Deutschlands zurückgreift. Doris Kaufmann folgt daher in ihrer Untersuchung des Katholizismus in Münster am Ende der Weimarer Republik dem an M. Rainer Lepsius anknüpfenden Konzept des "Katholischen Milieus",[26] um für die Zeit seit der Reichsgründung und der Gründung der Zentrumspartei die Existenz einer katholischen Sozialform zu behaupten, innerhalb derer sich soziale Prozesse aufzeigen lassen. Da Lepsius sein Konzept im Hinblick auf die Erklärung der Entwicklung des deutschen Parteiensystems entwirft, rückt dabei besonders die gegenseitig konstitutive Funktion von katholischem Milieu und politischem Katholizismus in den Vordergrund. So nimmt auch Doris Kaufmann an, daß sich erst seit der Entstehung der Zentrumspartei 1870/71 ein von der katholischen Kirche relativ eigenständiger Katholizismus dauerhaft nachweisen läßt.

3. Katholizismus und Modernisierung

Wenn man nun versucht, die beiden Begriffe Katholizismus und Modernisierung auf der Ebene sozialwissenschaftlicher Analyse zusammenzubringen, so muß zunächst festgestellt werden: Der Katholizismus ist keine Gesellschaft, sondern ein gesellschaftliches Teilphänomen. In wesentliche ökonomische, politische und kulturelle Prozesse der Gesamtgesellschaft, etwa das Wirtschaftswachstum, die Parlamentarisierung und Demokratisierung sowie die Ausbreitung der Massenmedien, blieb der Katholizismus als gesellschaftliches Teilphänomen stets eingebunden. Deshalb ist es wenig sinnvoll, ausschließlich ein für die Analyse gesamtgesellschaftlicher Prozesse entwickeltes idealtypisierendes Modernisierungskonzept als Maßstab für die Erfassung von Modernisierungsprozessen im Katholizismus anzuwenden. Nur unter der Fragestellung, ob der Katholizismus die gesamtgesellschaftlichen Entwicklungsprozesse gefördert oder gehemmt hat, ist ein solches Vorgehen erfolgversprechend. Es erlaubt dann allerdings primär Aussagen über den gesamtgesellschaftlichen Modernisierungsprozeß; wesentliche Aspekte relativ eigenständiger Modernisierungsprozesse im Katholizismus bleiben unberücksichtigt.

Wenn von der Modernisierung des Katholizismus gesprochen wird, existieren also prinzipiell zwei Bezugsgrößen. Zum einen kann, wie gerade erwähnt, die Modernisierung des Katholizismus in gesamtgesellschaftlicher Perspektive betrachtet werden. Dann ist der gesamtgesellschaftliche Modernisierungsprozeß der Maßstab und der Katholizismus wird daraufhin befragt, inwiefern seine Entwicklung von der Entwicklung der Gesamtgesellschaft signifikant abweicht. In gewisser Weise wird dann der Katholizismus so betrachtet, wie in der allgemeinen Modernisierungsforschung in globaler Perspektive die "Nachzüglergesellschaften". Freilich trifft dieser Vergleich nicht ganz zu, weil der Katholizismus als gesellschaftliches Teilphänomen ja nicht mit allen Merkmalen einer Gesellschaft ausgestattet ist. Dennoch soll dieser Vergleich hier gezogen werden, weil er gleichzeitig eine Kritik dieser Betrachtungsweise beinhaltet. Wird nämlich die Gesamtgesellschaft als eine "Pioniergesellschaft" absolut gesetzt, liegt der Schwerpunkt der Untersuchung auf der Frage nach dem Modernisierungsbedarf eines gesellschaftlichen Teilphänomens. Die theoretische Vorgabe, den Katholizismus als Nachzügler im Modernisierungsprozeß zu untersuchen, verstärkt daher die Herausarbeitung der traditionalen Elemente des Katholizismus.

Die Modernisierung des Katholizismus kann aber auch auf dem Hintergrund der Entwicklung des Katholizismus betrachtet werden. Dann ist nicht primär die gesamtgesellschaftliche Entwicklung der Hintergrund, sondern ein im Sinne der Historisch-komparativen Modernisierungstheorie idealtypisierter Katholizismus. Darunter wird dann eine Sozialform der katholischen Tradition verstanden, die auf die Herausforderung der gesellschaftlichen Entwicklung aus sich heraus Antworten entwickelte. "Modernisierung" meint in diesem Zusammenhang den Auf- und Ausbau dieser Sozialform sowie die Ausformung alternativer Entwicklungsmodelle angesichts der gesamtgesellschaftlichen Entwicklung. Voraussetzung dafür ist allerdings, daß sich relativ eigenständige gesellschaftliche Entwicklungsprozesse innerhalb des Katholizismus ausmachen lassen. Hier gewinnt die Annahme eines katholischen Milieus entscheidende Bedeutung. Sofern von der Existenz eines katholischen Milieus wie in der Zeit nach der Reichsgründung und dem Kulturkampf ausgegangen werden kann, ist die Annahme eigenständiger gesellschaftlicher Entwicklungsprozesse innerhalb dieses Milieus nicht von der Hand zu weisen. Allerdings kann die Beschränkung des Blickwinkels auf den Katholizismus dazu führen, daß bestimmte Entwicklungsprozesse auf Milieukonstellationen zurückgeführt werden, die unter dem Gesichtspunkt einer gesamtgesellschaftlichen Analyse deutlich als Teil eines gesamtgesellschaftlichen Entwicklungsprozesses identifiziert werden müßten. Zwar wäre durch die Frage nach der Modernisierung des Katholizismus aus der Perspektive des Katholizismus die Gefahr gebannt, die traditionalen Züge des Katholizismus überzubetonen, andererseits würden nun umgekehrt die "modernen" Aspekte des Phänomens "Katholizismus" zu stark in den Vordergrund gestellt. Die Lösung dieses Dilemmas liegt m.E. in der Verwendung einer Doppelstrategie, indem Modernisierungsprozesse im Katholizismus sowohl in gesamtgesellschaftlicher Perspektive wie aus der Perspektive des Katholizismus analysiert und miteinander in Beziehung gebracht werden.

4. Das Beispiel Felix Porsch

Um die Frage nach der Modernisierung des Katholizismus im Kaiserreich und die bisherigen Erklärungsansätze für diese Modernisierung kritisch beleuchten zu können, soll im folgenden trotz der Schwächen des modernisierungstheoretischen Ansatzes und der Unschärfe des Begriffs Katholizismus eine modernisierungstheoretisch inspirierte Analyse versucht werden. Dabei wird versucht, einzelne Modernisierungsprozesse im Katholizismus in gesamtgesellschaftlicher und auf den Katholizismus bezogener Perspektive darzustellen. Ich wähle als Beispiel die Biographie des Zentrumspolitikers Felix Porsch. Dies hat zunächst den praktischen Grund, daß ich in einer umfangreicheren Arbeit seine Biographie untersucht und für seine Person genügend empirisches Material zur Verfügung habe, um die sich in seiner Biographie wiederspiegelnden Modernisierungsprozesse differenziert beschreiben zu können. An seiner Biographie lassen sich aber auch die Wechselwirkungen zwischen katholischem Vereinswesen und der Zentrumspartei einerseits, politischem Katholizismus und katholischer Kirche andererseits sowie zwischen einem katholischen "Funktionär" und dem katholischen Milieu veranschaulichen. Porsch war sowohl im Vereinskatholizismus als auch in der Zentrumspartei führend tätig. Als leitender Zentrumspolitiker in Schlesien und in Preußen stand er stets in engem Kontakt mit der kirchlichen Führung. In diesem Spannungsfeld bewegte er sich angesichts der Herausforderungen durch die "Moderne". Zunächst werde ich darauf eingehen, wie sein ursprünglicher Impuls, sich im katholischen Vereinswesen zu engagieren, im Horizont modernisierungstheoretischer Analyse zu qualifizieren ist. Sodann werde ich die Ursachen für seine Öffnung gegenüber der "Moderne" und die daraus resultierenden Folgen für seine Politik in der Wilhelminischen Epoche anhand einiger ausgewählter Beispiele beschreiben.

Felix Porsch entstammte dem katholischen schlesischen Bürgertum. Er war Sohn eines preußischen Appellationsgerichtsrats und trat zunächst in die Fußstapfen seines Vaters. Er nahm im Wintersemester 1870/71 in Breslau das Jurastudium auf. Sein Wechsel an die Berliner Universität im Wintersemester 1871/72 fiel zusammen mit dem offenen Ausbruch des Kulturkampfs. Porsch engagierte sich daraufhin in Berlin in einem katholischen Studentenverein, der integraler Bestandteil des Berliner katholischen Milieus war. In der Folgezeit wurde er zu einem der rührigsten Vertreter der katholischen Studentenverbindungen, denen er bis zu seinem Lebensende aufs engste verbunden blieb.

Porsch gliederte sich damit in den allgemeinen gesellschaftlichen Prozeß ein, der infolge der Nationalstaatsbildung von oben zu einer Segmentierung verschiedener soziokultureller Milieus, der Perpetuierung einer vormodernen gesellschaftlichen Inhomogenität und zur Stärkung der "alten Autoritäten" (Nipperdey) führte.[27] Den Schritt zum Engagement in den katholischen Studentenverbindungen motivierte Porsch auch ausdrücklich damit, daß das liberale Klima der deutschen Universitäten es dem katholischen Studenten schwermache, an den Gesinnungen festzuhalten, "die man ihm zu Hause, in der Schule, in der Kirche als das Heiligste, das Erhabenste in sein Herz eingepflanzt hat."[28]

Der Eintritt Porschs in die katholischen Studentenverbindungen als Schritt gegen die Moderne in gesellschaftlicher Dimension war, im Horizont des Katholizismus betrachtet, der Anschluß an eine modernisierende Bewegung. Die katholischen Studentenverbindungen stellten eine Imitation des bürgerlichen Verbindungswesens an den deutschen Hochschulen dar. Sie übernahmen von den bürgerlichen Verbindungen bis auf das "Schlagen" die äußerlichen Formen und integrierten sie in das katholische Studentenleben. Sie boten ihren Mitgliedern die Einübung von Formen des gesellschaftlichen Umgangs an und gaben Möglichkeiten, "öffentliches Auftreten", insbesondere Formen der Verhandlungsführung einzuüben. Angesichts der raschen Ausbreitung der katholischen Verbindungen in und nach dem Kulturkampf vermehrten sich die Anlässe dafür: Veranstaltungen der Verbindung, öffentliche Festkommerse, Generalversammlungen des Gesamtverbandes, aktive Teilnahme an den Katholikentagen, "Chargieren" bei akademischen und anderen Feiern. Porsch selbst vertrat seine Verbindung bereits 1872 bei den Gründungsfeiern der Straßburger Universität und im gleichen Jahr den Gesamtverband als Redner auf dem Breslauer Katholikentag, wo er die katholischen Studentenverbindungen insbesondere gegen konservativ-katholische Kritiker verteidigte.[29]

Als "Alter Herr" ständiger Gast bei den Veranstaltungen der katholischen Studentenverbindungen und als Mitglied von Altherren-Zirkeln blieb Porsch auch nach seiner Zeit als aktiver Korporationsstudent weiterhin im Verband einflußreich. Aus dieser Position heraus versuchte er, zum einen den weiteren Auf- und Ausbau der katholischen Korporationen zu fördern, um dadurch eine konkurrenzfähige katholische Elite bereitzustellen. Andererseits mußten aber auch zu weitgehende Modernisierungstendenzen innerhalb der Studentenverbindungen eingedämmt werden. So initiierte er 1908 die Gründung eines zentralisierten Alt-Herren-Bundes, dessen Führung Kontrollfunktionen gegenüber den aktiven Korporationsstudenten ausübte.[30] Als sich etwa ein Mitglied der Münchner Aenania 1910 für die Feuerbestattung aussprach und damit das Normsystem der katholischen Kirche durchbrach, setzte sich Porsch für den Ausschluß des Korporierten ein.[31]

Insgesamt läßt sich daher Porschs Engagement in den katholischen Studentenverbindungen als Wende gegen die Moderne bei gleichzeitiger begrenzter Hinwendung zu dieser Moderne beschreiben.

Wie der gesamte Katholizismus vertrat auch Porsch in der Kulturkampfzeit einen kompromißlosen Antiliberalismus. Porsch gehörte bis in die 1890er Jahre zum Umfeld des katholischen

Sozialkonservatismus, der mit den "Haider Thesen" und im Kreis der "Freien Vereinigung katholischer Sozialpolitiker" versuchte, ein antiliberales Wirtschaftsprogramm aufzustellen und innerkatholisch durchzusetzen.[32] Dieser Versuch scheiterte 1890, als mit der Gründung des "Volksvereins für das katholische Deutschland" die Weichen für die Entwicklung eines antisozialistischen und sozialreformerischen Massenvereins gestellt wurden, der die weitere Entwicklung des politischen und des sozialen Katholizismus nachhaltig prägte.[33]

Hätte Porsch nach der Gründung des Volksvereins an einer strikt antiliberalen Politik festgehalten, so hätte er sich innerhalb des Katholizismus isoliert, wie es Teile der sozialkonservativen Bewegung um Felix von Loe und Karl Fürst zu Löwenstein taten. Bei Porsch setzte aber seit 1890 die Ablösung des Antiliberalismus durch den Antisozialismus als vorherrschender Ideologie ein. Als Auslöser kann ein Bündel von Faktoren genannt werden: der Bergarbeiterstreik von 1889, der vor allem durch katholische Arbeiter getragen worden war, das Erstarken der Sozialdemokraten bei den Reichstagswahlen 1890, das Ende des Sozialistengesetzes. Porsch selbst war bis zu den Reichstagswahlen von 1890 in seinem Wahlkreis stets in der Stichwahl durch die Stimmen der Sozialdemokraten gewählt worden. 1890 hatte er erstmals mit Unterstützung einer bürgerlichen "Großen Koalition" gegen den sozialdemokratischen Kandidaten in der Stichwahl zu bestehen.

Der von Porsch seit 1890 vertretene Antisozialismus fügte sich in den Kontext der gesamtgesellschaftlichen Entwicklung. In Deutschland hatte die bürgerlich-liberale Phase erst spät begonnen und war dann zu kurz, um zu einer Konsolidierung der bürgerlichen Gesellschaft zu führen. "Ehe das Bürgertum sich gegenüber den traditionellen Strukturen durchgesetzt hatte, wurde es von der Drohung der sozialen Revolution eingeholt."[34] Dies führte dazu, daß das Bürgertum sich zur Abwendung der sozialen Revolution mit den konservativen Eliten verband, was wiederum "nur den konservativen Mächten zugute[kam]".[35] Aus dieser Perspektive ist auch Porschs Einschwenken auf den Antisozialismus als eine antimoderne Strategie zur Einbindung und Neutralisierung des Liberalismus in einem konservativ-christlichen Herrschaftssystem zu bewerten.[36]

Für sein Wirken im Rahmen des Katholizismus hatte die Übernahme des Antisozialismus hingegen modernisierende Folgen.

Wie erwähnt hatte Porsch die wirtschaftspolitischen Bestrebungen des Sozialkonservatismus unterstützt. Dieser lehnte vom konservativen Standpunkt aus den Kapitalismus ab, weil er die traditionellen gesellschaftlichen Autoritäten und Werte unterminierte. Deshalb hatte sich Porsch in den 1880er Jahren aktiv an der "Freien Vereinigung katholischer Sozialpolitiker" beteiligt. 1890 ließ er sich jedoch in den Vorstand des sozialreformerischen Volksvereins kooptieren und mit der Leitung des Volksvereins in Schlesien betrauen.[37] Zwar gehörte er nicht zu den Personen, die den Volksverein inhaltlich prägten, doch kam es zwischen ihm und dem Volksverein niemals zu einem grundlegenden Konflikt, insbesondere nicht im Gewerkschaftsstreit, als die Erben des Sozialkonservatismus (die "Berliner Richtung") dem Volksverein und den christlichen Gewerkschaften als markantestem Ausdruck sozialreformerischer Politik im Katholizismus das

229

Lebensrecht bestritten. Porsch trat, wenn auch spät, öffentlich eindeutig auf die Seite des Volksvereins und der christlichen Gewerkschaften.[38] Die gesamtgesellschaftliche Bedeutung des Volksvereins und der christlichen Gewerkschaften lag dabei in ihrer Funktion, die radikal-modernisierenden Tendenzen der sozialistischen Arbeiterbewegung zu paralysieren. Deswegen wurden sie nicht nur vom Großteil des Episkopats, sondern auch vom Zentrum und der Reichsleitung nachhaltig unterstützt. Bei aller Widerborstigkeit im einzelnen fügten sie sich in die antimoderne Strategie konservativer Machterhaltung in Deutschland. So sah auch Porsch im Volksverein primär ein Instrument, um "die Angriffe gegen die christliche Gesellschaftsordnung [...] einmütig zurück[zu]schlagen".[39]

Im Rahmen des Katholizismus wirkten die christlichen Gewerkschaften jedoch aufgrund ihrer interkonfessionellen Grundlage und ihrer für katholische Verhältnisse fortschrittlichen Einstellung gegenüber dem Arbeitskampf in kirchlicher und politischer Hinsicht modernisierend.

Die Effektivität des interkonfessionellen Agierens in der Arbeiterfrage führte in anderen Teilen des Katholizismus (etwa bei den Windthorstbunden als Jugendorganisation des Zentrums) dazu, den konfessionellen Charakter abzulegen. Die Option für eine interkonfessionelle christliche Arbeiterbewegung führte schließlich auch zu der konsequenten Forderung, nicht nur im Wirtschaftsleben, sondern auch in der Politik eine interkonfessionelle christliche Sammlungsbewegung zu bilden, insbesondere durch eine konsequente Strategie zur Erweiterung des Wählerspektrums der Zentrumspartei in das protestantische Wählerpotential hinein. Dieser Strategie folgte Porsch jedoch nicht. Er beharrte darauf, im Rahmen des verfassungsmäßig Zulässigen den katholischen Charakter der Zentrumspartei zu betonen und damit die konfessionelle Segmentierung des Parteiensystems fortzuführen. Der Grund dafür war, daß durch diese politische Strategie die Konsistenz des katholischen Milieus gefährdet worden wäre.[40]

Die Forderungen der katholischen Arbeiterbewegung nach größerer politischer Partizipation, insbesondere im Hinblick auf das preußische Dreiklassen-Wahlrecht, wurden von Porsch vor dem Ersten Weltkrieg nur dilatorisch behandelt. Er unterschied sich darin nicht von der Haltung des katholischen Bürgertums, das seit den 1890er Jahren die Zentrumspartei dominierte. Dies führte in der Krise des Ersten Weltkriegs zu einem schweren Konflikt zwischen katholischer Arbeiterbewegung und Parteiführung,[41] so daß Porsch als preußischer Parteiführer zwar widerstrebend, aber letztlich ohne realistische Alternative der Forderung nach Demokratisierung des preußischen Wahlrechts schrittweise nachgeben mußte.[42] Dies brachte Porsch jedoch wiederum in Konflikt mit Teilen der Kirchenleitung, insbesondere dem Vorsitzenden der Fuldaer Bischofskonferenz, die jeden Schritt in Richtung auf die Demokratisierung des politischen Systems aufgrund der befürchteten Rückwirkungen auf die Akzeptanz der hierarchischen Verfassung der katholischen Kirche kompromißlos ablehnten.

Im Hinblick auf das Herrschaftssystem förderte Porsch seit den 1890er Jahren den Ausgleich mit der Regierung im Reich und in Preußen. Noch 1889 auf dem Bochumer Katholikentag wies er warnend auf einen Artikel in den Preußischen Jahrbüchern hin, in dem erklärt wurde, daß nunmehr durch eine Politik der begrenzten Zugeständnisse gegenüber dem Katholizismus die

Liberalisierung des Katholizismus durchgesetzt werden solle.[43] Seit 1890 wurde Porsch selbst einer der Hauptverfechter der inneren Logik eines Ausgleichs mit der Regierung und einer begrenzten Beteiligung an der Machtausübung. In gesamtgesellschaftlicher Hinsicht unterstützte er dadurch nicht nur Strategien konservativer Gesellschaftspolitik in militärischen (Militärvorlage 1893, Flottenvorlage), politischen (preußisches Dreiklassenwahlrecht) und gesellschaftlichen Fragen (antipolnische Politik), sondern auch in der Volksschulpolitik (Schulunterhaltungsgesetz von 1906) und in der Kirchenpolitik (preußisches System der diskretionären Gewalt)[44].

Im Rahmen des Katholizismus führte dies zu einer Säkularisierung der Zentrumspolitik. Bereits 1899 unterstützte Porsch den Verzicht der preußischen Landtagsfraktion, die auf den Resten der Kulturkampfgesetzgebung beruhenden "katholische(n) Desiderate" weiter vorzubringen, um zu einem Ausgleich mit der preußischen Regierung zu kommen.[45] 1904 verzichtete er aus Rücksicht auf die Bündnispolitik des Reiches, weiterhin die Forderung nach Wiederherstellung des Kirchenstaates zu erheben.[46]

1906 akzeptierte er beim Zustandekommen des preußischen Schulunterhaltungsgesetzes auch die prinzipielle Anerkennung des bis dahin entstandenen Simultanschulwesens.[47] Stets hatte er dabei mit der konservativen katholischen Kritik an den zu weitgehenden, den Prinzipien der katholischen Lehre widersprechenden Kompromissen zu kämpfen. Dem hielt er entgegen, daß nicht jede politische Entscheidung mit der "katholischen Elle" gemessen werden könne, sondern auf der Basis der für alle geltenden Gesetze erfolgen müsse.[48] Diese Säkularisierung der Politik hatte für Porsch jedoch Grenzen. Die Forderung der katholischen Lehrer etwa nach Abschaffung der geistlichen Ortschulaufsicht und die Ersetzung durch eine Schulaufsicht mit Fachkräften, erstmals 1908 aufgestellt, lehnte Porsch ab. Dies führte noch 1919 zu Konflikten innerhalb der preußischen Landtagsfraktion.[49]

Insgesamt bleibt festzuhalten, daß Porsch im gesellschaftlichen Kontext eine antimoderne Politik unterstützte, die jedoch aufgrund der gewichtigen vormodernen Strömungen innerhalb der zeitgenössischen katholischen Kirche bereits ein solches Maß an relativer Modernität beinhaltete, daß die Durchsetzung dieser Politik innerhalb des Katholizismus zu Modernisierungen führte. Wie die sozialistische Arbeiterbewegung im gesamtgesellschaftlichen Kontext übernahm auch die katholische Arbeiterbewegung im Rahmen des Katholizismus die Aufgabe, Modernisierungsprozesse voranzutreiben. Daneben gingen auch von den katholischen Intellektuellen und den Volksschullehrern modernisierende Impulse aus. Diese stießen aber auf Porschs Widerstand, wenn sie aus politischen oder kirchlichen Gründen inakzeptabel waren.

5. Zusammenfassung

Wenn die Geschichte des deutschen Katholizismus modernisierungstheoretisch analysiert wird, so läßt sie sich nicht unter das Schlagwort "Antimodernismus mit modernen Mitteln" zusammenfassen. Dieses Schlagwort täuscht darüber hinweg, daß die Auseinandersetzung des Katholizismus mit der Moderne aus mehr bestand, als sich nur moderner Mittel zu bedienen und dadurch in den Sog der Modernisierung zu geraten.

Die Haltung des Katholizismus gegenüber der neuzeitlichen Gesellschaftsentwicklung – dies impliziert schon die Begriffsbestimmung – war defensiv. In bezug auf die "Moderne" sollten die aus der Sicht des Katholizismus negativen Folgen verhindert werden. Es wäre zu untersuchen inwieweit für den gesamten Katholizismus zutrifft, was sich bei Porsch feststellen läßt, daß in dem Augenblick, wo der Sozialismus als noch größere Gefahr als der Liberalismus erscheint, es notwendig wird, gegenüber dem kleineren Übel des Liberalismus und damit gegenüber einer gebremsten Modernisierung Zugeständnisse zu machen, um gemeinsam der "sozialistischen Gefahr" Herr zu werden.

Auch ist im Auge zu behalten, ob im deutschen Katholizismus der Faktor Politik bei der Vermittlung zwischen der Moderne und der katholischen Tradition eine entscheidende Rolle spielte. Hierfür spricht einiges, da eine katholische Partei wie das Zentrum darauf angewiesen war, rasch tragfähige Kompromisse mit Blick auf den Wählerstamm zu finden. Jede Wahl dokumentierte, wie hoch noch die Integrationsfähigkeit des Katholizismus war; der Rückgang an praktizierenden Katholiken in den Kirchengemeinden war weniger spektakulär und erzeugt bis heute aufgrund des deutschen Kirchensteuersystems keinen Problemdruck.

Die Modernisierung des Katholizismus im Kaiserreich hatte jedenfalls ihre Grenzen. Die zugleich antimodernen und antisozialistischen Impulse schrieben die Grenzen in kirchlicher und politischer Richtung fest. Darüber konnte eine Modernisierung innerhalb des Katholizismus nicht hinausgehen. Eine Kraft zur gesellschaftlichen Modernisierung konnte daraus nur bedingt erwachsen.

Anmerkungen

1 Vgl. Thomas Nipperdey, Religion im Umbruch. Deutschland 1870-1918, München 1988, (in leicht veränderter Form wieder abgedruckt in: ders., Deutsche Geschichte 1866-1918, 1. Bd.: Arbeitswelt und Bürgergeist, München 1990, 428-530), 26ff.

2 Urs Altermatt, Katholizismus und Moderne. Zur Sozial- und Mentalitätsgeschichte der Schweizer Katholiken im 19. und 20. Jahrhundert, Zürich 1989, 62.

3 Peter L. Berger, Brigitte Berger, Hansfried Kellner, Das Unbehagen in der Modernität, Frankfurt a.M./New York 1987.

4 Nipperdey, Religion (wie Anm. 1), 26f.

5 Ebd., 61.

6 Vgl. Hans-Ulrich Wehler, Modernisierungstheorie und Geschichte, Göttingen 1975, 29ff.

7 Nipperdey, Religion (wie Anm. 1), 8.

8 Wehler, Modernisierungstheorie (wie Anm. 6), 29.

9 Vgl. Karl Egon Lönne, Politischer Katholizismus im 19. und 20. Jahrhundert, Frankfurt a. M. 1986.

10 Vgl. zuletzt Hans-Ulrich Wehler, Deutsche Gesellschaftsgeschichte, 1. Bd.: Vom Feudalismus des Alten Reiches bis zur Defensiven Modernisierung der Reformära 1700-1815, München 1987, 555, Anm. 12. Ähnlich verhalten auch die Einschätzung von Thomas Nipperdey, Probleme der Modernisierung in Deutschland, in: ders., Nachdenken über die deutsche Geschichte. Essays, München 1986 (zuerst veröffentlicht in: Saeculum 30 (1979), 292-303).

11 Hans-Ulrich Wehler, Vorüberlegungen zu einer modernen deutschen Gesellschaftsgeschichte, in: ders., Historische Sozialwissenschaft und Geschichtsschreibung. Studien zu Aufgaben und Traditionen deutscher Geschichtswissenschaft, Göttingen 1980, 165.

12 Vgl. David Harrison, The Sociology of Modernization and Development, London u.a. 1988; Wehler, Modernisierungstheorie (wie Anm. 6), 11ff.

13 Vgl. Harrison, Sociology (wie Anm. 12), 1.

14 Vgl. dazu Hans-Ulrich Wehler, Zur Lage der Geschichtswissenschaft in der Bundesrepublik 1949-1979, in: ders., Historische Sozialwissenschaft (wie Anm. 11), 13-41.

15 Detlev J.K. Peukert, Max Webers Diagnose der Moderne, Göttingen 1989, 5. Mit Beginn der achtziger Jahre setzte zwar in der allgemeinen Forschungslandschaft eine Akzentverschiebung ein, nachdem die Widersprüchlichkeit des Projekts "Moderne" immer offensichtlicher geworden war. Doch bedeutete dies nicht ein Nachlassen des Einflusses Max Webers. Nunmehr wurden im Werk Webers auch die kulturkritischen Untertöne einer "fin de siècle"-Stimmung wiederentdeckt, die ihn auch in der Krise der achtziger Jahre aktuell sein ließen. Zudem schienen gerade die nach der Thematisierung eines Endes der Moderne an Max Weber anknüpfenden modernisierungstheoretischen Ansätze einen Schlüssel für die Erklärung des Phänomens "Moderne" an die Hand zu geben.

16 Vgl. Wehler, Gesellschaftsgeschichte, Bd. 1 (wie Anm. 10), 555, Anm. 12.

17 Vgl. Wehler, Modernisierungstheorie (wie Anm. 6) und ders., Vorüberlegungen (wie Anm. 11).

18 Vgl. Wehler, Gesellschaftsgeschichte, Bd. 1 (wie Anm. 10), 555, Anm. 12. Er selbst hat deshalb dafür plädiert, durch eine gleichzeitige Marx-Rezeption ein kritisches Korrektiv in die modernisierungstheoretische Forschung einzubauen, vgl. ders., Vorüberlegungen (wie Anm. 11). Zu einem vergleichbaren Ergebnis gelangt auch Harrison, Sociology (wie Anm. 12), der sich mit Blick auf die Soziologie für eine parallele Verwendung modernisierungs- und dependenztheoretischer Ansätze ausspricht.

19 Altermatt, Katholizismus (wie Anm. 2), 23ff.

20 Vgl. Antonius Liedhegener, Der deutsche Katholizismus um die Jahrhundertwende (1890-1914). Ein Literaturbericht, in: Jahrbuch für Christliche Sozialwissenschaften ... (1990), 388.

21 Karl Gabriel, Franz-Xaver Kaufmann (Hg.), Zur Soziologie des Katholizismus, Mainz 1980.

22 So orientiert sich etwa der Beitrag von Helmut Geller an Theoreme von L. Coser und A. Schütz, Norbert Ebertz an der Herrschaftssoziologie Max Webers, Heiner Katz am wandlungstheoretischen Ansatz Wilbert E. Moores, Urs Altermatt am politikvergleichenden Ansatz Gabriel A. Almonds. Vgl. dazu Franz-Xaver Kaufmann, Zur Einführung: Erkenntnisinteressen einer Soziologie des Katholizismus, in: Gabriel/Kaufmann, Zur Soziologie (wie Anm. 21), 19f.

23 Ebd., 17.

24 Vgl. auch Karl Gabriel, Art. Katholizismus, in: Wörterbuch des Christentums, hg. von Volker Drehsen u.a., Gütersloh/Zürich 1988, 601f.

25 Helmut Geller, Sozialstrukturelle Voraussetzungen für die Durchsetzung der Sozialform "Katholizismus" in Deutschland in der ersten Hälfte des 19. Jahrhunderts, in: Gabriel/Kaufmann, Zur Soziologie (wie Anm. 21), 66-88.

26 Doris Kaufmann, Katholisches Milieu in Münster 1928-1933. Politische Aktionsformen und geschlechtsspezifische Verhaltensräume, Düsseldorf 1984.

27 Vgl. Nipperdey, Probleme (wie Anm. 10), 54.

28 Verhandlungen der XXII. Generalversammlung der Katholiken Deutschlands zu Breslau am 8., 9., 10. und 12. September 1872, Breslau 1872, 115.

29 Vgl. August Hermann Leugers-Scherzberg, Felix Porsch 1853-1930. Politik für katholische Interessen in Kaiserreich und Republik, Mainz 1990, 18f.

30 Ebd., 143, Anm. 93.

31 Vgl. die Unterlagen im Archiwum Archidiecezjalne Wroclaw, Nachlaß Porsch Ia 19.

32 Vgl. Leugers-Scherzberg, Porsch (wie Anm. 29), 37-43.

33 Vgl. Wilfried Loth, Katholiken im Kaiserreich. Der politische Katholizismus in der Krise des wilheminischen Deutschlands, Düsseldorf 1984, 40f.; Leugers-Scherzberg, Porsch (wie Anm. 29), 44ff.

34 Nipperdey, Probleme (wie Anm. 10), 53.

35 Ebd.

36 Vgl. Leugers-Scherzberg, Porsch (wie Anm. 29), 61.

37 Vgl. ebd., 46.

38 Vgl. ebd., 188.

39 Bericht über die Verhandlungen der 56. Generalversammlung der Katholiken Deutschlands in Breslau vom 29. August bis 2. September 1909, Breslau 1909, 505.

40 Vgl. Leugers-Scherzberg, Porsch (wie Anm. 29), 119f., 150-154.

41 Vgl. Loth, Katholiken (wie Anm. 33), 290ff.

42 Vgl. Leugers-Scherzberg, Porsch (wie Anm. 29), 208ff.

43 Vgl. Verhandlungen der XXXVI. Generalversammlung der Katholiken Deutschlands in Bochum am 25., 26., 27., 28. und 29. August 1889, Bochum 1889, 156f.

44 Vgl. zur Militärvorlage 1893: Leugers-Scherzberg, Porsch (wie Anm. 29), 60-71, zur Flottenvorlage: ebd., 93, zum preußischen Dreiklassenwahlrecht: ebd., 184ff., zur Polenpolitik: ebd., 100-107, zum Schulunterhaltungsgesetz von 1906: ebd., 107-116, und zur Kirchenpolitik: ebd., 179f.

45 Vgl. ebd., 65.
46 Vgl. ebd., 99.
47 Vgl. ebd., 114ff.
48 Vgl. ebd., 174.
49 Vgl. ebd., 238f.

OLAF BLASCHKE

Wider die "Herrschaft des modern-jüdischen Geistes":
Der Katholizismus zwischen traditionellem Antijudaismus und modernem Antisemitismus

1. Einleitung

Im Zeichen der "Postmoderne" kann mit dem gestiegenen Interesse an der "Pathologie der Moderne" auch eine zunehmende Beschäftigung mit dem Phänomen der Religion beobachtet werden. Es ist kein Zufall, daß sich in den letzten Jahren auch die deutsche Sozialgeschichte verstärkt der Kultur, der Religion, der konfessionellen Mentalität, aber auch erneut der Aufklärung und Modernisierung zuwendet. Tatsache ist, daß sich in der Historikerzunft das Bemühen um die Verhältnisbestimmung von "Katholizismus und Moderne" deutlich intensiviert hat.[1] Im Mittelpunkt stehen dabei Fragen der Säkularisierungserfahrung, der Milieukonsistenz des Katholizismus, der Konfrontation zwischen Kirche und Staat, Probleme der Auseinandersetzung zwischen Katholizismus und sozialer Frage, die politische Partizipation sowie Reaktionen auf die Frauenbewegung und andere emanzipatorische Prozesse im 19. Jahrhundert. Bemerkenswert ist jedoch, daß gerade die häufig schon von Zeitgenossen als Spitze der Moderne bezeichneten deutschen Juden bisher nicht zum Gegenstand der Frage nach der Einstellung des Katholizismus zum Modernisierungsprozeß geworden sind, obwohl sich hier die Problematik in besonders pointierter Form konkretisiert. Wie ein "Testmuster" für den Zusammenhang von Katholizismus und Moderne läßt sich der Umgang mit dem emanzipierten und assimilierten Judentum sowie mit dem Phänomen des modernen Antisemitismus abfragen.

Denn erstens stand das Judentum tatsächlich "in einer charakteristischen 'Nähe' zu den Einrichtungen der Moderne",[2] die vom Katholizismus skeptisch bis ablehnend beurteilt wurden. Es gilt zu fragen: Wurden die realen Diskrepanzen zwischen modernisierungsfreudigen Juden und traditionsverhafteten Katholiken zu einer besonderen Belastung des gegenseitigen Verhältnisses? Oder überbrückte die gemeinsame Minoritätenlage von Juden und Katholiken im protestantisch-kleindeutschen Kaiserreich diese Differenzen?

Zweitens haben viele Zeitgenossen die Realität dieser jüdischen Affinität zur Moderne nicht nur wahrgenommen, sondern rigoros übertrieben und bis zum Mythos der "Verjudung" Deutschlands überzeichnet. Läßt sich im katholischen Denken eine spezifische Identifizierung von Modernität und Judentum nachweisen? Oder benannte man andere Kräfte, etwa Liberalismus, Kapitalismus, religiöse Indifferenz oder Protestantismus, als "Schuldige" am Fortschrittsprozeß?

Drittens stellte sich der im Kaiserreich stark zunehmende Antisemitismus allgemein als politisch instrumentalisierbares Mittel gegen die beschleunigte Modernisierung der Welt dar. Wurde er mit dieser antimodernen Stoßrichtung auch vom deutschen Katholizismus aufgegriffen? Oder tradierte man lediglich konventionelle christliche Stereotypen ohne ideologisches Konzept?

Und schließlich, viertens, entfaltete sich im Kaiserreich der "moderne Antisemitismus" mit rassistischen und umfassend weltanschaulichen Implikationen. Konnten Katholiken diesen "Umbruch" vom traditionellen zum modernen Antisemitismus selber nachvollziehen? Oder lehnten sie diese modernisierte und radikalisierte Version der Judenfeindschaft, die ja damit selbst ein Produkt der Moderne war, eher ab?

Kurz: Welchen Ort hat der deutsche Katholizismus im Dreieck von Judentum, Moderne und Antisemitismus? Dieser Problemzusammenhang geht über die Fragen hinaus, ob der Katholizismus überhaupt Judenfeindschaft ausübte und in welcher Form und Intensität er das im Kaiserreich tat. Es ist kein Geheimnis, daß sich verschiedene antisemitische Motive in katholischen Äußerungen des 19. Jahrhunderts erwarten lassen, wie die wenigen anregenden Aufsätze zum Thema (eine Monographie existiert bisher nicht) belegen.[3] Das gilt sogar für die Gegenwart, in der trotz aller Vorsicht und Verbesserungen "die immer noch in der katholischen Theologie und Kirche weitverbreiteten antijüdischen Vorurteile" beklagt werden müssen.[4] Hier haben eine kritische Kirchengeschichtsschreibung und die Sozialgeschichte die Aufgabe, "die schrecklichen Defizite der Kirchengeschichte"[5] und die Mechanismen konfessioneller Wirklichkeitsbewältigung nicht mit heilsgeschichtlichem Blinzeln zu übersehen, sondern objektiv aufklärend zu analysieren. Dennoch erscheint bisher die Judenfeindschaft des Katholizismus im 19. und 20. Jahrhundert als eine zu vernachlässigende Marginalie, während über den protestantischen und nichtkatholischen Antisemitismus eine immense Literatur vorliegt. Es entsteht der Eindruck, Antisemitismus habe es primär nur im Protestantismus gegeben, der besonders vom Hofprediger Adolf Stoecker und seiner "Christlich-sozialen Partei" repräsentiert wurde. Gerhard Czermak behauptet entsprechend: "Insgesamt war daher der schreckliche Antisemitismus der wilhelminischen Ära vornehmlich eine Sache der protestantischen Mehrheit".[6] Dagegen wird die im Kaiserreich begründete Tradition des Katholizismus von Konrad Repgen "als prinzipiell nicht-judenfeindlich" präsentiert.[7] Nach Rudolf Lill "bildeten nur Sozialdemokratie und Zentrum feste Barrieren gegen den politischen Antisemitismus", der zudem seine Erfolge in "nichtkatholischen und nichtindustriellen Gebieten" zeitigte.[8] Ein Grund dafür, daß der Katholizismus vom Antisemitismus weitgehend "freigesprochen" wird, liegt in der Konzentration der Forschung auf den parteipolitischen Sektor. Das Zentrum im Deutschen Reichstag behauptete sich gegen die judenfeindliche Versuchung, dank der Toleranz ihres Führers Ludwig Windthorst, der sich trotz einer innerparteilichen antisemitischen Majorität durchsetzen konnte. Das Hauptargument Windthorsts und seines Nachfolgers Ernst Lieber war, man könne als konfessionelle Minorität im Reich nicht plausibel Paritätsansprüche stellen, wenn man gleichzeitig eine andere Minderheit – die Juden – diskriminiert. Die Ebene der Reichstagsdebatten täuscht jedoch. Bereits auf Länderebene öffnete sich die Partei auch antisemitischen Ideen und koalierte zeitweilig in Bayern mit dem antisemitischen "Bund deutscher Landwirte".[9] Auf diesen parteipolitischen Aspekt wurde in vorliegender Studie jedoch verzichtet. Vielmehr ist die Frage nach den mentalen Dispositionen und weltanschaulichen Deutungsmustern im sozialmoralischen Milieu des Katholizismus umfassender zu stellen, denn gerade hier mangelt es an Untersuchungen. Tatsächlich gilt nach wie vor, daß der katholische Antisemitismus als "ein dringendes Desiderat" erkannt werden muß.[10] Das gilt etwas weniger für die müßige Frage, ob nun Protestanten oder Katholiken mehr oder weniger antisemitisch eingestellt waren, sondern vor allem für das Problem der Funktionen einer antijüdischen Agitation für die gesellschaftliche Formation des Katholizismus. Gerade hier scheint die systematische Erforschung des Antisemitismus die Chance zu bieten, Instrumentalisierungsmechanismen und konkrete inhaltliche Ziele im Kampf gegen die "moderne Zeit" zu analysieren. Der Schwerpunkt liegt daher hier auf dem Aspekt Katholizismus und Antisemitismus, nicht auf Antisemitismus und Katholizismus. Es geht um Form und Funktion der Judenfeindschaft für den Katholizismus, weniger um die katholische Variante des Antisemitismus. Vermögen also die den katholischen Quellen entnehmbaren Haltungen zu Judentum und Judenfeindschaft ein Gradmesser für die Einstellung des Katholizismus zur Moderne zu sein?

Dieser Frage soll anhand eines breit angelegten katholischen Quellenrepertoires nachgegangen werden. Das repräsentative Material zeichnet sich aus durch ein explizit römisch-katholisches Bekenntnis, durch ausgesprochene Popularität und z.T. durch erkennbare Produzenten- und Rezipientenkreise. Zum einen handelt es sich um allgemeine theologische Literatur des späten 19. Jahrhunderts, zeitgenössische Lexika und dezidiert antisemitische Publikationen katholischer Autoren. Zum anderen werden katholische Zeitungen und Zeitschriften der Jahre 1870 bis 1914, die bislang größtenteils noch nicht Gegenstand entsprechender Untersuchungen geworden sind, systematisch analysiert. Darunter befinden sich sowohl katholische "Elite-Blätter" (Schmolke),[11] wie etwa der Mainzer "Katholik" (Aufl. 1879: 1200) oder die "Stimmen aus Maria-Laach" (SML, Aufl.: 6000), als auch speziellere Periodika, wie das "Archiv für katholisches Kirchenrecht" (AKK, Aufl.: 800).[12] Zunächst jedoch sollen in groben Linien die strukturellen Zusammenhänge zwischen Judentum und Moderne sowie zwischen Katholizismus und Moderne gezeichnet werden. Im Anschluß wird nach religiösen, säkularen und modernen katholischen Antisemitismen im Hinblick auf die Einstellung zur modernen Welt gefragt. Dabei sind die spezifischen Funktionen der antisemitischen Argumentationsmuster jeweils am Beispiel zu analysieren.

2. Die Moderne: Affinität und Aversion bei Juden und Katholiken

2.1. Juden und Moderne

Die Juden Deutschlands partizipierten deutlich an den vielfältigen Innovationsprozessen in Wirtschaft und Gesellschaft, in Kultur, Politik und Recht, die im späten 18. Jahrhundert ihren Ausgang nahmen. Im Verlauf der um 1780 einsetzenden und 1871 abgeschlossenen Emanzipationsepoche wurde die Integration und Assimilation der jüdischen Minderheit ermöglicht. Die Juden erlangten Schritt für Schritt die religiöse Bekenntnisfreiheit und die vollen bürgerlichen und staatsbürgerlichen Rechte in den deutschen Staaten. Einschneidende demographische und soziokulturelle Veränderungen fanden statt, ein überdurchschnittlich intensiver Akademisierungs- und Urbanisierungsprozeß sowie eine auffällige Umschichtung im sozioökonomischen Bereich. Gehörten um 1780 noch ca. 90% der deutschen Juden der Marginal- und Unterschicht an, und zählten nur 2% zu wirtschafts- und bildungsbürgerlichen Oberschichten, hatten sich im Verlauf von hundert Jahren die Verhältnisse fast umgekehrt: Zu Beginn des Kaiserreichs machte die jüdische Unterschicht nur noch 10% der Juden aus, während nunmehr ca. 60% zu den Oberschichten der Gesellschaft rechnen konnten. Gerade das sich öffnende und akkulturationsbereite Reformjudentum – kaum das orthodoxe Judentum – erwies sich als außerordentlich erfolgreich und aktiv im Anpassungsprozeß an die sich modernisierende Gesellschaft, sei es im Bereich neuer freier Professionen (Journalisten, Rechtsanwälte, Ärzte), sei es im modernen Bankenwesen oder im Bereich der politischen Partizipation, in der ein deutliches Bekenntnis zum Liberalismus vorlag, welcher die eigene Emanzipation ja erst ermöglicht hatte.[13] Auch im kulturellen Sektor waren Juden häufig überproportional stark vertreten. Sie haben sich große Verdienste in Literatur, Kunst und Theater erworben. Ihr Anteil in gymnasialen und universitären Bildungseinrichtungen sowie ihre wissenschaftlichen Leistungen sind als besonders hoch einzustufen. Dazu gehört auch die private Kultur, die Entwicklung moderner Normen, neuer Lebens- und Denkgewohnheiten, die sich etwa im jüdischen Vorsprung beim "progressiven" Trend zur bürgerlichen Kleinfamilie mit wenigen Kindern, aber gesteigerter Überlebenschance zeigten.[14] Trotz aller Traditionsbindungen wurden die Juden, welche sich durchaus als Deutsche verstanden, zu "Protagonisten einer neuen Modernität". Doch ihre "Assimilation ins Bürgerlich-Moderne ging so schnell, daß sie die eigentlich erstrebte Normalität überschritten."[15] Denn die beeindruckende Aufstiegsgeschichte der deutschen Juden machte sie zwar zu Gewinnern der Moderne, die "high visibility" ihres Erfolges führte jedoch zum Ressentiment konkurrierender oder zurückgebliebener Gruppen.

2.2. Katholiken und Moderne

Zu den besonders rückständigen Formationen der Gesellschaft gehörte der deutsche Katholizismus. Die materiellen Diskrepanzen zur jüdischen Minorität (immer im relativen Bezug zur Gesamtbevölkerung, in der ca. 1% Juden und 36% Katholiken lebten) und noch mehr die mentalen Gräben zwischen fortschrittsorientierten Juden und antimodernen Katholiken hatten sich vergrößert. Die wirtschaftlichen und soziokulturellen Positionen der katholischen Bevölkerung waren, gemessen an der modernen bürgerlichen Gesamtgesellschaft, stark defizitär. Die Inferiorität etwa im Bildungsgrad erwies sich als signifikant. In den höheren Bildungseinrichtungen war der relative Anteil der Katholiken deutlich geringer als der protestantische, aber der Abstand zum jüdischen Vorsprung war noch viel eklatanter. Nicht nur hier zeigt sich die "relative Deprivation" im Verhältnis der Katholiken zum protestantischen und besonders zum jüdischen Bevölkerungsteil. Auch die Art der Familienplanung ist dafür symptomatisch. Fehlende Geburtenkontrolle, hohe Kinderzahl und -sterblichkeit unterscheiden den Katholizismus, zumal in seinem überwiegenden Landbevölkerungsanteil, deutlich vom kinderarmen, bürgerlich-modernen und primär stadtorientierten Judentum. In fast allen gesellschaftlichen Bereichen fiel die reale und ideologische Disparität der Katholiken auf, welche den niedrigen Akzeptanzgrad des allgemeinen neuzeitlichen Modernisierungsprozesses affirmierte.[16] Das Modernisierungsphänomen des 19. Jahrhunderts, dessen Definitionsproblematik unter normativen oder analytischen Kategorien hier nicht behandelt werden kann, ist allgemein gekennzeichnet durch beschleunigte Prozesse der Industrialisierung, Rationalisierung, Urbanisierung, Demokratisierung und nicht zuletzt der Säkularisierung. Abstrahiert von diesen inhaltlichen Elementen, mit denen sich der Katholizismus als Bedrohung konfrontiert sah, ist allein die zunehmende Veränderbarkeit sozialer, kultureller und ökonomischer Verhältnisse, der deutlich temporäre Zustand der Gegenwart und die Akzeptierung dieser Beweglichkeit Kriterium der Modernität,[17] welches für den "in anderen Zeitdimensionen" lebenden Katholizismus gerade nicht bestand.[18] Selbstverständnis und Fremdwahrnehmung des Katholizismus als antimoderne Bastion, autostereotypes Bekenntnis und heterostereotype Polemik von Katholikengegnern ergänzen sich. Der Katholizismus verfuhr in Theorie und Ideologie prinzipiell antimodern, attackierte jedoch in der Praxis etwa des Vereins-, Partei- und Pressewesens die Moderne durchaus auch mit modernen Mitteln.[19]

In diesem dialektischen Spannungsverhältnis von Tradition und Moderne ist auch die Frage nach dem traditionellen Antijudaismus und dem modernem Antisemitismus anzusiedeln. Wie reagierte der ultramontane Katholizismus, der sich zentralistisch auf den Papst, programmatisch auf Gegenreformation und mittelalterliche Scholastik ausrichtete und sich "aggressiv von aller Moderne abgrenzen wollte"[20] auf das der Moderne zugewandte Judentum? Muß nicht die katholische Judenfeindschaft angesichts der beschriebenen Diskrepanzen besonders intensiv gewesen sein? Oder reicht es aus, mit Urs Altermatt zu konstatieren, daß der Katholizismus die bekämpfte Moderne nur "als liberal oder protestantisch, jedenfalls als fremd einstufte"?[21]

3. Der Katholizismus zwischen traditionellem und modernem Antisemitismus

Als am 18. Juni 1870 der vermeintlichen Fehlbarkeit der Moderne die dogmatisierte Infallibilität des Papstes entgegengesetzt wurde, lag bereits in unmißverständlich deutlicher Form das Programm des Antimodernismus vor. Der "Syllabus Errorum" als Teil der Enzyklika "Quanta Cura" verurteilte 1864 autoritativ die 80 "hauptsächlichsten Irrthümer in unsren traurigen Zeitläuften", worunter er u.a. den "Fortschritt", Liberalismus, die "moderne Bildung", Kommunismus und Sozialismus, Religions- und Kultusfreiheit, Meinungs- und Pressefreiheit (ein "Wahnsinn") sowie Demokratie verstand.[22] Diese "geballte Kampfansage an die moderne Welt",[23] dieses provozierende Manifest einer kontramodernen Attitüde, welche sich noch einmal im "Antimodernismuseid" von 1910 manifestierte, wurde in katholischen Publikationen beharrlich verteidigt, und die meisten seiner variantenreichen Vorgaben wurden ideologisch treu befolgt.

Aber die antimoderne Gebärde konnte durchaus noch imposanter ausfallen, denn: "Sind die vom Syllabus verworfenen sogenannten 'modernen Ideen' nicht in der That jüdischen Ursprunges?" Für die so fragenden "Historisch-politischen Blätter für das katholische Deutschland" (HPB, Aufl. 1880: 1500) ist die Antwort darauf eindeutig. In dieser prestigemächtigen "Galionspublikation" des Katholizismus wird die Moderne, vor der streng gewarnt wird, personalisiert und identifiziert mit Juden, die sich gegen die fortschrittsfeindliche Grundposition des Katholizismus auflehnten. "Als Syllabus und Encyklika die moderne Culturwelt in 'sittliche Entrüstung' versetzten, da hielt auch Juda eine öffentliche Demonstration für opportun." Auf einem Konzil in Leipzig hätten die europäischen Großrabbiner sogleich einmütig ein Bekenntnis zur "Realisierung der modernen Ideen" als Garanten für die "Zukunft des Judenthums und seiner Kinder" formuliert. Damit bereits gäben sie, so die HPB, indirekt der "Weisheit" Pius IX. recht, der im Syllabus vor eben diesen "modernen Ideen" warnte.[24] Noch präziser drückt sich der Mainzer "Katholik" – ebenfalls ein wichtiges Orientierungsorgan der katholischen Öffentlichkeit, über das Ernst Heinen irrtümlich berichtet, es habe der Judenfrage "offensichtlich keine Wichtigkeit"[25] beigemessen – in zwei aufeinanderfolgenden Artikeln 1872/73 aus. Er bezieht sich auf jenen "vortrefflichen Aufsatz in den histor. Blättern" und erklärt: "Verjudung heißt der positive Inhalt der modernen Cultur. Die sogenannten modernen Ideen, die in der Politik maßgeblich gewordenen Grundsätze sind jüdischen Ursprunges."[26] Es wird Klage geführt über "die bedeutsame Rolle, welche die Juden in der modernen europäischen Gesellschaft spielen, und den corrosiven Einfluß, den sie auf das ganze sittliche und geistige Leben ausüben." Nach Ausführungen über Ausbeutung und Pressemacht, Antikatholizismus und sogar über "Reinblutjuden" heißt es: "Im weiten Gebiete des Erwerbslebens überall der Jude und die Verjudung. Kurz, die Frucht der Judenemancipationen ist die Frage: wie und durch welche Mittel die moderne Gesellschaft von den Juden emancipirt zu werden vermöge. Es kann keinem Zweifel unterliegen, daß es der Einfluß des Judenthums ist, welchem wir die fortschreitende Entchristlichung und in Folge davon die Entsittlichung unserer bürgerlichen Gesellschaft und des staatlichen und natio-

241

nalen Lebens verdanken."[27] Diese Argumentation verfolgte der "Katholik" bereits 1872, wonach "die modernen politischen und Culturgedanken unter der Firma des modernen Judenthums" lanciert werden. "Mit diesem erborgten Lichte des Aufklärichts aber operirt dann das moderne travestirte Judenthum" in dem "Zerstörungswerk" gegen das deutsche Volk und das Christentum.[28] Die Schlußsentenz im zweiten und letzten Teil des Artikels endet mit der bedrohlichen Verheißung, die Juden bereiteten die "Revolution" vor. Es zeigt sich bereits, daß das Wortfeld um "Moderne" profiliert ist durch Begriffe wie Entchristlichung und Entsittlichung, Emanzipation und Judenemanzipation, Aufklärung und Revolution. Für das römisch-katholische Weltbild mußte die Koppelung von Moderne, Revolution und schließlich Judentum hochgradig erschreckend klingen. Diesen Mechanismus spielt auch die von Pius IX. in einer Empfehlung gewürdigte "Katholische Bewegung" (KB, Aufl: 4900) aus, wenn sie 1881 erklärt: "Was heißt 'moderne Ideen'? Es sind die 1789, 1830, 1848 promulgirten Ideen der Revolution, (...) Es sind die Ideen des Jesum verfluchenden und in seinen Gliedern verfolgenden Talmudismus."[29] Das Verfahren, die umfassenden innovativen Entwicklungen seit der Aufklärung und die "modernen Ideen", die sich in der symbolträchtigen Zahl "1789" inkarnieren, als globalen Entchristlichungsprozeß darzustellen, der gezielt vom Judentum gesteuert wird, läßt sich als Konstante im Antisemitismus des Katholizismus nachweisen. Um diese These anschaulich zu belegen, muß nun die bisher beschriebene abstrakte Metaebene der "Moderne" verlassen werden und nach konkreten Inhaltsfeldern gefragt werden, in denen sie sich jeweils für Katholiken manifestiert. Die folgenden Beispiele der von Katholiken als modern und jüdisch interpretierten Ideen, Bewegungen und Institutionen sind Ergebnis einer strengen Auswahl aus etwa 40 gefundenen Einzeltopoi und decken keineswegs alle etwa im "Syllabus" angesprochenen Motive ab.[30] Diese Motive sind keineswegs originelle Einzelerscheinungen, sondern typologische Teilelemente einer umfassenden Argumentationsstruktur, in der Gegenstimmen und moderate Töne äußerst selten sind. Ihre Homologie, ihre monotonen Replikationen und deren Verbreitung im Katholizismus lassen sich durch eine systematische Archäologie, die über chronologische, impressionistische oder exegetisch am Einzeltext orientierte Ansätze hinausgeht, aufweisen und zu einer Taxonomie formen. Diese ergibt drei Argumentationskategorien, welche als komplexes Geflecht die veröffentlichte mentale Disposition der Katholiken zum Judentum abbildet. Es handelt sich bei diesen drei Hauptmotiven um (1) die Überzeugung, das Christentum, zumal in seiner katholischen Form, sei besonders durch das "subversive" Judentum gefährdet, (2) die beängstigende Vorstellung, die Juden planten verschwörerisch die Weltherrschaft, und schließlich (3) um die "Diagnose", das christliche Abendland sei einem destruktiven "Verjudungsprozeß" ausgesetzt. Die Sorge um den bedrängten Katholizismus, die religiösen Intentionen und konfessionellen Argumentationsmodelle sind dabei eindeutig dominant. Diesen drei Klassen miteinander verflochtener "Grobmotive" lassen sich alle anderen religiösen oder säkularen "Feinmotive" (z.B. Entsittlichung, Geldbeherrschung, Großmacht Presse) subsumieren. Jedoch erlaubt die Multifunktionalität der einzelnen Ideolo gemeinsame mehrfache und wechselseitige Zuordnungen. Somit ziehen sich die drei Motivstrukturen wie rote Fäden quer durch die religiösen und säkularen Mutationen der Einzelmotive verbindend hindurch, was jeweils anhand von ausgewählten Beispielen illustriert werden soll.

3.1. Traditionelle und religiöse Motive

Religiöse und theologische Impulse erweisen sich als besonders häufig im katholischen Argumentationsarsenal und bestimmen den Katholizismus (als Subjekt) und das Judentum (als Objekt) des Antisemitismus: Zum einen zentrieren sich alle antisemitischen Vorwürfe intentional um religiöse, d.h. dezidiert katholische Interessen – etwa die Rettung der Kirche – zum anderen richten sie sich auf genuin religiöse Merkmale des Judentums – z.B. auf den Talmud. Dabei bezieht sich der religiös-antisemitische Vorstoß nicht nur auf aktuelle Vorwürfe, wie etwa die angebliche Verantwortung der Juden am Kulturkampf, sondern er gestaltet sich auch aus "archaischen" Legenden, die ursprünglich im Hochmittelalter Konjunktur hatten. Zu den besonders spektakulären Atavismen gehört die Wiederbelebung des *Ritualmordvorwurfs*. Derartige Spekulationen waren im 19. Jahrhundert keineswegs nur ein Kuriosum irrationaler Sektierer, sondern wurden ernsthaft in Justiz und Wissenschaft diskutiert, weniger differenziert, aber um so lebendiger in breiten, sensationsfreudigen Bevölkerungskreisen. Dort führte das bedrohliche Schreckensbild kannibalistischer Juden zeitweilig sogar zu Massenhysterien. Zwischen 1873 und 1900 fanden in Europa insgesamt 58 Ritualmordprozesse (in Deutschland 13) statt, die oft mit der Verurteilung von Juden endeten.[31] Was die Ritualmordlegende inhaltlich besagt, weiß am anschaulichsten Ludwig Erler, Domkapitular in Mainz, zu erzählen. Er verfaßte im renommierten AKK zwischen 1879 und 1885 eine radikal antisemitische Artikelserie, die durch ihren äußerst seriösen und wissenschaftlichen Eindruck bestechen konnte. Er ist davon überzeugt, "daß nach einem talmudisch-rabbinischem, jedoch nur (wenigstens im Occident) mündlich überlieferten und auf das sorgfältigste (wenigstens vor Kindern und möglichst auch vor Frauen) geheim gehaltenen Gesetze den Juden zur Feier ihres Osterfestes das Blut eines Christen nöthig ist, und zwar wo möglich eines Knaben in noch unschuldigem Alter unter sieben Jahren – daß dessen Blut während einer qualvollen, in Form einer Kreuzigung, unter Lästerungen gegen Christus und die Christen, stattgefundenen Tödtung gewonnen werden muß, und dies ein Gott wohlgefälliges Opfer ist, – daß sie wenigstens in jedem Jubeljahre, d.h. alle sieben Jahre (...) frisches Blut haben sollen, in den übrigen Jahren aber sich getrockneten und pulverisirten Blutes bedienen können (...), daß dieses Blut in das ungesäuerte Osterbrod (Mazzen) gebacken und genossen, und, mit Wein vermischt, unter wiederholten Lästerungen und Verwünschungen gegen Christus und die Christen, zur Segnung des Ostermahles gebraucht und getrunken wurde (...) und daß die Sorge für die Beschaffung und Anwendung dieses Blutes als strenge Pflicht eines jeden jüdischen Hausvaters galt."[32] Erler, der sich hier auf den bekannten "Ritualmord" von Trient (1475) bezieht, will die Faktizität der Ritualmorde belegen, die von ihm als eine unter vielen

"Schändlichkeiten" des gegen die Christenheit agitierenden ruchlosen Judentums präsentiert werden. Während die Plausibilität dieser Anklage im 19. Jahrhundert vehement umstritten war (zumal Juden ja jeglicher Blutgenuß, auch tierischer, untersagt ist) und sich jüdische Intellektuelle und protestantische Theologen entschieden gegen diese Legende einsetzten,[33] wird die akute Gefahr dieser "Realität" im Katholizismus fast einhellig beteuert.[34] Deutliche Widerlegungen konnten nicht gefunden werden, lediglich die Einschränkung, der Talmud enthalte keine direkte Verpflichtung zur regelmäßigen Ausführung von Christentötungen, die dennoch zumindest bei abergläubischen Juden durchaus vorkommen könnten.[35] Konsens bleibt, daß Ritualmorde möglich sind, wie "Wetzer und Weltes Kirchenlexikon" als katholisches Standardwerk 1889 bestätigt, ja, daß sie sogar "äußerst wahrscheinlich" sind, wie die HPB noch 1900 versichern.[36] Für diese Art der vormodernen und irrationalen Polemik gegen die jüdischen Gläubigen ist besonders ein katholischer Professor für Altes und Neues Testament in Münster und (seit 1876) in Prag bekannt geworden, dessen pseudowissenschaftlichen Ausführungen "zur theoretischen Grundlage der gesamten Ritualmordhetze" wurden. August Rohling[37] sucht unter dem Anstrich von Wissenschaftlichkeit in auflagenstarken Publikationen durch zahlreiche "Quellenzitate" nachzuweisen, daß "der blutdürstige Charakter des Rabbinismus" sich notwendig aus der jüdischen Religionslehre ergibt und von daher sogar geboten ist.[38] Über diesen suggestiven und wirkmächtigen Schriften wird oftmals übersehen, daß im Katholizismus längst vor Rohling Ritualmordbeschuldigungen wieder erhoben und detailliert talmudistisch begründet wurden.

Konrad Martin (+ 1879), seit 1856 Bischof von Paderborn und noch heute als "Bekennerbischof" während des Kulturkampfes dort hoch verehrt,[39] widmete sich in seiner Schrift "Blicke ins Talmudische Judenthum", die 1876 vom Paderborner Theologieprofessor Josef Rebbert neu herausgegeben wurde, vor allem dem durch den Talmud angeblich vorgegebenen "*gesetzlich sanktionierte(n)* Haß der Juden gegen die Nicht-Juden im Allgemeinen und gegen die Christen insbesondere". Dieser manifestiere sich auch im jüdischen Mord an christlichen Kindern, einerseits um so "das Andenken an den von ihren Vorfahren verübten Gottesmord zu erneuern", andererseits "um das Blut der abgeschlachteten Christenkinder zu abergläubischen Zwecken zu mißbrauchen." Diese Verbrechen leugnen hieße zahlreiche historische Tatsachen und Überlieferungen tilgen. Dies alles geschehe aus dem "Geist des Talmud", der allgemein die Tötungsberechtigung und u.U. -aufforderung gegen Christen enthalte.[40] Basales Argument dieser Vorstellung ist, daß ein Volk, das fähig ist, sogar den Sohn Gottes zu ermorden, eine prinzipiell verderbte Religion und einen abgründig bösartigen Charakter haben muß, der es dazu anhält, auch weiterhin alles Christliche zu zerstören und ihm sogar erlaubt, in seinem Haß gegen Christen, diesen ständig Arges zuzufügen, sei es durch persönliche Angriffe, sei es durch latente Sabotage an Kirche und christlicher Gesellschaft. Insbesondere das *Gottesmördermotiv* als "Paradigma" aller christlichen Judenfeindschaft wird zum greifbaren Kollektivschuldvorwurf und zum Symbol für die angebliche jüdische Ablehnung christlich-abendländischer Wertemuster. Es "hat programmatischen Charakter, denn es beinhaltet den *fundamentalen Vorwurf* jeder antisemitischen Argumentation."[41] Haß gegen Christus damals ist Chiffre für den angeblichen

Haß gegen Christen heute. "Der tausendjährige Religionshaß, welcher sich fast instinctiv gegen alles specifisch Christliche richtet" (CSB) baut auf der Basisidee des Christus-und Christenmörders auf.[42] Stefan Lehr erklärt: "Es gibt kein Argument antijüdischer oder antisemitischer Bestrebungen, das länger benutzt, häufiger vorgebracht, hartnäckiger beibehalten und tiefer internalisiert wurde, kein Argument, das stärker wirkte, größeren Haß verbreitete, mehr Vorurteile zeugte und das Verhältnis zwischen Christen und Juden nachhaltiger vergiftete, als dieses."[43] Sein Vorkommen ist in den geprüften Materialien, selbst wenn sie sonst nicht antijüdisch argumentieren wollen, quantitativ das häufigste. Immer wieder wird reproduziert, daß "das Volk Israel (...) den verheißenen Messias in fleischlichem, irdischem Wahne von sich gestoßen, ihn zum schmerzhaftesten und schimpflichsten Tode geführt" hat."[44] Nicht nur der Ritualmordvorwurf fußt auf diesem bereits biblischen Topos,[45] auch andere traditionelle Bezichtigungen religiöser Inhalte beziehen sich auf ihn, so etwa der im 19. Jahrhundert zunächst nicht mehr zu erwartende Vorwurf des *Hostienfrevels*. Er stammt aus dem frühen 13. Jahrhundert und besagt, Juden bemächtigten sich heimlich konsekrierter Hostien, traktierten diese genüßlich-rituell durch Stiche, Schnitte, Zermahlen und Anbrennen, um an ihnen, die ja für Katholiken der wahre Leib Christi sind, Torturen wirksam nachzuvollziehen, die sie bereits vor 2000 Jahren an Jesus Christus am Kreuz vollzogen haben sollen.[46] Ungeachtet der Tatsache, daß bei Juden die Voraussetzung des christlichen (eigentlich dezidiert katholischen) Glaubens an die Transsubstantiation nicht gegeben sein kann, verirrt sich diese absurde Legende auch in katholische Publikationen des 19. Jahrhunderts. Mittelalterliche Fälle werden als bewiesenes Faktum "festgestellt"[47] und seien "durch so viele geschichtliche Zeugnisse verbürgt", daß jeglicher Zweifel haltlos scheint.[48] Aber auch zeitgenössische "Fälle" werden in gedämpfter Direktheit berichtet. Daß Jüdinnen sich unlängst heimlich in die päpstliche Kapelle geschlichen hätten und sich vom Papst persönlich das hl. Sakrament haben reichen lassen, klinge wohl wie eine "unglaubliche Legende", schreiben 1913 (!) die SML. "Und doch ist es in unseren Tagen geschehen."[49] 1897 kursieren Gerüchte, jüdische Soldaten hätten in einer Kneipe im Elsaß Hostien in Bier geworfen, welches sich darauf in Blut verwandelt habe. Die Übeltäter hätten dafür plötzlich gelähmt am Tisch gesessen.[50] Insgesamt zeigt sich, daß der Katholizismus noch im späten 19. Jahrhundert gerne vormoderne Symbole des Aberglaubens und mittelalterliche Pseudoargumente mobilisiert. Sie galten im Protestantismus bereits weitgehend als veraltet. Nicht nur die Ahasversage wurde neu belebt,[51] auch der *Antitalmudismus* war vor allem eine katholische Angelegenheit und wurde früh eingesetzt. Hermann Greive konstatiert: "Die ersten (katholischen d.V.) Anfeindungen zielten schwerpunktmäßig auf den Talmud." Dabei war August Rohling "der bei weitem erfolgreichste Vertreter des katholischen Antitalmudismus der Kaiserzeit."[52] Sein 1871 erschienenes Buch "Der Talmudjude" avancierte zum Klassiker des religiösen Antisemitismus, wurde vielfach aufgelegt (1877: 6. Aufl; 1922: 17. Aufl.) und in verschiedene Sprachen übersetzt; es wurde vom Bonifacius-Verein gratis verteilt und die Kirche sorgte für die Verbreitung einer gekürzten und vereinfachten Ausgabe "für das allernaivste Kirchenvolk."[53] Dieses konnte durch Rohling erfahren, der Talmud enthalte ein albernes Gottesbild, eine "verderbte Sittenlehre" und rufe zur Ausbeutung, Beherrschung und sogar Vernichtung aller Nichtjuden auf.[54] Auch Konrad Martins "Blicke ins Talmudische Judenthum" konzentrieren sich schonungslos auf den Talmud, denn "er verletzt auf schreiende Weise dasjenige, was man allgemein menschliche Liebe nennt, (...) er predigt auch förmlichen Haß gegen die Person aller Nicht-Juden". Martins "Bericht über die menschenfeindlichen Tendenzen des Judenthums"[55] gipfelt in der Entdeckung, die Christen sollten gemäß talmudischer Anweisung sobald die jüdisch-messianische "Weltherrschaft" errichtet sei entweder gezwungen werden, zum Judentum überzutreten – oder von Juden getötet werden. Martin behauptet sogar, "selbst vor der Ankunft des Messias dürften Juden, namentlich Christen, um's Leben bringen", ja er versteigt sich gar zu der Meinung, daß Juden überhaupt "Christen tödten dürfen und sogar tödten sollen."[56] Antitalmudismus, bei Martin Instrument zur Begründung seiner Ablehnung der Judenemanzipation, läßt sich im Katholizismus häufig nachweisen.[57] Die bisher vorgebrachten, teilweise museal wirkenden Klischees dienen insgesamt dem pseudotheologischen Aufweis der prinzipiellen "Christentumsfeindlichkeit" der Juden. Diese manifestiere sich besonders im Kulturkampf in der Agitation gegen die katholische Kirche, die selbstbewußt ein exklusives Heilswegerecht für sich beansprucht. Christentum und Katholizismus werden identisch gedacht, denn schließlich gilt als gewiß, daß die Protestanten "*das* Christentum, wie es der Erlöser unter den Erlösten haben will, nicht besitzen. *Christen in vollem Sinne des Wortes* sind nur die katholischen Christen; das echte, reine Christenthum findet sich nur in der römisch-katholischen Kirche" (SML).[58] Der Generalangriff gegen den Katholizismus im Kulturkampf ist somit gleichzeitig ein umfassender Kampf gegen die Grundlagen des wahren Christentums. Als Verantwortliche an diesem überzeichneten Säkularisierungsprozeß werden abstrakte Faktoren, wie Atheismus, Liberalismus und auch Protestantismus benannt, jedoch wird der Gegner des Katholizismus oft personalistisch ausgestaltet durch "die Juden", die an der modernen Misere maßgeblich beteiligt seien. Das bestätigt etwa die Publikation "Der Atheismus als europäische Großmacht" (1882) von Paul Haffner, der neben Erler ebenfalls als Domkapitular in Mainz wirkte: Für ihn ist es eine "Thatsache, daß die Verbreitung des Atheismus in Europa ein monopolisirtes Geschäft der semitischen Race ist. Die Stellung des Judenthums in dem Entchristlichungsprozeß Europas hat einen geheimnisvollen Charakter; mehr noch als die Stellung des Protestantismus." Haffner bezieht sich auf einen Freidenkerkongreß in Paris 1882, auf dem Juden sich für Revolution, Sozialismus und die Zerstörung der Kirche einsetzten. "Daß das Judenthum in der Special-Analyse der modernen Civilisation zum Vorschein kommen mußte, war nach den Gesetzen der Chemie zu erwarten. Steht es doch in derselben als ein ganz wesentliches Ferment."[59] Die Unterstellung, Juden arbeiteten an der Spitze der modernen Zivilisation um den Katholizismus zu zerstören, ist ein quer durch die katholischen Publikationen nachweisbarer Topos. Trotzdem muß an dieser Stelle die Proportion gewahrt werden: Der Hauptgegner während des Kulturkampfes war de facto der preußisch-deutsche Staat, daneben der Nationalliberalismus und der Protestantismus. Vor allem gegen sie richtete sich der katholische Abwehrkampf in Wort und Aktion. Das kollektiv angeklagte Judentum erscheint rein quantitativ gewöhnlich eher als viertklassiger Gegner, und nicht immer werden jüdische Aktivitäten vermutet, wenn etwa über staatliche Kulturkampfgesetze oder über moderne Phänomene geschrieben wird. Die katholischen Äußerungen sind nicht immer einheitlich. Aber der flexible Einsatz der Judenfeindschaft, die den strategischen Vorteil eines plastischen, da personalisierten Feindbildes bietet, das zudem traditionelle negative Affekte binden konnte, erweist sich als sehr effektiv und geschieht tatsächlich häufiger, als von der Forschung bisher wahrgenommen. Wenn von Juden die Rede ist, dann in etwa 90% aller Fälle mit negativer Ausrichtung. Es gelingt sogar häufig, Juden noch über alle anderen tatsächlichen antikirchlichen Kräfte zu stellen und diese zur Marionette der Juden zu degradieren, welche damit zur Speerspitze der religionsfeindlichen Moderne werden. Deutlicher als die HPB es ausdrücken, läßt es sich kaum formulieren: Sie beklagen 1875 "mit welcher Furie die Juden im 'Culturkampf' an der Erfüllung dieser Vorhersage (der jüdischen Weltherrschaft, d.V.) arbeiten. Gerade ihnen ist der preußische 'Culturkampf' besonders auf den Leib geschnitten. Er gibt ihnen das Commando über die vereinigten Massen des fanatischen Protestantismus, und er unterwirft den gesammten Liberalismus mit dem preußischen Cäsarismus ihrer obersten Leitung." Gesamttenor ist: "Ohne die Juden wäre der 'Culturkampf' gar nicht möglich gewesen."[60] Hier werden Juden also in eine Position erhoben, die ihnen eine zentrale Verfügungsmacht über die wichtigsten Institutionen und Bewegungen der Gesellschaft im Kampf gegen den Katholizismus gibt. Damit liegt insgesamt das zentrale Argument in der katholischen Argumentationsführung vor. Es lautet, das Christentum, besonders das katholische, sei Opfer des modernen jüdischen Geistes und jüdischer Aktivität, die zudem geschickt alle Kräfte der Gesellschaft zu lenken wisse. Für die KB ist "der Jude (...) die Seele des in unserer Zeit erfundenen 'Culturkampfes',"[61] und auch Rebbert betont, daß im Kulturkampf "notorisch und aus leicht begreiflichen Gründen *die Juden* in erster Linie kämpfen und hetzen und schüren."[62] Es ist keinesfalls überraschend, daß die Kulturkampfphase als spezifische Krisenerfahrung im papstloyalen Katholizismus ein erhöhtes Maß an Antisemitismus hervorbrachte. Dagegen hatten Ignaz v. Döllinger und die Altkatholiken, die der ultramontanen Wende im Katholizismus nicht folgten, weniger Anlaß, antisemitische Polemik zu verfassen.[63] Aber der ultramontane Katholizismus als institutionalisierter Fundamentalismus benutzte u.a. auch Judenfeindschaft als Methode der Gemeinschafts- und Abgrenzungsbemühung, um den konfessionellen Integralismus zu verstärken. Im Kulturkampf und darüber hinaus sollte die Erodierung des katholischen Milieus verhindert werden. Hier liegen Ursache und Erklärung für den katholischen Antisemitismus, nicht etwa, wie allgemein für die Phasen des im Kaiserreich "wellenförmig" auftretenden Antisemitismus angenommen, in ökonomischen Krisenzyklen.[64] Nicht der im Mai 1873 mit dem Wiener Börsensturz einsetzende "Gründerkrach" ist für den Katholizismus relevant, sondern früher noch der bereits 1871 in Preußen-Deutschland anhebende Kulturkampf. Eine quantitative Auswertung der seriellen Publikationen ergibt, daß zwischen 1871 und 1880 die Anzahl antisemitischer Äußerungen am höchsten ist. Damit ist der Beginn der antisemitischen Propaganda im Katholizismus sogar noch vor den allgemein erhobenen Antisemitismusphasen von 1878 bis 1882 (Gründung antisemitischer Parteien) und 1890 bis 1894 (Radikalisierung, Reichstagserfolge) anzusetzen.[65] Der Kulturkampf mußte erklärt und überstanden werden, nicht das Phänomen konjunktureller Wirtschaftskrisen. Aber auch nach der Wende (1878) und der formalen Beilegung (1886/7) des Kulturkampfes überlebt sich die These, die eigentlich Schuldigen am Kulturkampf seien die Juden. Dem konfessionsspezifischen Argument, Juden agitierten gegen den Katholizismus, können alle anderen Varianten der katholischen Judenfeindschaft zugeordnet werden, da das Globalziel immer in der Integrität des Katholizismus besteht, für den antisemitische Themen facettenreich funktionalisiert werden. Das bedeutet bisher, daß der Antisemitismus im Katholizismus im Kern auf ein subjektiv-konfessionelles Selbsterhaltungsinteresse ausgerichtet ist, aber auch, daß der Katholizismus primär religiös argumentiert und polemisiert, also methodisch seine Angriffe auf religiöse Objekte ausrichtet und sich auch darin selbst als wenig modern erweist. Die eher säkularen Kategorien der jüdischen "Weltherrschaft" und der "Verjudung" sind dem religiösen Primat der "jüdischen Christentumsfeindschaft" nur angehängt.

3.2. Das "Jüdische Weltherrschaftsstreben"

Herrschaftsambitionen und Pläne zur Usurpation der gesamten Welt werden Juden nicht erst vom Nationalsozialismus unterstellt. Bereits im 19. Jahrhundert findet sich die Vorstellung von einer vermeintlich umfassenden jüdischen Übermacht. Die im Katholizismus häufig beschworene "Herrschaft des modern jüdischen Geistes"[66] wird sowohl als Chiffre verwendet, um die Glaubenslosigkeit der Moderne allgemein zu kennzeichnen, wie auch als reale jüdische Konspiration interpretiert. Sie wird in doppelter Hinsicht religiös verstanden, indem sie einerseits auf jüdischen Glaubensgrundlagen beruhe, andererseits eine konkret antichristliche Ausrichtung habe. Erler faßt 1879 die katholische Position darin deutlich zusammen: Eine Eigentümlichkeit der Juden, "welche die Stellung der jüdischen Nation unter den übrigen Nationen erst recht zu einer exceptionellen und gefahrbringenden macht, ist ihre Überzeugung und Prätension, das auserwählte Volk zu sein, welchem vom 'Gotte Israels' die Weltherrschaft bestimmt ist, und welchem alle übrigen Völker (die Heiden, Gojim) unterthan sein sollen. Diese Überzeugung beruht einestheils auf fälschlich ausgelegten Texten des alten Testaments, (...) sowie auf den Lehren und Verheißungen des Talmud, nach welchen den Juden die ganze Welt gehört".[67] Dieses Zitat drückt konzise aus, was sich in den katholischen Quellen sehr oft und in verschiedensten Variationen wiederfindet. Dabei wird hier betont, "der Traum des modernen Judenthums ist der seiner Herrschaft über das Deutschthum",[68] dort diagnostiziert, die Juden seien bereits längst "die Herren dieser Welt."[69] Ein besonderer Ausdruck der Herrschaftsetablierung des Judentums manifestiert sich in dem Medium der *Presse*, das als jüdischer Machtfaktor gilt. Dieser Topos erscheint mit auffälliger Häufigkeit. Er ist auf die Tatsache zurückzuführen, daß die sich ausbreitende Medienöffentlichkeit als Symptom und Faktor der Moderne von Katholiken zunächst skeptisch beobachtet, dann selbst imitiert und instrumentalisiert, aber immer dichotomisiert wurde in katholisch – akatholisch. Der Verleger Leo Woerl, eine der bedeutendsten Initiatoren des katholischen

Pressewesens, will in seinem umfangreichen Pressekatalog nicht entscheiden, "ob der Einfluß der Presse mehr Nutzen oder mehr Schaden gestiftet hat." Fest steht für ihn jedoch, daß viele Journale "erzjüdisch" sind. "Ein grosser Theil der nichtkatholischen Presse steht unter der Herrschaft oder wenigstens unter dem Einflusse des Judenthums." Zwar sei nicht die gesamte Presse gemeint, "aber dass die Zahl dieser jüdischen und verjüdelten Blätter nicht klein ist, das kann man jedesmal beobachten, wenn irgend eine Stimme gegen die Verjüdelung der Gesellschaft, gegen die Unterdrückung der Christen durch die Juden sich zu erheben wagt. An den fünf Fingern kann man diejenigen Blätter herzählen, welche offen gegen das immer mächtiger werdende Judenthum auftreten."[70] Man kann im Katholizismus jedoch durchaus noch schärfere Töne gegen die moderne Presse anschlagen. Die Klage wird laut über katholikenfeindliche und kulturkämpferische Ausfälle in Presseorganen, die durch das Anhängsel "jüdisch" ohne Umstände diskreditiert werden können. Dieses Motiv hat Kontinuität. Zunächst wird der "jüdischen Presse" die Mitverantwortung am Kulturkampf angelastet. 1872, im Jahr des Schulaufsichtsgesetzes (März) und des Jesuitengesetzes (Juli) klagt die KB: "Wir Katholiken werden täglich mit Hohn und Spott übergossen; eine wahre Sündflut von Lügen und Verleumdungen wird gegen uns losgelassen. Vor allem zeichnet sich in gemachter Gereiztheit, in grollender Rachsucht, in widerlicher Gemeinheit, in cynischem Spott, in Toben und Kreischen die jüdische Presse aus."[71] Der Sprachstil ändert sich auch gegen Ende des Kulturkampfes nicht, wie ein Beispiel aus den HPB von 1881 belegt: "Die jüdische Presse hatte lange Jahre alles, was dem Christen heilig ist, ohne Scheu und Scham verfolgt und in den Koth getreten. (...) noch giftiger ist alles Katholische von dieser Presse behandelt worden. Bei jeder Mißhandlung, die wir zu erleiden hatten, stand der grinsende Jude voran."[72] Der Aufsatz "Das Judenthum in der Presse" in der KB (1881) gipfelt in der These: "Das ist das Judenthum in der Presse, dessen letzter und höchster Zweck kein anderer als die Ausrottung des Christenthums ist."[73] Man attackiert nicht nur den Sektor der jüdischen Presse, überhaupt sei die gesamte Medienwelt von Juden okkupiert und gelenkt. Mit der Presse sei das Judentum bereits eine Weltmacht und beherrsche konkurrenzlos die öffentliche Meinung.[74] Natürlich sei auch das Telegraphenwesen praktisch ganz in jüdischer Hand. "Folglich sind es die *Juden*, welche die 'öffentliche Meinung' *machen* und über sie herrschen in Deutschland, ja in Europa" (KB).[75] Was ist daher zu tun? Hauptforderung ist neben der dringenden Lektüreempfehlung dezidiert katholischer Zeitungen und Zeitschriften die reinigende Eindämmung jüdischen Einflußes: "Die deutsche Tagespresse muß von dem zersetzenden Gifte des Judenthums gesäubert werden."[76] Das Beispiel des Pressewesens macht deutlich, wie sich das katholische "Unbehagen an der modernen Medienpublizistik", das sich in dem disqualifizierenden Schlagwort von der "schlechten Presse" verdichtet, auch mit Methoden antisemitischer Attribuierungen kompensieren ließ. Judenfeindschaft wird hier konkret eingesetzt, um die ideelle Homogenität – nicht nur den lukrativen Absatz – des katholischen Presseangebots zu sichern, indem der modernen, "jüdisch-liberalen" Presse eine Absage erteilt wird.

Geschrieben wurden diese Texte überproportional häufig von Priestern. Sie nahmen im katholischen Pubikationswesen eine derart dominante Position ein, daß zeitgenössische Kritiker oftmals von der "Kaplanpresse" sprachen. Kleriker übernahmen die "Funktion einer katholischen Intelligenz", da dem katholischen Bildungsdefizit entsprechend das Reservoir akademisch gebildeter Kräfte gering war.[77] Die Publizistik bot den ultramontan gesinnten Priestern in den Einschränkungen des Kulturkampfes (Kanzelparagraph) eine "zweite Kanzel". Der Klerus hatte "den antimodernen Geist aus dem Vatikan aufgesogen und verstand nur in geringem Maße die Zeichen der Zeit."[78] Deshalb war er disponiert für antimoderne und antisemitische Affekte. Er erweist sich als Hauptträger des katholischen Antisemitismus, ob in Predigt, Katechese, Schule, Presse, Politik oder Vereinswesen und bildete in der Sozialstruktur des Katholizismus das "Rückgrat der Führungsschicht".[79] Die Judenfeindschaft im Katholizismus ist vor allem auf die Interessenlage des Klerus für die sozialdisziplinierende Milieustabilisierung und die teilweise pseudotheologische Gegenwartsdeutung zurückzuführen; die Bischöfe bereits bieten ein uneinheitlicheres Profil,[80] während die Hierarchiespitze, die Kurie in Rom, keine antisemitischen Initiativen und Vorgaben machte. Antisemitismus war keine gezielte ultramontane Manipulationsstrategie, aber der Klerus zentrierte und artikulierte als professioneller Multiplikator das vorliegende Unbehagen des katholischen Volkes an der Moderne, dessen Antipathie gegen Juden sowie die gesteigerte Volksfrömmigkeit. Die dumpfe Judenfeindschaft der Gläubigen, besonders der Landbevölkerung und des Mittelstandes, wurde von den theologisch gelehrten Ausdifferenzierungen der klerikalen Elite (also Bischof, Gemeindepfarrer oder Professor) geformt und gesteuert. Außer den Medien der Presse und des Buches bedienten sich viele Kleriker dabei auch der Predigt. Mit der Autorität ausgestattet, gültiges "Wort Gottes" zu sein, verbreiteten sie wirksam antisemitische Stereotypen und Klischees.[81] Der antimoderne Unmut des Katholizismus wird auch am Beispiel des gespannten Verhältnisses zum modernen *Industriekapitalismus* deutlich. Dem Prinzip der liberal-kapitalistischen Marktordnung wurden sozialromantische und ständische Modelle, schließlich (seit Ende der 1870er Jahre) das Solidaritäts- und Subsidiaritätsprinzip entgegengesetzt.[82] Der freie Kapitalismus, besonders aber das Banken- und Börsenwesen präsentieren sich als antisemitische Angriffsfelder und erinnern an die traditionellen Vorurteile von jüdischer Geldraffgier und Zinswucher. Hier eröffnet sich angeblich ein weiteres Feld jüdischer Herrschaftstaktik. Die KB entrüstet sich 1881 darüber, anstelle des Christentums solle nun "der jüdische Kapitalismus treten und die Welt beherrschen."[83] Der Kulturkampf wird z.T. als jüdische Inszenierung betrachtet, die von der Gründerkrise, an der vor allem Juden profitiert haben sollen, ablenken sollte, damit "die vereinzelten Schmerzensschreie der Ausgeplünderten damals in dem allgemeinen Culturkampf-Getöse untergingen."[84] Die wohlhabenden Juden dienen als Vehikel zur semantischen Bewältigung von ökonomischen Krisenerscheinungen, von katholischen Defiziten im wirtschaftlichen Bereich und vor allem von Schwierigkeiten, die sich dem Katholizismus in der prinzipiellen Konfrontation mit dem liberal-kapitalistischen Wirtschaftssystem stellen. Katholischer Konsens ist, "daß das Wucher- und Schacherthum, der Aktien-, Wechsel- und Börsenhandel hauptsächlich von den *Juden* getrieben" wird und dies primär zum Schaden des christlichen Gesellschaftsgefüges.[85] Die Thesen Werner Sombarts (1911) über die Ursprünge des modernen Kapitalismus aus einem genuin jüdischen Geist werden von Katholiken dankbar aufgenommen, beispielhaft etwa von Heinrich Pesch in den SML.[86] Aber längst vor Sombarts fragwürdiger Untersuchung ist Katholiken (1872) klar: "Die Geldliebe ist jüdischen Ursprungs. Dieselbe hat im Laufe der Zeiten zur ersten und wüthendsten Leidenschaft, zur nimmersatten Sucht sich gesteigert. Wahrend der Nicht-Jude Geld erwirbt um zu leben und zu genießen, lebt der Jude um Geld zu erwerben".[87] Materialismus, zunftloser Freihandel, Kapitalismus, Geldakkumulation bei jüdischen "Börsenfürsten", "Geldoligarchie", Schiebereien des Gründerkrachs – all dies wird als potentiell beabsichtigte Schädigungsstrategie gegen die christliche Gesellschaftsordnung aufgebaut, als jüdischer Usurpationsplan, der bereits seine Erfolge zeitigt, zuerst gegen die katholische Wertewelt. Erler konstatiert 1879: "Dass die großen 'Capitalien' und die herrschenden Bankgeschäfte – namentlich auch die neue 'deutsche Reichsbank' – sowie die Börse überhaupt vorzugsweise in den Händen der Juden sich befinden, dass die meisten europäischen Länder durch das öffentliche wie durch das Privat-Schuldwesen zum grossen Theile den Juden verpflichtet sind, ist eine bekannte Thatsache. Damit aber haben die Juden thatsächlich bereits die Weltherrschaft errungen."[88] Die CSB formulieren eingängig, "daß heute das Geld die Welt regiert und die Juden das Geld regieren."[89] Vampirähnliche "Blutsauger"[90] jedoch sind nicht nur ein Dutzend elitärer Drahtzieher hinter den Kulissen, sondern auch die durchschnittlichen jüdischen Wucherer und "Halsabschneider". Dieser "klassische" Vorwurf findet sich nicht nur in Aufsätzen zu Wirtschaftsproblemen, sondern wird sogar in Predigten und in dezidiert theologischen Werken vorgebracht. Beispielhaft führt Albert Weiß, Dominikanerpater und seit 1870 Dozent in Freising in seiner "Apologie des Christentums" aus: "Die Juden sind ihrer eigenen Natur nach nicht das Volk Gottes, sondern das Volk des Goldes." Sie seien außerdem "der Haß des Menschengeschlechtes, lauernd und allen nachstellend wie die Schlange am Wege (...), Feind des Himmels, Herr der Erde (...). Überall vertrieben und nicht vertilgbar, von niemand geliebt, von allen gefürchtet, überall fremd und überall zuhause." Für Weiß sind sie Ausbeuter und "ein Pfahl im Fleische der ungetreuen Christenheit."[91] Die Juden sind in diesem, keinesfalls zum Selbstzweck geübten Antisemitismus Symptom und "Idealtypus" der Dekadenz der Katholiken und Christen, die sich unbedingt bessern müssen. Die Juden "stellen die Typen der seelischen Entartung unserer Zeit dar, sie vertreten die modernste Facon menschlicher Verderbtheit. Die Juden sind ihren moralischen Ausschreitungen nach die ächtesten Kinder der Gegenwart."[92] Letztlich geht es also auch hier um einen Mechanismus, der die Schwierigkeiten der Moderne auf simple Kompensationskategorien projiziert. Die Juden sind "schuldig", sie spiegeln jedoch besonders deutlich die eigenen, christlichen Unzulänglichkeiten wider, was bedeutet, daß sowohl die Juden in ihrem Einfluß zurückgedrängt, als auch die Christen in ihren Kompetenzen und religiösen Anstrengungen bestärkt werden müssen. Aber nicht nur die "akatholische" Presse und der moderne Industriekapitalismus werden den Juden zur Last gelegt. Ihre Herrschaft über das Christentum suchen Juden angeblich auch in den Bildungsinstitutionen (Überrepräsentation), in der modernen Kultur (Börne und Heine werden bevorzugt thematisiert) und in der Justiz, worauf hier jedoch nicht mehr eingegangen werden kann.

3.3. Die "Verjudung"

Die "Verjudungsformel" ist eng mit dem Weltherrschaftsverdacht gekoppelt. Verjudung droht durch den "allgemeinen Entsittlichungsprozeß", durch die jüdische "Verletzung des Schamgefühls und Verbreitung unzüchtiger Schriften"[93] durch professionalisierten "Mädchenhandel"[94] durch moderne jüdische Ideen, Bewegungen und Institutionen wie Sozialismus, *Liberalismus* und Freimaurertum. Daß die "Eiterbeule des Socialdemokratismus" eine jüdische Erfindung ist,[95] kann hier jedoch ebensowenig im Einzelnen verfolgt werden wie die anderen aufgeführten Bereiche. Exemplarisch soll nur der Liberalismus dargestellt werden, weil seine Affinität zur Moderne am auffälligsten ist. Besonders die Nationalliberalen können für den Katholizismus während des Kulturkampfes zu einer Manifestation jüdischer Konspiration stilisiert werden. In dieser Partei werden jüdisches Vormachtstreben und "Verjudungserscheinungen" vermutet. Der Begriff "Verjudung" ist neu. Er findet sich das erste Mal 1850 bei Richard Wagner. Steven E. Aschheim definiert "Judaization" als "the belief that Jews wielded disproportionate influence and occupied (or were about to occupy) pivotal positions of inordinate economic, political, and cultural power."[96] Die Nationalliberale Partei mit ihrem Führer, dem "Juden Lasker"[97] als politischer Träger des Kulturkampfes bis 1878 wird bisweilen zu einer Agentur des Judentums. Sie wird politisch vorgeschickt, um den Juden den "Gründerschwindel" und die Entchristianisierung zu erleichtern. Der Priester und Publizist Paul Majunke, bis 1874 Chefredakteur der "Germania" und seitdem Reichstagsabgeordneter des Zentrums, beschreibt in seiner "Geschichte des Culturkampfes" von 1886 ausführlich diese antiliberale Manipulationsthese über das korrupte jüdische Gründertum. "Das mit der Jesuiten- und Pfaffenhetze beschäftigte Volk konnte nicht merken, wie ihm inzwischen die Gründer die Taschen leerten. Der 'Culturkampf' war für die Gründer die *spanische Wand*, hinter der sie ihre Manipulationen ungestört treiben konnten."[98] Es folgt bei Majunke ein dreiseitiger Auszug aus Otto Glagaus "Börsen und Gründungsschwindel in Deutschland", um die Zusammenhänge zwischen der "Verjudung der Presse" und dem "Börsen und Gründungsschwindel, der in der Hauptsache von Semiten verübt ist" zu belegen.[99] Die von Glagau, dem "Vorzeigeprotestanten" des politischen Katholizismus forcierte und popularisierte Verschleierungsthese wird auch von Rebbert aufgegriffen. Zum "Elend" des Gründertums weiß er auszuführen: "Juden und Nationalliberale reichten sich brüderlich die Hand bei diesem saubern Geschäfte; der Löwenantheil kam dabei natürlich in Judenhände. (...) Während die jüdisch-nationalliberale Partei 'Culturkampf' trieb, wurde an dem christlichen Volke die Sittenlehre des Talmud zur Anwendung gebracht." Sie stellt, wie sein Buch ja belegen will, "das gerade Gegenteil von der Sittenlehre des Christenthums" dar und ließe sich "unschwer bei den judenfreundlichen Nationalliberalen nachweisen" sowie in den "nationalliberalen Judenblätter(n)."[100] Hier zeigt sich anschaulich und offen, wie traditioneller Antitalmudismus methodisch zur Fundamentierung eines neuen, politisch-ideologischen Antisemitismus funktionalisiert wird, welcher wiederum zum Instrument für die Stabilisierung des Katholizismus wird. Denn "der erste Schritt zur

Lösung der Judenfrage, oder zur Emancipation unseres Volkes aus der jüdischen Unterdrückung, ist deshalb, um es zu wiederholen, erst dann geschehen, wenn wir die jüdisch-nationalliberale Partei aus dem Felde geschlagen haben." Unumwunden spricht Rebbert lobend "von unserm makel- und tadellos dastehenden Centrum" und schließt mit dem fettgedruckten ceterum censeo: "Fort mit den Liberalen! Auf zu den Wahlen!"[101]

3.4. Moderner Antisemitismus und Rassismus

Die antisemitischen Motive, die von der Ritualmordlegende bis zur parteipolitischen Liberalismuskritik, von klassisch-religiösen Traditionen bis zu modernisierten Positionen reichen, sind in ihren religiösen, wirtschaftlichen, kulturellen und gesellschaftlichen Komponenten eng miteinander verzahnt. Sie bilden ein komplexes Argumentationsgeflecht, dessen Dominanten im Katholizismus die konfessionelle Motivation und die religiöse Strategie bilden. Ein Element fällt dabei jedoch "aus dem Rahmen": der Rassismus. Er bildete ein genuin modernes Kriterium des sogenannten "modernen Antisemitismus". Aber auf diesen Faktor läßt sich die Charakteristik des modernen Antisemitismus seit ca. 1860 nicht reduzieren. Die kontroverse Diskussion über die trennscharfe terminologische Unterscheidung zwischen "traditioneller Judenfeindschaft" und "modernem Antisemitismus" ist jedoch noch nicht abgeschlossen. Im diffusen Gemengelage des Antisemitismus finden sich rassistische Ideen zuweilen in eigentlich religiösen Denkansätzen, und umgekehrt, basieren rassistische Ideologeme auf bewährten religiösen Argumenten und durchmischen sich. Trotzdem hat sich m.E. die doppelte idealtypische Differenzierung zwischen vormodernem und modernem Antisemitismus zumindest für heuristische Zwecke bewährt.[102] Vier kategorische Merkmale unterscheiden den modernen Antisemitismus von der traditionellen Judenfeindschaft christlicher Prägung. Sie sind inhaltlich, methodisch und organisatorisch orientiert.

1. *Inhaltlich* unterscheidet er sich vor allem durch die sukzessive Dominanz des Rassismus über andere Motive des Antisemitismus. Die Juden wurden durch Abstammung und "Blut" nunmehr rassisch qualifiziert bzw. bereits disqualifiziert. Wurden sie bis zu Beginn des 19. Jahrhunderts noch als ein primär durch ihre Religion konstituiertes Volk definiert, wähnte die Folgezeit die inzwischen emanzipierten Juden statisch als Angehörige einer jüdischen "Rasse", die sie auch durch eine Konversion nicht verlassen konnten. Nicht religiöse oder wirtschaftliche, also veränderbare Zuschreibungen charakterisieren das Judentum, sondern erbbiologisch konstante und unveränderbare Rassemerkmale.[103]

2. In zweiter Linie wird der Antisemitismus ausgeweitet und angereichert mit neuartigen Ideologien wie Nationalismus, Kulturkritik, Kosmopolitismus, Weltverschwörungsmythos oder Verjudung. Antisemitismus avanciert teilweise zum ausdrücklichen Allheilmittel gesellschaftspolitischer Probleme. Ein entscheidend neuer Aspekt des Antisemitismus seit dem 19. Jahrhun-

dert sind die verschiedenen Funktionen, die er als übergreifende Weltanschauung auszuüben vermochte. Sie geben ihm seinen "eigentlich modernen Charakter".[104]

3. *Methodisch* stützt sich der moderne Antisemitismus auf die ganze Autorität moderner Wissenschaften und ihre ideologische Verbrämung: Biologie, Evolutionsforschung, Eugenik, Geschichtswissenschaft, Linguistik und Ethnologie. Sie "beweisen" den Antisemitismus und machen ihn gesellschaftsfähig.

4. *Organisatorisch* setzt sich durch, den expliziten Antisemitismus parteipolitisch, vereins- und verbandsmäßig zu bündeln, agitatorisch zu verbreiten und als Massenbewegung zu instrumentalisieren.

Diese zweifache Unterscheidung wird von Leon Poliakov sogar personalisiert. Demnach verkörpere Rohling die Vergangenheit als "Nachfahre des christlichen Antijudaismus in seiner blutrünstigen Form", während sein Zeitgenosse, der Atheist Wilhelm Marr, der 1879 den Begriff "Antisemitismus" prägte, als Vertreter des rassistischen Antisemitismus die Zukunft ankündige.[105] Diese Polarität gilt es zu kontrollieren. Hat der Katholizismus tatsächlich "so gut wie nie rassische Gesichtspunkte" vertreten, wie Amine Haase herausgefunden zu haben glaubt?[106] Der Begriff "Race" kommt in den katholischen Quellen nicht selten vor. Dabei darf man sich jedoch begriffsphänomenologisch nicht täuschen lassen. Nicht immer ist eine erbbiologisch konstante "Rasse" im engeren Sinne mit physischen und psychischen Merkmalen gemeint. Vielmehr findet der Begriff auch im späten 19. Jahrhundert z.T. noch Verwendung als einfaches Synonym für "Volk, Nation" oder "Staat".[107] Rassistisch dagegen sind erst anthropologisch gemeinte Wertzuschreibungen, die Juden auf Andersartigkeit und Unabänderlichkeit fixieren. Dieser antiemanzipatorische Reduktionismus liegt etwa in den HPB vor, die als These vertreten, es sei "gar nicht möglich, die Juden als eine Religionspartei oder gar, mit einem dem christlichen Ideenkreise entlehnten Ausdruck als 'jüdische Konfession' zu begreifen." Mit Bezug auf Schopenhauer und Disraeli werden sie als "Race" markiert. "Darum stellt auch die antisemitische Bewegung nicht den Christen den Juden, sondern dem Deutschen die 'fremde jüdische Race' gegenüber."[108] Bereits 1872 polemisieren die "Blätter" gegen die Emanzipation, da "der Jude" weder Franzose noch Yankee werden könne, "mag er in Italien mit den wüthendsten Italianissimi agitieren (also gegen den Vatikanstaat, d.V.) oder in Deutschland als Urgermane sich aufthun (...), deshalb wird er doch niemals ein Italiener oder Deutscher. Immer und überall bleibt der Jude 'Reinblutjude', er will und muß es bleiben."[109] Wenn trotz solcher Zitate noch pauschal behauptet wird, die HPB "verwerfen" rassischen Antisemitismus (Lill),[110] setzt man sich ungeschützt dem Apologieverdacht aus. Ebenfalls unzutreffend ist die Bemerkung Ernst Heinens, der sich auf die "klassische" antisemitische Artikelserie der "Germania" zwischen August und Dezember 1875 bezieht: "Zum ersten Mal brachte ein katholisches Organ die (...) Lehre vom rassischen Anderssein der Juden gegenüber ihrer Umwelt."[111] In Wirklichkeit finden sich in den zitierten HPB sowie in anderen Organen bereits früher rassistische Argumentationsmuster.[112] Und sie finden sich häufiger als erwartet. Selbst Rebbert, der sich eigentlich auf die Praxis des religiösen Antitalmudismus verlegt, widmet sich ausführlich der anderen "Menschennatur" der Juden. Er bemüht sich seitenweise nachzuweisen, daß Juden keine "Religionssecte", sondern eine Nation aus "Stammesgenossen" und eine eigene Rasse seien, was allein die Sprachregelung zeige: Es hieße ja schließlich nie "jüdischer Deutscher" oder "jüdischer Pole", sondern immer "deutscher Jude", "polnischer Jude".[113] Hans Rost darf 1912 in den HPB schreiben, die Judenfrage sei allein eine Rassenfrage, was auch vom Christentum aus gesehen kein verwerflicher Standpunkt wäre. "In den Adern der Juden rollt anderes Blut, als es ihre Wirtsvölker haben."[114] Argumentationsziel aller so ausgerichteten Texte ist die behauptete Unmöglichkeit von Assimilation und Emanzipation. Denn, so noch einmal Rebbert, "die Gegensätze der Rasse und des Nationalcharakters machen die Verschmelzung unmöglich. Obwohl die Juden seit Jahrhunderten in unserer Mitte leben, tritt doch jetzt der Rasse-Unterschied in den Gesichtszügen, in der Erscheinung, in der Sprache, ebenso aber auch in der Gesinnung und dem Charakter unverkennbar hervor. Der einzelne kann wohl seine Confession, nicht aber die Eigenthümlichkeiten seiner Rasse aufgeben; auch der humanistische Reformjude ist und bleibt 'Jude'."[115] Es lassen sich daher, trotz aller gegenteiligen Behauptungen, durchaus auch im Katholizismus rassistisch angelegte Positionen nachweisen. Sie sind jedoch tatsächlich im Vergleich zu den religiösen und säkularen Argumenten um Christentumskritik, Weltherrschaft und "Verjudung" relativ selten. Hier zeigt sich der Katholizismus irritiert und weist eine große Meinungsheterogenität auf. Eine späte Vorsicht vor dem Rasseantisemitismus zeitigt ihre Wirkung vereinzelt bereits in den 1880er Jahren und reift in der wilhelminischen Zeit heran. Die HPB haben inzwischen ihre Meinung geändert und distanzieren sich ausdrücklich vom Rasseprimat. "Die Antisemiten erhoben, wie schon der von ihnen selbst gewählte Name besagt, den Anspruch, die Juden aus Gründen der Raceverschiedenheit zu bekämpfen. Ein rein ethnisches, also nicht moralisches Moment, der Gegensatz zwischen arischer und semitischer Abstammung wurde zum Feldgeschrei gemacht. Das Judenthum sollte um des Zufalles der Geburt willen, aus Gründen, für welche Niemand zur Verantwortung gezogen werden kann, bekriegt werden."[116] Dieser Ansatz sei unchristlich. Vor allem jedoch gefährde er die eigene katholische Integrität. "Wer die Race in den Mittelpunkt der Agitation stellt, muß folgerichtig, wie es auch der Antisemitismus thut, zu dem Schlusse gelangen, daß 'das bischen Taufwasser' an der Stammesart nichts zu ändern vermöchte." Folge sei, man werde "auch die Wirkung des Sakraments leugnen und zu dem Ausspruche gelangen müssen: 'Jude, ob getauft oder ungetauft, bleibt Jude'." Die göttliche Gnade und das Christentum Konvertierter würde in Frage gestellt. "Die katholische Kirche vermag den Antisemiten auf diesem Wege nicht zu folgen."[117] Endlich wird erkannt, daß der rassische Antisemitismus das katholische Taufverständnis, die Sakramententheologie und die göttliche Gnadenwirksamkeit sowie das Offenbarungsfundament gefährdet. Der biologistisch-materialistische Reduktionismus auf Rassephänomene bezweifelt die metaphysische Offenbarungswirksamkeit der katholischen Sakramente, und damit Grundelemente der gesamten Religion. Das Rassetheorem als neues methodisches Instrument des Antisemitismus wird diskreditiert, weil es das eigene katholische Selbstverständnis untergräbt. Rassistischer Antisemitismus konnte dysfunktional für innerkatholische Intentionen sein, zumal er oft von vehementen nationalistischen Antikatholiken, die gleichzeitig gegen "Rom und Juda", gegen die "goldene und schwarze Internationale" polemisierten, verbreitet wurde.

Es bleibt festzuhalten, daß in diesem Punkt der Katholizismus nicht als Exponent des modernen Antisemitismus ermittelt werden kann.[118] Diese radikale Form der Judenfeindschaft besaß jedoch eine zu große Nähe zum modernen natur- und pseudowissenschaftlich argumentierenden Rassismus. Rassentheorien und Sozialdarwinismus waren, wie Rolf Peter Sieferle darlegt, "eminent 'moderne' Theorien".[119] Sie grenzten sich gegen metaphysische Traditionen ab, und ihre Vertreter verstanden sich selbst als entschieden fortschrittlich. Gerade der Katholizismus konnte, wie schon der "Syllabus" veranschaulichte, diesem "szientistischen Paradigma" mit seinem materialistischen Pathos im 19. Jahrhundert nicht folgen. Moderne naturwissenschaftliche Theorien brachen in das überkommene christlich-klerikale Deutungsmonopol ein und schufen neue "symbolische Felder", in denen spezifische kulturelle Antworttypen zum plausiblen Konsens eines "materialistisch" orientierten Diskurses wurden,[120] den der Katholizismus nicht nachzuvollziehen vermochte. Jede zeitgenössische Apologie widmete sich ausführlich der Widerlegung moderner evolutionstheoretischer Gedanken.[121] Der Darwinismus wurde als "menschenentwürdigender Unsinn" kompromißlos verworfen und die Gleichheit und Einheit des "Menschengeschlechts" betont.[122] Besonders Sozialdarwinismus und -lamarckismus sowie hereditäre Prinzipien, darunter die ideologische Reduktion auf die Merkmalsvererbung bei "höheren" und "minderwertigen Rassen" und schließlich die biologistisch-monokausale Interpretation der Menschheitsgeschichte widersprachen dem christlichen Gleichheitsprinzip. Sie wurden als antikreationistisch und antiklerikal wahrgenommen. Auf diesem Pfad des Antisemitismus in die Moderne konnte der Katholizismus nicht lange folgen.

Das zweite Moment des modernen Antisemitismus, die weltanschauliche Funktionalisierung, wird jedoch im Katholizismus durchaus intensiv betrieben. "Verjudung" und Weltherrschaft, die Etikettierung abgelehnter Bereiche der Moderne (Kapitalismus, Sozialismus, Revolution, usw.) als "jüdisch" avancieren zu einem Allheilmittel. Durch diese komplexitätsreduzierende Strategie versuchte man, die eigene Charakteristik und Homogenität zu profilieren und die "neue Welt" zu verstehen. Die dritte Komponente, der Rekurs auf wissenschaftliche Autoritäten, wird nur bedingt praktiziert. Naturwissenschaftliche Ansätze werden abgelehnt, während die katholische Bibelwissenschaft und Theologie, die Orientalistik und Kameralistik herangezogen werden. Die moderne organisatorische Instrumentalisierung des Antisemitismus schließlich wird von der Zentrumspartei dank Windthorst nicht nachvollzogen. Auch die katholischen Studentenverbindungen haben sich hier im Vergleich zu den protestantischen Korporationen zurückgehalten.[123] Lediglich die katholischen Bauernvereine faßten die antijüdischen Stereotypen des Landvolkes in organisierter Form zusammen.[124] Insgesamt erweist sich daher die Haltung des deutschen Katholizismus zum modernen Antisemitismus als ambivalent. Er rezipierte Teilelemente, lehnte andere jedoch ab. Das Primat der Religion bleibt ungebrochen.

4. Resümee

Anhand der Einstellung zu Judentum und Antisemitismus läßt sich die Position des deutschen Katholizismus zur Moderne plastisch ablesen. Das zeigt sich zum einen in der funktionalen Verwendung antisemitischer Stereotypen als methodisches Mittel gegen die Moderne, zum anderen in der Haltung des Katholizismus zum "modernen Antisemitismus" sui generis, als Gegenstand und Produkt der Moderne selbst. Aus ablehnenden und zusprechenden Einstellungen konstituiert sich die Dialektik des antimodernen Anathemas im Katholizismus. *Nicht modern* war der Katholizismus in vier Aspekten.

1. Judenfeindschaft wurde gezielt eingesetzt, um verschiedene abgelehnte Phänomene der Moderne als "jüdisch" und damit als "negativ" zu etikettieren. Die althergebrachte und latente Ablehnung von Juden in Verknüpfung mit den sich ausdifferenzierenden Bereichen der säkularen, bedrohlichen Welt vereinfachte die Erklärung und Diskreditierung der Moderne und reduzierte ihre Bekämpfung auf teilweise monokausale Mechanismen.

2. In der intentionalen Ausrichtung ging es Katholiken beim Antisemitismus nicht um "moderne" Ziele, nicht um den "Fortschritt" der Menschenrassen oder die Überhöhung der deutschen "Nation", sondern einzig um die Systemstabilisierung und Homogenisierung des eigenen katholischen Milieus, das nach dem Kulturkampf Diffundierungs- und Heterogenitätserfahrungen machen mußte. Bei allen Argumenten, auch bei gelegentlich rassistischen, steht die konfessionelle Identitätswahrung im Mittelpunkt.

3. Die Verfahrensweise der semantischen Diskriminierung von Juden war in erster Linie charakterisiert durch vormoderne Motivketten. Der moderne Antisemitismus mit seinen rassistischen Neuerungen wurde kaum rezipiert. Vielmehr mobilisierte der Katholizismus traditionelle jahrhundertealte Elemente der Judenfeindschaft gegen die Moderne und verteidigte archaische religiöse Legenden. Die vermeintliche Katholikenfeindschaft der Juden wurde auf den "Christusmord" und in Konsequenz davon auf den jüdischen "Christenhaß" zurückgeführt.

4. Die katholische Judenfeindschaft wurde nicht ausdrücklich in moderne parteipolitische Organisationsformen kanalisiert, obwohl verschiedene Parteien und Vereine im Deutschen Kaiserreich seit 1878 hier Vorbildfunktionen erfüllen konnten.

Der Katholizismus war jedoch auch flexibel genug, sich der *Moderne* in einigen Aspekten zu öffnen.

1. Modern agierte der Katholizismus, indem er trotz des Primats religiöser Ziele und Motive auch imstande war, das zeitgemäße Repertoire des Antisemitismus als "Allheilmittel" ganz auszuschöpfen. Nicht mehr simple und vereinzelte Affekte gegen Juden, sondern die Hypostasierung einer "Judenfrage" wurde popularisiert. Ist sie gelöst, sind die Übel der "jüdischen Presse", der "jüdischen Entsittlichung" usw. behoben. Antisemitismus in seiner modernisierten, weltanschaulich ausgebauten Form als umfassende Krisenbewältigungsstrategie wurde auch im Katholizismus funktionalisiert, ohne jedoch als geschlossene Ideologie aufzutreten.

2. Die Verbreitung des Antisemitismus geschah nicht nur in Predigten und theologischen Werken, sondern auch durch das moderne Multiplikationsmittel der Publizistik. Hier wird die katholische Ambivalenz zur Moderne in pointierter Form deutlich: Einerseits war man skeptisch gegen die moderne, "jüdisch beherrschte" Medienwelt und ihre Wirkungen, andererseits bediente man sich selbst der Presse, um die Moderne u.a. durch Judenfeindschaft anzugreifen.

Für die Frage, wie der ultramontane Katholizismus mit der Herausforderung der Moderne im 19. Jahrhundert umzugehen versuchte, ist die Analyse des katholischen Antisemitismus daher durchaus aufschlußreich. Antisemitische Argumente wurden gegen die Prinzipien der Emanzipation und Aufklärung, gegen Säkularisierung und Modernisierung instrumentalisiert, um durch ein gemeinsames Feindbild, das allgemein verständlich und elastisch verwendbar war, die katholische Identität und Integrität zu verteidigen. Die religiösen, säkularen und modernen Argumente und Mittel, die vom Katholizismus mobilisiert wurden, zeigen Kontinuitäten und Diskontinuitäten der Judenfeindschaft. Der Katholizismus gestaltete einen teilmodernen Antisemitismus mit primär traditionell-religiösen Motiven, jedoch auch mit moderneren Elementen und Methoden, deren antimoderne Stoßrichtung zu einer identitätsstiftenden Positionierung des Katholizismus in der Epoche zwischen dem "Syllabus" Pius IX. und dem "Antimodernisteneid" Pius X. geeignet war.

Anmerkungen

1. Vgl. Urs Altermatt, Katholizismus und Moderne. Zur Sozial- und Mentalitätsgeschichte der Schweizer Katholiken im 19. und 20. Jahrhundert, Zürich 1989; Thomas Nipperdey, Religion im Umbruch. Deutschland 1870-1918, München 1988, jetzt auch in: Deutsche Geschichte 1866 bis 1918, Bd. 1. Arbeitswelt und Bürgergeist, München 1990, 428-530; Wilfried Loth, Der Katholizismus – eine globale Bewegung gegen die Moderne? in: Heiner Ludwig/Wolfgang Schroeder (Hg.), Sozial- und Linkskatholizismus. Erinnerung, Orientierung, Befreiung, Frankfurt 1990, 11-31; Wolfgang Schieder (Hg.), Volksreligiosität in der modernen Sozialgeschichte, Göttingen 1986.

2. Reinhard Rürup/Thomas Nipperdey. Antisemitismus – Entstehung, Funktion und Geschichte eines Begriffs, in: Geschichtliche Grundbegriffe, Bd. 1, 129-53; auch in: Reinhard Rürup, Emanzipation und Antisemitismus. Studien zur "Judenfrage" der bürgerlichen Gesellschaft, Göttingen 1975, 120-44, 127.

3. Vgl. David Blackbourn, Roman Catholics, the Centre Party and Anti-Semitism in Imperial Germany, in: Paul Kennedy/Anthony Nicholls (Hg.), Nationalist and racialist movements in Britain and Germany before 1914, London 1981, 106-29; Hermann Greive, Die gesellschaftliche Bedeutung der christlich-jüdischen Differenz. Zur Situation im deutschen Katholizismus, in: Werner E. Mosse (Hg.), Juden im Wilhelminischen Deutschland 1870-1914, Tübingen 1976, 349-88; Rudolf Lill, Die deutschen Katholiken und die Juden in der Zeit von 1850 bis zur Machtübernahme Hitlers, in: Karl H. Rengstorf/Siegfried von Kortzfleisch (Hg.), Kirche und Synagoge. Handbuch zur Geschichte von Christen und Juden, Bd. 2, Stuttgart 1970, 370-420. Der Aufsatz von Lill ist über den Verdacht der Parteinahme nicht erhaben. Trotz breiter Materialsichtung ist das tendenziell apologetische Mißverhältnis doch deutlich: von 41 Seiten Text handeln allein 22 Seiten von der "Abwehr des Antisemitismus durch deutsche Kardinäle und Bischöfe", von der Zentrumspartei als Gegnerin des Antisemitismus oder gar von der "Katholikenfeindschaft der Rasseantisemiten." Natürlich ist auch von "den wenigen deutschen Katholiken, welche die radikale Judenhetze aktiv befördert haben" (390) die Rede, doch dürften solche Äußerungen Einzelner nicht "isoliert" betrachtet werden, ja, das historische Urteil müsse vielmehr ihre "Verdienste berücksichtigen" (415). Spezielleren Themen, wie dem Kulturkampf oder der Presse (in diesem Fall vier Organe) widmen sich folgende Arbeiten: Ernst Heinen, Antisemitische Strömungen im politischen Katholizismus während des Kulturkampfes, in: ders./Hans Julius Schoeps (Hg.), Geschichte in der Gegenwart. Festschrift für Kurt Kluxen, Paderborn 1972, 286-301; Amine Haase, Katholische Presse und die Judenfrage. Inhaltsanalyse katholischer Periodika am Ende des 19. Jahrhunderts, München 1975; allgemeiner: Uriel Tal, Christians and Jews in Germany. Religions, Politics and Ideology in the Second Reich, 1870-1914, London 1974.

4. Georg Weiss, Gibt es heute noch Antisemitismus in der römisch-katholischen Kirche? Eine Bestandsaufnahme, in: Herbert A. Strauss u.a. (Hg.), Der Antisemitismus der Gegenwart, Frankfurt 1990, 29-48, 43.

5. Victor Conzemius, Art.: Kirchengeschichte, in: Peter Eicher (Hg.), Neues Handbuch theologischer Grundbegriffe Bd. 2, Stuttgart 1987, 332-40, 338f. Vgl. Peter Eicher, Zur Ideologiekritik der Kirchengeschichte, in: ders., Bürgerliche Religion. Eine theologische Kritik, München 1983, 174-200; ders., Theologie. Eine Einführung in das Studium, München 1980, 134-36.

6. Gerhard Czermak, Christen gegen Juden. Geschichte einer Verfolgung, Nördlingen 1989, 102.

7. Konrad Repgen, 1938 – Judenpogrom und katholischer Kirchenkampf, in: Günter Brakelmann/ Martin Rosowski (Hg.), Antisemitismus. Von religiöser Judenfeindschaft zur Rassenideologie, Göttingen 1989, 112-46, 125.

8. Lill, 385.

9. Helmut Berding, Moderner Antisemitismus in Deutschland, Frankfurt 1988, 154.

10. Lill, 412.

11 Zum katholischen Publikationswesen vgl. Michael Schmolke, Katholisches Verlags-, Bücherei- und Zeitschriftenwesen, in: Anton Rauscher (Hg.), Katholizismus, Bildung und Wissenschaft im 19. und 20. Jahrhundert, Paderborn 1987, 93-117, zit. 115.

12 Weiter: Die "Historisch-politischen Blätter" (HPB), "Hochland", die "Christlich-sozialen Blätter" (CSB), die "Katholische Bewegung" (KB), der "Deutsche Hausschatz" (DH), die "Alte und Neue Welt" (AuNW) sowie die Tageszeitungen "Germania" und die "Kölnische Volkszeitung" (KVZ). Die methodische Ermittlung über 45 Jahre beschränkt sich nicht auf Artikel, in denen das Thema "Juden" zum direkten oder indirekten Gegenstand gemacht wird, sondern erstreckt sich auch auf solche, die durch einen bestimmten "Indikatorenbegriff" (z.B. Börse, Wucher, Liberalismus, Revolution, moderne Bildung usw.) wahrscheinlich machen, daß auf Juden eingegangen wird.

13 Vgl. insgesamt Werner E. Mosse, Die Juden in Wirtschaft und Gesellschaft, in: ders., Juden, 57-114; Gunter Mai, Sozialgeschichtliche Bedingungen von Judentum und Antisemitismus im Kaiserreich, in: Thomas Klein/Volker Losemann/Gunter Mai (Hg.), Judentum und Antisemitismus von der Antike bis zur Gegenwart, Düsseldorf 1984, 113-36; Zahlen aus: Berding, 38f.

14 Zur Kultur vgl. Peter Gay, Begegnung mit der Moderne. Die deutschen Juden in der wilhelminischen Kultur, in: ders., Freud, Juden und andere Deutsche. Herren und Opfer in der modernen Kultur, Hamburg 1986, 115-88; Paul Johnson, A History of the Jews, London 1987, 408-21. Beide Autoren dämpfen eine euphorische Identifizierung von Judentum und Moderne etwas, meinen jedoch primär die künstlerische Avantgarde seit 1888. Zu den wissenschaftlichen Erfolgen vgl. Shulamit Volkov, Soziale Ursachen des jüdischen Erfolgs in der Wissenschaft, in: dies., Jüdisches Leben und Antisemitismus im 19. und 20. Jahrhundert, München 1990, 146-65; zur religiösen Konfrontation mit der Moderne vgl. Alex Derczanski, Le Judaisme face a la Modernité. L' imaginaire ou la norme: haggada et halacha, in: Jacques Le Brun (Hg.), Les Chrétiens devant le fait Juif. Jalons Historiques, Paris 1979, 159-71.

15 Nipperdey, Deutsche Geschichte 1866-1918, 407.

16 Zum Bildungsdefizit vgl. Martin Baumeister, Parität und katholische Inferiorität. Untersuchungen zur Stellung des Katholizismus im Deutschen Kaiserreich, Paderborn 1987. Vgl. Nipperdey, Deutsche Geschichte 1866-1918, 459-61.

17 Vgl. Franz-Xaver Kaufmann, Religion und Modernität, in: Johannes Berger (Hg.), Die Moderne – Kontinuitäten und Zäsuren, Göttingen 1986, 283-307, 292. Vgl. insges. Hans-Ulrich Wehler, Modernisierungstheorie und Geschichte, Göttingen 1975.

18 Altermatt, 56.

19 Ebd., 49-62.

20 Nipperdey, Deutsche Geschichte 1866-1918, 421.

21 Altermatt, 58.

22 Vollständig abgedruckt sind alle Irrtümer in: Ernst Rudolf Huber/Wolfgang Huber, Staat und Kirche im 19. und 20. Jahrhundert. Dokumente zur Geschichte des deutschen Staatskirchenrechts, Bd. 2, Berlin 1976, 395-406, zit.: 406, 397f.

23 Thomas Nipperdey, Deutsche Geschichte 1800-1866. Bürgerwelt und starker Staat, München 1983, 413.

24 HPB 70 (1872), Die alte Garde der grundsätzlichen Revolution, 667-87, 858-72, 667f.

25 Heinen, 297; seine "eingehende Durchsicht" der Jahrgänge führt ihn zu dem Schluß, der "Katholik" sei der antijüdischen Versuchung nicht erlegen. In Wirklichkeit ist gerade der "Katholik" eine sehr ergiebige antisemitische Quelle.

26 Katholik 53 (1873), Das moderne ungläubige Judenthum, 192-200, 199.

27 Ebd., 192, 200.

28 Katholik 52 (1872), Das moderne ungläubige Judenthum, 585-91, 587.

29 KB 19 (1881), 225. Zur KB: Leo Woerl, Die Publicistik der Gegenwart. Eine Rundschau über die gesammte Presse der Welt, Würzburg 1879-1881, 242f.

30 Tatsächlich finden sich unzählige Einzelargumente, die für den gesamten Antisemitismus detailliert herausdestilliert wurden von Christoph Cobet, Der Wortschatz des Antisemitismus in der Bismarckzeit, München 1973. Leider benutzt auch Cobet fast ausschließlich nicht-katholische Quellen. Schwerpunkt seiner Arbeit ist, die Variationsbreite des Sprachgebrauchs im Antisemitismus aufzuzeigen. Er unterscheidet drei Herkunftsbereiche des Wortschatzes und der Negativkomposita mit Juden: 1. Archaismen, d.h. seit dem Mittelalter gebräuchliche Wendungen (Wucher, Fremdling, Erbfeind u.v.a.). 2. Begriffe aus der "Deutschen Bewegung" (Natur, Volksgesundheit). 3. Rassismus und Eugenik (Rassezüchtung, Mischblut). Vgl. 238.

31 Vgl. Stefan Lehr, Antisemitismus – religiöse Motive im sozialen Vorurteil. Aus der Frühgeschichte des Antisemitismus in Deutschland 1870-1914 (Diss.), München 1974, 108-13, 239-43; zur Genese dieser Anklage, die erstmals im Fall des William of Norwich 1144 belegt ist (in Deutschland 1234 in Lauda an der Tauber) vgl. Joshua Trachtenberg, The devil and the jews. The medieval conception of the jew and its relation to modern antisemitism, Philadelphia 1983 (2. Aufl.).

32 Ludwig Erler, Die Juden des Mittelalters, in: AKK 48 (1882), 3-52, 369-416, 38-43.

33 Beispiele: Leopold Auerbach sowie Franz Delitzsch und Hermann L. Strack, vgl. Franz-Heinrich Philipp, Protestantismus nach 1848, in: Rengstorf/Kortzfleisch, 280-357, bes.312-14. Späte Ausnahme im Katholizismus: Friedrich Frank, Der Ritualmord vor den Gerichtshöfen der Wahrheit und der Gerechtigkeit, Regensburg 1901. Ders., Die Kirche und die Juden. Eine Studie, Regensburg 1892.

34 Einige Belegstellen: KB 9 (1876), 173; KB 18 (1881), 535; KB 19 (1881) 272; KB NF 1 (1888) 49-56 (Kannibalismusvorwurf); HPB 92 (1883) 369-81; AKK 42 (1879), 80.

35 HPB 125 (1900): "Zur Frage des jüdischen Ritualmordes", 815-29, HPB 127 (1901): "Dr. Fr. Frank über den Ritualmord", 786-804.

36 HPB 125 (1900), 816. Streber, Art.: Juden, in: Wetzer und Welte's Kirchenlexikon oder Encyklopädie der katholischen Theologie und ihrer Hilfswissenschaften (WWKL), (beg. v. J.C. Hergenröther, fortg. v. F. Kaulen) Bd. 6, Freiburg 1889 (2. Aufl.), Sp.1935-61, 1935f.

37 Lehr, 57. Schriften Rohlings: Der Talmudjude. Zur Beherzigung für Juden und Christen aller Stände, Münster 1873 (4. Aufl.; 6.Aufl: 1877). Ders., Die Polemik und das Menschenopfer des Rabbinismus. Eine wissenschaftliche Antwort ohne Polemik für die Rabbiner und ihre Genossen, Paderborn 1883. Ders., Meine Antwort an die Rabbiner. Oder: Fünf Briefe über den Talmudismus und das Blut-Ritual der Juden, Prag 1883. Zu Person, Karriere und Abstieg Rohlings vgl. Isak A. Hellwing, Der konfessionelle Antisemitismus im 19. Jahrhundert in Österreich, Wien 1972.

38 Rohling, Polemik, 21. Ebenso findet sich in der weitverbreiteten Schrift des Dr. Justus (Pseudonym für Aron Brimann) "Judenspiegel", Paderborn 1883 (Bonifacius Druckerei) das aus der "Kabbala" mit einem gefälschten Zitat "nachgewiesene" Jungfrauenmordgebot. Vgl. Hellwing, 100f. Beachtlich ist die Verteidigung dieser von Delitzsch (prot. Theologe) als Fälschungen nachgewiesenen Stellen durch die Paderborner Bonifacius Druckerei; vgl. Hellwing, 102-5.

39 Unbestätigten klerikalen Gerüchten zufolge wird zur Zeit seine Seligsprechung in Erwägung gezogen. Der Martin gewidmete Artikel im LThK (7, Sp.120) von Honselmann beschränkt sich darauf, "seine fruchtbare literarische Arbeit" zu würdigen und zollt ihm "hohe Anerkennung".

40 Konrad Martin, Blicke ins Talmudische Judentum, hg. Josef Rebbert, Paderborn 1876, 42-44 (Hervorhebung im Original). Die Schrift erschien bereits 1848, wurde aber, von Rebbert kommentiert, in der bischöflichen Bonifaciusdruckerei 1876 neu aufgelegt – ohne Einspruch Bischof Martins. Rebbert pflichtet in einer kommentierenden Anmerkung Martin zu, daß man an der verbürgten Wahrheit der Kindermorde nicht zweifeln könne.

41 Lehr, 17 (Hervorhebung im Original); Vgl. 17-25. Vgl. Karl Thieme, Die religiös motivierte Judenfeindschaft II. Aus christlicher und mohammedanischer Sicht, in: ders., (Hg.), Judenfeindschaft. Darstellung und Analysen, Frankfurt 1963, 48-79, 48-52.

42 CSB 12 (1879), 505; vgl. KB 5 (1872), 257.

43 Lehr, 17.

44 KB 5 (1872), 588, KB 9 (1876), 133.

45 Vgl. 1. Thess. 2, 15f; Joh. 7.1.

46 Gute Darstellung und Erklärung dieser, an "Voodo-Praktiken" erinnernden Erzählungen, bei Trachtenberg, 109-23. Die Lehre von der Transsubstantiation, die 1215 auf dem IV. Laterankonzil erklärt wurde, besagt, daß sich durch die entsprechenden Wortformeln des Priesters die materiellen Substanzen Brot und Wein wahrhaft in Leib und Blut Christi wandeln. Sie ermöglichte die erste Anklage der Hostienschändung 1243 in Belitz bei Berlin. 1836 wird die letzte derartige Anklage aus Rumänien berichtet, vgl. 14.

47 Ludwig Erler, Historisch-kritische Übersicht der national-ökonomischen und social-politischen Literatur, in: AKK 42 (1879), 3-96, 80.

48 Rebbert, 45 (Anm.).

49 SML 85 (1913), 93. Weitere Belege: SML 17 (1879), 186; KB 18 (1881), 535.

50 Mitteilungen des Vereins zur Abwehr des Antisemitismus, 1900, 241, nach: Barbara Suchy, Antisemitismus in den Jahren vor dem Ersten Weltkrieg, in: Jutta Bohnke-Kollwitz /Willehad Paul Eckert/Frank Golczewski/Hermann Greive (Hg.), Köln und das rheinische Judentum. Festschrift Germania Judaica 1959-1984, Köln 1984, 252-85, 274.

51 Vgl. Joseph Gaßner, Seeber's ewiger Jude. Studie über die neueste Ahasver-Dichtung, in: Frankfurter zeitgemäße Studien (NF) 17 (1896), 248-90. Vgl. Katholik 74 (1894), 181-85.

52 Hermann Greive, Geschichte des modernen Antisemitismus in Deutschland, Darmstadt 1988, 52.

53 Lehr, 37.

54 Rohling, Talmudjude, 32; vgl. Lehr, 43.

55 Martin, 27, 45.

56 Ebd., 41-43.

57 Vgl. Erler, in: AKK 42 (1879), bes. 11-25; KB 5 (1872), 595f; HPB 70 (1872), 667-87, 858-72; SML 20 (1881), 118f. Die meisten Apologien nehmen antitalmudische Ausführungen vor, etwa: Franz Hettinger, Apologie des Christentums, Bd. 5: Die Dogmen des Christentums, Freiburg 1900 (8. Aufl.), 524-29. Der Artikel des Kirchenlexikons ist dagegen weitaus moderater und lehnt "die Unmenge wissenschaftliche werthloser Schriften" über den Talmud entschieden ab: A. Esser, Art.: Talmud, in: WWKL 11 (1899), Sp.1171-96, 1180, 1196.

58 Karl Wiedemann, Das Christenthum und die katholische Kirche, in: SML 11 (1876), 273-94, 274 (Hervorhebung im Orig.). Daß gar "der Protestantismus im tiefsten Kern Nihilismus ist und nur durch frommes Gefühl das Keimen dieses Kerns zurückhält" behaupten die SML an anderer Stelle und geben damit einer konfessionellen Gewißheit im Katholizismus Ausdruck, SML 9 (1875), 106.

59 Paul Haffner, Der Atheismus als europäische Großmacht, in: Frankfurter zeitgemäße Broschüren, NF 3 (1882), hg. Paul Haffner, 1-32, 17, 16. Die FZB erschienen monatlich und hatten zunächst 5000 Bezieher und waren, wie Woerl bestätigt, "wissenschaftlich gehalten und richteten sich an die gebildeten Classen." Woerl, 664f.

60 HPB 76 (1875) ("Die Kreuzzeitung und die Juden-Camarilla in Preußen"), 215-30, 221. Vgl. nochmal KB 19 (1881), 222 (die primäre Gefährdichkeit des Judentums vor dem Protestantismus) oder CSB 12 (1879), 504 (alles sei im "Fahrwasser" der Juden).

61 KB 17 (1880), 126, in Widergabe eines Zitates aus einer österreichischen Zeitung.

62 Rebbert, 57 (Hervorhebung im Orig.).

63 Besonders Döllinger wehrt sich entschieden gegen verschiedene antisemitische Vorurteile, er widerlegt den Kollektivschuldvorwurf und die Hostien- und Ritualmordlegenden öffentlich in: "Die Juden in Europa".

Rede vor der Bayerischen Akademie der Wissenschaften (1881), in: Johannes Finsterhölzl, Ignaz von Döllinger, Graz 1969, 352-85.

64 Vgl. Hans Rosenberg, Große Depression und Bismarckzeit, Berlin 1967. Seiner Meinung nach verliefen die Wellen "umgekehrt proportional zu den langen Schwingungen der Wirtschaftslage und der sozialen Spannungen." 95; vgl. 88-117. Besonders die "große Depression" von 1873 bis 1896 wird als Auslöser für antisemitische Phasen bezeichnet.

65 Gegen Haase, die den antijüdischen Kampf von katholischer Seite erst ab 1875 ausmachen kann; vgl. 53. Die Ergebnisse der statistischen Auswertung (in Seiten gezählt) finden sich in: Olaf Blaschke, Katholizismus und Antisemitismus im Deutschen Kaiserreich, Magisterarbeit an der Fakultät für Geschichtswissenschaft und Philosophie der Universität Bielefeld, 1990.

66 Albert Stöckl, Das Christenthum und die modernen Irrthümer. Apologetisch-philosophische Meditationen, Mainz 1886, 323; vgl. 313-35.

67 Erler, AKK 41 (1879), 77, vgl. 81-83.

68 Katholik 52 (1872), 588.

69 Rebbbert, 63. Vgl. CSB 12 (1879), 501.

70 Woerl, 579, 674f. Woerl bezeichnet und karikiert eine beträchtliche Anzahl von nichtkatholischen Organen als jüdisch oder lobt antisemitische Zeitungen (sogar die "Deutsche Wacht" des Rasseantisemiten Wilhelm Marr, auch wenn sie "auf etwas heftige Weise" gegen das "Semitentum" vorgehe); vgl. 114, 680f, 684, 694f, 792f, 800-806, 815, 826-29, u.ö.; zit. 982f. Die meisten Publikationen werden jedoch als fortschrittlich, nationalliberal oder protestantisch eingestuft.

71 KB 5 (1872), 257.

72 HPB 87 (1881), 11.

73 KB 18 (1881), "Das Judenthum in der Presse", 20-35, 33.

74 Vgl. die ausführlichen Darstellungen bei Erler, AKK 41 (1878), 87-93. Vgl. das Buch von Joseph Eberle, Großmacht Presse. Enthüllungen für Zeitungsgläubige. Forschungen für Männer, München 1912, das den Händen aller Seelsorger anempfohlen wird (Katholik 93 (1913), 68f; SML 86 (1814), 589).

75 KB 17 (1880), 30. (Hervorhebung im Orig.)

76 Ebd., 174-77, 176; zitiert Junius, Judentum und die Tagespresse, Leipzig 1880. Weitere Belegstellen: Katholik 53 (1873), 196; KB 5 (1872), 257; KB 18 (1880), 20-35; HPB 70 (1872), 860; Rebbert, 8.

77 Michael Schmolke, Die schlechte Presse. Katholiken und Publizistik zwischen "Katholik" und "Publik" 1821-1968, Münster 1971, 29, 179, 319; vgl. 179-83, 318-26.Schmolke geht auf den Antisemitismus nicht ein.

78 Leif Grane, Die Kirche im 19. Jahrhundert. Europäische Perspektiven, Göttingen 1987, 132.

79 Clemens Bauer, Der deutsche Katholizismus und die bürgerliche Gesellschaft, in: ders., Deutscher Katholizismus – Entwicklungslinien und Profile, Frankfurt 1964, 28-53, 48. Auf eine weitere sozialgeschichtliche Differenzierung der Trägerschichten des Antisemitismus muß hier ebenso verzichtet werden, wie auf regionalgeschichtliche Besonderheiten.

80 Antisemitische Äußerungen konnten bei den Bischöfen Wilhelm Emanuel Freiherr von Ketteler (Mainz), Paul Wilhelm Keppler (Rottenburg), Daniel Bonifatius Haneberg (Speyer) und Konrad Martin (Paderborn) gefunden werden. Gegen den Antisemitismus und z.T. judenfreundlich haben sich engagiert: Georg Kopp (Fulda, Breslau), Kardinal Krementz (Köln).

81 Zum Antisemitismus in Predigt und Verkündigung vgl. Walter Zwi Bacharach, Das Bild des Juden in katholischen Predigten des 19. Jahrhunderts, in: Manfred Treml/Josef Kirmeier (Hg.), Geschichte und Kultur der Juden in Bayern. Aufsätze, München 1988, 312-20.

82 Vgl. Anton Rauscher, Solidarismus, in: ders. (Hg.), Der soziale und politische Katholizismus. Entwicklungslinien in Deutschland 1803-1963, Bd. 1, München 1981, 340-68; Nipperdey, Deutsche Geschichte 1866-1918, 457-61.

83 KB 18 (1881), 33f.

84 CSB 13 (1880), 490.

85 KB 18 (1881), 34.

86 Heinrich Pesch, Kapitalismus, in: SML 86 (1914), 161-74; 273-86. Besprochen und zitiert wird dort Werner Sombart, Die Juden und das Wirtschaftsleben, Leipzig 1911. Vgl. HPB 148 (1911), 157-60.

87 HPB 70 (1872), 859.

88 Erler, AKK 41 (1879), 85.

89 CSB 12 (1879), 501.

90 Wassermann, Die Ausbeutung des Volkes durch den Wucher, in: KB 14 (1879), 173-86, 178.

91 Albert M. Weiß, Apologie des Christentums, Bd. 3: Natur und Übernatur, Freiburg 1897 (3. Aufl., v. 1878-1889), 218, 221. Das apologetisch-theologische Werk ist übersetzt worden ins ital., franz., engl., span., ein Nachdruck erschien 1923.

92 Ebd., 359, 376f; weitere Belegstellen für den Zusammenhang von Börse, Wucher und Judentum: Katholik 53 (1873), 195f; HPB 110 (1892), 878-96; SML 17 (1879), 193. Ebd., 20 (1881), 98f. Ebd., 31 (1886), 121-36. Rebbert, 61f, 70-72.

93 SML 81 (1911), 538f.

94 KB 13 (1878), 286; KB 5 (1872), 579-601; HPB 110 (1892), 885f.

95 KB 13 (1878), "Socialdemokratische Heuchelei", 280-84, 282; die These: "Die Juden haben das System der Socialdemokratie erfunden" (281).

96 Steven E. Aschheim, "The Jew within": The Myth of "Judaization" in Germany, in: Jehuda Reinharz/Walter Schatzberg (Hg.), The Jewish Response to German Culture. From The Enlightenment to the Second World War, Hanover, New Engl. 1985, 212-41, 212.

97 Rebbert, 88.

98 Paul Majunke, Geschichte des Culturkampfes in Preußen-Deutschland, Paderborn 1886, 370 (Hervorhebung im Orig.). Vgl. auch CSB 13 (1880), 490.

99 Ebd., 371-373. Vgl. KB 5 (1872) 257; Otto Glagau – protestantischer Journalist, aber dem Zentrum nahestehend, antiliberal – und seine 1874/75 in der "Gartenlaube" verbreitete Artikelserie, die 1876 als Buch herauskam, ist bekannt geworden für ihre Angriffe auf die Juden als "die wüthendsten 'Culturkämpfer'". Vgl. Greive, Geschichte, 56f. Zit. ebd., 56. 1880 gründet er seine Zeitschrift, "Der Kulturkämpfer", in der er eine Einheitsfront von Protestanten und Katholiken fordert. Dies sei erwähnt, weil Glagau in den katholischen Publikationen durchweg auf sehr positives Echo stößt und auffallend oft zitiert, gelobt und vereinnahmt wird. Belegstellen positiven Rekurses auf Glagau: KB 18 (1881), 32. CSB 12 (1879), 512. CSB 13 (1880), 780-82. Erler, AKK 42 (1879), 3.

100 Rebbert, 88f., 92.

101 Ebd., 89, 98f. Zum Antiliberalismus im Antisemitismus vgl. Werner Jochmann, Struktur und Funktion des deutschen Antisemitismus 1878-1914, in: Herbert A. Strauss/Norbert Kampe, Antisemitismus. Von der Judenfeindschaft zum Holocaust, Bonn 1985, 99-142.

102 Diese Unterscheidung und die Neuartigkeit des modernen Antisemitismus betonen Rürup/Nipperdey, sowie Rürup, Die 'Judenfrage' der bürgerlichen Gesellschaft und die Entstehung des modernen Antisemitismus, in: ders., Emanzipation und Antisemitismus, 93-119, bes. 114f; Leon Poliakov, Geschichte des Antisemitismus. Bd. 7: Zwischen Assimilation und "jüdischer Verschwörung", Frankfurt 1988 (Paris 1977); Rudolf Lill, Die deutschen Katholiken. Vermittelnd: Shulamit Volkov, Antisemitismus als kultureller Code, in: dies., Jüdi-

sches Leben, 13-36 (die Kontroverse zusammenfassend) sowie dies., Das geschriebene und das gesprochene Wort. Über Kontinuität und Diskontinuität im deutschen Antisemitismus, in: ebd., 54-75. Die Kontinuitätsthese wird vermittelt durch Greive, Geschichte, 7-9; Rosemary Radford Ruether, Faith and Fratricide: The Theological Roots of Anti-Semitism, New York 1974.

103 Zum Rassismus vgl. Imanuel Geiss, Geschichte des Rassismus, Frankfurt 1988.

104 Volkov, Das geschriebene und das gesprochene Wort, 65; sie stellt diesen Aspekt vor den politischen und inhaltlichen (Rassismus) Positionen deutlich, aber etwas zu einseitig heraus; vgl. 60-65.

105 Poliakov, 27.

106 Haase, 43.

107 Gegen Berding, der diese Austauschbarkeit nur "bis in die zweite Hälfte des 19. Jahrhunderts hinein" behauptet. Er führt als Beispiel Herder an, 144; als Beleg dagegen vgl. eine Textstelle aus dem Jahre 1880 der KB, welche überzeugen möchte, "daß die Juden eine eigene Race, eine Nation für sich selbst sind." Schließlich habe Napoleon die Juden schon "als ein besonderes Volk" bezeichnet und Fichte sie als feindseligen "Staat" gesehen. KB 17 (1880), 201f.

108 HPB 87 (1881), 10f.

109 HPB 70 (1872), 688. Ein Jahr später taucht exakt dieses Zitat im "Katholik" 53 (1873), 194 auf, wird dort aber als Aussage eines Leipziger Freimaurers ausgegeben.

110 Lill, Die deutschen Katholiken, 390.

111 Heinen, 265.

112 Vgl. auch KB 5 (1872), 590; Katholik 53 (1873), 193f.

113 Rebbert, 58-62.

114 Hans Rost, Die Aussichten der zionistischen Bewegung, in: HPB 150 (1912), 580-95.

115 Rebbert, 81.

116 HPB 100 (1887), 360; vgl. auch HPB 138 (1906), 894.

117 HPB 100 (1887), 375.

118 Das gilt auch für die Weimarer Republik, soweit es die von Walter Hannot untersuchten Zeitungen betrifft; Walter Hannot, Die Judenfrage in der katholischen Tagespresse Deutschlands und Österreichs 1923-1933, Mainz 1990, 104, 226-40. Hannot konzentriert sich vor allem auf quantitative Vergleiche im politischen Katholizismus zwischen Deutschland und Österreich. Radikaler Antisemitismus mit völkisch-rassischen Vorstellungen war jedoch auch im Katholizismus möglich. Vgl. Josef Alois Kofler, Katholische Kirche und Judentum, München 1928.

119 Rolf Peter Sieferle, Die Krise der menschlichen Natur. Zur Geschichte eines Konzepts, Frankfurt 1989, 71.

120 Ebd., 71, 116f., 14.

121 Vgl. Paul Schanz, Apologie des Christentums, Bd. 1: Gott und die Natur, Freiburg 1909 (3. Aufl.), 235-329, 700-56.

122 Darwinismus und Katechese, in: Pastoral-Blatt der Diözese Münster, 11 (1876), 100-104, 118-20, 127-29, zit.: 100.

123 Vgl. Norbert Kampe, Studenten und "Judenfrage" im deutschen Kaiserreich. Die Entstehung einer akademischen Trägerschicht des Antisemitismus, Göttingen 1988, 167f.

124 Vgl. H. Muth, Die Führungsschichten der deutschen Bauernverbände, in: G. Franz (Hg.), Bauernschaft und Bauernstand 1500-1970, Limburg 1975, 291-321, bes. 300-15; vgl. David Blackbourn, Peasants and Politics in Germany 1871-1914, in: European History Quarterly 14 (1984), 47-76; Hans-Jürgen Puhle, Agrarische Interessenpolitik und preußischer Konservatismus im wilhelminischen Reich 1893-1914, Bonn 1975 (2.Aufl); er thematisiert den katholischen Sektor jedoch nicht.

WILFRIED LOTH

Integration und Erosion: Wandlungen des katholischen Milieus in Deutschland

Der politische Katholizismus in Deutschland bezog seine Kraft zu allererst aus einem ultramontanen Milieu. Dieses entstand in der Ära von Reaktion und Reichsgründung als Ergebnis zweier Prozesse, die sich wechselseitig bestärkten und zum Erfolg führten: Zum einen des Triumphzuges des integralen Ultramontanismus in der katholischen Kirche, der mit der Verkündigung des Infallibilitätsdogmas durch das I. Vatikanische Konzil 1870 seinen augenfälligen Höhepunkt erlebte; und zum anderen des Aufbegehrens katholischer Volksteile gegen die Zumutungen des Modernisierungsprozesses, wie er sich mit der preußisch-kleindeutschen Reichsgründung vollzog. Indem die Kirche Formen traditionaler Volksreligiösität aufgriff und sich zugleich der modernen Kommunikationsmittel der bürgerlichen Öffentlichkeit bediente, kam sie den spirituellen wie materiellen Bedürfnissen breiter Bevölkerungskreise entgegen. Diese fanden Identitätssicherheit und vielfache Artikulationsmöglichkeiten – und forçierten mit ihrer latenten Oppositionshaltung gegen den Zeitgeist ihrerseits die kirchliche Frontstellung gegen die Moderne. Das enge Geflecht affektiver Beziehungen, sozialer Vernetzung und kultureller Gruppenidentität, das auf diese Weise entstand, gewann dann durch die Konfrontation mit liberaler Bewegung und staatlicher Obrigkeit im Kulturkampf noch entscheidend an Zusammenhalt und Prägekraft.[1]

Freilich: Dieses Beziehungsgeflecht war weder so homogen noch so unwandelbar, wie es die landläufige Redeweise vom "katholischen Milieu" suggeriert.[2] Mit fortschreitender Industrialisierung differenzierte es sich aus und erhielt es neue Akzentsetzungen, und mit dem Nachlassen des Kulturkampfdrucks traten diese Differenzen deutlicher hervor. Heftige Auseinandersetzungen zwischen verschiedenen sozialen und politischen Strömungen waren die Folge und ein Abbröckeln der Parteibindung an den Rändern, das zwar vergleichsweise langsam vonstatten ging, aber nicht mehr umzukehren war. Der Ultramontanismus verlor an Einfluß; und mit der Zeit verlor der politische Katholizismus überhaupt seine Handlungsfähigkeit. Davon soll in diesem Beitrag die Rede sein.

1.

Der Kampf für den Erhalt der traditionalen Freiheiten und Machtpositionen der katholischen Kirche war von Anfang an mit unterschiedlichen sozialen und politischen Bestrebungen verbunden: Im Widerstand gegen die aufklärerisch-repressive Kirchenpolitik artikulierten sich zugleich die Vorbehalte traditioneller Eliten gegen den modernen Nationalstaat; katholische Bürger verbanden die Opposition gegen das Staatskirchentum mit dem Kampf für die eigenen Freiheitsrechte im konstitutionellen Staat; Angehörige der traditionellen Unterschichten ließen sich für die katholische Sache gewinnen, weil sie zugleich der Abwehr liberaler Führungs- und Modernisierungsansprüche zu dienen schien; katholische Arbeiter erlebten den Katholizismus als Fluchtpunkt vor den Zumutungen der industriellen Arbeitswelt und möglichen Bundesgenossen bei der Abwehr der Ausbeutung durch liberale Unternehmer. Dazu kam mit den politischen Entscheidungen der Reichsgründungsära dann auch noch der latente Protest gegen die meist protestantischen Führungsschichten in Bürokratie, Kultur und Wirtschaft, die Abneigung süddeutscher und welfischer Kräfte gegen die preußische Hegemonie und die Opposition von Elsässern, Lothringern und Polen gegen den deutschen Nationalstaat überhaupt. Erst diese vielfältigen Beimischungen verschafften dem Ultramontanismus seine beachtliche politische Schlagkraft.[3]

Entsprechend unterschiedlich fielen die verschiedenen regionalen und lokalen Ausprägungen des ultramontanen Milieus aus. In historisch-genetischer Perspektive könnte man daher von regional und sozial unterschiedlich akzentuierten Sozialmilieus sprechen, die zum ultramontanen Verbund zusammenwuchsen, in systematischer Perspektive von unterschiedlichen Teilmilieus innerhalb des ultramontanen Milieus. Ihre politische Repräsentation war jedenfalls von Anfang an denkbar buntscheckig. "Wir werden", schrieb Peter Reichensperger nach den preußischen Landtagswahlen vom November 1870, in denen zum ersten Mal Abgeordnete auf der Grundlage des "Soester Programms" gewählt wurden, "in der neuen Fraktion verdammt heterogene Elemente zusammenfinden."[4] Eugen Richter empfand die Zentrumsfraktionen im Preußischen Abgeordnetenhaus und im Reichstag als "eine politisch sehr gemischte Gesellschaft, welche die denkbar schroffsten Gegensätze in sich vereinigte" und nur "in den kirchlichen und religiösen Fragen" übereinstimmte.[5] Und Bismarck sah im Zentrum "nicht zwei Seelen, sondern sieben Geistesrichtungen, die in allen Farben des politischen Regenbogens schillern: von der äußersten Rechten bis zur radikalen Linken."[6] Einig waren sie in der Abwehr des von Bismarck im Verein mit den Nationalliberalen verfolgten Kurses; ihr positives Programm aber blieb notwendigerweise höchst vage und voller ungeklärter Widersprüche. Offizielle Festlegungen der Zentrumspartei gingen nie substantiell über das "Soester Programm" hinaus, in dem neben der Betonung der kirchlichen Freiheiten und eines dezentralisierten Reichsaufbaus lediglich Forderungen nach "Ausgleichung der Interessen von Kapital und Grundbesitz, sowie von Kapital und Grundbesitz einerseits und der Arbeit andererseits", nach "Erhalt und Förderung eines kräftigen Mittelstandes" und nach "Freiheit für alle den gesetzlichen Boden nicht verlassenden Bemühungen zur Lösung der sozialen Aufgaben" enthalten waren.[7]

Diese ohnehin schon heterogenen Elemente erlebten nun im Kaiserreich einen gesellschaftlichen Umbruchprozeß, dessen Vielschichtigkeit historisch ohne Beispiel war. Immer mehr Katholiken gingen in die industrielle Arbeitswelt über. Das Proletariat wuchs, differenzierte sich; und allmählich wurden die Lebensverhältnisse erträglicher. Der alte Mittelstand geriet immer mehr in die Defensive, und ein "neuer Mittelstand" breitete sich aus. Märkte und Erfahrungsräume wuchsen zusammen. Binnenwanderung, Ausbau des Schienenverkehrs und Multiplizierung der Presse schufen neue Kommunikationsstrukturen; eine "zweite Aufklärung" ließ erstmals breiteren Schichten der Bevölkerung die traditionellen Werte und Bindungen fraglich werden. Die Interventionstätigkeit des Staates im wirtschaftlichen Bereich nahm zu, ein erstes, noch recht grobmaschiges Netz rechtlich verbriefter sozialer Sicherheit entstand, verbandsmäßig organisierte politische Massenbewegungen traten auf und stellten die Honoratiorenstruktur des bisherigen politischen Systems in Frage.[8]

Für den Zusammenhalt des ultramontanen Milieus waren diese Umbrüche umso bedrohlicher, als die erklärten Hauptziele des Ultramontanismus illusionär waren. Eine Rückkehr zur christlichen Fundierung der weltlichen Ordnung war ebensowenig zu erreichen wie eine Verwirklichung der ständestaatlichen Theoreme, die man aus einem idealisierten Mittelalter-Bild abgeleitet hatte.[9] Der Ultramontanismus mochte darum wohl zunächst einmal identitätsstiftend wirken; für die Auseinandersetzung mit den Problemen der sich industrialisierenden Gesellschaft und die politischen Entscheidungen, die in dieser Umbruchphase getroffen werden mußten, gab er kaum etwas her. Die ständestaatlichen Theoreme degenerierten daher zu sektiererischen Ideologien oder sie wandelten sich – was eine lineare ideengeschichtliche Betrachtungsweise der Entwicklung "des" Katholizismus vielfach übersehen hat – zu bloßen Worthülsen für materiell ganz unterschiedliche politische Konzepte. Verbindliche Programme für den politischen Katholizismus ließen sich aus ihnen jedenfalls nicht ableiten.[10]

Die allgemeinpolitische Desorientierung, die sich aus dem kirchen- und konfessionspolitischen Kern der katholischen Parteibildung ergab, wurde durch die Entwicklung der Kirche unter den Pontifikaten von Leo XIII. (1878-1903) und Pius X. (1903-1914) noch verstärkt. Diese reagierte auf die immer offenkundiger werdende Erfolglosigkeit der ultramontanen Weltordnungsbestrebungen nämlich nicht etwa mit einer Rehistorisierung des theologischen Denkens, sondern nur mit einem tendenziellen Rückzug aus den Angelegenheiten der Welt. Schon unter Leo XIII., der zunächst noch mit einem offensiven Weltordnungskonzept angetreten war, verloren die Verlautbarungen der kirchlichen Autoritäten immer mehr an politischer Verbindlichkeit. Die Enzykliken "Immortale Dei" (1885) und "Rerum novarum" (1891) enthielten eher vorsichtige Distanzierungen von der Fixierung auf das monarchistische Legitimitätsprinzip bzw. auf ein ständisches Gesellschaftsverständnis als eindeutige politische Handlungsanweisungen. Pius X., der von einer Mehrheit des Kardinalkollegiums gewählt wurde, die mit den Ergebnissen der Außenpolitik Leos XIII. höchst unzufrieden war, konzentrierte sich, von einer breiten religiösen Erneuerungsbewegung getragen, ganz auf die inneren Reformen der Kirche. Herz-Jesu-Verehrung, marianische Frömmigkeit und eucharistische Bewegung gaben der religiösen Praxis ein zugleich individualisierendes und weltabgewandtes Gepräge. Immer rigidere Maßnahmen gegen eine vermeintliche "modernistische" Irrlehre wirkten als Barrieren gegen eine aktive geistige Auseinandersetzung des Katholizismus mit den Problemen der modernen Welt.[11]

In der politischen Praxis der Kirche blieben darum wohl gewisse Sympathien für antiliberale, autoritäre Ordnungskonzepte spürbar, die der Sehnsucht nach Restaurierung der vermeintlich verlorengegangenen Welt Rechnung zu tragen schienen. Doch verdichteten sich diese nicht mehr zu einem offensiv gegenrevolutionären Kurs. Sie kamen nur noch dort zur Geltung, wo bestimmte Gruppierungen innerhalb des Katholizismus ohnehin vormodernen Zuständen nachtrauerten. Ansonsten blieb bei der geringen Zeitbezogenheit der kirchlichen Aussagen ein breiter Raum für die Entwicklung eigenständiger sozialer und politischer Bewegungen, die sich wohl noch als christlich verstanden, ihre Inhalte aber weitgehend unabhängig von kirchlicher Vorprägung entwickelten und darum ganz unterschiedliche Konturen annahmen. Das Defizit an kirchlicher Orientierung verschaffte den außerkirchlichen Impulsen, die durch die Mobilisierung breiter Bevölkerungsschichten in den Katholizismus hineinwirkten, eine starke Prägekraft.

2.

Im kaiserlichen Deutschland lassen sich an der Seite der ursprünglich tonangebenden konservativen Kräfte der katholischen Aristokratie und der kirchlichen Hierarchie insgesamt drei solcher Bewegungen ausmachen: eine bürgerliche Emanzipationsbewegung, eine populistisch gefärbte Bewegung ländlicher und kleinbürgerlicher Unterschichten und schließlich eine Arbeiterbewegung, die insbesondere dort reüssierte, wo Mischformen traditioneller und industrieller Lebensweisen erhalten blieben. Sie entwickelten sich vor dem Hintergrund des angestammten ultramontanen Milieus, akzentuierten es teilweise neu und wirkten ihrerseits in Teilbereichen milieubildend.[12]

Die bürgerliche Bewegung im deutschen Katholizismus geht in Ansätzen bis in die 1840er Jahre zurück. Ursprünglich stützte sie sich auf einen vergleichsweise kleinen Zirkel katholischer Akademiker, höherer Beamter und Unternehmer; ihr politisches Gewicht bezog sie zunächst aus der Reputation, die die bürgerlichen Honoratioren, meist durch die Vermittlung des örtlichen Klerus bei den unterbürgerlichen Wählermassen besaßen. Mit der fortschreitenden Industrialisierung, insbesondere im Zuge der 1896 einsetzenden neuen Hochkonjunkturperiode, weitete sich dieser Zirkel quantitativ beträchtlich aus: Katholiken drangen vermehrt in die Bereiche der Großindustrie, des Handels und des Bankwesens ein und entfalteten dort beträchtliche Aktivitäten; ebenso profitierten sie von der Ausweitung der öffentlichen Verwaltung, der Wohlfahrtspflege und des Bildungswesens und stellten sie einen erheblichen Anteil an der neuen Schicht der technischen Intelligenz. Gleichzeitig rückten sie gesellschaftlich immer deutlicher zu einer Gruppe zusammen, entwickelten sie ein stärkeres und stärker an den Werten des modernen Industriestaates orientiertes Selbstbewußtsein als bisher und traten sie auch politisch deutlicher als bisher als Gruppe in Erscheinung.

Aus der eher vorsichtigen Distanz, die die bürgerlichen Führer der Gründungsära gegenüber ständestaatlichen Utopien hatten erkennen lassen, entwickelte sich jetzt eine offensive Kritik an der Rückwärtsgewandtheit des bisherigen Katholizismus und ein lautstarkes Bekenntnis zu den Errungenschaften des modernen Industriestaates. Die Wirtschafts- und Sozialordnung des modernen Kapitalismus wurde nicht mehr, wie bislang vielfach in katholischen Kreisen üblich, prinzipiell in Frage gestellt oder gar verurteilt, sondern ganz im bürgerlichen Sinne als Grundlage allgemeinen materiellen Fortschritts begrüßt; Wissenschaft und Technik wurden nicht länger als bedrohlich für die traditionellen Lebensverhältnisse empfunden, sondern als Grundlagen moderner Existenzbehauptung begierig aufgegriffen; Vereine, Parteien und Parlamente galten nicht mehr als Hindernisse auf dem Weg zu einem organischen Staatsaufbau, sondern als selbstverständliche Mittel um die "Rechte des Volkes" zur Geltung zu bringen; die Auseinandersetzung mit der geistigen Entwicklung der Zeit erschöpfte sich nicht länger in trotziger Apologetik, sondern ging auf weite Strecken in eine unbefangene Lernbereitschaft über und mündete vielfach in unkritische Überanpassung.

Die neue Hochschätzung für die Werte einer bürgerlich dominierten Industriekultur ließ die – vielfach historisch bedingte – "Rückständigkeit" des katholischen Volksteils in der Mitwirkung am wissenschaftlichen und wirtschaftlichen Fortschritt und in der Besetzung der Führungspositionen in Staat, Wirtschaft und Kultur umso schmerzlicher ins Bewußtsein treten: Sie nagte am Selbstwertgefühl der katholischen Bürger, behinderte sie in ihren Entfaltungsmöglichkeiten und ließ langfristig die Zukunft des politischen Katholizismus überhaupt fragwürdig erscheinen. Entsprechend erscholl nun allenthalben der Ruf nach mehr katholischen Akademikern, mehr katholischen Gelehrten, mehr katholischen Kommerzienräten und stärkerer Vertretung der Katholiken in den oberen Rängen der Bürokratie. In zahlreichen Artikeln und Versammlungen wurde über die Ursachen der Rückständigkeit räsoniert und an den Bildungseifer der Katholiken appelliert; zugleich wurde auf allen Ebenen von den staatlichen Stellen eine "paritätische" Berücksichtigung der Katholiken bei der Besetzung öffentlicher Ämter gefordert und allgemein nach Beweisen für die Gleichwertigkeit der katholischen Bürger im Deutschen Reich gesucht.

Für diesen bürgerlichen Aufbruch hatte zu großen Teilen Ludwig Windthorst den Boden bereitet, indem er konservativen Utopien immer wieder Absagen erteilt und konsequent für die Verwirklichung rechtsstaatlicher Prinzipien gestritten hatte. Auf dieser Grundlage gründeten Julius Bachem, Hermann Cardauns, Georg von Hertling und andere die "Görres-Gemeinschaft zur Pflege der Wissenschaft im katholischen Deutschland"; und Bachem war es auch, der im Frühjahr 1906 in seinem vieldiskutierten Artikel "Wir müssen aus dem Turm heraus!" in den Historisch-Politischen Blättern das Programm dieses bürgerlichen Aufbruchs noch einmal prägnant zusammenfaßte. Ebenso spielten Franz Hitze und August Pieper an der Spitze des Volksvereins eine wichtige Rolle, indem sie die Bewältigung sozialer Probleme vom Boden der kapitalistischen Wirklichkeit aus propagierten und betrieben. Eher am Rande, aber gleichwohl symptomatisch wirkten die "reformkatholischen" Theologen, so Franz Xaver Kraus, der in seinen 1896-1900 anonym erschienenen "Spectator"-Briefen heftige Attacken gegen den Ultramontanismus ritt, und Herman Schell, der 1897 mit der Forderung nach der Verbindung der Kirche mit moderner Wissenschaft und nationaler Kultur Aufsehen erregte; "Der Katholizismus als Prinzip des Fortschritts" hieß der provozierende Titel seiner Programmschrift. Ergänzt wurden ihre Bestrebungen von Männern wie Carl Muth, der 1898 mit einer Kampfansage an die moralische Bevormundung des katholischen Literaturbetriebs antrat, und Martin Spahn, der als historischer Publizist für eine Versöhnung der Katholiken mit dem preußisch-kleindeutschen Geschichtsbild wirkte. Muths 1903 gegründetes Organ "Hochland", in dem auch Spahn regelmäßig publizierte, entwickelte sich rasch zum wichtigsten geistigen Forum der Bewegung.

Natürlich agierte die bürgerliche Aufbruchsbewegung nicht in jeder Hinsicht einheitlich. So hielten sich die politischen Führer in der Regel von den theologischen Erneuerungsbemühungen bewußt fern, um ihr ohnehin schwieriges Verhältnis zu den kirchlichen Autoritäten nicht noch zusätzlich zu belasten. Die Identifikation mit dem neudeutschen Nationalismus ging unterschiedlich weit, ebenso die Bereitschaft zur Übernahme liberaler Ordnungsvorstellungen; antiliberale Momente der ideologischen Tradition und Imperative der aktuellen bürgerlichen Situation vermengten sich in den unterschiedlichsten Kombinationen. Ein Teil war gewiß bereit, sich um der individuellen Karriere willen den Vorstellungen des Regierungslagers anzupassen, während andere – und hier insbesondere die politisch erfahrenen Führungskräfte der Zentrumspartei – sehr wohl wußten, daß der Aufstieg der katholischen Bürger im Reich auf Dauer nur gesichert werden konnte, wenn sich das Zentrum als eigenständiger Machtfaktor behauptete. Aber alle trafen sich in dem Bestreben, sich in der bestehenden bürgerlichen Ordnung, bzw. in dem, was von einer solchen Ordnung vorhanden war, einzurichten; zeitweilig wurde es zum wichtigsten Kennzeichen der Zentrumspolitik, wichtiger jedenfalls als das Bemühen um Stärkung der kirchlichen Machtpositionen und Sicherung der kirchlichen Freiheiten über den Status quo hinaus.

Die ländlichen Unterschichten stellten lange Zeit nur den passiven Resonanzboden des Ultramontanismus dar: ein Wählerreservoir, das ihm politische Kraft verlieh, weil er es in seinen angestammten Traditionen bestärkte. Ende der 1880er/zu Beginn der 1890er Jahre entwickelte sich aber auch aus diesem Reservoir eine eigenständige politische Bewegung. Zur wachsenden Erbitterung der ländlichen Bevölkerungsgruppen über wirtschaftliche Belastungen und soziale Deklassierung kam jetzt das Vordringen der Techniken und Inhalte bürgerlicher Politik in eben diese Bevölkerungsgruppen im Zuge der "Zweiten Aufklärung". Das führte insbesondere die mittelständischen Bauern im Einflußbereich des Katholizismus, daneben aber auch Kleinbauern, Handwerker und Kleinhändler dazu, den Honoratioren, denen sie bislang die Vertretung ihrer Interessen anvertraut hatten, die Gefolgschaft aufzukündigen und sich unter Vermittlung eines neuen Typs politischer Volkstribunen zu einer Bewegung zu konstituieren, die sich in ihrer Mischung aus rückwärts gewandten und modernen, antiliberalen und elementar-demokratischen Elementen am besten als populistisch charakterisieren läßt.

Im Mittelpunkt dieser Bewegung, für die etwa der Trierer "Preßkaplan" Georg Friedrich Dasbach, der oberfränkische "Bauerndoktor" Georg Heim und auch der junge Matthias Erzberger als Wortführer auftraten, stand zunächst einmal der Protest gegen eine Entwicklung, die die mittelständischen Gruppen vielfach um ihre wirtschaftliche Existenz zu bringen drohte, sie auf jeden Fall zu schmerzhaften Umstellungen zwang, ihren tradierten Status radikal in Frage stellte und allgemein in Richtung auf ihre Deklassierung und Marginalisierung wirkte. Begleitet wurde dieser Protest von heftigen Emotionen gegen alles, was für diese Entwicklung verantwortlich schien oder ihr zumindest nicht deutlich genug entgegen trat: gegen das "freie Spiel der Kräfte" des Liberalismus, das sie unter Druck setzte; gegen moderne Wissenschaft und Technik, die ihre Kenntnisse entwerteten; gegen Industrieherren, Börsenjobber und Bankiers, die von der Entwicklung profitierten, unter der sie zu leiden hatten; gegen die Juden, die unter den Nutznießern des kapitalistischen Systems eine prominente Rolle spielten; gegen Bürokratie und Aristokratie, die sich offensichtlich mit dem modernen Industriekapitalismus verbündet hatten; gegen die Honoratioren in Verbänden, Parteien und Parlamenten, die sich als unfähig erwiesen hatten, sie vor dem wirtschaftlichen und sozialen Abstieg zu schützen.

Die Konkretisierung dieser Grundemotionen, die politisch in sehr verschiedener Weise genutzt werden konnten, erfolgte im wilhelminischen Deutschland eher in sozialstaatlicher und partizipatorischer Richtung. So teilten die Populisten den Ruf der adligen Großgrundbesitzer nach Konservierung der traditionellen Produktionssphären durch staatliche Protektion, kämpften aber zugleich (und oft noch entschiedener) für eine Umverteilung zugunsten der "kleinen Leute", die die Interessen des Großgrundbesitzes empfindlich treffen mußte. Die Bauern forderten die Erhöhung der Getreidezölle, ebenso den Übergang zur Doppelwährung zur Erhöhung der Getreidepreise, Maßnahmen gegen die Spekulation mit Agrarprodukten, Vieh- und Fleischeinfuhr-Kontrollen, Margarine-Diskrimination und obligatorische Landwirtschaftskammern mit weitreichenden Vollmachten. Kleinhändler verlangten Maßnahmen gegen die unkontrollierte Ausbreitung von Warenhäusern und Konsumgenossenschaften, Handwerker die lückenlose Regelung handwerklicher Tätigkeit durch obligatorische Handwerkskammern. Alle Fraktionen des mittelständischen Populismus kämpften aber auch für eine strenge Antikartel- und Antimonopolgesetzgebung, für eine progressive Einkommensteuer und für staatliche Daseinsvorsorge, die Bauern darüber hinaus gegen Staffeltarife zugunsten der ostelbischen Getreideproduzenten, gegen Latifundienbildung und in Bayern auch für die Aufhebung des Bodenzinses. Die Kammern wollten sie nach allgemeinem und gleichem Wahlrecht zusammengesetzt sehen, also ganz in der Hand der kleinen Produzenten.

Auch hinsichtlich der Regierungsform schwebte den Populisten bei aller Beschwörung traditioneller Formen ein größeres Maß an Egalisierung und Partizipation vor. Von einer Infragestellung der monarchischen Ordnung wollten sie zwar nichts wissen; doch hatten die Monarchen nach ihren Vorstellungen die Rechte des "Volkes" zu wahren und für sein Wohl zu sorgen, und mußten die regierenden Bürokratien durch starke Volksvertreter daraufhin kontrolliert werden, ob sie diesen Pflichten nachkamen. Die Parlamente sollten ebenso nach dem gleichen Wahlrecht beschickt werden wie die Kammern, und die parlamentarischen Vertreter sollten in enger Fühlungnahme mit ihren Wählern stehen. Versuche, die Populisten durch die Aktivierung von Sozialistenfurcht und Nationalismus von solchen systemsprengenden Vorstellungen wieder abzubringen, scheiterten an ihrem Realitätssinn; sie zeigten sich im Gegenteil, wenn sich die Gelegenheit dazu bot, durchaus bereit, im Interesse der "kleinen Leute" auch mit den Sozialdemokraten zusammenzuarbeiten; und sie forderten mit Rücksicht auf die Steuerlast "höchste Sparsamkeit im Aufwande für Militär und Marine."[13]

Trotz dieser Vorstellungen und Forderungen wird man die Populisten nicht einfach als "dynamisch-demokratisches Element" im politischen Katholizismus deuten können,[14] jedenfalls nicht im modernen Sinn des Begriffes. Über die Verbesserung der eigenen Situation hinaus Verantwortung für das Staatsganze zu übernehmen, blieb außerhalb ihres Gesichtskreises. Die Selbstverständlichkeit, mit der sie sich als das "Volk" schlechthin betrachteten, und die Unbedingtheit ihrer Forderungen ließen für Kompromisse, praktische Toleranz und Minderheitenschutz wenig Raum. Und die antiliberalen, antisemitischen und antimodernistischen Affekte wurden, auch wenn sie sich vorerst kaum in der politischen Praxis niederschlugen, doch auch nicht aufgearbeitet. Darum blieb die Bewegung insgesamt für autoritäre Versuchungen anfällig; und in der Schlußphase des Ersten Weltkrieges und danach hat sie ihr auch nachgegeben, besonders in Bayern: Die heftige Opposition gegen die Politik der Friedensresolution von 1917 und gegen die republikanische Ordnung von Weimar haben hier ihre Wurzeln.

Schließlich die katholische Arbeiterbewegung: Sie entstand, nach vereinzelten regionalen Ansätzen in den 1870er Jahren parallel zu dem bürgerlichen Aufbruch; politisches Gewicht erlangte sie allerdings erst nach der Jahrhundertwende, über den Aufstieg der Christlichen Gewerkschaften und die Ausweitung des Volksvereins zu einem Mitgliederverein katholischer Arbeiter. Was sie zusammenhielt, war über das Festhalten an bestimmten identitätsstiftenden religiösen Traditionen hinaus ein elementares Verlangen nach Emanzipation: nach Befreiung von wirtschaftlicher Not, von kultureller "Rückständigkeit" und vor allem von politischer Bevormundung. Dieses Verlangen war zwar, den Residuen christlichen Universalismus entsprechend, in vage Visionen von einem "Ausgleich der Interessen von Kapital und Arbeit, Handel und Gewerbe, Industrie und Landwirtschaft" eingebunden und artikulierte sich darum nicht etwa in einer klassenkämpferischen Terminologie, sondern in Forderungen nach "Standesbewußtsein", "Anerkennung", "Mitbestimmung", "Gleichberechtigung", nach einem "gerechten Anteil an den Erfolgen der wirtschaftlichen und geistigen Kultur."[15] Dennoch stellten die katholischen Arbeiter die bestehende gesellschaftliche und politische Machtverteilung ebenso in Frage wie ihre sozialdemokratisch orientierten Kollegen: Indem sie sich zur Verwirklichung dieser Forderungen in beträchtlichem Umfang organisierten und die Vertretung ihrer Interessen nicht länger den traditionellen Honoratioren überließen.

Bei der Entwicklung ihrer Strategie ließ sich diese Arbeiterbewegung kaum von theoretischen Einsichten leiten. Sie war zwar von einer ständestaatlich orientierten rückwärtsgewandten Kapitalismus-Kritik ausgegangen; ihre Eigendynamik entwickelte sie aber gerade in der Auseinandersetzung mit dem Ungenügen dieser Kritik. Sie zeichnete sich darum durch einen fundamentalen Empirismus und Pragmatismus aus; bisweilen neigte sie sogar zu ausgesprochener Theoriefeindlichkeit. Auf eine kirchlich orientierte katholische Soziallehre, die über die Betonung sittlicher Grundsätze hinaus die Realitäten der kapitalistischen Produktionsweise in ihre Überlegungen einbezog, hoffte sie vergebens; liberale Vorstellungen empfand sie als ungenügend; und am Marxismus schreckte sie die zugrundeliegende materialistische Geschichtsphilosophie. Die meisten Anregungen empfing sie von den bekanntlich sehr pragmatischen Trade

Unions in Großbritannien; im übrigen erwarben ihre führenden Vertreter durch Studium der bürgerlichen Nationalökonomie und Lektüre der Schriften von Marx und Engels soviel an Kenntnissen über die Mechanismen des kapitalistischen Marktes, daß sie in weiten Teilen zu ganz ähnlichen unmittelbaren Zielsetzungen gelangten wie die reformistischen Kräfte in der Sozialdemokratie: Ausbau der staatlichen Sozialpolitik und Arbeiterschutz-Gesetzgebung, genossenschaftliche Selbsthilfe, Sicherung und Ausbau des Koalitions- und Vereinsrechts, Tarifautonomie, Abschluß von kollektiven Tarifverträgen, Reallohnsteigerungen und Verbesserung der Arbeitsbedingungen, Mitbestimmung durch öffentlich-rechtliche Arbeitskammern aus Unternehmer- und Arbeitervertretern und ein "konstitutionelles Betriebssystem", im allgemein-politischen Bereich gleiches Wahlrecht und Repräsentanz gemäß der Stärke und Bedeutung des eigenen "Standes".

Zu welchem Wirtschaftssystem die Verwirklichung dieser Ziele führen sollte und welche politische Ordnung mit ihm korrespondieren sollte, darüber wurde in der katholischen Arbeiterbewegung nicht systematisch nachgedacht. Privatkapitalistische Produktionsweise und konstitutionelle Monarchie wurden nicht grundsätzlich in Frage gestellt, aber ebensowenig wurde der ordnungspolitische Status quo einfach akzeptiert. Am ehesten konkretisierten sich die Forderungen nach Mitwirkung und Gleichberechtigung noch in der Vision eines "sozialen Kaisertums": eines konstitutionellen Regimes, in dem sich ein unabhängiger Monarch und ein starkes Parlament wechselseitig ergänzten, beide darauf bedacht, einseitige Bevorzugungen, Bevormundungen und Ausbeutung zu verhindern, und von einem breiten Konsens von Kräften getragen, die sich im Streben nach nationalem Produktivitäts- und Machtzuwachs in allseitigem Interesse verbunden wußten. Diese Vision war durchaus geeignet, Kräfte freizusetzen, die die Entwicklung zu einer parlamentarischen Demokratie und mehr noch zu einem Sozialstaat vorantrieben. Auf der anderen Seite unterschätzte sie aber auch die Dynamik sozialer und politischer Konflikte ganz erheblich; folglich schenkte sie der institutionellen Sicherung der angestrebten "demokratischen" Rechte zu wenig Beachtung.

Ambivalenzen im Hinblick auf die Stellung zur Moderne und im Verhältnis zur parlamentarischen Demokratie gab es also auch hier. Dennoch muß festgehalten werden, daß die katholische Arbeiterbewegung zu den wichtigsten Motoren der Demokratisierungsbewegung im späten Kaiserreich gehörte. Von der anfänglich verkündeten Zurückhaltung in der Anwendung des Streikmittels war in der Praxis bald nichts mehr zu spüren; statt dessen häuften sich zunehmend erbitterte Klagen über die "Herrenmoral der deutschen Großindustriemagnaten" und über Verständnislosigkeit in den Reihen der Zentrumshonoratioren. Die Auseinandersetzung mit der Sozialdemokratie wurde defensiv geführt und blieb im wesentlichen vom Zwang zur Legitimation gegenüber den Arbeitern bestimmt; dem Ansinnen, sich durch eine Verteufelung der Sozialisten zu profilieren, setzte sich die große Mehrheit der katholischen Arbeiterführer mit Bestimmtheit entgegen. Als mittelfristiges Ziel propagierten sie sogar die Schaffung einer parteipolitisch neutralen Einheitsgewerkschaft nach dem Vorbild der britischen "Trade Unions". In dieser implizi ten Verständigung mit dem pragmatischen Teil der sozialdemokratischen Arbeiterbewegung wurden die sozialstaatlichen Elemente der Weimarer Ordnung grundgelegt; und dann wurde sie auch noch einmal für die Formierung der sozialen Ordnung der Bundesrepublik wichtig.

3.

Wie diese drei Bewegungen miteinander umgingen und wie sie sich mit den angestammten konservativen Kräften im Katholizismus auseinandersetzten, kann hier nicht behandelt werden.[16] Es muß der Hinweis genügen, daß nach dem Abklingen der Kulturkampf-Spannung heftige innere Auseinandersetzungen im Zentrumsturm alltäglich waren und die Zentrumsführer mehr als einmal das völlige Auseinanderbrechen des Katholizismus auf sich zukommen sahen. Ludwig Windthorst beklagte sich schon 1889, es habe "der äußersten Anstrengung und Resignation bedurft, um den Zusammenhalt aufrechtzuerhalten".[17] Und Ernst Lieber fürchtete 1894, bei einem Wahlkampf für oder gegen den Handelsvertrag mit Rußland würde "niemand grimmiger mit fliegenden Fahnen wider einander zu Feld" ziehen, "als wir: Nord wider Süd, Ost wider West, Stadt gegen Land, Gewerbe gegen Ackerbau. Dazu unsere kaltgestellten Militaristen, die nur den Augenblick erlauerten. Das Zentrum flog in alle Winde; wo blieb die Zentrumspresse? Und wohlgemerkt: für immer! Die kirchlichen Interessen sind nicht mehr stark genug."[18]

Interessanter ist in unserem Zusammenhang die Frage, was denn das "katholische Deutschland" gleichwohl zusammenhielt. Eine erste Antwort steckt schon in den beiden Zitaten: Zu einem nicht geringen Teil verdankt das Zentrum sein Überleben der taktischen Geschicklichkeit, dem Lavieren und Finassieren seiner Führer. Das brachte ihnen zwar vielfach den Ruf grundsatzlosen Opportunismus und notorischer Unzuverlässigkeit ein, war aber in Wirklichkeit nichts anderes als eine oft geradezu verzweifelte Suche nach Kompensation und Arrangements, die die prekären innerparteilichen Kompromisse aufrecht zu erhalten erlaubten.[19] Dabei kam ihnen – zweitens – das Programm des "sozialen Ausgleichs" zu Hilfe, das als Derivat des christlichen Universalismus den Kernbestand der programmatischen Aussagen der katholischen Soziallehre ausmachte. Vielfach wirkte es als pure Ideologie, die die Benachteiligten über strukturelle Ungerechtigkeiten und den Mangel an Willen und Instrumenten, sie zu beseitigen, hinwegtäuschte. Manchmal ermöglichte es aber auch, Kompromißmöglichkeiten wahrzunehmen, die bei einseitiger Betonung von Partikularinteressen gar nicht erst in den Blick geraten wären. Und hie und da konnten Einzelne und Gruppen auch bewogen werden, im Interesse der katholischen Sache oder der Nation bei der Verfolgung ihrer Interessen etwas zurückzustecken.

Drittens wirkten auch die nach dem Abbau der Kulturkampfgesetzgebung verbliebenen Benachteiligungen der Katholiken im Deutschen Reich als Palliativ gegen eine Erosion des katholischen Milieus. Nicht nur, daß die katholische Religionsausübung in protestantischen Staaten wie Sachsen, Braunschweig und Mecklenburg weiterhin Beschränkungen unterlag, die kirchliche Autonomie auch in Preußen nicht wiederhergestellt wurde und den Jesuiten jede öffentliche

Ausübung kirchlicher Funktionen untersagt blieb. Viel wichtiger war, daß die Katholiken in weiten Kreisen des Bildungsbürgertums, in der akademischen Welt, in der preußischen Bürokratie, im Heer und bei Hofe auch weiterhin als "Bürger zweiter Klasse" galten und die verbreiteten antikatholischen Affekte immer wieder leicht aktiviert werden konnten – sei es von militanten Katholikengegnern wie dem "Evangelischen Bund" und dem "Alldeutschen Verband" oder von der Reichsleitung, die sie sich wiederholt im Sinne der "negativen Integration" zunutze machte. Das band die Katholiken naturgemäß zusammen, bestärkte sie in ihrer Neigung zur Ghettomentalität und hielt ihre subkulturelle Separierung weit über ihren Anlaß hinaus lebendig.[20]

Sodann wirkte – viertens – die Entwicklung eines modernen Verbandswesens der Desintegration des Katholizismus ein Stück weit entgegen. In den Jahren um die Jahrhundertwende wurden die ursprünglich pastoral angelegten katholischen Vereine durch zentral gelenkte Massenorganisationen ergänzt und überformt, so durch den Volksverein für das katholische Deutschland, den Caritasverband, die Windthorstbünde und zuletzt den Katholischen Deutschen Frauenbund. Schon bestehende Standesorganisationen schlossen sich zusammen und professionalisierten sich; die Verbandszentralen gewannen an Gewicht und entwickelten ein breites Spektrum agitatorischer und publizistischer Tätigkeit.[21] Auf diese Weise entstand ein organisatorisches Netz des katholischen Deutschlands, das der Veränderung der Erfahrungsraume Rechnung trug, eine aktive Minderheit von Katholiken nachhaltig mobilisierte und zugleich die subkulturelle Segmentierung der reichsdeutschen Gesellschaft noch einmal vertiefte Um der Klarheit der Diskussion willen scheint es mir wichtig, dieses nachgeschobene Verbandsmilieu von ursprünglich ultramontanem Milieu der Reichsgründungsära deutlich zu unterscheiden: Jenes war ganz mit den pastoralen Strukturen verwoben und hatte seinen Schwerpunkt in den Pfarrgemeinden; dieses entwickelte sich als eine weitgehende autonome Parallelstruktur der modernen Industriegesellschaft.

Früher oder später stießen diese Integrationsmechanismen aber alle an ihre Grenzen. Taktische Geschicklichkeit der Zentrumsführer und christliches Selbstverständnis konnten auf Dauer nicht über das Fehlen eines tragfähigen Programms hinwegtäuschen, das den unterschiedlichen Bewegungen begründete Aussicht auf die Durchsetzung ihrer essentiellen Zielsetzungen verschaffte. Die Überwindung der negativen Diskriminierung wurde vom bürgerlichen Aufbruch wie von der katholischen Arbeiterbewegung selbst mit großem Nachdruck betrieben; daß die Erfolge, die sie dabei erzielten, den Zusammenhalt der katholischen Subkultur bedrohten, sahen sie entweder nicht oder sie nahmen es notgedrungen in Kauf. Und der organisatorische Ausbau des Verbandskatholizismus beförderte zugleich die Emanzipationstendenzen der katholischen Laien. Diese gingen aber, entsprechend ihrem sozialen Standort, in durchaus unterschiedliche Richtungen und mündeten darum in einen Pluralismus der Verbände, der die Dispersion des katholischen Milieus auf organisatorischer Ebene widerspiegelte. Der Volksverein, der dieser Entwicklung zuvorkommen sollte, wurde de facto Teil der Arbeiterbewegung und stieß bei seinen Bemühungen, über das Arbeitermilieu hinauszugreifen, auf unüberwindliche Schwierigkeiten.[22]

Es ist daher kein Zufall, daß der deutsche Katholizismus in den letzten Jahren vor dem Ersten Weltkrieg verstärkt für nationalistische Impulse empfänglich war. Ursprünglich hatte der Nationalismus nur in den Reihen des bürgerlichen Aufbruchs Resonanz gefunden – als gesellschaftliche Vorgabe, die rasch internalisiert wurde und nun den eigenen Aufstiegswillen demonstrierte. Populisten und Arbeitervertreter dagegen hatten die Absage an die kostspielige imperialistische Weltpolitik sogar zu einem zentralen Thema ihrer Kampagnen gemacht.[23] Mit den Erfolgen beim Abbau der gesellschaftlichen Diskriminierung und dem Verblassen des ultramontanen Weltbildes steigerte sich nun die nationalistische Emphase und drang sie auch in die übrigen Fraktionen des Katholizismus vor. Dabei war sie nicht nur Ausdruck der zunehmenden Integration der Katholiken in die reichsdeutsche Gesellschaft, sondern fungierte zugleich auch als zusätzliches – fünftes – Bindemittel, das die divergierenden katholischen Kräfte zusammenhielt. Das Aufbrucherlebnis der Augusttage 1914 hat diese Emphase noch einmal verstärkt und die inneren Spannungen im Katholizismus für einige Zeit ziemlich verdeckt.[24]

Als dann auch dieses Bindemittel obsolet wurde, geriet die Zentrumspartei in eine Krise, von der sie sich auch langfristig nicht mehr erholt hat. Zunächst revoltierten die Arbeiter, weil das mit dem nationalen Aufbruch scheinbar gegebene Gleichberechtigungsversprechen nicht eingelöst wurde, und dann kaprizierte sich eine deutliche Mehrheit der übrigen Fraktionen der Partei auf ein Festhalten an den Expansionszielen, obwohl damit die Kräfte des Volkes überbeansprucht wurden und darüber der politische Grundkonsens des Reiches verlorenging. Die Spannungen und Animositäten, die aus der Erfahrung dieser, oft bis ins Existentielle gehenden Gegensätze resultierten, konnten durch Appelle an die Zentrumsidee nicht mehr überbrückt werden. Die Novemberrevolution erlebte das Zentrum am Rande der Auflösung. Die Bayerische Volkspartei spaltete sich ab; und bei der Aufstellung der Kandidaten für die Nationalversammlung lieferten sich Monarchisten und Arbeitervertreter erbitterte Auseinandersetzungen. "Wie will man da das Zentrum zusammenhalten?", klagte ein völlig bestürzter Carl Bachem.[25]

Gewiß: Die laizistische Schulpolitik des preußischen Kultusministers Adolf Hoffmann in der Revolution und die Ängste vor einem neuen Kulturkampf, die sie hervorrief, sorgten dafür, daß sich Bachems ärgste Sorgen vorerst noch einmal erledigten.[26] Regionale Milieuzusammenhänge des katholischen Deutschlands überlebten – zumindest dort, wo sie sozial ziemlich einheitlich geprägt waren, also etwa im Münsterland oder im Saarrevier.[27] Aber Politik ließ sich mit dem sozial und ideologisch zerklüfteten Katholizismus im Grunde nicht mehr machen. Gutwillige Zentrumsführer wie der ins Amt des Parteivorsitzenden geradezu gedrängte Wilhelm Marx erschöpften sich in unendlich geduldigem Moderieren, kamen dabei aber über hohle Formelkompromisse wie dem von der "Verfassungspartei" nicht hinaus. Kritiker, denen längst klar geworden war, daß, so rückblickend Walter Dirks, "es immer unmöglicher wurde, von der konfessionellen Basis aus schöpferische Staatspolitik zu machen",[28] wurden mit dem Hinweis auf die Untergrabung katholischer Machtstellung, die bei eindeutigen politischen Optionen drohte, neutralisiert.

Als auch die Formelkompromisse nichts mehr nutzten, der Streit um die Beamtenbesoldungsreform das Zentrum Anfang 1928 an den Rand der Spaltung führte und Marx den Parteivorsitz schwer angeschlagen abgab, reduzierte die Partei mit der Wahl des Prälaten Kaas zum neuen Vorsitzenden ihr Programm ganz auf den konfessions- und kirchenpolitischen Kern.[29] Und als mit dem Konkordat von 1933 auch dieser Programmpunkt entfiel. hatte sich der politische Katholizismus ganz überlebt. Die Kirche brauchte ihn nicht mehr; und die sozialen und politischen Bewegungen, an deren Entstehen er beteiligt war, hatten sich längst auseinanderentwickelt. Darum fiel das ganze Organisationswesen des katholischen Deutschlands jetzt unter dem Druck des beginnenden NS-Staates "wie ein Kartenhaus zusammen."[30]

Daß sich, wie Rudolf Morsey berichtet, "viele Katholiken erstaunlich rasch mit dem Verschwinden der Partei abfanden",[31] kann im Lichte dieser Erosionsgeschichte nicht mehr überraschen; es ist im nachhinein ein zusätzliches Indiz für die Desintegration des politischen Katholizismus. Der politische Katholizismus war, so wird im Rückblick deutlich, ein Übergangsphänomen. Er hat auf dem problematischen, aber wohl unvermeidlichen Umweg über die Subkultur unterschiedliche soziale Gruppen von Katholiken auf den Weg in die Moderne geführt, dabei aber notwendigerweise an Kohärenz und Substanz verloren. Es schmälert seine Bedeutung nicht, wenn man seine Ausdifferenzierung präzise verfolgt.

Anmerkungen

1   Das Verständnis für diesen Formationsprozeß ist wesentlich gefördert worden durch Werner K. Blessing, Staat und Kirche in der Gesellschaft. Institutionelle Autorität und mentaler Wandel in Bayern während des 19. Jahrhunderts, Göttingen 1982, 238-269; ders., Reform, Restauration, Rezession. Kirchenreligion und Volksreligiosität zwischen Aufklärung und Industrialisierung, in: Wolfgang Schieder (Hrsg.), Volksreligiosität in der modernen Sozialgeschichte, Göttingen 1986, 97-122; Klaus-Michael Mallmann, Volksfrömmigkeit, Proletarisierung und preußischer Obrigkeitsstaat. Sozialgeschichtliche Aspekte des Kulturkampfes im Saarrevier, in: Soziale Frage und Kirche im Saarrevier. Beiträge zur Sozialpolitik und Katholizismus im späten 19. und frühen 20. Jahrhundert, Saarbrücken 1984, 183-232; ders., "Aus des Tages Last machen sie ein Kreuz des Herrn ..."? Bergarbeiter, Religion und sozialer Protest im Saarrevier des 19. Jahrhunderts, in: Schieder (Hrsg.), Volksreligiosität, 152-184; Jonathan Sperber, Popular Catholicism in the Nineteenth-Century Germany, Princeton 1984. Vgl. auch den Beitrag von Klaus-Michael Mallmann in diesem Band.

2   Einflußreich war hier insbesondere M. Rainer Lepsius, Parteiensystem und Sozialstruktur: zum Problem der Demokratisierung der deutschen Gesellschaft, in: Wirtschaft, Gesellschaft und Wirtschaftsgeschichte. Festschrift zum 65. Geburtstag von Friedrich Lütge, Stuttgart 1966, 371-393, der das katholische Deutschland als ein "höchst geschlossenes" Sozialmilieu charakterisierte und Sozialmilieus gleichzeitig als "soziale Einheiten" definierte, "die durch eine Koinzidenz mehrerer Strukturdimensionen wie Religion, regionale Orientierung, wirtschaftliche Lage, kulturelle Orientierung, schichtspezifische Zusammensetzung der intermediären Gruppen gebildet werden" (zitiert nach dem Wiederabdruck in: Gerhard A. Ritter (Hrsg.), Die deutschen Parteien vor 1918, Köln 1973, 56-80, hier 68f.).

3   Vgl. für Baden den bahnbrechenden Aufsatz von Lothar Gall, Die partei- und sozialgeschichtliche Problematik des badischen Kulturkampfes, in: Zeitschrift für die Geschichte des Oberrheins 113 (1965), 151-196; für das Saarrevier die Arbeiten von Mallmann (wie Anm. 1); für das Ruhrgebiet erste Hinweise bei Evelyn u. Werner Kroker, Solidarität aus Tradition. Die Knappenvereine im Ruhrgebiet, München 1988; allgemein die Hinweise bei Margaret L. Anderson, Windthorst. A Political Biography, Oxford 1981 (deutsch u.d.T.: Windthorst. Zentrumspolitiker und Gegner Bismarcks, Düsseldorf 1988).

4   An seinen Bruder August 27.11.1870, zit. n. Ludwig Pastor, August Reichensperger 1808-1895. Sein Leben und Wirken, Freiburg i. Br. 1899, Bd. 2, 2.

5   Eugen Richter, Im alten Reichstag. Erinnerungen, Berlin 1894, 6.

6   Heinrich von Poschinger (Hrsg.), Fürst Bismarck und die Parlamentarier, Bd. 3, Breslau 1896, 231.

7   Vollständiger Text u.a. in: Karl Bachem, Vorgeschichte, Geschichte und Politik der Deutschen Zentrumspartei, Bd. 3, Köln 1927, 113. Zur Entstehung vgl. Friedrich Gerhard Hohmann, Die Soester Konferenzen 1864-1866, in: Westfälische Forschungen 114 (1964), 293-342.

8   Einführend hierzu Heinrich August Winkler (Hrsg.), Organisierter Kapitalismus. Voraussetzungen und Anfänge, Göttingen 1984; Volker Hentschel, Wirtschaft und Wirtschaftspolitik im wilhelminischen Deutschland. Organisierter Kapitalismus und Interventionsstaat?, Stuttgart 1978; Hans Pohl (Hrsg.), Sozialgeschichtliche Probleme in der Zeit der Hochindustrialisierung (1870-1914), Paderborn 1979.

9   Vgl. Wilfried Loth, Der Katholizismus – eine globale Bewegung gegen die Moderne?, in: Heiner Ludwig/Wolfgang Schroeder (Hrsg.), Sozial- und Linkskatholizismus. Erinnerung, Orientierung, Befreiung, Frankfurt/M. 1990, 11-31.

10 Vgl. als Zusammenfassung der ideengeschichtlichen Forschung Franz-Josef Stegmann, Geschichte der sozialen Ideen im deutschen Katholizismus, in: Helga Grebing (Hrsg.), Geschichte der sozialen Ideen, München/Wien 1969, 325-560, hier 381-421.

11 Vgl. hierzu und zum folgenden die Überblicke von Oskar Köhler und Roger Aubert in Hubert Jedin (Hrsg.); Handbuch der Kirchengeschichte, Bd. 6.2, Freiburg i.Br. 1973, 3-27, 195-264, 316-344, 391-500; zur Modernismus-Problematik auch Thomas Michael Loome, Liberal Catholicism, Reform Catholicism, Moder-

nism. A Contribution to a New Orientation in Modernist Research, Mainz 1979 sowie die Beiträge von Karl-Josef Rivinius und Norbert Schloßmacher in diesem Band.

12   Zum folgenden ausführlicher Wilfried Loth, Soziale Bewegungen im Katholizismus des Kaiserreichs, in: Geschichte und Gesellschaft 17 (1991), 279-310.

13   So das offizielle Programm des Bayerischen Bauernvereins, zit. n. Hermann Renner, Georg Heim als Agrarpolitiker bis zum Ende des ersten Weltkriegs, Diss. München 1957, 339f.

14   So Karl Möckl, Die Prinzregentenzeit. Gesellschaft und Politik während der Ära des Prinzregenten Luitpold in Bayern, München/Wien 1972, 467.

15   So Johannes Giesberts vor der 1. internationalen Konferenz der Christlichen Gewerkschaften in Zürich 1908; Zentralblatt der Christlichen Gewerkschaften 1908, 278.

16   Über die Auseinandersetzungen und ihre Ergebnisse wird in meiner Studie über den wilhelminischen Katholizismus ausführlich berichtet: Wilfried Loth, Katholizismus im Kaiserreich. Der politische Katholizismus in der Krise des wilhelminischen Deutschlands, Düsseldorf 1984.

17   An Reuß 30.5.1889, veröffentlicht u.a. bei Ernst Heinen (Hrsg.), Staatliche Macht und Katholizismus in Deutschland, Bd. 2, Paderborn 1979, 237-239.

18   An einen unbekannten Freund 2.6.1894, veröffentlicht bei Gottwald, Zentrum und Imperialismus, 152.

19   Hierauf hat insbesondere David Blackbourn aufmerksam gemacht: Class, Religion and Local Politics in Wilhelmine Germany. The Centre Party in Württemberg before 1914, Wiesbaden 1980, 152-163 u. 172-188; ders., Die Zentrumspartei und die deutschen Katholiken während des Kulturkampfs und danach, in: Otto Pflanze (Hrsg.), Innenpolitische Probleme des Bismarck-Reiches, München 1983, 73-94, hier 84f.

20   Vgl. Ronald J. Ross, Beleaguered Tower: The Dilemma of Political Catholicism in Wilhelmine Germany, Notre Dame/London 1976, 18-32; August Hermann Leugers (-Scherzberg), Latente Kulturkampfstimmung im Wilhelminischen Kaiserreich, in: Johannes Horstmann (Hrsg.), Die Verschränkung von Innen-, Konfessions- und Kolonialpolitik im Deutschen Reich vor 1914, Schwerte 1987, 13-37; exemplarisch Christoph Weber, Der "Fall Spahn". Ein Beitrag zur Wissenschafts- und Kulturdiskussion im ausgehenden 19. Jahrhundert, Rom 1980.

21   Vgl. im Überblick Thomas Nipperdey, Religion im Umbruch, Deutschland 1870-1918, München 1988, 24-30; im einzelnen besonders Horstwalter Heitzer, Der Volksverein für das Katholische Deutschland im Kaiserreich 1890-1918, Mainz 1979, und Alfred Kall, Katholische Frauenbewegung in Deutschland. Eine Untersuchung zur Gründung katholischer Frauenvereine im 19. Jahrhundert, Paderborn 1983.

22   Vgl. Loth, Katholiken, 89f.

23   Ebd., 79f., 111-113, 117f. Vgl. auch Wilfried Loth, Zentrum und Kolonialpolitik, in: Horstmann, Verschränkung, 67-83.

24   Loth, Katholiken, 224f., 279-289.

25   Carl Bachem an Hilngrainer 3.1.1919, Historisches Archiv der Stadt Köln, Nl. Bachem 464; vgl. Loth, Katholiken, 290-355, 374-381.

26   Rudolf Morsey hat Hoffmann darum – wenn auch mit einem Fragezeichen – als "Retter des Zentrums" apostrophiert: Die Deutsche Zentrumspartei 1917-1923, Düsseldorf 1966, 110-117.

27   Vgl. Klaus-Michael Mallmann/Horst Steffens, Lohn der Mühen. Geschichte der Bergarbeiter an der Saar, München 1989, 142f., bzw. Doris Kaufmann, Katholisches Milieu in Münster 1928-1933. Politische Aktionsformen und geschlechtsspezifische Verhaltensräume, Düsseldorf 1984.

28   Rhein-Mainische Volkszeitung 7.7.1933. Erstmals wurde diese Kritik von Karl Neundörfer 1926 formuliert. Vgl. Bruno Lowitsch, Der Kreis um die Rhein-Mainische Volkszeitung, Wiesbaden/Frankfurt 1980.

29   Vgl. Josef Becker, Josef Wirth und die Krise des Zentrums während des IV. Kabinetts Marx (1927-1928), in: Zeitschrift für die Geschichte des Oberrheins 109 (1961), 361-482; ders., Das Ende der Zentrumspartei und die Problematik des politischen Katholizismus in Deutschland, in: Gotthard Jasper (Hrsg.), Von Weimar zu

Hitler 1930-1933, Köln 1968, 344ff.; ders., Die deutsche Zentrumspartei 1918-1933. Grundprobleme ihrer Entwicklung, in: Oswald Hauser (Hrsg.), Politische Parteien in Deutschland und Frankreich 1918-1939, Wiesbaden 1969, 59-74. Zu Kaas vgl. die höchst aufschlußreiche monumentale Biographie von Georg May, Ludwig Kaas, 3 Bde., Amsterdam 1981-82.

30 So Nipperdey, Religion im Umbruch, 31.

31 Rudolf Morsey, Der Untergang des politischen Katholizismus. Die Zentrumspartei zwischen christlichem Selbstverständnis und 'Nationaler Erhebung' 1932/33, Stuttgart/Zürich 1977, 215.

Die Autoren

Olaf Blaschke geb. 1963, Studium der Geschichte, kath. Theologie, Psychologie und Pädagogik an den Universitäten Bielefeld, Paderborn und Illinois State (USA). 1990 MA. Geschichte und I. Staatsexamen; promoviert über Katholizismus und Antisemitismus im Deutschen Kaiserreich bei Prof. Dr. H.-U. Wehler in Bielefeld. Stipendiat des Graduiertenkollegs der Stiftung Volkswagenwerk.

Werner K. Blessing, geb. 1941, Dr. phil., Professor für Neuere Geschichte und Landesgeschichte an der Universität an der Universität Erlangen-Nürnberg.
Veröffentlichungen u.a.:
Staat und Kirche in der Gesellschaft. Institutionelle Autorität und mentaler Wandel in Bayern während des 19. Jahrhunderts. Göttingen 1982.

Irmtraud Götz v. Olenhusen, geb. 1952, Dr. phil., Hochschulassistentin am Historischen Seminar der Universität Freiburg. Arbeitet an einer Habilitationsschrift über den Klerus in Baden 1806-1914.

August Hermann Leugers-Scherzberg, geb. 1958, Dr. theol., Wissenschaftlicher Mitarbeiter an der Universität Essen.
Veröffentlichungen u.a.:
Felix Porsch 1853-1930. Politik für katholische Interessen in Kaiserreich und Republik, Mainz 1990.

Wilfried Loth, geb. 1948, Dr. phil., o. Professor für Neuere Geschichte an der Universität Essen.
Veröffentlichungen u.a.:
Katholizismus im Kaiserreich. Der politische Katholizismus in der Krise des wilhelminischen Deutschlands, Düsseldorf 1984; Das Zentrum in der Verfassungskrise des Kaiserreichs, in: Geschichte in Wissenschaft und Unterricht 38 (1987), S. 204-221; Soziale Bewegungen im Katholizismus des Kaiserreichs, in: Geschichte und Gesellschaft 17 (1991), S. 279-310.

Klaus-Michael Mallmann, geb. 1948, Dr. phil., Wissenschaftlicher Mitarbeiter an der Universität des Saarlandes und Lehrbeauftragter in der Fachrichtung Geschichte.
Veröffentlichungen u.a.:
Die Anfänge der Bergarbeiterbewegung an der Saar (1848-1904), Saarbrücken 1981; Volksfrömmigkeit, Proletarisierung und preußischer Obrigkeitsstaat. Sozialgeschichtliche Aspekte des Kulturkampfes im Saarrevier, in: Soziale Frage und Kirche im Saarrevier, Saarbrücken 1984; "Aus des Tages Last machen sie ein Kreuz des Herrn ..."? Bergarbeiter, Religion und sozialer Protest im Saarrevier des 19. Jahrhunderts, in: Wolfgang Schieder (Hrsg.), Volksreligiosität in der modernen Sozialgeschichte, Göttingen 1986; Lohn der Mühen. Geschichte der Bergarbeiter an der Saar, München 1989 (gemeinsam mit Horst Steffens).

Josef Mooser, geb. 1946, Dr. phil., Prof. a.Z., z.Z. Vertreter einer Professur für Sozial- und Wirtschaftsgeschichte an der Universität Trier.
Veröffentlichungen u.a.:
Arbeiter, Bürger und Priester in den konfessionellen Arbeitervereinen im deutschen Kaiserreich 1880-1914, in: J. Kocka (Hrsg.), Arbeiter und Bürger im 19. Jahrhundert, München 1986; Volk, Arbeiter und Bürger in der katholischen Öffentlichkeit des Kaiserreichs. Zur Sozial- und Funktionsgeschichte der deutschen Katholikentage 1871-1913, in: H.-J. Puhle (Hrsg.), Bürger in der Gesellschaft der Neuzeit, Göttingen 1991; Das katholische Vereinswesen in der Diözese Paderborn um 1900, in: Westfälische Zeitschrift 1991.

Karl Josef Rivinius, geb. 1936, Dr. habil., Professor für Kirchengeschichte an der Phil.-Theol. Hochschule SVD St. Augustin.
Veröffentlichungen u.a.:
Die Anfänge des "Anthropos". Briefe von P. Wilhelm Schmidt an Georg Freiherrn von Hertling aus den Jahren 1904 bis 1908 und andere Dokumente, St. Augustin 1981; Der Streit um die christlichen Gewerkschaften im Briefwechsel zwischen Karl Bachem, P. Pankratius Rathscheck und Bischof Döbbing vom Erscheinen der Enzyklika "Singulari quadam" bis zum Tod Kardinals Kopp (1912-1914), in: Jahrbuch für Christliche Sozialwissenschaften 23 (1982), S. 129-216; Die Indizierung Theodor Wackers: Streit um den Charakter der Zentrumspartei im Kontext der Auseinandersetzungen und die Christlichen Gewerkschaften, in: ebd. 24 (1983), S. 211-235; Der Hirtenbrief des Bischofs von Como aus dem Jahr 1914. Eine Episode im Gewerkschafts- und Zentrumsstreit, in: ebd. 28 (1987), S. 269-296).

Lucia Scherzberg, geb. 1957, Dr. theol., kommissarische Leiterin der "Arbeits- und Forschungsstelle Feministische Theologie" an der Universität Münster.
Veröffentlichungen u.a.:
Sünde und Gnade in der Feministischen Theologie, Mainz 1991.

Norbert Schloßmacher, geb. 1956, Dr. phil., Archivrat beim Stadtarchiv Bonn.
Veröffentlichungen u.a.:
Düsseldorf im Bismarckreich. Politik und Wahlen – Parteien und Vereine, Düsseldorf 1985; Erzbischof Philippus Krementz und die Septennatskatholiken, in: Annalen des Historischen Vereins für den Niederrhein 189 (1986), S. 127-154; Von der Volksmission zum Katholikentag. Der Bonner Katholizismus in der zweiten Hälfte des 19. Jahrhunderts, in: In Bonn katholisch sein. Ursprünge und Wandlungen der Kirche in einer rheinischen Stadt, hrsg. vom Katholischen Bildungswerk Bonn, Bonn 1989, S. 85-96.

Christoph Weber, geb. 1943, Dr. phil., Professor für Neuere Geschichte an der Heinrich-Heine-Universität Düsseldorf.
Veröffentlichungen u.a.:
Aufklärung und Orthodoxie am Mittelrhein, Paderborn 1973; Der "Fall Spahn". Ein Beitrag zur Wissenschafts- und Kulturdiskussion im ausgehenden 19. Jahrhundert, Rom 1980; Liberaler Katholizismus. Biographische und kirchenhistorische Essays von Franz Xaver Kraus, Tübingen 1983; Kirchengeschichte, Zensur und Selbstzensur, Köln/Wien 1984.

Die Herausgeber

Dr. phil. Anselm Doering-Manteuffel, Professor für Neuere und Neueste Geschichte an der Universität Würzburg.

Dr. theol. Martin Greschat, Professor für Kirchengeschichte und Kirchliche Zeitgeschichte an der Universität Gießen.

Dr. phil. Jochen-Christoph Kaiser, Hochschuldozent für Neuere und Neueste Geschichte sowie Kirchliche Zeitgeschichte an der Universität Münster.

Dr. phil. Wilfried Loth, Professor für Neuere Geschichte an der Universität Essen.

Dr. sc. theol., Dr. phil. Kurt Nowak, Professor für Kirchengeschichte an der Universität Leipzig.